毕业设计实用教程（工程类）

孟 宏 著

电子工业出版社

Publishing House of Electronics Industry

北京·BEIJING

内 容 简 介

本书系统地论述了高等学校（工科）本科毕业设计过程中的相关问题。本书共 9 章，主要内容有绪论、毕业设计的目的及要求、毕业设计选题、毕业设计基本结构、毕业设计排版规范、毕业设计版式、毕业设计撰写操作步骤、用 AutoCAD 绘制工程图、复制图纸的折叠等。

本书的特点是：注重适用性，强调应用性，以实际应用能力的提高贯穿于每个章节。通过操作叙述加图例的方式，介绍需要使用的知识点，将枯燥的知识融入实际图例的讲解中，提高学生的实际动手能力。同时，作者力求叙述精炼，语言准确，使读者容易入门，并能解决实际问题。本书的教学可以采用给毕业生培训或是选修课等形式，也可以让学生自学，根据毕业设计中存在的问题，到书中找答案，帮助学生顺利完成毕业设计的工作。

本书可供高等院校工科本科专业的学生在毕业设计时自学和参考；也可作为高等院校（机械类）等专业的学生作为教材使用。

未经许可，不得以任何方式复制或抄袭本书之部分或全部内容。
版权所有，侵权必究。

图书在版编目（CIP）数据

毕业设计实用教程：工程类 / 孟宏著. —北京：电子工业出版社，2017.1
ISBN 978-7-121-30692-1

Ⅰ. ①毕… Ⅱ. ①孟… Ⅲ. ①工科（教育）—毕业设计—高等学校—教材 Ⅳ. ①G642.477

中国版本图书馆 CIP 数据核字（2016）第 312935 号

策划编辑：朱怀永
责任编辑：郝黎明
印　　刷：三河市良远印务有限公司
装　　订：三河市良远印务有限公司
出版发行：电子工业出版社
　　　　　北京市海淀区万寿路 173 信箱　邮编　100036
开　　本：787×1 092　1/16　印张：15.5　字数：396 千字
版　　次：2017 年 1 月第 1 版
印　　次：2017 年 1 月第 1 次印刷
印　　册：3 000 册　定价：37.80 元

凡所购买电子工业出版社图书有缺损问题，请向购买书店调换。若书店售缺，请与本社发行部联系，联系及邮购电话：(010) 88254888，88258888。
质量投诉请发邮件至 zlts@phei.com.cn，盗版侵权举报请发邮件至 dbqq@phei.com.cn。
本书咨询联系方式：(010) 88254608，zhy@phei.com.cn。

序

十七世纪，德国哲学家、数学家莱布尼茨发明了二进位制，视其为"具有世界普遍性的、最完美的逻辑语言"。他有两个没想到，第一个没想到在后来，二百多年以后，二进位制成了计算机软件的数学基础，构筑了丰富多彩的虚拟世界，第二个没想到在先前，五千多年前的《周易》描绘了阴阳两元创化的智慧符号。莱氏从法国汉学家处看到了八卦，认定那是中国版的二进制，可惜他晚了五千年。《周易》也可惜，被拿去算卦，从阴阳看吉凶，深悟其中的道教天师成就了前知五百年，后知五百载的"半仙之体"。莱布尼茨也有宗教情结，他认为每周第一天为1，亦即上帝，这是世界的一翼。数到第7天，一切尽有，是世界的另一翼。7按照二进制表示为"111"，八卦主吉的乾卦符号为三横。这三竖三横只是方向不同，义理暗合。

《周易》为群经之首，设教之书，大道之源。"一阴一阳之谓道"，两仪动静是人类活动总源头，为万物本元图式。李约瑟视其为宇宙力场的正极和负极。西方学者容格评价更高，谈到世界智慧宝典，首推《周易》，他认为，在科学方面，我们所得出的许多定律是短命的，常常被后来的事实所推翻，惟独《周易》亘古常新，五六千年，依然活络。

乾与坤，始与终，精神与物质，主体与客体，合目的性与合规律性，工具理性与价值理性，公平与效率，社会与个人，人权与物权，政府与民众，自由与必然，形式与内容，理性与感性，陆地与海洋，东方与西方，和平与战争，植物与动物，有机与无机……在稀薄抽象中，两元逻辑是通则。我们的家庭也一样，一男一女是基础，有了后代，父母与子女也是两元存在。

世界无比丰富，不似两元那样单纯。但多元是双元的裂变，两端间的模糊带构成了丰富多彩的发挥天地。说到四季，根在两季，冬与夏代表冷与热，是基本状态，春秋的天气或不冷不热，或忽冷忽热，在冬夏间往复震荡。我攻读博士学位时搞的是美学，摇摆于哲学与艺术两域，如今沉思在文化里，那两个幽灵依然在脑海里"作怪"。我下过九年乡，身上有农民气，读过十年大学，身上有书生气，下笔喜欢文词，也喜欢白话，两者掺和在一起，不伦不类，或许也是特色。

烟台南山学院为了总结教学科研成果，启动了百部编著工程。没有统领思路，我感到杂乱无章，思前想后，觉得还是两元逻辑可靠。从体例上来说是两元的，一个系列是应用教材，一个系列是学术文库；从内容上来说也是两元的，有的成果属于自然科学，研究物，有的成果属于社会科学，研究人。南山学院是中国制造业百强企业创办的高校，产业与专业相互嵌入，学校既为企业培养人才，也为社会培养人才，也是两元的。我们决定丛书封面就按这一思路设计：二进位制与阴阳八卦，一个正面，一个背面；一个数学，一个哲学；一个科学，一个文化；一个近代，一个古代；一个外国，一个中国。

南山学术文库重视学理，也重视术用，这便是两元关照。如果在书中这一章讲理论，另一章讲实践，我们能接受。最欢迎的是有机状态，揭示规律的同时，也揭示运用规律的规律，将科学与技术一体化。科学原创是发现，技术原创是发明，要让两者连通起来。对于"纯学术"著作，我们也提出了引向实践的修改要求，不光是为了照顾书系的统一，也是为了表达两元的学术主张。如果结合得比较生硬，也请读者谅解。我们以为，这是积极的缺欠，至少方向是对的。清流学者与实用保持距离，以为那是俗人的功课，这种没有技术感觉的科学意识并不透彻。

我们倡导术用的主体性，反对大而无当的说理，哪怕有一点用处，也比没用的大话强。如果操作方案比较初级，将来可以优化。即便不合理，可能被推翻，也有抛砖引玉的作用，并非零价值，有了"玉"，"砖"就成了过季的学术文物，但文物不是废物。在学术史上哪怕写上我们一笔，仅仅轻轻的一笔，我们也满足了，没白活。

吴国华教授曾经提出，应用型大学的门槛问题在标准上，我很赞成，推荐他随中国民办教育协会代表团去德国考察双元制教育，回来后，吴教授主持应用标准化建设的信心更足了。德国的双元制教育有两个教育主体——学校与企业；受教育者有两个身份——学生与员工；教育者有两套人马——教员与师傅。精工制造，德国第一，这得益于双元制教育弘扬的工匠精神。我们必须改变专业主导习惯，提倡行业引领，专业追随行业，终端倒逼始端。应用专业的根在课程里，应用课程的根在教材里，应用教材的根在标准里，应用标准的根在行业里，线性的连续思路也是两元转化过程，从这一点走向另一点。我们按照这样的逻辑推动教材建设，希望阶段性成果能接地气。企业的技术变革速度快于大学，教材建设永远是过程，只能尽可能地缩短时差。

在《论语·子罕》中，孔子说："吾有知乎哉？无知也。有鄙夫问于我，空空如也。我叩其两端而竭焉。"他认为自己并不掌握什么知识，假使没文化的人来请教，他不知道如何回答。但是孔子自认为有一个长处，那就是"叩其两端而竭"，弄清正反、本末、雅俗、礼法、知行……把两极看透，把两极间的波动看清，在互证中获得深知与致知，此为会通之学。这时，"空空如也"就会变成"盈盈如也"。那"竭"字很有张力，有通吃的意思。孔子是老师，我们也是老师，即便努力向先师学习，我们也成不了圣人，但可以成为聪明些的常人。

世界是整块的，宇宙大爆炸后解散了，但依然恪守着严格的队列。《庄子》中有个混沌之死的故事，混沌代表"道"，即宇宙原本，亦为人之初，命之始，凿开七窍后，混沌死了。庄子借此说明，大道本来浑然一体，无所分界。"负阴而抱阳"，阳体中有阴眼，阴体中有阳眼。看出差别清醒，看出联系明晰。内视开天目，心里有数。

两元逻辑的重点不在"极"，而在"易"，两极互动相关，才能释放能量。道家以为，缺则全，枉则直，洼则盈，少则得，多则惑，兵强则灭，木强则折，坚强处下，柔弱处上，事物在反向转化中发展着。《周易》乃通变之学，计算机中的二进位制，也是在高速演算中演绎世界的。

哈佛大学等名校在检讨研究型大学的问题时，比较一致的看法是忽视了本科教育。本科是本，顶天不立地，脚步发飘。中国科学院原就有水平很高的研究生院，现在又成立了中国科学院大学，也要向下延伸到本科。高等教育的另一个极化问题出现在教学型高校中，许多人认为这里的主业是上课，搞不搞研究无关大局。其实科研是教学的内置要素，是两极，也是一体，两手抓，两手都要硬。科研好的教师不一定是好教师，但是科研不好的教师一定不是好教师，不爱搞学问的老师教不出会学习的学生，很难说教学质量有多高，老师自己都没有创新能力，怎么能培养出有创新能力的学生呢？两元思维是辩证的，不可一意孤行。我们的百部著述工程包含教学与科研两大系列，想表达的便是共荣理念，虽然水平有限，但信念是坚定的。

以《周易》名言收笔——"天行健，君子以自强不息。"

徐宏力
2016年7月17日于龙口

前　　言

本书系统地论述了高等学校（工科）本科毕业设计过程中的相关问题。本书共9章，主要内容有：绪论；毕业设计的目的及要求；毕业设计选题，推荐选题网址；毕业设计的基本结构；毕业设计的排版规范；毕业设计版式；毕业设计撰写操作步骤；例如，页眉页脚的奇偶页设置、根据章节的不同设置不同的奇偶页页眉，目录的自动生成，自动加章节编号，公式的撰写等重点讲解；工程图的绘制，怎样用AutoCAD软件绘制零件图及装配图；怎样改变图形的颜色、线宽及线型；机械图样填充用哪一种图案正确；工程图对字体的要求及正确设置；尺寸偏差的标注；尺寸标注中怎样标注一半的尺寸；怎样标注垂直、沉头、深度、锥度和斜度符号；螺纹符号"M"、倒角符号"C"、乘号"×"怎么标注出来的；剖视图的分割位置符号怎么画；几何公差框格及新基准符号的标注方法；标题栏和明细栏的正确画法；正确建立样板图；工程图纸按照国家标准的要求折叠等。

本书的特点是注重适用性，强调应用性，以学生实际应用能力的提高贯穿于每个章节。通过操作叙述加图例的方式，介绍需要使用的知识点，将枯燥的知识融入到实际图例的讲解中，提高学生的实际动手能力。

本书可供高等院校工科本科专业的学生在毕业设计时自学和参考；也可作为高等院校（机械类）等专业的学生作为教材用书。排版部分适用于所有需要做毕业设计的专业，根据学校的规定，怎样正确排版及排版中遇到的问题应怎样解决；工程图绘制中容易出现的错误问题，以非常灵活的方式——问答的形式，重点讲解，不是将AutoCAD软件所有绘图问题讲解一遍！讲解绘图的技巧和方法，常见疑难问题的解答，也可以作为计算机辅助绘图课的参考用书；工程图纸折叠部分适用于所有需要折叠工程图的专业，如工科课程设计的图纸折叠需要参考图纸折叠方法等。本书的教学可以采用给毕业生培训或是选修课等形式，也可以让学生自学，根据毕业设计中存在的问题，到书中找答案，帮助学生顺利完成毕业设计的工作。

本书的写作基础，是作者根据多年指导毕业设计教学工作中，学生普遍存在的问题，在指导中积累的教学经验和整理教案而编写的，具有很强的实用性。工程图的绘制部分是作者多年教学经验和三十多年的实践工作经验的总结。针对学生毕业设计（论文）排版、工程图绘制及图纸折叠方面，耗时、耗力、无从下手，反复多次修改、打印、没有详细的教科书辅导学生等问题。本书从毕业设计（论文）选题、写作、排版、完成工程图的绘制及图纸按照国家标准的要求折叠，都做了详细的介绍。将毕业论文所涉及的主要问题做了系统的阐述，对学生最容易出错的地方，重点讲解。

本书是一本论述本科工程类毕业设计（论文）方面的一部专著。具有体系结构新、内容选材广、创新程度高、可读性强、实用性好等特点，填补了本科工科（机械类）院校在毕业设计方面缺少辅导教材的空白。本书语言简练、通俗易懂、图文并茂、重点和难点详细讲解，基本上涵盖了整个毕业设计的主要内容。

在毕业论文的写作和工程图的绘制过程中，学生会遇到各种各样的问题，究其原因还是因为对Microsoft Office Word的使用和绘图软件不够熟悉。在这里，向各位指导老师或学校提一个建议，在学生开始要进行论文写作的时候，能够给他们进行一次相关方面的培训，或是给学生提供一本有关毕业设计（论文）方面的指导教材，这样学生在写作毕业论文和绘制工程图的时候，就可以减少很多不必要的麻烦，也能节省更多的时间，用于文章内容的修改和工程图的绘制上，而不是把时间都浪费在文章和图纸的形式上！

本书能够出版，感谢在本书的编写和出版工作中，得到了烟台南山学院各级领导和同事大力支持，在此表示由衷的感谢。

本书引用了部分教材和网上的部分标准、规则、规范、资料等（只是为了用于教学和解释标准、规则、规范），其版权为原著所有，绝无侵权之意，特此声明。在此表示由衷的感谢。

"本书由烟台南山学院孟宏著。"

由于写作时间仓促，写作水平有限，书中难免存在不足之处，恳请使用本书的师生以及广大读者予以指正。读者在学习本书的过程中如果遇到问题，可以通过电子邮箱与作者联系，帮助读者解答问题。

电子邮箱：mh2016128@sina.com

作者

目　录

第 1 章　绪论 ·· 1

第 2 章　毕业设计（论文）的目的及要求 ··· 3
   2.1　大学生进行毕业设计的目的 ·· 3
   2.2　大学生进行毕业设计的要求 ·· 3
   2.3　指导教师职责 ·· 4
   2.4　毕业设计评阅与答辩 ·· 5
   2.5　毕业设计成绩评定 ··· 6
   2.6　毕业设计实习（调研） ·· 8
   2.7　毕业设计材料装订顺序 ·· 9
   2.8　毕业设计工作流程 ··· 10

第 3 章　毕业设计（论文）选题 ·· 13
   3.1　毕业设计选题目的 ··· 13
   3.2　毕业设计选题的指导思想 ··· 13
   3.3　毕业设计选题的要求 ·· 14
   3.4　推荐毕业设计选题参考网址 ·· 15
   3.5　不要买毕业设计（论文） ·· 16
   3.6　提高毕业设计的质量 ·· 16
   3.7　毕业设计题目不宜过小 ·· 17

第 4 章　毕业设计（论文）基本结构 ·· 18
   4.1　毕业论文或毕业设计说明书的基本构成 ······································· 18
   4.2　前置部分 ··· 18
   4.3　正文部分 ··· 19
   4.4　后置部分 ··· 21

第 5 章　毕业设计（论文）排版规范 ·· 23
   5.1　毕业设计页面设置 ··· 23
   5.2　毕业设计页眉和页码 ·· 24
   5.3　毕业设计字体和字号 ·· 24
   5.4　毕业设计表格的要求 ·· 25

- 5.5 毕业设计图的要求 ... 26
- 5.6 毕业设计公式的要求 ... 27
- 5.7 毕业设计名词术语的要求 ... 27
- 5.8 毕业设计正文的要求 ... 28
- 5.9 毕业设计引用文献的要求 ... 28
- 5.10 毕业设计注释的要求 ... 28
- 5.11 其他要求 ... 28

第6章 毕业设计（论文）版式 ... 30

- 6.1 毕业设计前置部分版式 ... 30
- 6.2 毕业设计正文部分版式 ... 32
- 6.3 毕业设计后置部分版式 ... 34

第7章 毕业设计（论文）撰写操作步骤 ... 38

- 7.1 毕业设计撰写步骤 ... 38
- 7.2 封面及页面设置 ... 40
- 7.3 中文摘要 ... 48
- 7.4 英文摘要 ... 52
- 7.5 页眉字体的设置 ... 56
- 7.6 段前段后 0 行指哪一位置 ... 57
- 7.7 单倍行距与 1.5 倍行距的区别 ... 58
- 7.8 创建标题和正文样式 ... 58
- 7.9 为标题自动添加章节号 ... 68
- 7.10 自定义样式自动生成目录 ... 72
- 7.11 利用内置标题样式自动生成目录 ... 79
- 7.12 项目域制作目录 ... 81
- 7.13 更新目录 ... 84
- 7.14 解决"错误！未定义书签" ... 85
- 7.15 页眉页脚的制作 ... 86
- 7.16 图表和公式的自动编号 ... 96
- 7.17 脚注 ... 101
- 7.18 参考文献的编号和引用 ... 103
- 7.19 清除格式 ... 106
- 7.20 制表位的使用 ... 107
- 7.21 插入与改写 ... 110
- 7.22 三线表格的制作 ... 111
- 7.23 公式的撰写 ... 113
- 7.24 分隔符 ... 116

7.25	不能用按 Enter 键的地方	119
7.26	空格所占的字符数	119
7.27	磅与厘米的换算关系	120
7.28	设置上空一行，下空一行	120
7.29	正确设置对齐	121
7.30	带圈字符	121
7.31	设置附录在目录中不加章号	123
7.32	正确保存文件利于打印	124
7.33	及时保存	125

第 8 章 用 AutoCAD 绘制工程图 126

8.1	工程图样	126
8.2	绘图用图纸幅面和格式的要求	127
8.3	正确选择比例和图线	129
8.4	用 AutoCAD 绘图时的准备工作	132
8.5	图形文件用公制打开与保存	136
8.6	鼠标功能	139
8.7	调用命令的方法	140
8.8	图形显示命令	141
8.9	选择图形对象的方法	142
8.10	主要的图形辅助功能	144
8.11	设置 A4 图幅绘图界限的方法	144
8.12	设置图层	145
8.13	改变图形的颜色、线宽及线型	149
8.14	数据输入方法及动态显示	152
8.15	机械图样填充正确的图案	153
8.16	工程图对字体的要求及正确设置	155
8.17	正确标注尺寸	160
8.18	角度样式的设置	165
8.19	尺寸偏差的标注	166
8.20	标注一半的线性尺寸	169
8.21	标注垂直和斜度符号	171
8.22	锥度及斜度符号	171
8.23	标注螺纹符号	173
8.24	绘制剖视图的分割位置符号	174
8.25	标注倒角	174
8.26	标注特殊符号	177
8.27	几何公差框格及基准符号的标注方法	178

- 8.28 粗糙度符号的画法及标注方法 ⋯⋯ 181
- 8.29 标注装配图中的序号 ⋯⋯ 188
- 8.30 国家标准对标题栏和明细栏的要求 ⋯⋯ 193
- 8.31 标题栏和明细栏的正确画法 ⋯⋯ 196
- 8.32 命令提示的说明 ⋯⋯ 211
- 8.33 夹点的用处 ⋯⋯ 211
- 8.34 样板图的创建 ⋯⋯ 212
- 8.35 零件图的内容 ⋯⋯ 213
- 8.36 绘制螺旋千斤顶零件图 ⋯⋯ 214
- 8.37 装配图的内容 ⋯⋯ 219
- 8.38 绘制螺旋千斤顶装配图 ⋯⋯ 220

第 9 章 复制图纸的折叠 ⋯⋯ 226

- 9.1 复制图纸的折叠分类 ⋯⋯ 226
- 9.2 标题栏的方位在 A0 图纸的长边上 ⋯⋯ 227
- 9.3 标题栏的方位在 A1 图纸的长边上 ⋯⋯ 229
- 9.4 标题栏的方位在 A2 图纸的长边上 ⋯⋯ 230
- 9.5 标题栏的方位在 A3 图纸的长边上 ⋯⋯ 232
- 9.6 标题栏的方位在 A0 图纸的短边上 ⋯⋯ 233

参考文献 ⋯⋯ 236

第 1 章　绪论

毕业设计是高等院校应届毕业生在毕业前接受课题任务，进行实践的过程及取得的成就，是完成教学计划达到本科生培养目标的重要环节，是学生在校期间的最后学习和综合训练阶段。毕业设计是教学过程的最后阶段采用的一种综合性的实践教学环节。通过毕业设计，能使学生综合应用所学的各种理论知识和技能，进行全面、系统、严格的基本能力的训练。"通常情况下，仅对大专生、本科生、研究生、博士生要求在毕业前根据专业的不同进行毕业设计，对中等专业学校的学生不作要求"。通过毕业设计，学生深入实践、深入了解社会、撰写论文来完成毕业设计任务等诸多环节，着重培养学生综合分析和解决问题的能力及独立工作的能力、组织管理和社交能力；同时，对学生的思想品德，工作态度及作风等方面都会有很大影响和促进作用。对于增强事业心和责任感，提高毕业生全面素质的提高具有重要意义。毕业设计是学习深化、拓宽、综合运用所学知识的重要过程；是学生学习、研究与实践成果的全面总结；是学生综合素质与工程实践能力培养效果的全面检验；是实现学生从学校学习到岗位工作的过渡环节；是学生毕业及学位资格认定的重要依据；是衡量高等教育质量和办学效益的重要评价内容。目的是总结检查学生在校期间的学习成果，是评定毕业成绩的重要依据。同时，通过毕业设计，也使学生对某一课题作专门深入系统地研究，扩大、巩固、加深已有知识，培养综合运用已有知识独立解决问题的能力。毕业设计也是学生走上国家建设岗位前的一次重要的实习过程。

毕业论文，"泛指专科毕业论文、本科毕业论文（学士学位毕业论文）、硕士研究生毕业论文（硕士学位论文）、博士研究生毕业论文（博士学位论文）等，即需要在学业完成前写作并提交的论文，是教学或科研活动的重要组成部分之一"。

毕业论文是学术论文的一种形式，为了进一步掌握和探讨毕业论文的写作特点和规律，可以将毕业论文进行分类。由于毕业论文本身的性质和内容的不同，研究领域、方法、对象、表现方式的不同，因此，毕业论文在分类上有不同的方法。按研究方法和内容性质的不同，将毕业论文分为理论性论文、描述性论文、实验性论文和设计性论文，理工科大学生可以选择后三种论文的论文形式写作。理论性论文一般是文科大学生写作的论文形式。理论性论文形式具体可以分成两种：一种是以纯粹的抽象理论作为研究的主要对象，理论推导和数学运算等研究方法是严密的，有的也涉及观测与实验，来验证论点是否正确。另一种是以对现象的调查、客观事物的考察所得到的观测资料，以及相关的文献资料数据作为研究的对象，研究的方法是对有关的资料进行概括、分析、综合，通过归纳、类比，提出某种新的见解和新的理论。

按议论的性质不同，可以将毕业论文分为驳论文和立论文。驳论性质的毕业论文，是指通过反驳他人的论点来确立自己的论点和主张。如果毕业论文主要以驳论为主，批驳某些错误的观点、理论、见解，就属于驳论性质的毕业论文。驳论文除按立论文对论点、论据及论证的要求以外，还要求据理力争，针锋相对。立论性的毕业论文，是指从正面阐述论证作者的观点和主张。一篇论文主要以立论为主，就属于立论性质的论文。立论文要求论点鲜明，论证严密，论据充分，以理和事实说服别人。

按研究问题的大小不同，可以将毕业论文分为微观论文和宏观论文。凡是属于研究具体问题、局部性质的论文，是微观论文。它对具体工作有指导意义，影响的面窄一些。反之，研究属于国家全局性、对局部工作有一定指导意义，带有普遍性质的论文，称为宏观论文。它研究的面较为宽广，具有较大范围的影响力。

另外还有一种综合型的分类方法，即把毕业论文分为专题型、论辩型、综述型及综合型四大类：

（1）专题型论文：在分析前人研究成果的基础上，通过以直接论述的形式来发表作者的见解，从正面提出某一学科中某一学术问题的一种论文。

（2）论辩型论文：针对他人在某学科中某一项学术问题的独到见解，利用充分的论据，重点揭露其不足或错误之所在，通过论辩形式来发表作者见解的一种论文。

（3）综述型论文：总结、归纳今人或前人对某一学科中某一项学术问题，在已有研究成果的基础上，作者加以介绍或评论，发表自己见解的一种论文。

（4）综合型论文：将论辩型和综述型两种形式有机结合起来，写成的一种论文。

毕业设计与毕业论文不同，它的组成部分不仅仅局限于一篇学术论文。例如，机械专业毕业设计的论文，随着我国科技进步的发展，不同的高等学校对机械专业的毕业设计的设计内容提出了更具体的要求，2004年以前毕业设计基本内容包括毕业设计说明书(毕业论文)和工程图纸，2005年以后国家教育部门提出新的要求，结合我国国情，根据企业的需求新增加了软件方面的内容，模拟仿真、三维设计及程序分析研究等内容，其中包括毕业设计工程图纸（三维软件 UG、SWOLIDWORDKS、PRO/E、CAM、CAXA 及二维平面工程图 Auto CAD），与毕业设计相关的表格，开题报告或者是任务书，指导教师、评阅教师、答辩小组及答辩委员会的成绩评定，毕业实习报告（要求有相关实习单位的鉴定和实习的相关自述内容）和毕业设计（论文）说明书正文。

一些国家根据学生的毕业设计，授予一定的学衔，如建筑师、摄影师、农艺师等。我国把毕业考试和毕业设计结合起来，作为授予学士学位的主要依据。我国大学生在毕业前都必须完成毕业设计（论文）的撰写任务。毕业生想申请学位必须要提交与本专业相对应的学位论文，经答辩通过后，达到取得学位规定的以上成绩方能取得学位。毕业设计（论文）是结束大学学习生活，走向社会的一个桥梁和纽带。

机械专业的毕业设计，是对所学基础知识和专业知识的综合。一般设计一些机械原理、工程力学、材料力学、机械制图、液压设计、机械装备设计、模具设计、工业产品设计、电气知识、三维软件及二维软件等综合内容。

工科本科四年制教学计划中，毕业设计（论文）一般为8～16周。毕业设计（论文）对学生能否毕业和能否获得学士学位提供必要的依据。若毕业设计（论文）不通过则不能毕业，不发毕业证和学位证书，如毕业设计（论文）不及格，允许学生在一年内补做（或跟随下一届学生一起做），并经过答辩通过后，方可补发毕业证，但是不发学位证。

第 2 章　毕业设计（论文）的目的及要求

所谓毕业设计（论文），是指为了获得所修学位，按要求被授予学位的人所撰写的论文，又称"学位论文"。毕业设计（论文）包括毕业论文（文、经、管、艺等）和毕业设计（理工科）。毕业设计的内容包括设计说明书和图纸两部分。

毕业设计说明书是对毕业设计进行解释与说明的书面材料，在写法上应注意与论文是有区别的。一篇毕业论文虽然不能全面地反映出一个人的才华，也不一定能对社会直接带来巨大的效益，对专业产生开拓性的影响。但是，实践证明，撰写毕业论文是提高教学质量的重要环节，是保证出现出色人才的重要措施，是高等学校毕业生的必经之路！

2.1　大学生进行毕业设计的目的

撰写毕业论文主要目的是培养学生综合运用所学知识和技能，理论联系实际，独立分析，解决实际问题的能力，使学生得到从事本专业工作和进行相关的基本训练。

毕业设计的目的如下。

（1）使学生进一步加深所学的基础理论、基本技能和专业知识的掌握，合格的毕业设计（论文）是本科生取得毕业资格和学位授予学位资格的必要条件。

（2）应使学生加深对基础理论的理解，扩大专业知识面，得到科学研究方法的基本训练；力求学生在收集资料、查阅文献、调查研究、方案制定、论文编辑、文字表达、撰文论证、理论计算、工程绘图、实验探讨、模拟测试、数据处理、计算机应用、软件应用、口述表达等方面的综合能力有明显提高。

（3）应能培养学生正确的设计思想、严谨的科学态度、实事求是的工作作风；培养学生的调研能力、综合分析、处理问题能力及注重培养学生独立获取新知识的能力。具有创新意识，善于与他人合作的工作作风。

（4）应使学生了解并掌握工程设计、生产及管理过程或科学研究中的技术经济政策，培养学生理解和贯彻执行有关政策的能力。

2.2　大学生进行毕业设计的要求

毕业论文的基本教学要求如下。

（1）大学本科生必须进行毕业设计工作，否则不予毕业，得不到毕业证和学士学位证。

（2）毕业设计（论文）应该在教学计划规定的时间内完成，否则，须跟随下一届学生完成。

（3）毕业设计说明书框架、字数及图纸应符合国家标准及各项标准规定。

对学生的基本要求如下。

（1）学生应根据本学院公布的毕业设计题目，结合自己具体情况进行选题，或是自行选题，报学校审批。在题目确定后上报指导教师并拟订毕业设计工作计划。

（2）学生选题后应在规定的时间内，认真撰写完成开题报告，字数一般为2000～3000字。

（3）学生应参加毕业设计的各个环节并根据指导教师的要求，独立完成规定的工作任务，不得出现弄虚作假、抄袭他人成果等违反学术道德的行为。

（4）学生应主动接受指导教师的指导和检查，及时向指导教师汇报毕业设计工作进展情况，回答教师提出的问题，提交实验数据及设计手稿等。

（5）学生应按计划完成毕业设计工作并参加答辩。毕业设计必须符合规定的格式和要求，否则不能取得参加答辩的资格。毕业设计理工类要求独立绘制一定量的工程设计图纸并撰写不少于6000～12000字的设计说明书。

（6）在毕业设计期间，学生要遵守纪律，保证出勤，如因事、因病缺席，应向指导教师请假，否则按旷课论处。

（7）学生在毕业设计期间进行现场调查或实验时，应注意安全，遵守生产现场和实验室各项管理规章制度；使用仪器设备时，必须严格遵守操作规程。

（8）毕业设计成果、资料应于答辩结束后，按要求修改、装订并上交指导教师。凡涉及国家机密、知识产权、技术专利及商业利益的成果，学生不得私自带离学校。若要公开发表，必须在保守国家机密的前提下，经指导教师或系主任推荐、二级学院院长批准后实施。

（9）学生必须保质保量完成毕业设计任务，没有完成任务或毕业设计没有通过答辩资格审查者，不能参加毕业设计答辩。

（10）毕业设计不能抄袭、不能伪造实验数据，要在学校规定的网站上，进行毕业设计（论文）的查重，查重率达到学校的规定要求，才能参加答辩。

2.3 指导教师职责

指导教师应具备较强的理论知识和丰富的实践经验。毕业设计既涉及理论知识又涉及实际操作技能。因此指导教师既要能从理论上指导，又能给予实践上的帮助。学校应配备足够的指导教师以满足设计的需要。学校也可以考虑聘请有经验的技术人员参与这一过程，以提高设计的质量。

（1）根据学校要求指导学生正确选题，指导教师填写《毕业设计（论文）选题、审题表》，报教研室、系审批。同时，指导学生收集相关资料、落实毕业设计（论文）所需要的实习、实验地点等。

（2）课题审查通过后，按要求填写《毕业设计任务书》（或是学生填写《开题报告》，二者任选其一）。经教研室主任、系主任审核通过后下发给学生。

（3）指导学生拟定毕业设计提纲、编制设计方案或编写开题报告。

（4）学生进行毕业设计期间，指导教师应及时掌握学生的学习态度、工作进度及出勤情况等，将其作为学生毕业设计成绩评定的参考依据。

（5）指导学生撰写毕业论文或设计说明书，批改学生设计。

（6）答辩前，指导教师应对所指导的毕业设计进行认真审查，收集学生的电子版资料，并进行毕业设计（论文）的查重工作，对查重率不合格的学生，指导教师帮助分析原因，及时修改。

（7）答辩前一周，根据学生的学习态度、工作能力、毕业设计质量写出评语、给定成绩，并对学生是否可以参加答辩提出明确意见。将所有毕业设计上交教研室以移交评阅人进行评阅。

（8）答辩结束后，指导教师应按规定及时验收学生毕业设计最终资料，统一归档。

（9）毕业设计期间，实行指导教师负责制。指导教师不仅应负责业务指导，还要对学生的思想行为负责，要注意言传身教，做好教书育人工作。

2.4 毕业设计评阅与答辩

为保证毕业设计的质量，毕业设计实行指导教师、评阅教师、答辩小组"三评审"制度。各环节分别填写指导教师评审表、评阅教师评审表、答辩小组答辩表，答辩委员会给出综合成绩，即最后的毕业设计成绩。指导教师和评阅人应对学生答辩资格进行审查，学生必须至少在答辩前一周将设计送交指导教师和评阅教师评审。

答辩是检查学生毕业设计质量的一场"口试"。通过这一形式，有助于学生进一步总结设计过程，检验其应变能力。答辩主要考查学生的一些专业基础知识和基本理论。答辩的过程实际上也是帮助学生总结的过程。教师要积极引导学生总结在设计过程中积累起来的经验，分析设计效果，找出不足以及改进方法，帮助学生把实践转化成自己的知识和技能。通过答辩，也有助于学生提高应变能力及自信心，为真正走上社会打下坚实的基础。

有下列情况之一者不得参加答辩，成绩记为不及格。

（1）在学校规定的时间内，未完成规定任务者（包括文字和图纸）。

（2）有重大错误，经指导教师指出未修正者。

（3）设计（论文）期间累计旷课达3天及以上者，或病、事假累计时间达毕业设计总时间的1/3者。

（4）毕业设计有严重抄袭现象、查重率超过50%、弄虚作假、伪造实验数据者。

（5）毕业设计（论文）查重率低于30%，可以参加答辩。查重率在30%~50%，给予一次修改后再查重机会（查重费自理），若二次查重率仍高于30%，则不得参加答辩。

答辩委员会委员一般为5~7人。其主要任务是领导本系毕业答辩工作，包括指导、检查各答辩小组的工作和审核指导教师、评阅教师和答辩小组上报的成绩。

答辩小组成员一般不少于 3 名教师，其成员原则上应具有本专业中级及以上专业技术职务。答辩小组组长一般应由具有副高及以上专业技术职务的教师担任。提倡聘请校外生产、科研等单位或毕业生用人单位有实际工作经验的专家参加答辩小组。

毕业设计答辩程序如下。

毕业设计答辩时间每个学生 20 分钟。主要环节包括：①学生自述论文 5~6 分钟；②教师质询、提问 5~6 分钟；③学生回答问题 5~6 分钟。

教师质询、提问应围绕毕业设计进行，所提问题主要包括：①主要研究成果或主要观点、创新点；②相关的基本理论、基本知识和基本方法；③鉴别学生独立工作能力的问题等。

在答辩会上，先让学生用 5~10 分钟的时间概述论文的题目以及选择该课题的原因，用正确精练的语言叙述论文的主要论点、论据，并提出本课题的创新点；答辩小组老师一般提 3 个以上的问题，学生当场可以以对话的方式回答问题，根据学生回答的具体情况，答辩小组老师随时可以有适当的插问。学生逐一回答完所有问题后退场，答辩小组集体根据论文质量和答辩情况，商定是否通过，并拟定成绩和评语。召回学生，由答辩小组组长当面向学生就论文和答辩过程中的情况加以小结，肯定其优点，指出其错误或不足之处，并加以必要的补充和指点，同时当面向学生宣布答辩通过或不通过。论文的成绩，一般情况下，不当场宣布。

答辩小组老师提出的问题和学生的回答应在答辩表中做简要纪录，答辩结束后，答辩小组应根据答辩状况评定学生答辩成绩并给出"写实性"评语，如实反映所提出的答辩问题和学生回答的情况，一般不少于 3 个主要问题，要求有教师提出问题的简要记录，学生回答问题的简要记录。评语要杜绝不同学生、不同题目语句雷同现象。

2.5　毕业设计成绩评定

毕业设计成绩应根据学生对基本理论和基本技能掌握的程度、学生的创造力和分析解决实际问题的能力、设计（论文）的整体水平、学生答辩时的表现等情况进行综合评定。成绩评定必须实事求是、坚持标准，杜绝照顾分、人情分。

评定成绩的根据主要有两个方面：一是毕业设计的质量；二是答辩的表现，而答辩的表现不低于毕业设计的质量。按优秀（90~100 分）、良好（80~89 分）、中等（70~79 分）、及格（60~69 分）、不及格（60 分以下）五级记分制记分。评为"优秀"的毕业设计一般应有一定的创新之处。

毕业设计成绩由答辩委员会根据指导教师、评阅教师和答辩小组三方面给定的成绩和评语综合评定。毕业设计成绩评定分三部分组成：包括指导教师的评阅成绩占总成绩的 35%（百分制）、评阅教师的评阅成绩占总成绩的 15%（百分制）、答辩小组的成绩占总成绩的 50%（百分制），最后给出综合成绩，给分标准是五级记分制，百分制换算成五级记分制。成绩给出参考依据如表 2.1 所示。

第 2 章 毕业设计（论文）的目的及要求

表 2.1 毕业设计（论文）参考成绩评定标准

优秀	指导教师意见	该生按期完成毕业设计，本论文选题有很强的应用价值，文献材料收集翔实，有综合收集和正确利用各种信息获取新知识能力，并有一定的独到见解。工艺可行，有创新点。有一定的参考价值，所得数据合理，结论正确。图纸设计符合国家标准的要求。推荐该生参加毕业设计答辩
	评阅教师意见	课题完成达到教学基本要求，作者思路清晰，论述过程严谨，分析合理。该生综合分析科学，方案设计合理，有一定的独创性。工艺可行，计算准确，条理清楚，并有一定的独到见解，能综合运用所学知识解决问题。参考了一定的文献资料，时效性较强。推荐该生参加毕业设计答辩
	答辩小组意见	该生能在规定时间内熟练、扼要地陈述设计的主要内容，回答问题时反应敏捷，思路清晰，表达准确。答辩小组经过充分讨论，根据该生毕业设计质量和答辩中的表现，同意评定设计为"优秀"
良好	指导教师意见	该生按期完成毕业设计任务，论文选题符合专业培养目标，在吸收前人的成果基础上，有自己的心得，论文写作规范，语句通顺，条理清晰，达到了学校对毕业设计论文的规范要求。工艺可行（结构合理），能独立查阅文献，数据采集、计算、处理正确。图纸设计符合国家标准的要求。推荐该生参加毕业设计答辩
	评阅教师意见	课题完成达到教学基本要求，本论文选题有一定的应用价值，工艺可行（结构合理），该生能独立查阅文献，文献材料收集翔实，用语符合技术规范，有收集、综合和正确利用各种信息的能力。推荐该生参加毕业设计答辩
	答辩小组意见	课题完成达到教学基本要求，工艺可行（结构合理），该生能独立查阅文献，用语符合技术规范，有收集、综合和正确利用各种信息的能力。推荐该生参加毕业设计答辩
中等	指导教师意见	该生按期完成毕业设计，论文题目与论文的内容基本符合，结构完整，语言比较流畅。结构设计基本合理，主要观点集中，有一定的逻辑性，未见明显抄袭现象。工作努力，遵守纪律，绘图符合国家标准。该生查阅文献资料的能力一般。推荐该生参加毕业设计答辩。
	评阅教师意见	课题完成达到教学基本要求，有正确处理信息能力，结构设计基本合理，文题基本相符，论点比较突出。参考了一定的文献资料，但时效性一般。图样绘制符合国家要求，书写格式规范。论文能按时交稿，已经达到了本科论文的要求。推荐该生参加毕业设计答辩
	答辩小组意见	该生能在规定时间叙述设计的主要内容，对提出的问题一般能回答，无原则错误。答辩小组经过充分讨论，根据该生设计质量和答辩中的表现，同意评定设计成绩为"中等"
及格	指导教师意见	该生在整个毕业设计中，态度一般，在指导教师的再三督促下，完成了毕业设计的工作。论文的层次结构一般，没有发现严重的语法和拼写错误，缺乏个人见解。今后要加强学习，提高自身的专业水平。推荐该生参加毕业设计答辩
	评阅教师意见	课题完成基本达到教学要求，语言表达一般，论文格式基本符合规范要求，今后要加强本专业知识面的了解，在专业学习上，多下功夫。推荐该生参加毕业设计答辩
	答辩小组意见	该生能在规定时间内陈述论文的主要内容，但条理不够明确，对某些主要问题的回答不够恰当，但经提示后能作补充说明。答辩小组经过充分讨论，根据该生论文质量和答辩中的表现，同意评定论文成绩为"及格"

2.6 毕业设计实习（调研）

学生进行毕业设计阶段，各个高等学校都要求有毕业实习（调研）的项目，使学生能在实习（调研）中，更好地完善毕业设计资料的收集工作。将毕业设计与生产实际相结合，理论与实践相结合，达到学以致用的目的。一般实习（调研）与毕业设计实行捆绑制。

1．实习（调研）的目的

实习（调研）是培养学生实践能力和工程意识、实现专业培养目标的一个重要的实践性教学环节，通过实习（调研），使学生受到以下几方面的工程训练。

（1）理论联系实际，将书本知识融会贯通，形成个人在某一方面或某一领域的知识体系，并能基本了解这些知识体系在工程中的实际应用。培养在工程实践中能够发现问题、解决问题的能力，培养及训练学生的创新能力。

（2）实现专业培养方案，在技术领域中，熟悉相关的工程设施与相关的设备，了解常见的工程项目的设计思路及过程。

（3）烟台南山学院的毕业实习和毕业设计是同时进行的。通过实习（调研）为毕业设计做好准备工作，在资料收集、资料查询、方案确定等环节获得必要的训练。也可以根据实习单位的具体项目，选择毕业设计的题目（需要报送学校审批）。

2．实习（调研）内容与要求

实习（调研）的内容与要求如下。

（1）了解毕业设计课题研究的对象，根据生产、科研的实际情况，加强理论与实际的联系，培养学生深入实际调查研究的作风，提高工程技术素质。

（2）让学生独立深入到与毕业设计课题有关的企业单位，了解课题的提出的依据及来源，了解与毕业设计课题有关的生产过程、检测手段、生产设备、生产特点的实际知识。收集有关的数据、图表、文献、资料，并进行分析、归纳、整理及研究，对课题设计方案起到一定的指导作用。

（3）调研要有记录。在实习结束后，学生需按规定的格式提交书面的"毕业实习报告"，实习报告要求格式按照学校提供的样板，填写内容，字数在 5000～8000 字，要有实习的内容，不能为了凑够文字，抄袭他人的内容。

3．实习（调研）时间

实习（调研）时间不少于 4 周，一般在 4～8 周，与毕业设计（论文）同时进行。

4．实习（调研）考核内容和方式

实习考核包括以下各项内容。

（1）对于指导教师安排进行调研的学生，考核其调研记录。对于在现场实习的学生，考核实习日记与实习单位的鉴定与证明。

（2）书面实习报告。

结合上述各项情况，由指导老师按五级记分制（优秀、良好、中等、及格、不及格）给出成绩。

成绩评定的依据，根据学生在实习期间的表现和书面材料的写作情况给定，学生在实习期间一定要认真书写实习（调研）日记，将自己看到的、想到的都记录下来。

另外提醒同学们，在实习（调研）期间，乘车要注意安全，按时完成实习（调研）任务，根据自己的课题，多掌握一些第一手资料，为毕业设计的写作工作打下坚实的基础，顺利完成毕业设计工作。

2.7 毕业设计材料装订顺序

毕业设计的全部材料，如毕业论文（文、经、管、艺）、毕业设计说明书（理工科）、工程图（理工科）、毕业设计所用表格、毕业设计实习（调研）材料等需要根据不同的类别，分别装订。

1. 毕业设计主体的装订顺序

毕业设计（论文）由设计（论文）主体和过程材料两部分构成。

（1）毕业设计（论文）主体的装订顺序如下。

封面、扉页（原创性及知识产权声明）、中文摘要及关键词、英文摘要及关键词、目录、正文、结论、致谢、参考文献、附录、封底（空白 A4 打印纸一张）

将以上资料（除去封面和封底）装订在一起，左边装订，然后将封面和封底分别用胶水（或是双面胶带）粘贴在上面和下面（不能露出装订的书订）。

（2）图纸按照国家标准复制图纸的折叠方法折叠好，折叠方法参见第 233 页，第 9 章 复制图纸的折叠，单独装订，不要与毕业设计（论文）在一起装订。

毕业设计装订部分各个院校要求不同，按照所在院校的要求装订。

2. 表格部分的装订顺序

毕业设计所用表格单独装订（表格的格式按照学校提供的统一格式和要求填写）：任务书或者是开题报告（需要正反面打印，不够可以加附页）；中期检查表；指导教师评审表；评阅教师评审表；答辩表（不够可以加附页）；还有的学校要求有"毕业设计答辩后修改报告"，不装订，单独交。

将以上表格按照顺序，装订在一起。毕业设计（论文）和毕业设计所用表格，放在一个档案袋中，档案袋外面需要有封面，封面统一由学校提供，A4 纸，需要在上面填写：题目（填写课题名称）院系、专业、班级、姓名、学号、指导教师、内装资料等，按照要求的字体填写好，左顶格，下画线左右侧都要对齐，打印，粘贴到档案袋的正面。封皮分为"设计类档案袋封皮"和"非设计类档案袋封皮"，区别在于内装资料，设计类档案袋封皮上面内装资料有任务书，非设计类档案袋封皮上面内装资料有开题报告，其他资料相同。如果有两位指导教师，姓名中间不要加标点符号。内装资料按照装入的顺序填写，如图 2-1 所示。毕业设计全部材料入库存档。

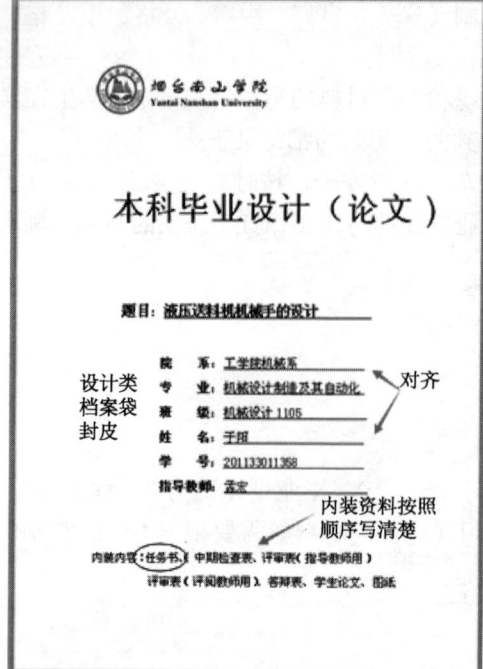 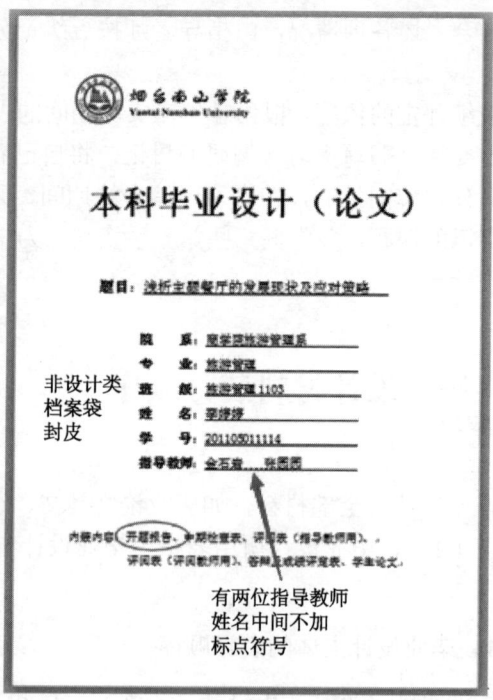

图 2-1　档案袋封皮

3．毕业设计实习资料装订顺序

毕业设计实习（调研）资料装订顺序如下。

毕业实习报告、毕业实习成绩认定表和实习单位的鉴定与证明（实习日记）。

2.8　毕业设计工作流程

整个毕业设计工作，大致可以分为以下几部分，有时候先后顺序可以有所变化，或是同时进行。

毕业设计工作基本流程如下。

（1）启动毕业设计（论文）工作，教务处下达毕业实习、毕业设计教学任务。

（2）学院成立毕业论文工作领导小组，制定工作计划。根据专业培养计划下达毕业设计安排文件（内容涉及时间进度、要求、参考题范围等）。

（3）学院组织毕业生召开"如何进行毕业设计讲座"，对毕业设计的目的、意义、论文写作流程、论文规范要求、评分标准、时间安排等进行讲解，指导学生正确选题。

（4）指导教师拟定论文题目和学生自主命题相结合，上报"选题审核表"到学院，学院组织专家讨论、审核题目的可行性和实用性。

（5）学生与指导教师见面，共同分析选题与写作方案，并由指导教师向学生讲解毕业论文写作的具体要求、方法、规范、参考文献的选择（8 篇以上，要有近 5 年的文献），研究的主要方向及应该注意的问题。学生进入毕业设计（论文）的初始阶段。

（6）学生报名选题，可以是指导教师给定的题目，也可以是自己确定的题目。

（7）系审定后，将选题报二级学院，学院汇总后报教务处。

（8）前期调研，资料收集。学生进行实习(调研)工作，了解毕业设计课题研究的对象及生产、科研的实际课题。根据指导教师给出的毕业设计课题，有针对性地进行课题考察，研究。

（9）指导教师下达"毕业设计任务书"（在学生实习调研之前），或是指导教师指导学生正确填写"开题报告"（在学生实习调研之中），根据各个学校不同的要求，两者任选其一。学生根据"选题审核表"的内容，填写"开题报告"，提交给指导老师审核，学生反复修改。学生在规定的时间内向指导教师提交"开题报告"，经指导老师审核后，交给学院。

（10）学院组织专家审核毕业设计任务书或是开题报告，公布审核结果通过或是不通过，不通过再次修改，再审核一次；未经通过的不能进行下一阶段的工作。

（11）学生按照计划进行调研和研究，学生在指导教师指导下撰写毕业设计论文。

（12）学生带着论文初稿参加毕业设计中期检查，指导教师填写"毕业设计中期检查表"，对检查出的问题及时通知学生整改，对未完成的工作督促学生按时、保质完成。

（13）学生根据指导教师的中期检查表的意见修改论文的不当之处，进一步完善毕业设计论文的全部内容，定稿。

（14）指导教师随时检查，督促工作进度，对毕业设计论文和工程图纸方面的问题进行全面指导。

（15）学生在规定的时间内向指导教师提交电子版的论文及工程图纸的电子版，指导教师师提出修改意见。

（16）毕业设计（论文）查重，对查重率不符合学校要求的进行整改，再一次参加查重，如果查重不过，不能参加答辩，并填写"毕业设计（论文）检测结果汇总表"。

（17）学生根据指导教师的意见修改毕业设计，装订论文，打印工程图纸。

（18）指导教师审核学生毕业设计，给出评价，是否可以参加答辩，写出评语及成绩，填写"指导教师审核表"。

（19）评阅教师审核学生毕业设计，给出评价，是否可以参加答辩，写出评语及成绩，填写"评阅教师审核表"。

（20）指导教师组织学生"如何参加毕业设计答辩"答疑讲解。

（21）指导教师通知学生带齐毕业设计所有资料，按学院规定的答辩时间参加答辩。

（22）学生必须在毕业设计论文答辩会举行之前，将经过指导教师和评阅教师审定的毕业设计（论文）（打印版）和提纲等交给答辩小组，答辩小组的主答辩教师在仔细研读毕业论文的基础上，拟出要提问的问题，然后举行答辩会。

（23）在答辩会上，教师提问，学生回答。由答辩小组组长当面向学生就论文和答辩过程中的情况加以小结，同时当面向学生宣布答辩通过或不通过。论文的成绩，不当场宣布。

（24）填写答辩记录，整理好"答辩表"。

（25）答辩委员会给出成绩，按规定程序通知学生，下发成绩。

（26）学位委员会根据学生的毕业设计和答辩小组的成绩，综合考虑，是否授予学位。

（27）指导教师收齐学生的毕业实习（调研）材料、毕业实习报告、实习日记与实习单位的鉴定与证明。写出评语，给出成绩，成绩的判定按照五级记分制给分，即优秀、良好、中等、及格、不及格。按照学校的要求制表上报学生的实习（调研）成绩。

（28）指导教师收齐学生的所有毕业设计的全部资料，将所有表格填写整理好；

（29）毕业设计材料分为纸质版和电子版两部分。

① 纸质版装订分三部分装订，第一部分，毕业设计（论文）部分；第二部分，表格部分；第三部分，实习（调研）部分。第一部分和第二部分，放在一个档案袋中。第三部分单独装订。

② 电子文档存档要求：毕业设计（论文）的电子文档，学生应存成以"学号+姓名+论文主标题"为文件名的.doc 文件。刻盘保存。

毕业设计全部材料入库存档。

（30）成绩报送。毕业设计（论文）答辩结束后 3 天内，各系应将毕业设计成绩报所属二级学院，各二级学院汇总后于答辩结束 5 天内报教务处学籍科。

（31）各二级学院按照毕业生的 2%推选校级优秀毕业设计（论文），教务处将组织专家推选省级优秀毕业设计。优秀毕业设计的指导教师为优秀指导教师。指导教师填写"推荐表"。

（32）总结报送。毕业设计工作结束后，各系、学院应进行认真总结，并将总结报告、有关情况统计表以书面形式于答辩结束后两周内报教务处实践教学科存档。

（33）档案管理。各院系应加强毕业设计档案管理，各专业本科毕业设计资料的保存期不少于 5 年。

以上工作完成后，整个毕业设计工作结束。

第 3 章　毕业设计（论文）选题

毕业论文的题材非常广泛，社会生活、文化建设、科学领域、经济建设等，各个领域的问题，都可以成为毕业设计的题目。选择课题的原则要注重理论联系实际。毕业设计的选题工作非常重要，一篇毕业设计（论文）写作的好坏，最关键的是选题，选题的依据是什么，也就是学生为什么要选择这个题目。课题选择好了，有事半功倍的效果。选题可以是学生自己定题目，根据学生自己的兴趣、爱好（是指与本专业有关的兴趣、爱好）、所学专业的知识热点、当前国内外的本专业研究现状和已经取得的成果，或是本专业还没有解决的问题，或者是存在其他专业先进的方法可以引入等，也可以是指导教师给定的题目，根据指导教师给定的几个题目，从中选择学生自己喜欢的题目。

3.1　毕业设计选题目的

毕业设计选题的目的是为了进一步巩固学生的基础知识和基本技能，训练学生综合运用多学科理论、知识与技能的能力，培养学生创新意识、创新能力和获取新知识的能力，鼓励学生运用所学知识独立完成科学研究课题，培养学生严谨求实、刻苦钻研、勇于探索的精神。

毕业设计具有学术论文性质，应能表明作者在科学研究领域中取得的新成果或者提出的新见解，是学生科研能力与学识水平的标志。毕业设计具有学术论文所共有的属性，应按照学术论文的要求写作。

3.2　毕业设计选题的指导思想

毕业设计选题过程中，注意与 21 世纪经济、社会发展需要相结合，注意理论联系实际，充分体现人才培养目标的要求。要特别强调对学生创新精神的培养，注重实践能力的培养锻炼，既要遵循科学研究的一般规律，又要符合本科教学的基本要求。

毕业设计具有学术论文性质，应能表明作者在科学研究领域中取得的新成果或者提出的新见解，是学生科研能力与学识水平的标志。毕业设计具有学术论文所共有的属性，应按照学术论文的要求写作。

3.3　毕业设计选题的要求

选题是毕业设计的关键。选择好的课题，能强化理论知识及实践技能，使学生充分发挥其创造力，圆满地完成毕业设计。

1. 毕业设计的课题选题要求

毕业设计的课题选题综合考虑以下几个方面。

（1）毕业设计选题应符合本校人才培养目标的基本要求，选题的分量要适当，应使学生在规定时间内经过努力能基本完成，或者能够做出阶段性成果。题目不宜过大、难度适中，有利于综合学生所学知识。

（2）有一定的应用价值。选题应根据我国政治、经济、社会、文化和科技发展的需要，尽可能选择生产、科研、实验室建设和经济活动中具有重要实践价值或现实意义的课题。体现指导教师和学校本学科科研工作的优势，使学生能更多地接触生产实际和学科研究前沿。

（3）原则上每个学生应独立选择并完成一个题目，若几个学生联合完成一个较大课题，应明确每个学生独立完成的部分，确保每个学生完成足够的工作量。结合较大型任务的课题，每个学生必须有毕业论文的独立子课题。

（4）尽可能联系实际。选题应尽量结合本地、本单位的教学、科研、技术开发项目，在实际环境中进行。

（5）为保证选题的科学性和实用性，各专业选题须经有关教研室集体讨论确定，并经系主任审批后向全体学生公布。每位学生课题的确定按照"双向选择"的原则进行，即学生先根据系公布的设计（论文）题目自由选择，系再根据学生人数和教师专业方向及指导能力进行适当调整，最后确定学生具体的毕业设计题目。原则上不能选择本专业以外的题目。

（6）到实习单位做毕业设计的学生，可由实习单位指定的校外专业技术人员提供设计题目及任务书或是开题报告，经校内指导教师及教研室审核后方可作为设计题目。

（7）设计题目确定后，如两周内有更好的选题，须经指导教师、教研室主任和系主任审核同意后方能变更，并报学院和教务处备案。原则上两周后不再接受题目的更改申请。

2. 怎样选择课题

根据以上要求，从以下几方面选择课题。

（1）结合机械专业（本专业）的学科的特点，设计与本专业相关或是相近的课题。

（2）学科教学的延伸。例如，"结合电气控制线路，要求学生设计机械动力控制电路并安装调试"。

（3）结合生产实际，"学校可以和一些企业单位联合，共同开发一批有实用价值、适合学生设计的课题，也可以以某些单位的某项生产任务作为设计课题"。

（4）课题应尽可能地贴近生产实际、生活实际。而注重课题的教学性能使知识承上启下，一方面强化原有知识，另一方面保证了知识的前后连贯性，有助于学生进一步消化原有知识，提高自己。

要考虑学生实际能力的差异。学生不可避免地在理论基础和动手能力方面存在着较大的差异。因此，课题的准备应有层次性，否则，太简单的课题（如在校期间做过的课程设计题目，减速器等），将使部分能力较强的学生产生轻视的态度，草草了事，或过早地完成设计而影响其他学生的积极性。而太难的课题（如整台大型机器的全部设计），使部分基础较差的学生感到无从下手，产生畏惧感，最后要由教师手把手地教，甚至由教师一手包办，使毕业设计流于形式，起不到应有的作用。因此在准备课题的时候，要事先了解学生的学习状况，分别按照学生的实际学习水平布置课题，基础好的学生和基础差的学生的设计课题应有所不同，尽可能符合每一位学生的实际能力，使每一位学生都能产生强烈的探索欲望，解决问题的迫切心理要求。

要注重课题的实用性、教学性。学习的最终目的是为了应用，与实际结合的课程能激发学生的学习动力，产生强烈的学习爱好。课题应尽可能地贴近生产实际、生活实际。

3.4 推荐毕业设计选题参考网址

在网络上有许多关于毕业设计选择题目的网址，可以多上网找找适合自己专业的题目。根据题目，在实习期间多收集资料，写出一篇高质量的毕业设计。为了方便同学们更好地选题，下面推荐几个选择毕业设计（论文）的网址，同学们可以参考一下。推荐参考网址如下。

（1）毕业设计题目大全/豆丁网：http://www.docin.com/p-218905279.html。
（2）毕业设计论文网：http://www.paper51.cn/。
（3）机械毕业设计/机械毕业论文/机械类毕业论文范文/模具设计论文：http://www.aljxsj.com/。
（4）毕业设计论文网/计算机毕业设计/机械毕业设计/毕业设计开题报告：http://www.papersay.com/。
（5）机械毕业设计/论文/工艺夹具/数控/模具/机电一体/毕业论文尽在小木机械资料网：http://www.jixielw.cn/。
（6）机械毕业设计/机械毕业论文设计/机电一体化毕业论文范文/机械毕业课程设计/机械设计制造及其自动化/毕业设计论文网：http://www.56doc.com/mechanical/。

此外还有已经毕业的同学将自己的论文发到网上，同学们也可以参考一下，设计的思路、方法、排版的格式等，参考网址如下。

（1）机械手毕业设计论文/豆丁网：http://www.docin.com/p-400265451.html。
（2）2011 本科毕业设计/机械设计制造及自动化毕业论文/豆丁网：http://www.docin.com/p-435906694.html。
（3）液压机械手毕业设计说明书/豆丁网：http://www.docin.com/p-220747759.html。
（4）文科类毕业论文基本格式/毕业设计/道客巴巴：http://www.doc88.com/p-14985877384.html。
（5）文科毕业论文（设计）/百度文库：http://wenku.baidu.com/view/d529830616fc700abb68fc1d.html。

3.5　不要买毕业设计（论文）

　　指导了多年的毕业设计，什么样的情况都遇上过，大多数同学都能在指导教师的指导下自己做毕业设计，但是也有个别同学，自己不做，买毕业设计。有两名同学，一名王同学花了一千多元人民币买了一篇毕业设计，一名李同学花了八百多元人民币买了一篇毕业设计。在指导两名同学做毕业设计期间，两名同学都积极主动问指导教师问题，问的问题很全面，很细致。指导教师每一个问题都耐心细致的讲解，直到学生表示明白了。两名同学交毕业设计时，指导教师发现不像学生自己做的，有些话语不连贯，有些句子或是段落与本文无关！公式的引用是错误的，计算结果就更错了！图纸也不对，机械制图最基本的知识"主视图俯视图长对正，主视图左视图高平齐，俯视图左视图宽相等"都没有达到要求，图纸中标注尺寸中的数字设置不对，图纸设计的内容零件图与装配图不符，有许多错误。指导教师及时找来两名同学了解情况，经过耐心细致做两名同学的思想工作，两名同学承认是买的毕业设计。指导教师很奇怪，你们既然买的毕业设计，为什么还要问那么多的问题？学生回答：是卖家问他们什么问题，他们就问指导教师。所以给指导老师的印象是，他们勤学好问，自己做的毕业设计！（指导教师判断错误！）卖家承诺，查重率保证能达到学校的要求，篇幅、字数、图纸的数量都可以按照要求提供。但是学生不知道，毕业设计最主要的是内容，而不是形式，不是页数达到学校的要求，查重率过了就行，花钱买的是不合格的毕业设计！指导教师批评了两名同学，给出两条选择的路，一条路是按照学校的规定，在毕业设计过程中，行为不端者，直接定为成绩不及格，第二年与下一届重新做毕业设计；另一条路，利用有限的时间，抓紧做毕业设计，一定要自己做！两名同学承认了错误，表示愿意重新做论文。在指导教师的帮助与指导下，两名同学对原有的论文进行了 3/5～4/5 的改动！从设计、计算等各个环节全面地做了一遍，图纸也是重新画图！鉴于两名同学能承认错误、知错就改，毕业设计勉强给个及格的成绩，如果按照两名同学后来改正的毕业设计的质量，能给个较好的成绩，但是两名同学最开始的动机不对，只是给个及格的成绩，以示惩戒！两名同学表示："刚开始，以为做毕业设计好难，所以就想买毕业设计，没有想到买的毕业设计查重率是过了，质量不合格，还被指导教师发现了，还是要自己做，早知今日，何必当初呢。毕业设计其实不难做。通过做毕业设计，将所学的知识全面、系统的复习了一遍，为我们今后走向工作岗位，打下了坚实的基础。"

　　在这里，老师奉劝同学们，要自己做毕业设计，不懂的地方，及时与指导教师和同学联系，或是上网查询，上图书馆查找资料，有很多种方法，将问题弄懂弄通，做毕业设计并不难，难就难在个别同学不想做！

3.6　提高毕业设计的质量

　　从多年来毕业设计（论文）完成质量的实际情况分析，影响毕业设计完成质量的主要因素有选题质量、学生自身素质、指导教师水平和指导质量、健全的规章制度及科学的评定体系、内部和外部两个方面诸多因素等，应该采取相应的措施和方法，提高毕业设计的质量。必须从适应体制转变、协调毕业设计环节与外部因素的关系以及加强管理、提高学科建设水平等方面加以改进。

3.7　毕业设计题目不宜过小

　　毕业设计（论文）的选题很重要，适当的题目，学生能在规定的时间内完成毕业设计，又能将所学的知识系统的复习一遍，好的题目，能使学生拓宽知识面，掌握新知识，了解本专业的前沿领域的知识，为学生参加工作打下坚实的基础。在毕业设计选题时，建议不要用大学期间课程设计的题目，课程设计一般是两周左右的时间，对于毕业设计来讲，内容相对少了点。

　　例一："xxx 的减速器的设计"，这样的题目一般是《机械设计课程设计》和《机械设计基础课程设计》的题目，最好不要用在毕业设计的题目上。还有一些课程的设计题目，如果指导教师认为题目很好，很想采用，建议在原有内容的基础上，充实内容量，使学生不至于认为毕业设计是课程设计的翻版。

　　例二："小汽车螺旋千斤顶的设计"，初看题目是什么机械的设计，觉得可以，可是螺旋千斤顶一共就有 5 个主要零件，涉及的知识点较少，设计的内容更少，作为一周的课程设计还可以，作为毕业设计（论文）的题目不适合。

　　以上说法，属于个人见解，仅供参考。

第 4 章　毕业设计（论文）基本结构

根据《中华人民共和国国家标准科学技术报告、学位论文和学术论文的编写格式》（国家标准 GB7713—1987）的规定，各个院校为了统一和规范本学院毕业设计(论文)的写作，制定了符合本学校的毕业设计撰写规范，保证毕业设计的质量。毕业设计是培养学生综合运用本学科的基本理论、专业知识和基本技能，提高分析和解决实际问题的能力，完成初步培养从事科学研究工作和专业工程技术工作基本训练的重要环节。

各学院可以根据专业特点和实际需要对毕业设计（论文）结构和书写规范做适当调整。规范中对毕业设计说明书和毕业论文分别提出了相应要求，学生可参照规范中对应条目要求进行撰写。

4.1　毕业论文或毕业设计说明书的基本构成

毕业设计（论文）或毕业设计说明书的基本构成分为以下三部分。
（1）前置部分：包括封面、原创性及知识产权声明、中文摘要、中文关键词、英文摘要、英文关键词、目录。
（2）正文部分：包括绪论、正文主体、结论。
（3）后置部分：包括致谢、注释、参考文献、附录（附图）等。

4.2　前置部分

前置部分是对毕业设计（论文）的正文做准备工作，通过前置部分，主要了解毕业设计的大概内容，主要论述了什么问题。

1. 毕业设计的封面组成

（1）文头：包括校徽图案和中英文校名、本科毕业设计（论文）、题目、院系、专业、班级、姓名、学号、指导教师等。
题目：即标题，它的主要作用是概括整个毕业设计说明书的中心内容。题目要求以确切、恰当、鲜明、简短、精练的词语反映毕业说明书中最重要的特定内容的逻辑组合，做到文、题贴切。题名中不使用非规范的缩略词、符号、代号和公式，通常不采用提问的方式，是对研究对象的精确具体的描述，在一定程度上体现研究结论。应简明扼要地反映毕业设计的主要内容，同时有中、英文对照。题目可以设副标题。字数一般不宜超过 20 个汉字。

2．扉页

原创性声明及知识产权声明：是自己原创，没有抄袭和剽窃，学校可以使用等。

3．中英文摘要

摘要是毕业设计说明书的高度概括，是论文不可缺少的组成部分。摘要主要是说明研究工作的目的、方法、结果和结论。文字要简练流畅，又能够独立成文，而且要避免与"前言"和"结论"雷同。陈述要实事求是，又要力求唤起读者渴望详细阅读本设计资料的兴趣。要有高度的概括，语言精练、明确，同时有中、英文对照。英文摘要应是中文摘要的翻译，所表述的内容应与中文摘要一致。摘要中用第三人称的方法记述毕业设计的性质和主题，不必使用"作者""本文"等作为主语，应采用"报告了……现状""对……进行了研究""进行了……调查"等表达方式。书写要合乎逻辑关系，摘要的结构要严谨、表达要简明、语义要确切，一般不再分段落，尽量同正文的文体保持一致。要求用中、英文分别书写，对中文要点的概括，不加评论和解释，简明、确切地论述毕业设计说明书的主要内容。

摘要应具有独立性和自含性，即不用阅读毕业设计说明书的全文，就能获得必要的信息。摘要的内容应包含与论文同等量的主要信息，供读者确定有无必要阅读全文，摘要中一般不用图、表、公式等，不用非公知公用的符号、术语和非法定的计量单位。摘要页置于题名页后。中文摘要以 200～400 个汉字为宜。

4．中英文关键词

关键词是供检索使用的主题词条，应采用能覆盖设计说明书的主要内容的通用技术词条（参照相应的技术术语标准）。关键词一般为 3～5 个，按词条的外延层次排列（外延大的排在前面）。同时有中、英文对照。能表征设计说明书主题内容的具有实际意义的中文单词或术语，在设计说明书中出现最多。关键词应另起一行，排在摘要的左下方。

5．目录

目录由毕业设计各部分内容的顺序号、名称和页码组成，目录作为设计提纲，是各组成部分的小标题，文字应简明扼要。目录页排版一般应按章、节、条三级标题编写，逐项标明页码，包括参考文献、附录等附属部分的页次。目录中应包括绪论、论文主体、结论、致谢、参考文献、附录等。目录中的标题应与正文中的标题一致。

4.3 正文部分

毕业设计（论文）正文是毕业设计(论文)的主体和核心部分，一般应包括绪论（前言）、论文主体及结论等部分。

1. 绪论（前言）

绪论一般作为第一章，是毕业设计（论文）主体的开端。主要说明写作目的、现实意义、对所研究问题的认识，并提出中心论点等。要写得简明扼要，篇幅不要太长。绪论与摘要不完全相同，摘要要写得高度概括、简略，绪论稍加具体一些。

（1）绪论部分（文、经、管、艺）应包括为什么要写这篇论文，想要解决什么问题，本文主要观点是什么？对本文研究主题范围内已有文献的评述（包括资料来源、性质及运用情况及与课题相关的历史的回顾等）。说明所采用的研究手段、方式、方法。明确研究工作的界限和规模，本文所要解决的问题。概括总结本课题研究所取得的成果及意义。

（2）毕业设计说明书的绪论（前言）（理工科），在写法上应注意与论文是有区别的。毕业设计说明书绪论（前言）应包括简述毕业设计(论文)的选题背景及目的；本课题的含义、范围及其在国内外研究状况和相关领域中已有的研究成果；完成本课题的总体思路，简述本设计要解决的主要问题、创新点及预期社会经济效益。该部分应有一定量的文字叙述、插图、表格和公式等。绪论一般不少于一千字。

2. 正文主体

论文的正文主体是作者对自己的研究工作详细地表述。

（1）正文主体包括以下内容。

理论分析部分：需要详细说明所使用的计算方法和分析方法等基本情况；指出所应使用的计算方法、分析方法和实验方法等哪些是前人和他人已有的，哪些是经过自己全部和部分改进的，哪些是自己创造的，以便指导教师审查和纠正，篇幅不宜过多，应以精练的文字概述表达。

用调查研究的方法达到研究的目的，调查目标、范围、对象、地点、时间、调查的过程和方法等，语言一定要简述。对调查所提供的数据、样本、新的发现等则应该详细说明，也是论文的创新点。

结果与讨论应恰当运用表格和插图进行分析，一目了然，图文并茂，简单易懂。

主题鲜明深刻、资料丰富翔实，结构恰当匀称。论文的主题部分，字数为6000~12000（包括绪论、正文、结论）。

（2）毕业设计说明书的内容在写法上应注意与论文是有区别的。毕业设计说明书的内容包括设计说明书和图纸两部分（图纸部分在第8章和第9章中讲解）。

毕业设计说明书正文包括方案的论证和主要参数的计算两大部分，是毕业设计说明书的核心部分，是对研究工作的详细表述，占据主要篇幅。其内容包括标题、调查对象、实验和观测方法、仪器设备、元器件说明、实验和观察结果、设计思想、编程原理、数据资料、文字、图、表格、公式、计算方法、软件的应用、形成的论点和导出的结论等。正文的各个章节应以若干层级标题来标识。该部分要运用各方面实验结果、研究方法、分析问题、论证观点，尽量反映出学生的科研能力和学术水平。

总体方案论证：详细说明本设计的原理并进行多个方案选择。说明选择哪个设计方案（包括各种方案的分析、比较）较好的理由，还应阐述所采用该方案的特点（如采用了哪些新技术、新措施，提高了哪些性能等）。

计算部分：毕业设计（论文）各部分（包括硬件与软件）的设计计算。这部分在设计说明书中的比例应占大部分，必须有该课题的具体计算，不能仅仅是一般性的计算方法介绍。

设计部分：设计说明书的重要组成部分，是对该课题解决主要问题的构思过程和预期实现该方案的说明。

试验方案及分析：包括试验设计方案的可行性、实验过程、试验数据的处理试验方法等。

预期效果：该设计的结果是否满足各项性能指标的要求，是否达到了预期的效果。校验的方法可以是理论论证性的（即反推算），也可以包括系统分析；实验测试或计算机模拟运行等。

对本研究内容及成果应进行较全面、客观的理论阐述，应着重指出本研究内容中的创新、改进与实际应用之处。理论分析中，应将他人研究成果单独书写，并注明出处，不得将其与本人提出的理论分析混淆在一起。对于将其他领域的理论、结果引用到本研究领域者，应说明该理论的出处，并论述引用的可行性与有效性。

自然科学的论文应推理正确，结论清晰，无科学性错误。

管理和人文学科的论文应包括对研究问题的论述及系统分析，比较研究，模型或方案设计、案例论证或实证分析、模型运行的结果分析或建议、改进措施等。

正文主体部分必须做到准确完备、合乎逻辑、客观真实、层次分明、简练易读。

3．结论

结论是毕业设计（论文）的总结，是全文的思想精髓和文章价值的体现。应概括说明所进行工作的情况和价值，分析其优点和特色，指出创新所在，还应进一步提出需要讨论的问题和建议及今后改进方向，特别是对工作中遇到的重要问题要着重指出。它集中反映作者的研究成果，表达作者对所研究的课题的见解和主张，论文的结论部分简明扼要，精炼完整。要实事求是地介绍自己研究的成果，切忌言过其实，篇幅不宜过长。

4.4 后置部分

后置部分是毕业设计（论文）即将结束了，需要对写作本文有所帮助的人员感谢一下，对文中所引用的文章做一下明示，将正文中一些冗长的公式计算、图表等附在附录中。

1．致谢

在文章结尾处，通常以简短的文字，对工作过程中曾给自己以直接帮助过的老师、同学及其他人，表示自己的谢意。言辞应恳切、实事求是。

2．注释

注释用于说明数据出处、对所注内容做出解释、所创设的名词术语的解释或引文出处的说明，一般分为页末注（脚注）和篇末注（尾注）两种。一般院校统一使用脚注形式。在所需引用或注释处用上标①、②、③……表示，注释内容包括作者、出处、出版年份、页码等信息。注释也可是解释性语句。

3．参考文献

作者在写作过程中参考的主要文件。以原文原著为主。包括研究背景、研究方法、研究结果的比较等，是设计（论文）不可缺少的组成部分，也是作者对他人知识成果的承认和尊重。

4. 附录（附图）

　　附录附属于正文，对正文有补充说明的资料，对于一些不宜放在正文中的重要支撑材料，可编入毕业论文的附录中。可以是文字的，也可以是图形、图像、表格或者是其他形式的，包括某些重要的原始数据、详细数学推导、程序全文及其说明、复杂的图表、设计图纸等一系列需要补充提供的说明材料。如果毕业设计中引用的实例、数据资料，实验结果等符号较多时，为了节约篇幅，便于读者查阅，可以编写一个符号说明，注明符号代表的意义。附录的篇幅不宜太多，一般不超过正文。

　　按照专业性质不同规定一定图幅的设计图纸。

　　有些院校要求有外文资料原文和译文。

第 5 章　毕业设计（论文）排版规范

每年的毕业季，毕业设计（论文）提交的时间，大部分学生几乎是同时提交论文，指导教师既要正常授课，又要在几天的时间中，审阅全部的指导学生的毕业设计（论文）和工程图纸。白天上课，晚上有时为了给学生审核论文，都要在后半夜才能恋恋不舍地离开计算机，因为学生马上就要毕业答辩了！不审核完，学生无法参加毕业答辩。如果将学生的毕业设计继续审核、修改完，老师就没有时间休息了！纠结中！学生一般都是好几个人一起到老师的办公室，让指导教师审核毕业设计和工程图纸。指导教师审核论文，指出问题后，一般情况下，提醒其他的同学也要注意相同的问题，学生不认真再看看其他的地方，不会自己审核，告诉哪错了，就急忙去重新打印，回头指导教师审核其他同学的毕业设计，发现问题后，提醒学生，有的学生发现自己有相同错误，学生又重新打印，导致学生反复多次修改、打印，浪费了时间和钱财。有的学生一篇论文打印十几次。好多学生自己不知道怎样去修改毕业设计。

怎样能改变这种不正常的状态呢？缓解大学生毕业季期间的问题。本章从毕业设计写作格式及排版规范等，都做了详细的介绍。学生可参照各自院校的规范要求进行排版，本例是参考烟台南山学院毕业设计（论文）排版规范（烟台南山学院教务处 2016 年发文）。

5.1　毕业设计页面设置

毕业设计各个学校都对页面设置和打印用纸做了统一的规定，使毕业设计（论文）装订后整齐、美观，利于学校档案室保存。

1. 毕业设计页面设置

页面设置针对整个文档而言，例如，烟台南山学院对毕业设计的要求如下。

纸张单面打印，竖向横排。页边距要求：除封皮采用规定的统一格式外，其余页面上边距 3cm，下边距 2.5cm，左边距 2.5cm，右边距 2.5cm；行间距为 1.5 倍行距；左侧装订线为 0.5cm。左侧装订。（注意：各个学校对页面设置的要求不同。）

2. 毕业设计排式与分栏

文字图形从左边自右边横写横排。文字通栏编辑，不分栏。

3. 毕业设计打印用纸

本科学生毕业设计（论文）采用国际标准 A4（210mm×297mm）白色打印纸或者复印纸，

单面打印。

5.2 毕业设计页眉和页码

学生毕业设计（论文）封面、扉页（原创性声明及知识产权声明）和目录不设置页眉和页码，其他部分在页眉处打印"烟台南山学院本科毕业设计（论文）"，居中。页码"第 X 页"右对齐。宋体，五号。

毕业设计页码书写要求：论文页码从绪论首页开始，作为第 1 页，至附录，用阿拉伯数字连续编排页码，页码位于页眉右侧。宋体，五号；前置部分摘要、ABSTRACT 用罗马数字（I、II……）单独编排页码。

有学校要求页码放在页脚。还有的学校要求毕业设计正反面打印，需要设置奇偶页不同的页眉，在奇页的页眉设置章的标题，偶页的页眉设置节的标题；还有的学校要求设置奇偶页不同的页眉，在奇数页的页眉设置章的标题，偶数页的页眉设置毕业设计（论文）的标题。还有的学校要求非常简单，在页眉处设置毕业设计（论文）的标题即可。

5.3 毕业设计字体和字号

毕业设计对字体和字号的要求比较复杂，下面详细讲解。

论文题目：二号，黑体。（在中文摘要的最上面一行）

英文论文题目：首字母大写，二号，Times New Roman 字体，加粗。（在英文摘要的最上面一行）

章标题：三号，黑体。

节标题：小四号，黑体。

条标题：小四号，宋体。

正文：小四号，宋体。

数字字母：Times New Roman（在正文处就是正文的字号，在标题处就是标题的字号）。

表序与表名：五号黑体加粗，数字和字母为五号，Times New Roman 字体，加粗。

表格内容：五号，宋体。

表格说明：小五号，宋体。

图题：五号，宋体。

目录、结论、致谢、参考文献、附录前面没有章号，字体按照章标题三号，黑体。

摘要（两个字）：三号，黑体。

关键词（三个字）：四号，黑体。

关键词后面的三到五个关键词：小四号，宋体。

摘要内容：小四号，宋体。

ABSTRACT（英文摘要）：全部大写，三号，Times New Roman 字体，加粗。

Key words（英文关键词）：四号，Times New Roman 字体，加粗。

Key words 后面的三到五个关键词：小四号，Times New Roman 字体。
ABSTRACT 内容（英文摘要内容）：小四号，Times New Roman 字体。
页眉：五号，宋体，"烟台南山学院本科毕业设计(论文)"。
页码：五号，宋体，"第 X 页"。
附录内容：标题、文字、表格、图、公式等，与正文的字体和字号要求相同。
目录的一级标题，小四号，黑体；二级标题和三级标题，小四号，宋体。目录的页码与所对应的标题字号相同。
封面论文题目（下画线上的字）：小二号，宋体，不加粗。副标题为三号，宋体，不加粗（在封面，大约第 4 行的位置，"题目："后面下画线上需要填写的文字）。
封面院系、专业、班级、姓名、学号、指导教师后面下画线上的文字，要求下画线上的字，三号，宋体，不加粗（在封面，中间的位置）。
封面时间对字体、字号的要求：三号，宋体，加粗（在封面，最后一行的位置）。
烟台南山学院毕业设计（论文）原创性声明和烟台南山学院关于毕业设计（论文）使用授权的说明对字体、字号的要求：三号，黑体。声明的正文部分为四号，宋体。

5.4 毕业设计表格的要求

每个表格应有自己的表序和表题。并应在文中进行说明，如"表 1.1 工资表"。
表格一般采用三线表，三线表通常只有 3 条线，即顶线、底线和栏目线（注意：没有竖线）。其中顶线和底线为粗线，1.5 磅，栏目线为细线 0.5 磅。当然，三线表并不一定只有 3 条线，必要时可加辅助线，但无论加多少条辅助线，仍称作三线表。三线表的组成要素包括表序、表题、项目栏、表体、表注。
表序一般按章编排，如第 1 章第一个插入表的序号为"表 1.1"等。表序与表题之间空一格，表题中不允许使用标点符号，表题后不加标点。表序与表名置于表上居中，黑体，加粗，五号。数字和字母为五号，Times New Roman 字体，加粗。如图 5-1 所示。

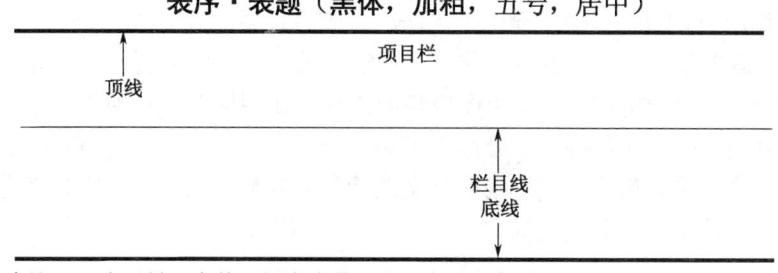

图 5-1 三线表的样式

表头设计应简单明了，尽量不用斜线。表头与表格为一整体，不得拆开排写于两页。全表如用同一单位，将单位符号移至表头右上角。
表中数据应正确无误，书写清楚。数字空缺的格内加"—"字线（占 2 个数字），不允许用"同上"之类的写法。

表内文字说明（五号宋体），起行空一格，转行顶格，句末不加标点。

表中若有附注时，用小五号，宋体，写在表的下方，句末加标点。仅有一条附注时写成"注"；有多条附注时，附注各项的序号一律用阿拉伯数字，如："注 1"。

5.5 毕业设计图的要求

毕业设计的插图应与文字紧密配合，文图相符，技术内容正确。选图要精练。

1．制图标准

插图应符合国家标准及专业标准。

（1）机械工程图：严格按照国家标准《技术制图》和《机械制图》的基本规定绘制工程图。《中华人民共和国国家标准目录 技术标准》GB4457～4460—1984，机械工程图采用正投影法绘制，第一角投影法 GB/T 17451—1998，如果采用第三角投影法 GB/T 14692—2008，必须在图样中标出识别符号，图纸幅面和格式 GB/T 14689—2008，标题栏 GB/T 10609.1—2008，明细栏 GB/T 10609.2—2009，复制图的折叠方法 GB/T 10609.3—2009，比例 GB/T 14690—1993，字体 GB/T 14691—1993，图线（GB/T 4457.4—2002、GB/T 17450—1998），尺寸标注（GB/T 4458.4—2003、GB/T 16675.2—2012），几何公差 GB/T1182—2008，标准公差与基本偏差 GB/T 1800.1—2009，螺纹及螺纹紧固件表示法 GB/T 4459.1—1995，花键表示法 GB/T 4459.3—2000，齿轮表示法 GB/T 4459.2—2003，滚动轴承表示法 GB/T 4459.7—1998，弹簧表示法 GB/T 4459.4—2003，机械制图表面粗糙度代号及其注法 GB131-1983。同学们撰写毕业设计（论文）和绘制工程图时，都要按照最新的国家标准作为依据。

（2）电气图：图形符号、文字符号等应符合有关标准的规定。

（3）流程图：原则上应采用结构化程序并正确运用流程框图。

对无规定符号的图形应采用该行业的常用画法。

2．图题及图中说明

每幅插图均应有图题（由图号和图名组成）。图号按章编排，如第 5 章第一图的图号为"图 5-1"等。图题置于图下，用五号宋体。有图注或其他说明时应置于图题之上，用小五号宋体。图名在图号之后空一格排写。引用图应说明出处，在图题右上角加引用文献号。图中若有分图时，分图号用（a）、（b）等置于分图之下。

图中各部分说明应采用中文（引用的外文图除外）或数字项号，各项文字说明置于图题之上（有分图题，则置于分图题之上）。

3．插图编排

插图与其图题为一个整体，不得拆开排写于两页。插图处的该页空白处不够排写该图整体时，可将其后文字部分提前排写，将图移至次页最前面。

4．坐标与坐标单位

对坐标轴必须进行说明，有数字标注的坐标图，必须注明坐标单位。

5．论文原件中照片图及插图

毕业设计（论文）原件中的照片图应是直接用数码相机拍摄的照片，或是原版照片经过扫描后粘贴的图片，不得采用复印方式。照片可为黑白或彩色，应主题突出、层次分明、清晰整洁、反差适中。照片采用光面相纸，不宜用布纹相纸。对金相显微组织照片必须注明放大倍数。

5.6　毕业设计公式的要求

公式应另起一行写在稿纸中央，公式和编号之间不加虚线。公式较长时最好在等号"＝"处转行，如难以实现，则可在＋、－、×、÷运算符号处转行，运算符号应写在转行后的行首，公式的编号用圆括号括起来放在公式右边行末。

公式序号按章编排，如第 1 章第一个公式序号为"(1.1)"，附录 A 中的第一个公式为"(A1)"等。

文中引用公式时，一般用"见式（1.1）"或"由公式（1.1）"。

公式中用斜线表示"除"的关系时应采用括号，以免含糊不清，如 a/（bcosx）。通常"乘"的关系在前，如 acosx/b 而不写成（a/b）cosx。

5.7　毕业设计名词术语的要求

科技名词术语及设备、元件的名称，应采用国家标准或部颁标准中规定的术语或名称。标准中未规定的术语要采用行业通用术语或名称。全文名词术语必须统一。一些特殊名词或新名词应在适当位置加以说明或注解。

采用英语缩写词时，除本行业广泛应用的通用缩写词外，文中第一次出现的缩写词应该用括号注明英文全文。

物理量名称、符号与计量单位

（1）物理量的名称和符号。物理量的名称和符号应符合 GB3100～3102—1986 的规定。论文中某一量的名称和符号应统一。

（2）物理量计量单位。物理量计量单位及符号应按国务院 1984 年发布的《中华人民共和国法定计量单位》及 GB3100～3102 执行，不得使用非法定计量单位及符号。计量单位符号，除用人名命名的单位第一个字母用大写之外，一律用小写字母。

非物理量单位（如件、台、人、元、次等）可以采用汉字与单位符号混写的方式，如"万 t·km"。文稿叙述中不定数字之后允许用中文计量单位符号，如"几千克至 1000kg"。

表达时刻时应采用中文计量单位，如"上午 8 点 3 刻"，不能写成"8h45min"。

计量单位符号一律用正体。

5.8　毕业设计正文的要求

毕业设计对正文的要求一定要记清楚，正文是文章的核心，内容较多，设置不好，返工可是好麻烦啊！

（1）章节及各章标题。论文正文分章节撰写，每章应另起一页。各章标题要突出重点、简明扼要。字数一般在 15 个字以内，不得使用标点符号。标题中尽量不采用英文缩写词，对必须采用者，应使用本行业的通用缩写词。

（2）层次。层次以少为宜，根据实际需要选择。正文层次的编排和代号要求统一，理工科按照层次为章（如"第 1 章"）、节（如"1.1"）、条（如"1.1.1"）、款["（1）"]、项（如"①"）。社科类按照层次为章（如"第一章"）、节[如"一"]、条（如"㈠"）、款["（1）"]、项（如"①"）。层次用到哪一层次视需要而定，若节后无需"条"时可直接列"款""项"。

5.9　毕业设计引用文献的要求

引用文献标示方式应全文统一，并采用所在学科领域内通用的方式，用上标的形式置于所引内容最末句的右上角，用小四号字体。所引文献编号用阿拉数字置于方括号中，如"…成果[1]。当提及的参考文献为文中直接说明时，其序号应该用小四号字与正文排齐，如"由文献[8,10-14]可知"。不得将引用文献标示置于各级标题处，包括一级标题、二级标题、三级标题、条、款、项等标题处。

5.10　毕业设计注释的要求

毕业设计（论文）中有个别名词、观点、数据、材料或情况等需要解释时，可加注说明，注释可用页末注（将注文放在加注页稿纸的下端）或篇末注（将全部注文集中在文章末尾处），而不用行中注（在正文中的注释）的方法。若在同一页中有两个以上的注时，按各注释出现的先后顺序编列注释号，注释只限于写在注释符号出现的同页，不得隔页。在所需引用或注释处用带圈的阿拉伯数字上标①、②、③……按序编码予以标明，注释的内容是"论文作者名称：《论文名称》，出版刊名和年期.著述作者名称及（著、编者，主编）：《书名》，出版单位名称和年，第 x 页"。如果解释某些内容，或者引文来自经典著作、领导讲话、文件法规、内部资料、工具辞书，以及转引自有关文章，均可作为注释用以说明作者、题名和出处等。

5.11　其他要求

论文中还有以下一些要求，在书写时要注意。

（1）章、节的标题及段落格式（含顶格或缩进）应一致。

（2）各章体例应一致。例如，各章（节、目）是否有"导语"。

（3）各空行处的字体格式统一采用小四号宋体。

（4）时间表示：统一使用"2016年6月"，不能使用"16年6月""2016.6"或"2016-6"等简易表示。

（5）全文错别字或不规范之处不应超过万分之二。

（6）论文书写。除外语专业外，毕业论文应采用最新颁布的汉语简化文字、符合《出版物汉字使用管理规定》，由作者在计算机上输入、编排与打印完成。不能找人替写等学术不端行为。

（7）论文文字和字数的要求。论文主体部分字数在0.5~0.8万字左右，说明书应为0.6~1.2万字左右。因各个学校的要求不同，书写时参考各自学校的要求。

（8）字母的正、斜体用法。物理量符号、物理常量、变量符号用斜体，计量单位等符号均用正体。

（9）数字。按国家语言文字工作委员会等七单位1987年发布的《关于出版物上数字用法的试行规定》，除习惯用中文数字表示的以外，一般均采用阿拉伯数字。年份一律写全数。

（10）毕业论文作者应在选题前后阅读大量有关文献，文献阅读量不少于5篇。并将其列入参考文献表，并在正文中引用内容处注明参考文献编号（按出现先后顺序编）。

第 6 章　毕业设计（论文）版式

论文常指用来进行科学研究和描述科研成果的文章。它既是探讨问题进行科学研究的一种手段，又是描述科研成果进行学术交流的一种工具。论文格式就是指进行论文写作时的样式要求，以及写作标准。直观的说，论文格式就是论文达到可公之于众的标准样式和内容要求。论文要求用中文撰写，学位论文是大学生培养质量及学术水平的体现。高水平的学位论文，在内容上要有创造性和创新性，而且在表达方式上，应具有一定的规范性和严谨性。

6.1　毕业设计前置部分版式

毕业设计（论文）前置部分的板式很关键，是门面，读者第一眼先看到的是封面，应该按照学校的规定认真填写。

1. 封面

封面的上部为校徽和院名（2cm×6.87cm）和"毕业设计（论文）"文字（初号，宋体，加粗）。

封面的下部填写项目包括题目、院系、专业、班级、姓名、学号、指导教师、完成时间。封面内容均须打印。

"题目"二字，为小二号，宋体，加粗，如有副标题，此题目上移一行，如标题有两行（包含副标题）第二行居中。

"题目"两字后下画线上的字，小二号，宋体，不加粗。

副标题为三号，宋体，不加粗。

"院系、专业、班级、姓名、学号、指导教师"为三号，宋体，加粗，横线上所填内容为同等字体字号，但不加粗，统一靠左。行距为 1.5 倍行距，段前 0 行，段后 0 行。

2. 封二（扉页）

原创性声明："原创性声明"为三号，黑体，居中。

声明部分的内容，四号，仿宋。首行缩进两个字符，行距为 1.5 倍行距，段前 0 行，段后 0 行。扉页签名和时间手写填写，时间格式填写要求，如 2016 年 6 月。封面及扉页字体的填写，如图 6-1 所示。

3．封底

加一张 A4（210mm×297mm）打印纸（或者复印纸）的空白页。

4．中文摘要

中文摘要的内容包括中文题目、摘要、摘要内容、关键字。

中文摘要版式的要求如下。

（1）打印论文题目，黑体，二号，居中。

（2）上空两行打印"摘要"二字，黑体，三号，居中，中间空两格。

（3）"摘要"二字后面另起一行，后退两个汉字，打印摘要内容，宋体，小四号，1.5 倍行距，段前 0 行，段后 0 行。

（4）摘要内容后面另起一行，后退两个汉字，打印"关键字"三字，黑体，四号，空两格打印关键词，宋体，小四号，两个关键词之间空两格，最后一个关键词后不加标点符号。1.5 倍行距，段前 0 行，段后 0 行。

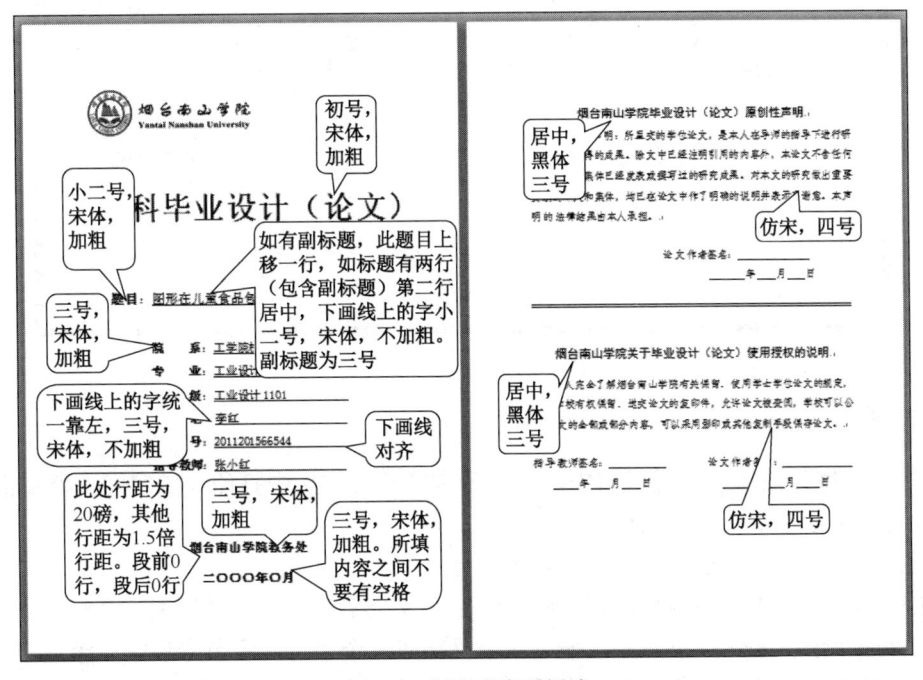

图 6-1 封面和扉页板式

（5）中文题目、摘要及关键字合打一页。

5．英文摘要

英文摘要的内容包括英文题目、摘要（ABSTRACT）、摘要内容、关键字（Key words）。

英文摘要版式的要求如下。

（1）打印英文论文题目，首字母大写， Times New Roman 字体，二号，居中，加粗。

（2）上空两行打印"ABSTRACT"，全部大写，Times New Roman 字体，三号，居中，加粗。

（3）"ABSTRACT"后面另起一行，每段开头后退 4 个空字符，英文摘要内容设置为 Times

New Roman 字体，小四号，1.5 倍行距，段前 0 行，段后 0 行。

（4）英文摘要内容后另起一行，后退 4 个字母，打印"Key words"，Times New Roman 字体，四号，加粗。Key 和 words 之间有一空格。

空两格后打印关键词，每一关键词除第一个字母外其余均为小写字母，Times New Roman 字体，小四号，两个关键词之间空两格，最后一个关键词后不加标点符号。

（5）英文题目、摘要及关键词合打一页，如图 6-2 所示。

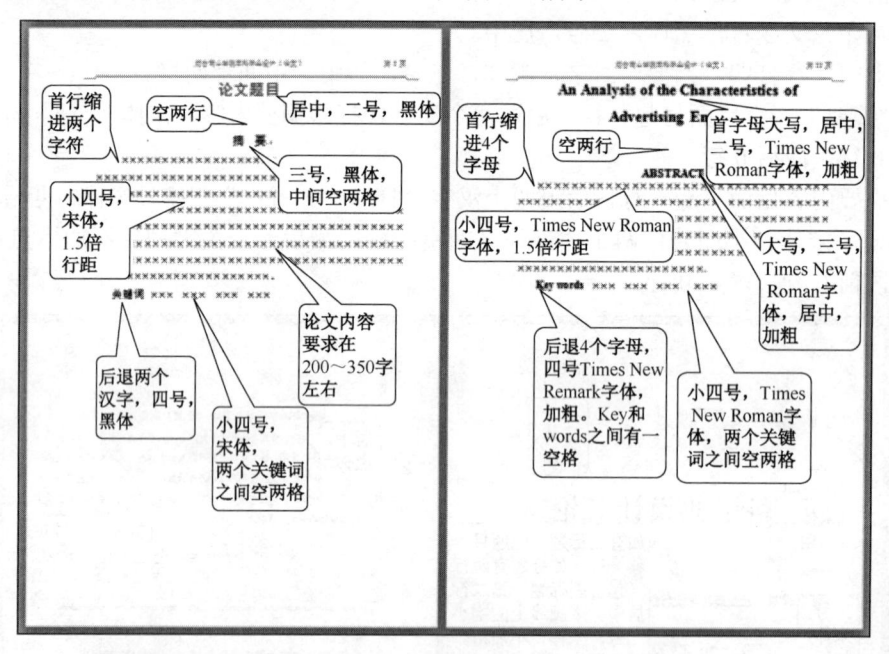

图 6-2 中英文摘要板式

6. 目录

"目录"二字为黑体，三号，居中，上下分别空一行，居中打印，二字间不留空格，后面另起一行为一级标题章及其开始页码。

一级标题章，黑体，小四号，顶格。章节号后空一个汉字。

二级标题节，宋体，小四号，缩进两个汉字即 4 个字符，章节号后空一个汉字。

三级标题小节，宋体，小四号，缩进 4 个汉字即 8 个字符，章节号后空一个汉字。

一级标题章、二级标题节、三级标题小节分别以 1、1.1、1.1.1 等数字依次标出，目录中的标题应与正文中的标题一致。

理工类专业目录的三级标题，建议按（第 1 章……、1.1……、1.1.1……）的格式编写，文、经、管、艺类专业目录的三级标题，建议按（第一章……、一……、（一）……）的格式编写，目录中各章题序的阿拉伯数字用 Times New Roman 字体，如图 6-3 所示。

6.2 毕业设计正文部分版式

论文正文设三级标题，分章节撰写，每章应另起一页。各章标题要突出重点、简明扼要。

字数一般在 15 字以内，不得使用标点符号。标题中尽量不采用英文缩写词，对必须采用者，应使用本行业的通用缩写词。

1．绪论（前言）及正文主体

绪论（前言）及正文主体设置如下。

（1）每章的一级标题设置为三号，黑体，居中打印，上、下各空一行，章号后空一个汉字，1.5 倍行距，段前 0 行，段后 0 行。每章另起一页。一级标题章序号为阿拉伯数字，如 1。

（2）一级标题章下为节，二级标题节设置为小四号，黑体，缩进两个汉字。二级标题节号后空一个汉字，1.5 倍行距，段前 0 行，段后 0 行，如 2.1。

（3）二级标题节下为小节，即条，三级标题小节设置为小四号，宋体，缩进两个汉字。章节号后空一个汉字，1.5 倍行距，段前 0 行，段后 0 行，如 1.1.1。

（4）绪论（前言）正文主体设置为中文为小四号，宋体；英文为小四号，字体为 Times New Roman。各段行首缩进两个汉字，1.5 倍行距，段前 0 行，段后 0 行。正文内如需分项采用（1）、（2）、（3）……及①、②、③……的序号依次标出。

（5）文中参考文献标注用中括号，如："……进口依赖[1]"，字体为 Times New Roman，小四号，所有的引用均须与"参考文献"部分内容按一一对应的顺序关系在文中予以标注，如图 6-3 所示。

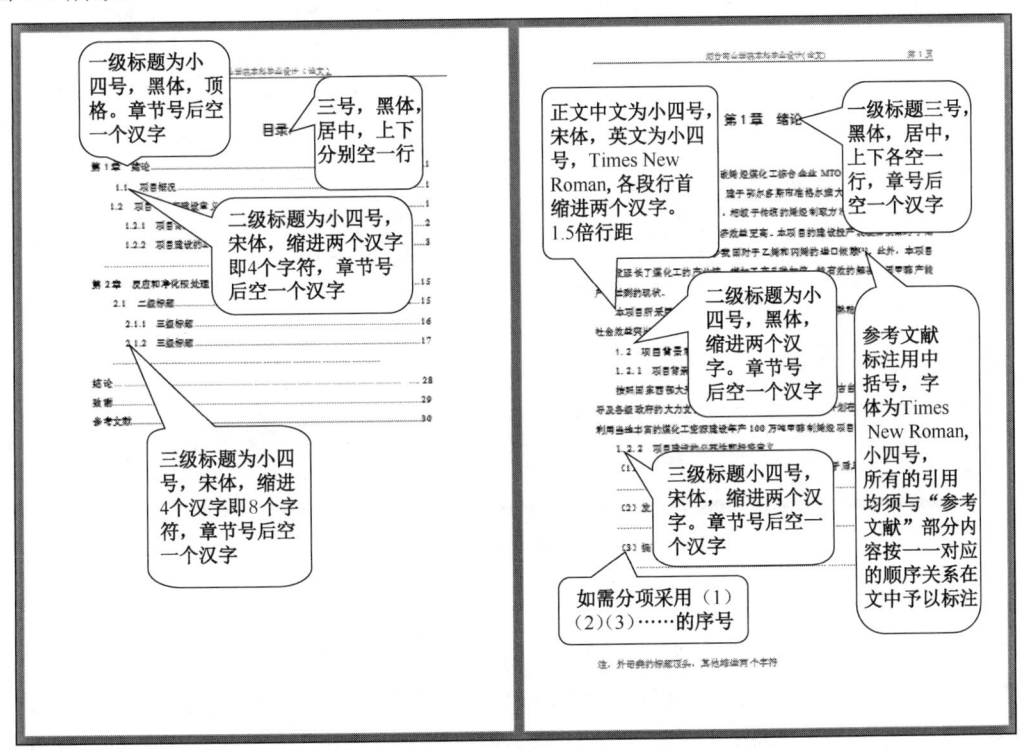

图 6-3　目录和绪论板式

2．结论

毕业设计（论文）的结论单独作为一章排写，但不加章号，另起一页。

"结论"二字，三号，黑体，居中打印，二字间不留空格，上下各空一行。

结论正文：中文为小四号，宋体，英文为小四号，Times New Roman 字体。各段首行缩进两个汉字，1.5 倍行距，段前 0 行，段后 0 行。结论如分层次建议按照（1）（2）（3）进行分层次，如图 6-4 所示。

6.3 毕业设计后置部分版式

1. 致谢

学位论文的致谢单独作为一章排写，但不加章号。另起一页。

"致谢"二字，三号，黑体，居中打印，二字间不留空格，上下各空一行。

致谢正文：中文为小四号，宋体，英文为小四号，Times New Roman 字体。各段首行缩进两个汉字，1.5 倍行距，段前 0 行，段后 0 行，如图 6-4 所示。

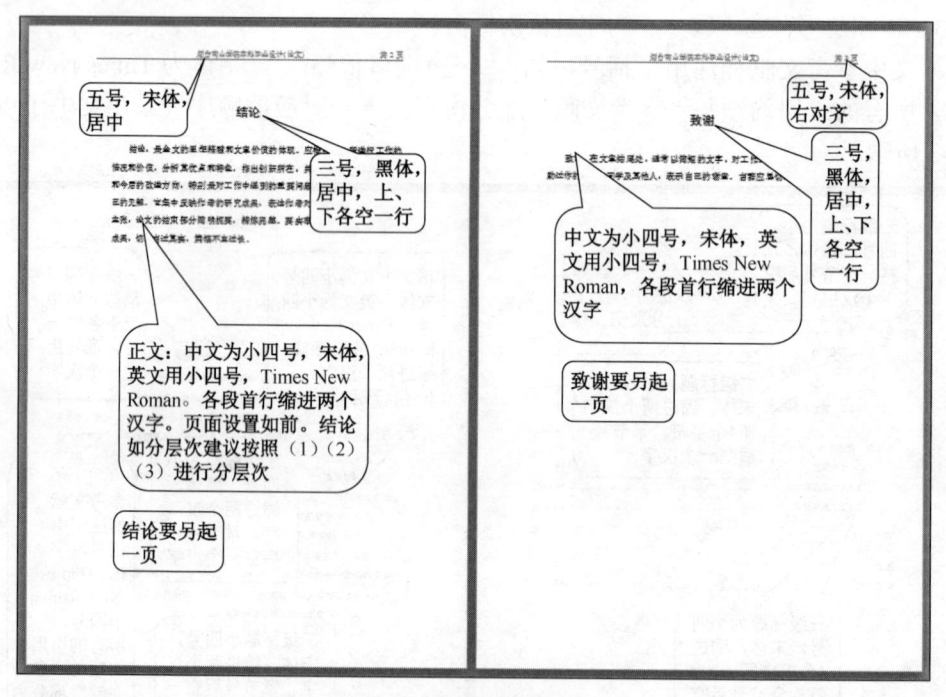

图 6-4 结论和致谢板式

2. 参考文献

学位论文的参考文献单独作为一章排写，但不加章号。另起一页。

"参考文献"四个字，三号，黑体，居中打印，四个字间不留空格，上下各空一行。

参考文献正文：中文为小四号，宋体，英文和数字字母为小四号，Times New Roman 字体。参考文献的序号左顶格，两端对齐，换行后悬挂缩进两个字符，1.5 倍行距，段前 0 行，段后 0 行。

参考文献的著录应执行 GBT 7714—2005《文后参考文献著录规则》及《中国学术期刊（光盘版）检索与评价数据规范》规定，按正文参考文献出现的先后顺序用阿拉伯数字在方括号中连续编号，序号置于方括号内。一种文献在同一文中被反复引用者，用同一序号标示。参考文献的序号左顶格，并用数字加方括号表示，如"[1]"。每一条参考文献著录均以"."结束。文献中如果有三位以上作者时，只列举前三位作者，中间以逗号隔开，其余以"，等"（英文加",et al""et al"不必用斜体）字表示。"∥"用于专著中的析出文献的出处项前。毕业设计（论文）参考文献数量要求不少于8篇且多为近5年的文献资料，要注重文献的时效性和权威性。

各类参考文献条目的编排格式及实例如下。

（1）期刊论文。

[序号] 主要责任者. 题名[J]. 刊名, 出版年, 卷（期）：起止页码.

（如没有卷, 作者. 题名[J]. 刊名, 出版年（期）：起止页码.）

例如：[1]毛峡,丁玉宽.图像的情感特征分析及其和谐感评价[J].电子学报,2001,29(12A)：1923-1927.

[2] Mao Xia, et al. Affective Property of Image and Fractal Dimension[J]. Chaos, Solutions & Fractals. U. K., 2003，V15：905-910.

（2）著作。

[序号] 主要责任者. 书名[M]. 出版地：出版社, 出版年：起止页码.

例如：[3]刘国钧,王连成.图书馆史研究[M].北京：高等教育出版社,1979,15-18.

（3）会议论文集。

[序号] 主要责任者. 文献题名[A]. 论文集名[C]. 出版地：出版者, 出版年：起止页码.

例如：[4]毛峡.绘画的音乐表现[A].中国人工智能学会2001年全国学术年会论文集[C].北京：北京邮电大学出版社,2001，739-740.

[5] Mao Xia, et al. Analysis of Affective Characteristics and Evaluation of Harmonious Feeling of Image Based on 1/f Fluctuation Theory[A]. International Conference on Industrial & Engineering Applications of Artificial Intelligence & Expert Systems（IEA/AIE）[C]. Austral-alia：Springer Publishing House，2002，17-19.

（4）学位论文。

[序号] 主要责任者. 文献题名[D]. 保存地：保存单位, 年份.

例如：[6]张和生.地质力学系统理论[D].太原：太原理工大学,1998.

（5）报告。

[序号] 主要责任者. 文献题名[R]. 报告地：报告会主办单位, 年份.

例如：[7]冯西桥.核反应堆压力容器的LBB分析[R].北京：清华大学核能技术设计研究院，1997.

（6）专利文献。

[序号] 专利申请者或所有者. 专利题名[P]. 专利国别：专利号, 发布日期.

例如：[8]姜锡洲.一种温热外敷药制备方案[P].中国专利：881056078,1983-08-12.

（7）国际、国家标准。

[序号] 标准代号, 标准名称[S]. 出版地：出版者, 出版年.

例如：[9] GB/T 16159—1996,汉语拼音正词法基本规则[S].北京：中国标准出版社,1996.

（8）报纸文章。

[序号] 主要责任者. 文献题名[N]. 报纸名, 出版日期（版次）.

例如：[10]毛峡.情感工学破解"舒服"之谜[N].光明日报,2000-4-17（B1）.

（9）电子文献。

[序号] 主要责任者．电子文献题名[文献类型/载体类型]．电子文献的出版或可获得地址，发表或更新日期/引用日期（任选）．

例如：[21]王明亮．中国学术期刊标准化数据库系统工程的[EB/OL]．

http://www.cajcd.cn/pub/wml.txt/9808 10-2.html,1998-08-16/1998-10-04．

（10）专著中析出文献。

析出文献主要责任者．析出文献题名[文献类型标志]．析出其他责任者//专著主要责任者．专著题名．出版地：出版者，出版年：析出的页码[引用日期]．获取和访问路径．

例如：[11] SEARLE, J R. Metaphor [M]//ORTONY, A. Metaphor and Thought. Cambridge: Cambridge University Press, 1979:72-123.

（11）译著。

作者姓名．译著名[M]．译者姓名，译．出版地：出版社，出版年．

外国作者的姓名书写格式一般为：名的缩写、姓。例如，A．Johnson，R.O.Duda

（12）引用参考文献类型和标志代码说明如下。

普通图书 M、会议录 C、汇编 G、报纸 N、期刊 J、学位论文 D、报告 R、标准 S、专利 P、数据库 DB、计算机程序 CP、电子公告 EB。

电子文献载体和标志代码如下。

磁带 MT、磁盘 DK、光盘 CD、联机网络 OL。

关于参考文献的未尽事项可参见国家标准《论文后参考文献著录规则》（GB7714－1987）。

析出文献指从整本文献中析出的具有独立篇名的文献，如图 6-5 所示。

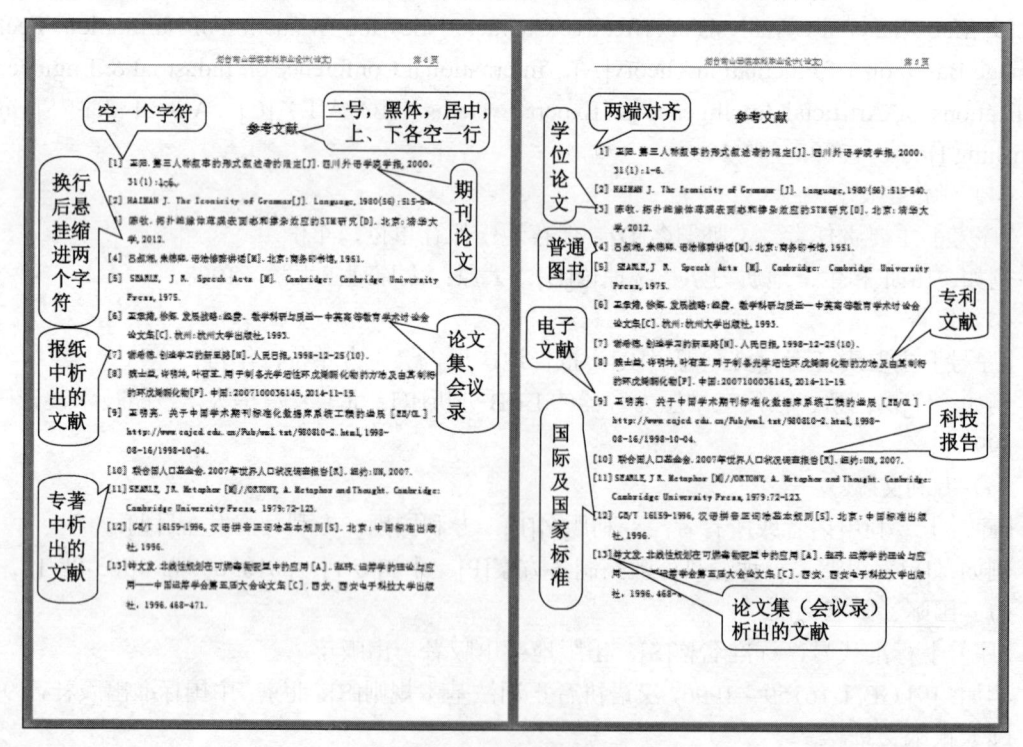

图 6-5 参考文献板式

3. 附录

毕业设计（论文）的附录单独作为一章排写，但不加章号。另起一页。

"附录"二字，三号，黑体，居中打印，附录二字间不留空格，上下各空一行。

附录正文：中文为小四号，宋体，英文为小四号，Times New Roman 字体。各段首行缩进两个汉字，1.5 倍行距，段前 0 行，段后 0 行。论文的附录依序用大写正体 A，B，C……编序号，如附录 A。附录中的图、表、公式等另行编序号，与正文分开，也一律用阿拉伯数字编码，但在数码前冠以附录序码，如图 A1、表 B2、式（B3）等。

第 7 章　毕业设计（论文）撰写操作步骤

主要阐述了毕业设计（论文）的格式的设置，撰写操作步骤，对学生最容易出错的地方，如页眉页脚的奇偶页设置、根据章节的不同设置不同的奇偶页页眉，目录的自动生成，自动加章节编号，公式的撰写等重点讲解；对本科毕业设计排版规范按照学校的规定做了要求。毕业设计的编排样式，包括自动生成目录、项目域制作目录、三级标题和正文样式的设计、分隔符、如何插入参考文献、参考文献的编号和引用、图表如何自动有序编排、公式居中编号右对齐、三线表格的制作、清除格式、制表位的使用、在目录中怎样将附录和参考文献不加章号、怎样正确保存文件才有利于打印等，本章将详细地介绍。

7.1　毕业设计撰写步骤

毕业设计安排在大学最后一年，各个学校安排时间不同，一般 8～16 周。毕业设计几乎是每个大学生都需要写的，是学生的最后一次大作业。毕业设计是非常正式、严肃的一个大作业，格式要求也相当严格，面对众多的格式要求，如果在写论文的时候没有采用正确的方法，那么在后期将会需要花费大量的时间对长达 30～50 多页的论文进行格式编排。在写论文初期采用合适的方法能够正确、快速地写出一篇合格的毕业设计（论文），减少编排论文格式的时间，以获得更多的时间来对论文内容研究设计，才能做出优秀的毕业设计。

1. 完整的论文组成

完整的论文组成内容如下。
（1）毕业设计任务书、开题报告（各个学校不同，同时都有或取其中之一）。
（2）封面（各个学校都有自己的标准封面）。
（3）扉页（各个学校都有自己的标准扉页）。
（4）中英文摘要及关键词。
（5）目录。
（6）正文（主体和核心部分，包括绪论、论文主体及结论等部分）。
（7）致谢。
（8）参考文献。
（9）附录（包括过长的公式推导、图表、程序全文及其说明等）。
（10）附件（包括图纸、外文文献译文等）。

其中，（2）（6）（9）（10）都属于论文的重要部分，是学生对研究的课题进行阐述和说明的部分。

不同的学校之间的格式要求差别不大，对应每一部分，都有相应的格式要求，这就需要学生参考各自学校的格式要求来进行论文的编写，一般来说，最好是先把论文写完，再来统一论文格式，这样就不用多次排版。新建一个文档（一般用 Microsoft Office Word 软件），完成整个毕业设计（论文）的内容写作。（对图纸的要求将在后面章节讲解）

2．前期准备工作

毕业设计动员，指导教师布置毕业设计任务，下达任务书，学生查找资料。查找资料大致有以下几种方法。

（1）大学的图书馆图书资料往往是很全的，对于查找论文资料来说，不要把范围限定在学校的常规图书上，多留意科技期刊和科技论文方面的杂志，借几本与自己毕业设计相关联的论文作为写作论文的参考。

（2）到因特网上查找资料，如百度等网站，网上往往能包揽所需要的大部分资料。

（3）社会调查、实践。

通过以上几种方法，掌握大量的第一手资料，确定毕业设计的题目（可以与指导教师给的题目不符，自己选择题目），撰写开题报告。

3．动手写作

根据掌握的大量资料，整理归纳，写出毕业设计的提纲。首先从认识论文结构开始，论文由几个部分组成，有重要的部分和非重要部分，要把时间和精力放在重要部分。要充分思考，理清思路，并形成条目。然后写出提纲，提纲是论文的基本骨架，有了提纲，作者写起来就会目标明确，思路开通。提纲的内容主要是按题目、论文的宗旨目的（即作者要阐述的论点或者是设计要点）、围绕论点展开论证，计算需要的主要数据、实验的方法、最后是论证的结论要紧扣主题。

正文在写作前，进行构思，它是作者对文章整体布局、要说明的论点以及用哪些论据进行阐明，大致分为几项来说明，论据要围绕论点来展开，有理有据，有数据，安排和设计的过程。其内容包括文章如何开头，如何进一步引申，首尾如何相呼应，论据论证如何有效的说明主题及各段落层次与主题之间的关系。

在提纲拟定好后，根据自己的思路，安排好论文内容的先后次序。在写作初稿时，不妨内容写的全一些，面要宽一些，避免有重要内容遗漏。最好能集中一段时间和精力，使文章一气呵成。在写毕业设计（论文）过程中，及时与指导教师联系，纠正选题和写作过程中的错误，得到老师的帮助和指导。

4．论文排版

论文排版大致有几种方法，下面介绍一种常用方法，先后顺序可以变换，仅供同学们参考。

（1）将学校提供的标准的封面和扉页复制到论文最前面，内容按照学校毕业设计的格式要求填写好。在扉页的后面末尾处插入一个分节符。封面和扉页没有页眉页脚，通过插入分节符可以使每一节的页眉页脚单独设置（详见 7.24 节分隔符）。

（2）按照学校对毕业设计的格式要求对页面进行设置（详见 7.2 节封面及页面设置）。

（3）将中英文摘要按照学校的要求撰写好。设置摘要、关键字的格式，页眉页脚设置与正文不同，用罗马数字，设置分节符。中文摘要单独另起一页，英文摘要单独另起一页，中英文摘要不出现在目录中（详见 7.3 节中文摘要）。如果要求出现在目录中，就需要设置大纲级别。

（4）留出目录的位置，因为目录需要单独成一节，和正文分开。在英文摘要的后面末尾处插入一个分节符。目录另起一页。（详见 7.24 节分隔符）。

（5）将目录与正文分开，在目录的末尾处插入一个分节符。正文的排版，按照学校对毕业设计的格式要求先建立三个标题样式和一个正文样式。将写好的论文按照一级标题、二级标题、三级标题、正文样式分别对应（详见 7.8 节创建标题和正文样式）。

（6）将图、表格、公式用题注方法自动编号，用书签和交叉引用方法将编号引用到文本中。

（7）将脚注和参考文献等按照学校对毕业设计（论文）的要求改写好（详见 7.17 节脚注和 7.18 节参考文献的编号和引用）。

（8）结论、致谢、参考文献、附录等前面第一页都各插入"分隔符（下一页符）"，另起一页。

（9）全部设置好后，设置页眉页脚，添加页码（详见 7.15 节页眉页脚的制作）。

（10）插入目录（详见 7.10 节自定义样式自动生成目录、7.11 节利用内置标题样式自动生成目录和 7.12 节项目域制作目录）。

（11）用"视图"→"大纲视图"命令进行整篇文档的页面检查、修改、整理。

（12）提交给指导教师审阅，按照指导教师的意见再次修改。

（13）按照学校对毕业设计的要求，必须查重，毕业设计（论文）查重率低于 30%，可以参加答辩。查重为在 30%～50%，给予一次修改后再查重机会（查重费自理），若二次查重率仍高于 30%，则不得参加答辩。

（14）打印论文，最好采用 PDF 格式保存并打印。

在经过不断的修改完善，最后需要进行打印装订，封装成册提交给指导教师。接下来做好答辩的准备工作，结合毕业设计（论文）对图纸进行深入分析、研究，写好答辩提纲，制作 PPT，参加答辩，答辩通过，拿到毕业证书和学位证书，参加毕业典礼，学校的本科人生生涯结束，开始走向人生新的征程！

7.2　封面及页面设置

1. 设置封面及扉页

封面及扉页由学校提供的标准样板复制或者插入到论文前面即可。直接调用粘贴封面之前，在论文文档中按规范设置好页面设置，避免样板粘贴过来后格式显示错误。如图 7-1 所示。

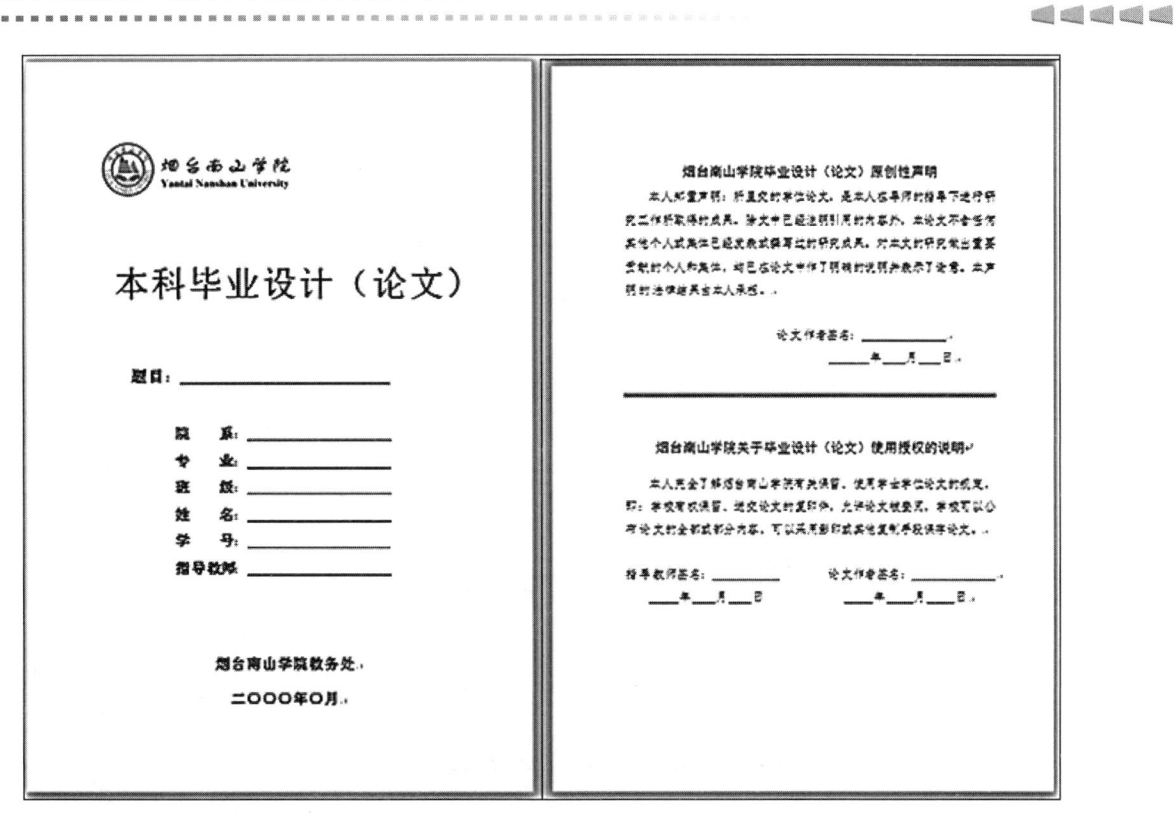

图 7-1 封面和扉页样式

2．填写封面

填写要求：如有副标题，此题目上移一行，如标题有两行（包含副标题）第二行居中，下画线上的字小二号，宋体，不加粗。副标题为三号，宋体，不加粗。

在学校给定的封面上，填写论文题目，用"小二号，宋体，不加粗"字体，左顶格，在"题目："后面有下画线的左侧，填写题目，如"图形在儿童食品包装中的应用"。如图 7-2 所示。

有副标题，副标题字体为三号，宋体，不加粗。副标题在标题的下面一行居中位置（标题需上移一行，副标题在下画线上面居中，标题与副标题字号不同！）。

填写院系、专业、班级、姓名、学号、指导教师的内容，要求下画线上的字统一靠左，三号，宋体，不加粗。行距为 1.5 倍行距，段前 0 行，段后 0 行。因为是学校给定的模板，已经设置好了，不用自己设置，直接按照模板要求填写内容即可。

"烟台南山学院教务处"与下面一行时间之间的行距要求：此处行距为 20 磅（模板已经设置好了，不用同学们自己设置）。

二〇一六年六月：时间的字体填写要求为三号，宋体，加粗。所填内容之间不要有空格，不能填写为"二〇一六年六月"。

3．填写扉页

"烟台南山学院毕业设计（论文）原创性声明"学校已经给出模板，用"复制""粘贴"的方法复制到自己的论文第二页即可。需要学生在"论文作者签名："的下画线处手写本人的姓名和时间。

"烟台南山学院关于毕业设计（论文）使用授权的说明"也是复制即可。在"指导教师签名："的下画线处指导教师手写本人的姓名和时间，"论文作者签名："的下画线处需要学生手写本人的姓名和时间。

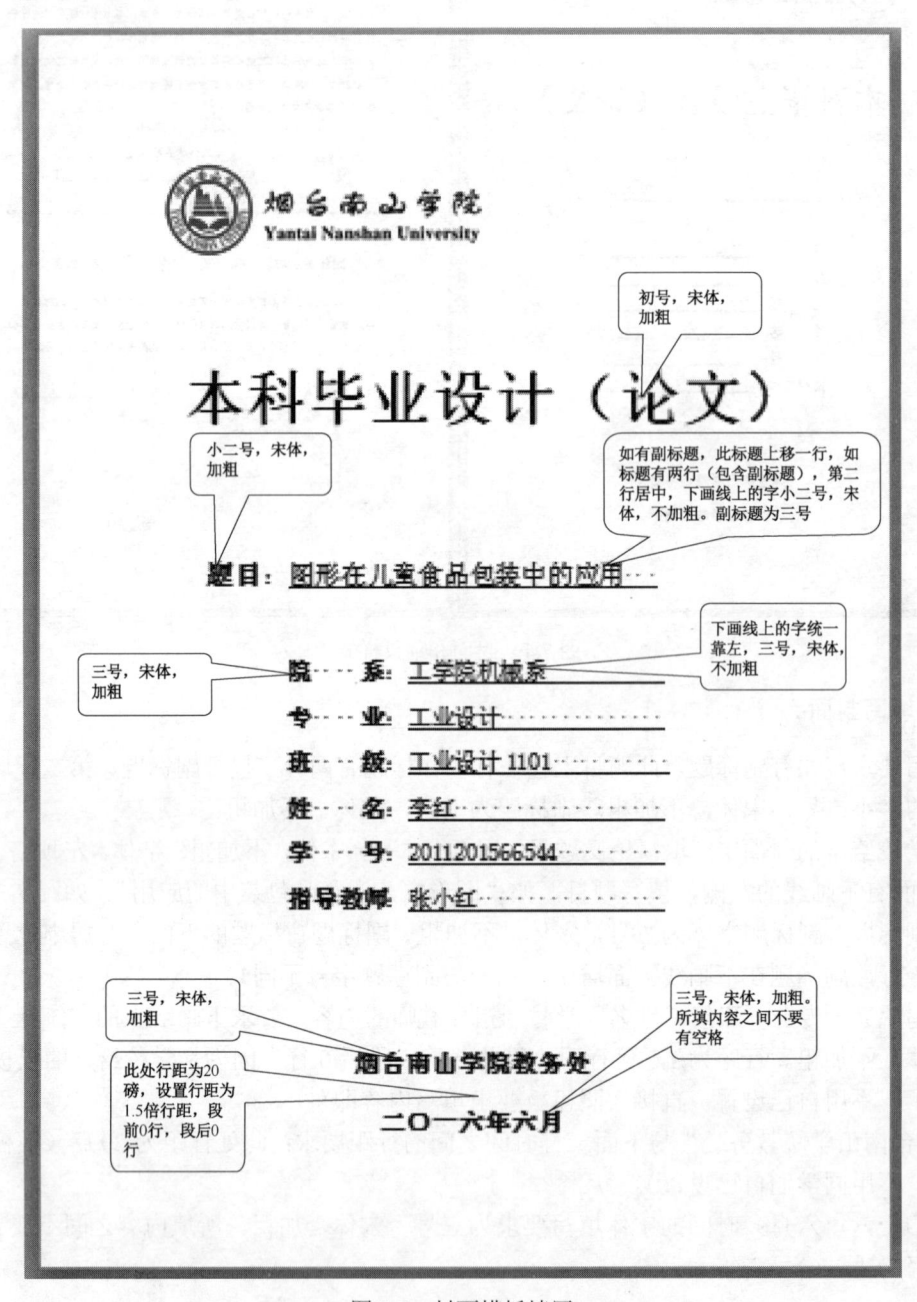

图 7-2　封面模板填写

4. 学校给出的模板设置

在拿到学校的模板后，好多同学对模板的要求能看懂，但是很想知道"行距为1.5倍。段前0行，段后0行"在哪设置的？怎么查找模板的设置？字体是几号？是宋体还是黑体等。方法很简单。例如，如图 7-3 所示中，想知道"工业设计"的字体和段落，将光标放在（不是单

第 7 章　毕业设计（论文）撰写操作步骤

击）要查找的"工业设计"部位，红色数字"1"的位置，右击，出现对话框，选择"A 字体（F）"选项，红色数字"2"的位置，出现"字体"对话框，如图 7-4 所示。在"字体"对话框的，"字体（N）"选项卡中，在"中文字体（T）"下拉列表中选择"宋体"选项，在"西文字体（F）"下拉列表中选择"Times New Roman"选项，在"字形（Y）"下拉列表中选择"常规"选项，在"字号"下拉列表中选择"三号"选项，在"字体颜色（C）"下拉列表中选择"自动"选项，在"下划线线型（U）"下拉列表中选择有下画线选项，单击"确定"按钮，如图 7-4 所示。

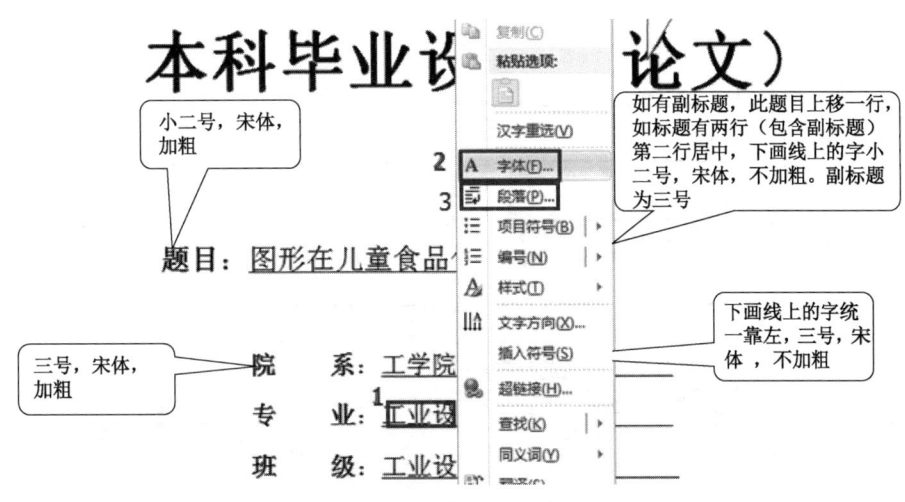

图 7-3　查找模板封面的设置

图 7-4　查找模板封面字体的设置

如图 7-3 所示，选择"段落（P）"选项红色数字"3"的位置，出现"段落"对话框，在"缩进和间距（I）"选项卡中，"常规"→"对齐方式（G）"→"左对齐"→"大纲级别（O）"→"正文文本"→"缩进"→"左侧（L）"→"0 字符"→"右侧（R）"→"0 字符"→"特殊格式（S）"→"首行缩进"→"磅值（Y）"→"5.5 字符"→"间距"→"段前（B）"→"0 行"→"段后（F）"→"0 行"→"行距（N）"→"1.5 倍行距"取消选中"如果定义了文档网格，则对齐到网格（W）"复选框，单击"确定"按钮，如图 7-5 所示。

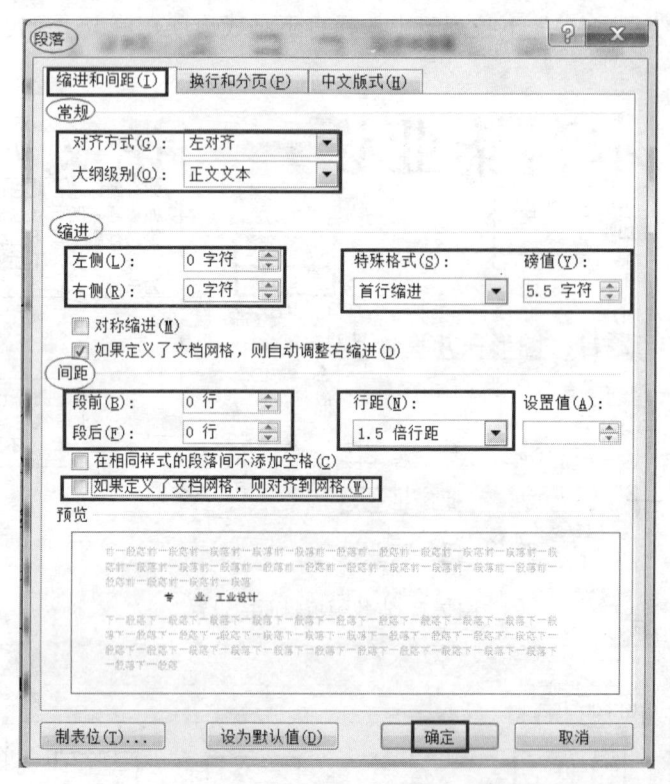

图 7-5　查找模板封面的段落设置

　　查找模板二级目录字体和段落的设置，方法同上。光标放在模板二级目录"1.1　项目概况"的位置，出现对话框，最上面显示"宋体，小四"，说明模板二级目录用的字体，如图 7-6 所示。也可以选择"A 字体（F）"选项，有更详细的字体资料。

　　二级目录段落是怎样设置的呢？选择"段落（P）"选项，出现"段落"对话框，在"缩进和间距（I）"选择"常规"→"对齐方式（G）"→"两端对齐"→"大纲级别（O）"→"正文文本"→"缩进"→"左侧（L）"→"0 字符"→"右侧（R）"→"0 字符"→"特殊格式（S）"→"首行缩进"→"磅值（Y）"→"2.5 字符"→"间距"→"段前（B）"→"0 行"→"段后（F）"→"0 行"→"行距（N）"→"1.5 倍行距"，取消选中"如果定义了文档网格，则对齐到网格（W）"复选框，单击"确定"按钮，如图 7-7 所示。如果查找的数据与模板解释的不符，最后以模板解释的为准（出现不同时，也许是版本不同，Microsoft Office Word 2007 与 Microsoft Office Word 2013，或者是 Microsoft Office Word 与 WPS 都有打开时出现不同的现象）。

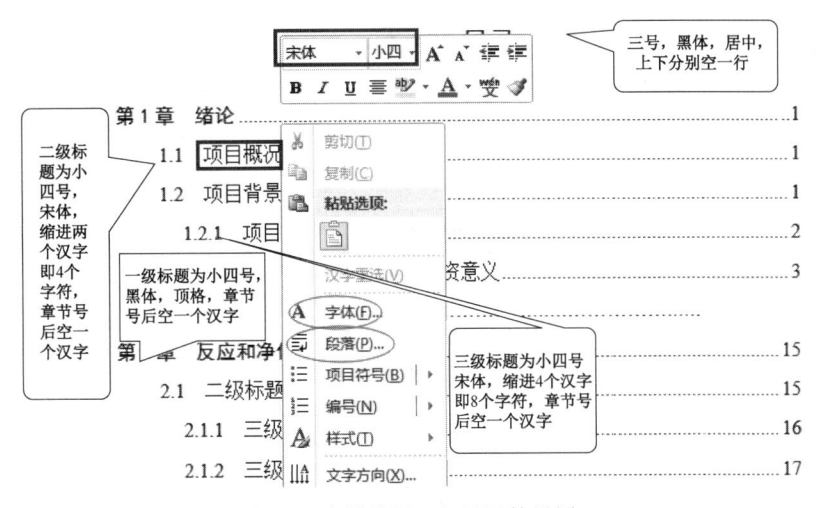

图 7-6　查找模板二级目录的设置

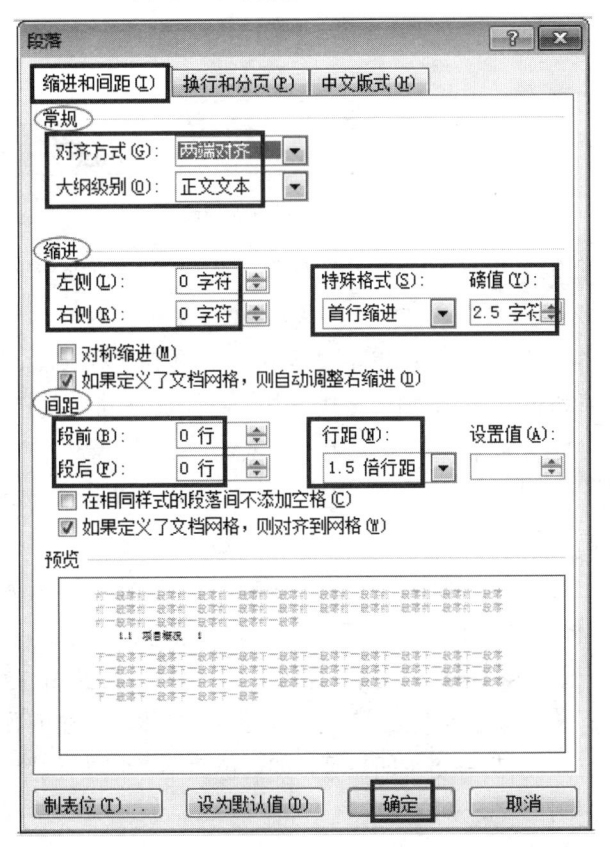

图 7-7　查找模板二级目录的段落设置

5．设置页面格式

撰写毕业论文之前先设置页面格式要求，可以省掉很多麻烦。

（1）页面设置，"页边距"选项卡：在菜单栏上，单击"页面布局"选项卡，再单击"页面设置"组右下角的图标，进入"页面设置"对话框。在打开的"页面设置"对话框中选择"页边距"选项卡，根据上述论文要求，输入各边距距离，"上（T）"→"3 厘米"→"下

(D)"→"2.5 厘米"→"左（L）"→"2.5 厘米"→"右（E）"→"2.5 厘米"→"装订线"→"0.5 厘米"→"纸张方向"→"纵向"→"应用于（Y）"→"整篇文档"，单击"确定"按钮，如图 7-8 所示。

图 7-8 页面设置页边距

（2）页面设置，"纸张"选项卡：单击"纸张"选项卡，"纸张大小"→"宽度"→"21 厘米"→"高度"→"29.7 厘米"。

（3）页面设置，"版式"选项卡：单击"版式"选项卡，对页眉、页脚距纸张边界的距离进行设置。在"页眉和页脚"选项区域中选中"奇偶页不同"复选框→"页眉"→"1.5 厘米"→"页脚"→"1.75 厘米"→"应用于（Y）"→"整篇文档"，单击"确定"按钮，如图 7-9 所示。

页面设置，"文档网格"选项卡：页眉页脚边距设置完毕之后，进入"文档网格"选项卡，即红色数字"0"的位置。单击选项卡下方的"字体设置"按钮，如图 7-10 所示，即红色数字"1"的位置。出现"字体"选项卡。

页面设置，"字体"选项卡：根据论文格式要求，将字体设置为"中文字体（T）"→"宋体"，即红色数字"3"的位置→"西文字体（F）"→"Times"字体，即红色数字"4"的位置→字形（Y）→"常规"→"字号（S）"→"小四"号，即红色数字"6"的位置→"确定"按钮。再返回到"文档网格"选项卡中。

（4）页面设置，"文档网格"选项卡：先对文字大小进行设置，然后再选中"指定行和字符网格"复选框，利用 Microsoft Office Word 2010 的自动调整字符跨度和行跨度的功能，防止页面超出版面。选中"指定行和字符网格"复选框，然后根据论文要求进行每行字数和每页页数进行更改。在"文字排列"选项区域"方向"中，选中"水平（Z）"单选按钮→"栏数（C）"→"1"→选中"指定行和字符网格（H）"复选框，将字符数和行数按照学校的要求设置即可。最后单击"确定"按钮，完成论文的页面设置，如图 7-10 所示。

图 7-9　页面设置纸张和页眉页脚

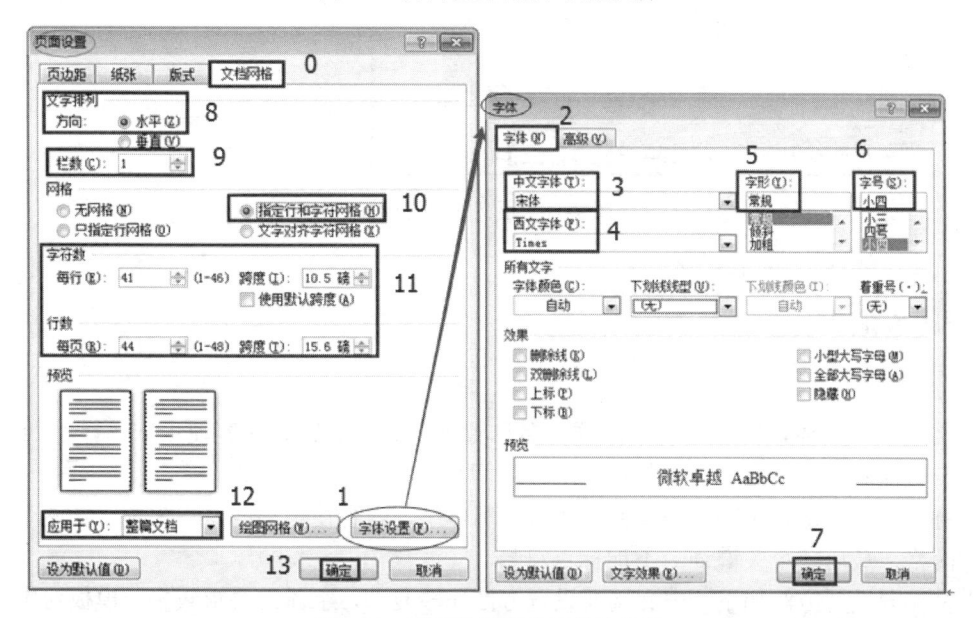

图 7-10　页面设置字体及其他参数

6．设置正文段落格式

正文的段落设置：单击"开始"菜单，"段落"后面的小三角，打开"段落"对话框，在"段落"对话框中，"缩进和间距（I）"→"常规"→"对齐方式（G）"→"两端对齐"→"大纲级别（O）"→"正文文本"→"缩进"→"左侧（L）"→"0 字符"→"右侧（R）"→"0 字符"→"特殊格式（S）"→"首行缩进"→"磅值（Y）"→"2 字符"→"间距"→"段前（B）"→"0 行"→"段后（F）"→"0 行"→"行距（N）"→"1.5 倍行距"→取消选中"如果定义了文档网格，则对齐到网格（W）"复选框，其余段落设置用 Microsoft Office Word 2010 的默认设置，单击"确定"按钮，如图 7-11 所示。

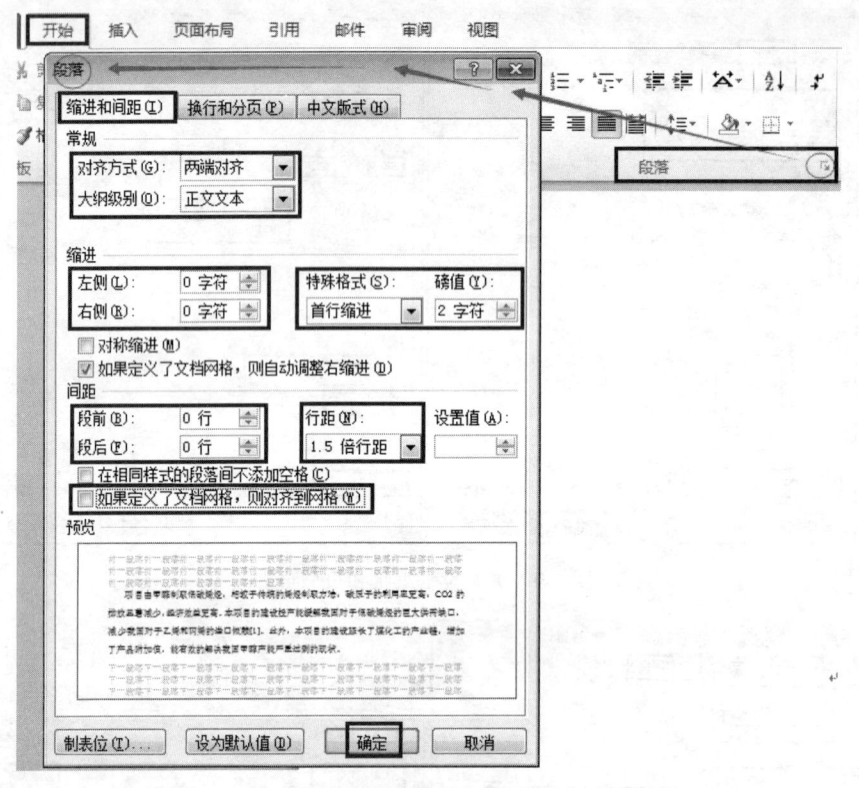

图 7-11　正文的段落设置

7.3　中文摘要

论文题目：黑体，二号，居中，项目名称置顶，居中放置。内容使用宋体，小四号，1.5 倍行距，段前 0 行，段后 0 行。起行空两格，回行顶格。

关键词：空两格打印关键词，使用四号，黑体字，内容使用小四号，宋体字，两个关键词之间空两格，最后一个关键词后不加标点符号。

中文摘要设置方法如下。中文摘要设置方法比较复杂，字体的要求较多，模板对中文摘要的字体和行距的要求，如图 7-12 所示。下面将详细讲解。

1. 中文摘要题目的设置

模板对摘要题目字体和行距要求如下。

（1）论文题目，居中，黑体，二号的设置方法如下。

分别设置，"黑体，二号"用"字体"对话框设置，"居中"用"段落"对话框设置。

用"段落"对话框设置"居中"时，不能设置成一级标题，否则，就成目录了，设置成正文文本即可。单击"字体"图标后面的小三角，设置字体。单击"段落"图标后面的小三角，设置段落，如图 7-13 所示。

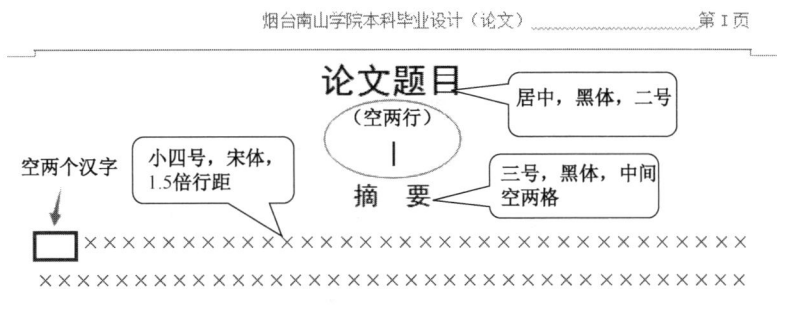

第 7 章　毕业设计（论文）撰写操作步骤

图 7-12　模板对中文摘要的要求

图 7-13　字体和段落的设置图标

（2）段落的设置方法如下。

如图 7-13 所示，单击"段落"图标后面的小三角，设置段落。打开"段落"对话框，"缩进和间距（I）"→"常规"→"对齐方式（G）"→"居中"→"大纲级别（O）"→"正文文本"（注意：不能设置成一级标题！）→"缩进"→"左侧（L）"→"0 字符"→"右侧（R）"→"0 字符"→"特殊格式（S）"→"无"→"间距"→"段前（B）"→"0 行"→"段后（F）"→"0 行"→"行距（N）"→"1.5 倍行距"→取消选中"如果定义了文档网格，则对齐到网格（W）"复选框，其余段落设置用 Microsoft Office Word 2010 的默认设置，单击"确定"按钮，如图 7-14 所示。

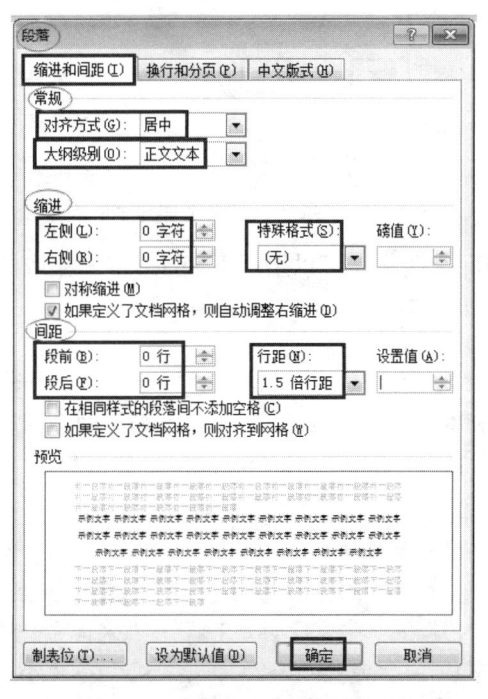

图 7-14　中文论文题目居中设置

49

（3）字体的设置方法如下。

如图 7-13 所示，单击"字体"图标后面的小三角，设置字体。打开"字体"对话框。"中文字体（T）"→"黑体"→"西文（F）"→"Times New Roman"字体→字形（Y）→"常规"→"字号（S）"→"二号"，单击"确定"按钮，如图 7-15 所示。

图 7-15　中文论文题目设置

（4）下面空两行，按两下 Enter 键即可。

2."摘要"二字字体的设置

"摘要"二字字体的设置方法如下。

（1）选中"摘要"二字，可以单击字体后面的小三角，直接设置，如图 7-16 所示。

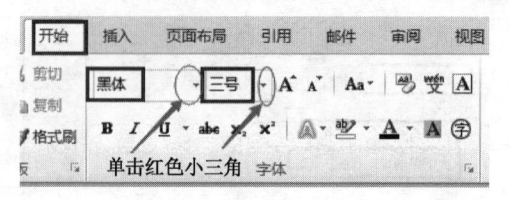

图 7-16　"摘要"二字字体和字号设置

（2）"摘要"二字，中间空两格，可以敲两下 Space 键来完成。
（3）"摘要"段落设置如图 7-14 所示。

3．摘要正文设置

摘要正文"小四号，宋体，1.5 倍行距，各段首行缩进两个汉字"的设置方法如下。

分别设置，"小四号，宋体"用"字体"对话框设置，"1.5 倍行距"用"段落"对话框设置。

（1）摘要正文字体的设置方法如下。

如图 7-13 所示，单击"字体"图标后面的小三角，设置字体。打开"字体"对话框，在"字体"对话框中，"字体（N）"→"中文字体（T）"→"宋体"→"西文字体（F）"→"Times New Roman"→"字形（Y）"→"常规"→"字号（S）"→"小四号"→"字体颜色（C）"→"自动"，单击"确定"按钮，如图 7-17 所示。

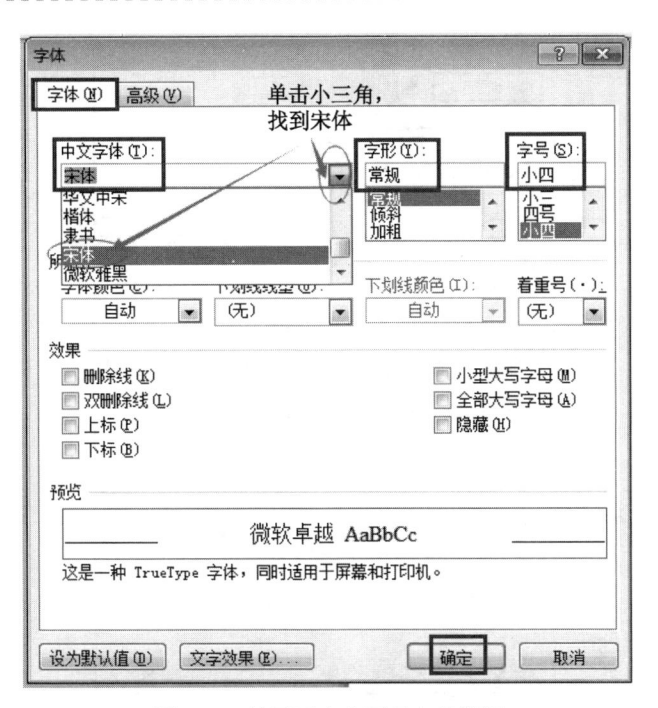

图 7-17　摘要正文小四号宋体设置

（2）摘要正文段落的设置方法如下。

如图 7-13 所示，单击"段落"图标后面的小三角，设置段落。打开"段落"对话框，"缩进和间距（I）"→"常规"→"对齐方式（G）"→"两端对齐"→"大纲级别（D）"→"正文文本"→"缩进"→"左侧（L）"→"0 字符"→"右侧（R）"→"0 字符"→"特殊格式（S）"→"首行缩进"→"磅值（Y）"→"2 字符"→"间距"→"段前（B）"→"0 行"→"段后（F）"→"0 行"→"行距（N）"→"1.5 倍行距"，取消选中"如果定义了文档网格，则对齐到网格（W）"复选框，其余段落设置用 Microsoft Office Word 2010 的默认设置，单击"确定"按钮，如图 7-18 所示。

4．摘要关键词的设置

关键词的设置要求如下。

关键词对字体的要求，字体和字号都有变化，不相同，如图 7-19 所示。

"关键词，后退两个汉字，四号，黑体"的设置方法如下。

段落的设置方法如图 7-18 所示。设置字体和字号，在摘要内容的后面另起一行，系统自动设置成空两个汉字，因为在段落设置时为"特殊格式（S）"→"首行缩进"→"磅值（Y）"→"2 字符"。

输入"关键词"并用光标选中"关键词"三个字，分别单击如图 7-20 所示的小三角，即红色数字"1"的位置，选择"黑体"选项和红色数字"2"的位置选择"四号"选项。

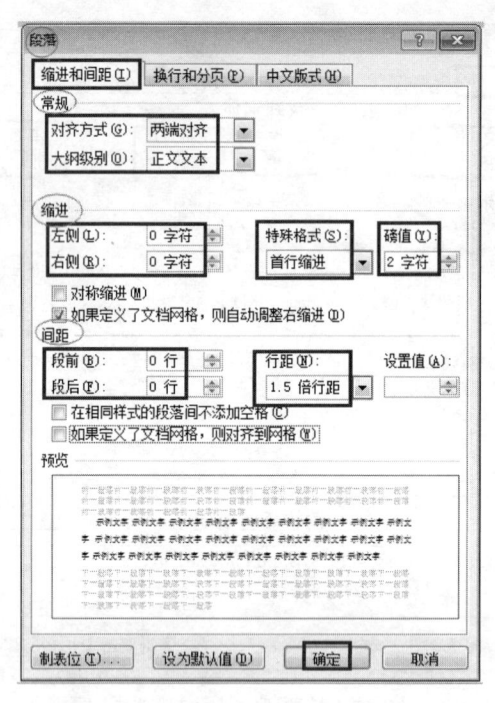

图 7-18 "摘要"正文 1.5 倍行距设置

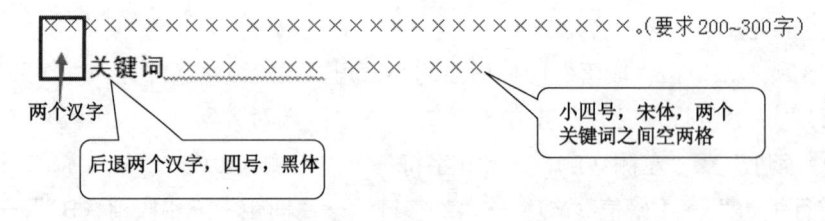

图 7-19 模板对中文关键词的要求

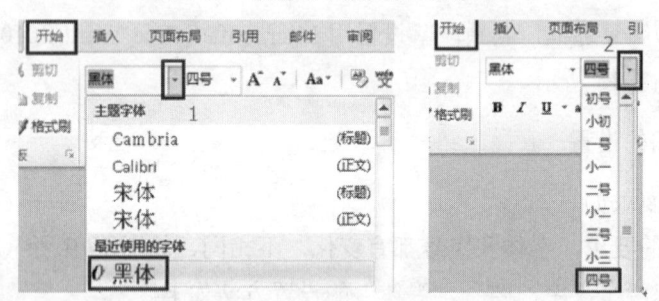

图 7-20 关键词字体和字号的设置

两个关键词之间空两格，可以按两下 Space 键来完成。最后一个关键词后不加标点符号。

7.4 英文摘要

英文论文题目：居中，二号，Times New Roman 字体，加粗，项目名称置顶，居中放置。"ABSTRACT"字体：大写，三号，Times New Roman 字体，居中。内容正文使用"小四号，

Times New Roman 字体，1.5 倍行距，段前 0 行，段后 0 行。起行后退 4 个字母，回行顶格。

英文摘要内容后另起一行，后退 4 个字母，"Key words"，Times New Roman 字体，四号，加粗。Key 和 words 之间有一空格。

英文摘要设置的方法如下。

英文摘要设置方法比较复杂，对字体的要求较多，区分大小写。模板对字体和行距的要求，如图 7-21 所示。下面将详细讲解。

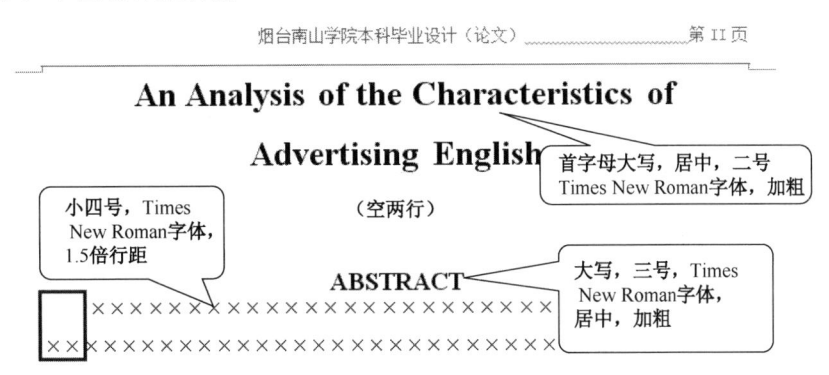

图 7-21 模板对英文摘要的要求

1. 英文论文题目的设置

英文论文题目，居中，二号，Times New Roman 字体,加粗的设置方法如下。

分别设置，"二号，Times New Roman 字体,加粗"用"字体"对话框设置，"居中"用"段落"对话框设置。

用"段落"对话框设置"居中"时，不能设置成一级标题，否则，就成目录了，设置成正文文本即可。单击"字体"图标后面的小三角，设置字体。单击"段落"图标后面的小三角，设置段落，如图 7-22 所示。

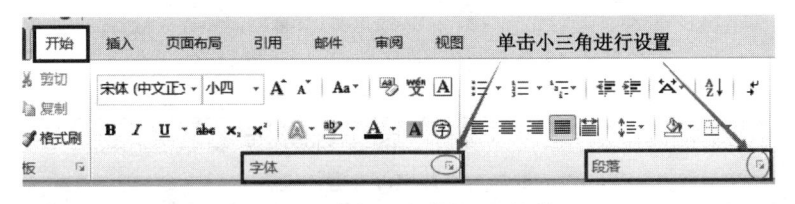

图 7-22 字体和段落的设置图标

（1）英文题目段落的设置如下。

英文论文题目居中设置同中文，如图 7-14 所示。

（2）英文题目字体的设置如下。

英文论文题目"黑体，二号，加粗"设置方法如图 7-22 所示。单击"字体"图标后面的小三角，设置字体。打开"字体"对话框。"中文字体（T）"→"黑体"→"西文字体（F）"→"Times New Roman"字体→字形（Y）→"加粗"→"字号（S）"→"二号"，单击"确定"按钮，如图 7-23 所示。

图 7-23　英文论文题目黑体，二号，加粗设置

（3）首字母大写的设置方法如下。

字体和段落设置完成后，将英文题目全部输入，然后选中，在"开始"菜单下面单击"更改大小写"按钮，选择"句首字母大写"选项，这时选中的英文句首按照要求全部改好，如图 7-24 所示。

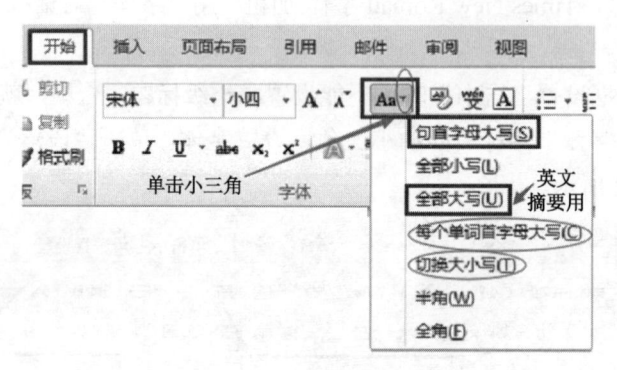

图 7-24　首字母大写的设置

（4）接下来，下面空两行，按两下 Enter 键即可。

2. ABSTRACT 字体的设置

"ABSTRACT"字体的设置方法如下。

"大写，三号，Times New Roman 字体，居中"。英文"ABSTRACT"与中文"摘要"段落设置相同。

在键盘上（右侧中间的位置）打开大写键盘"大写锁定 Caps Look"或是在"开始"菜单下面单击，"更改大小写"图标，输入"ABSTRACT"字母，选中"ABSTRACT"，单击红色数字"3"图标"B"呈现黄色时，所选中的"ABSTRACT"已经加粗，然后再单击（现在字体还是选中状态）字体后面的小三角，将原来设置的小四字体换成三号字体，即红色数字"4"

的位置，完成"大写，三号，Times New Roman 字体，居中"的设置，如图 7-25 所示。

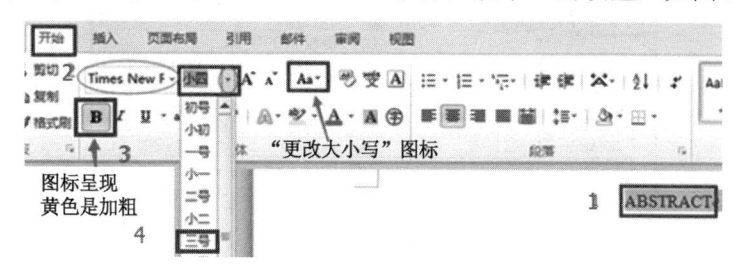

图 7-25　ABSTRACT 字体和字号设置

3．ABSTRACT 正文的设置

"ABSTRACT"正文"小四号，Times New Roman 字体，1.5 倍行距，段前 0 行，段后 0 行"设置方法如下。

分别设置，"小四号，Times New Roman 字体"用"字体"对话框设置，"1.5 倍行距，各段首行缩进 4 个字母"用"段落"对话框设置。

（1）用"段落"对话框设置 1.5 倍行距方法与中文摘要正文相同，如图 7-18 所示。

（2）用"字体"对话框设置"小四号，Times New Roman 字体"的方法如图 7-22 所示。单击"字体"图标后面的小三角，设置字体。打开"字体"对话框，在"字体"对话框中，"字体（N）"→"中文字体（T）"→"宋体"→"西文字体(F)"→"Times New Roman"→"字型（Y）"→"常规"→"字号（S）"→"小四"→"字体颜色（C）"→"自动"，单击"确定"按钮，如图 7-26 所示。

4．英文关键词的设置

Key word（关键词），"后退 4 个字母，四号，Times New Roman 字体，加粗。Key 和 words 之间有一空格"，如图 7-27 所示。

（1）英文关键词段落的设置方法：英文关键词段落的设置方法如图 7-18 所示。在 ABSTRACT（摘要）内容的后面另起一行，系统自动设置成空 4 个字母（即 2 个字符），因为在段落设置时为"特殊格式（S）"→"首行缩进"→"磅值（Y）"→"2 字符"。

（2）英文关键词字体的设置方法：字体的设置在前面已经设置好了，不用重复设置，只是将字号小四改成四号即可。在键盘上输入"Key words"，用光标选中"Key words"，注意：只是选中字母即可！不要将后面的段落符号选中！即红色数字"1"的位置（句首大写的方法如图 7-24 所示），在"开始"菜单下面单击如图 7-28 所示的小三角，红色数字"3"的位置，选择"四号"选项，即红色数字"4"的位置。继续进行加粗设置（"Key words"仍然处在选中状态），单击红色数字"5"的位置图标"B"呈现黄色时，所选中的"Key words"已经加粗，完成"后退 4 个字母，四号，Times New Roman 字体，加粗"的设置，如图 7-28 所示。

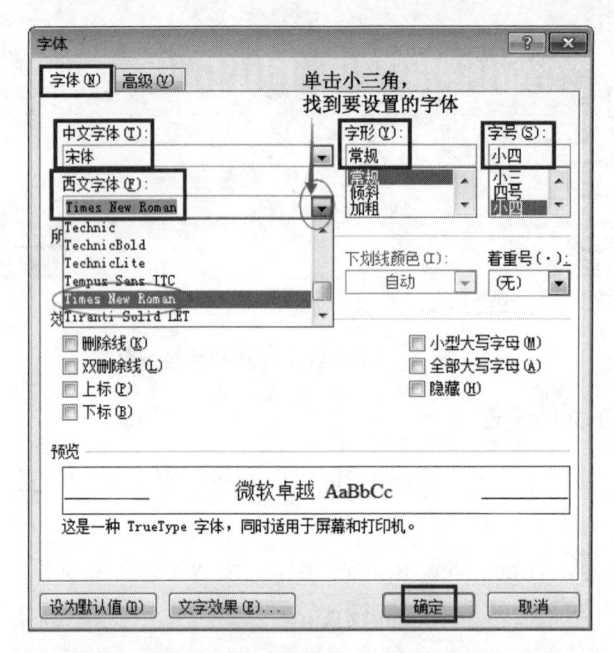

图 7-26　英文摘要正文小字体设置

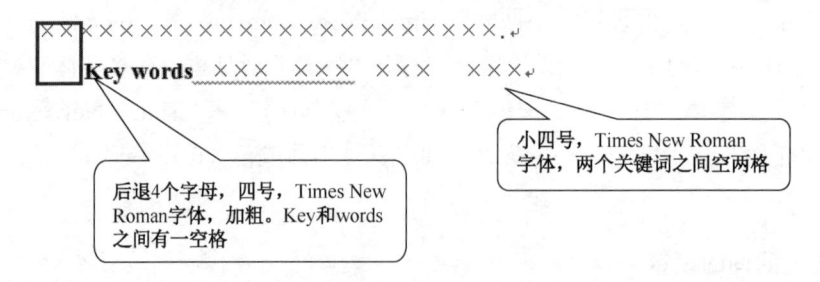

图 7-27　模板对英文关键词的要求

（3）"Key 和 words 之间有一空格"，可以按一下 Space 键来完成。

（4）"小四，Times New Roman 字体，两个关键词之间空两格"，小四，Times New Roman 字体，前面已经设置好了，不用重复设置。两个关键词之间空两格，可以按两下 Space 键来完成。最后一个关键词后不加标点符号。

7.5　页眉字体的设置

页眉的字体设置方法较简单，"宋体，五号，烟台南山学院本科毕业设计（论文），居中，页码，右对齐，五号，宋体。"

设置时，将"烟台南山学院本科毕业设计（论文）和页码"全部选中，如图 7-29 所示，红色数字"1"的位置，在"开始"红色数字"2"的位置菜单下面，单击"文本右对齐"图标，红色数字"3"的位置。现在"页码"右对齐符合要求，"烟台南山学院本科毕业设计（论文）"不符合居中的要求，可以用制表符设置，比较麻烦，方法参见 7.20 节制表位的使用。最简单方法，用 Space 键完成，光标放在"（论文）第 51 页"的第的前面，按 Space 键，完成居中设置。

在"烟台南山学院本科毕业设计（论文）和页码"全部选中的状态下，单击红色数字"4"的位置，单击"小四"后面小三角，将"小四"换成"五号"。完成"宋体，五号，烟台南山学院本科毕业设计（论文），居中，页码，右对齐，五号，宋体"的设置，如图 7-30 所示。页码的设置参见第 7.15 节页眉页脚的制作。

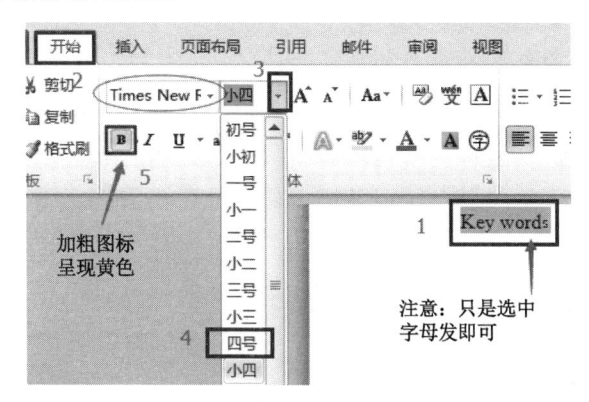

图 7-28　Key words 字号和加粗的设置

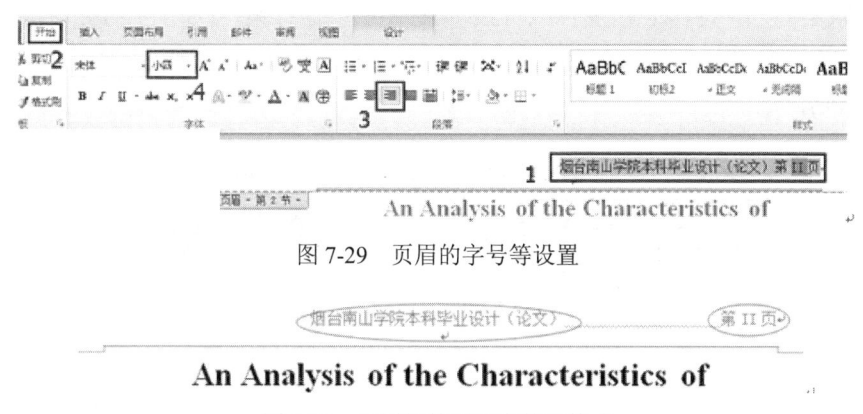

图 7-29　页眉的字号等设置

图 7-30　设置好的页眉字体和格式

7.6　段前段后 0 行指哪一位置

在设置正文段落时，"段前 0 行，段后 0 行，1.5 倍的行距"，或是"段前 0.5 行，段后 0.5 行，1.5 倍的行距"，具体指哪一位置呢？段前是指整个段落一段的前面，段后是指整个段落一段的后面，整个段落一段的前面与上一个整个段落的后面相连接的部分是多少呢？如图 7-31 所示（a）所示是"段前 0.5 行，段后 0.5 行，1.5 倍的行距"，如图 7-31（b）所示是"段前 0 行，段后 0 行，1.5 倍的行距"。画出的长方形的宽度图（a）比图（b）行与行之间的距离要宽一倍，两个 0.5 行就是 1 行，行与行之间的距离增加了一行。"段前 0 行，段后 0 行"，从图（b）可以看出，行与行之间的距离，没有因为段落的存在而发生变化，整个截图行与行之间的距离是相同的。同学们在设置时一定要注意。按照各自学校的要求设置。

(a)   (b)

图 7-31 段前 0 行，段后 0 行指哪一位置

7.7 单倍行距与 1.5 倍行距的区别

在正文设置中，要求单倍行距，或是 1.5 倍行距，它们之间有什么区别吗？在哪能看到？各个院校要求不同，有设置 1.5 倍行距、1.25 倍行距、单倍行距。1.5 倍的行距行与行之间的距离要宽一些，单倍行距行与行之间的距离要窄一些，1.25 倍行距行与行之间的距离介于二者之间，如图 7-32 所示。

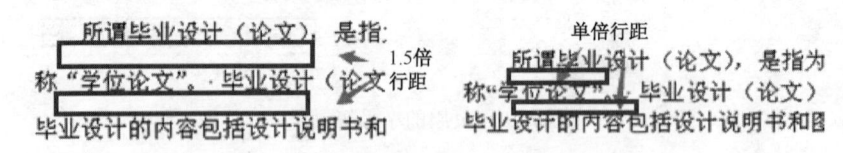

图 7-32 1.5 倍与单倍行距的区别

7.8 创建标题和正文样式

样式的概念:指用有意义的名称保存的字符格式和段落格式的集合。

在写论文的过程中会遇到不同位置的内容有不同的字体、图片和段落等格式，并且很多地方的格式是相同的，为了避免每次都要对新输入的内容都进行一次格式设置操作，因此需要设置样式。毕业设计（论文）要求设置三级标题样式和正文样式，然后利用 Microsoft Office Word 2010 的样式功能，自定义所需要的样式。

1. 样式的好处

设置样式的好处如下。

（1）应用样式：编排重复格式时，先创建一个该格式的样式,在需要的地方套用这种样式,无须一次次地进行重复的格式化操作。

（2）自动更新样式：如果要对排版格式做调整，只需一次性修改相关样式即可。

使用样式来设置标题格式的优点，就是更改标题的格式非常方便。若要把所有一级标题的字号改为宋体、三号，只需更改"一级标题"样式的格式设置，然后自动更新，所有章的标题

字号都变为宋体、三号，不用手工一一去修改，既麻烦又容易出错。

2．样式的设置

例如，烟台南山学院对毕业设计（论文）设置三个级别的标题和正文样式的要求如下。

（1）一级标题，标题加序号1、2、3等，采用三号，黑体，居中，一级标题章后面空一个汉字，段前段后间距为段前0行，段后0行，大纲级别为一级，如"第2章　毕业设计（论文）的目的及要求"。

（2）二级标题，标题前加序号1.1，1.2，2.1等，采用小四号，黑体，首行缩进两个汉字，回行顶格对齐，二级标题节号后空一个汉字，1.5倍行距，段前段后间距为段前0行，段后0行，大纲级别为二级，如"2.1　大学生进行毕业设计的目的"。

（3））三级标题，标题前加序号1.1.1，1.1.2，2.1.1等，采用小四号，宋体，首行缩进两个汉字，回行顶格对齐。三级标题小节节号后空一个汉字，1.5倍行距，段前段后间距为段前0行，段后0行，大纲级别为三级，如"7.1.7　完整的论文组成"。

（4）正文按照自然段依次排列，各段行首缩进两个汉字，回行顶格。中文为小四号，宋体，英文为小四号，Times New Roman字体，行距为1.5倍，段前段后间距为段前0行，段后0行。

3．一级标题样式的设置

根据各自学校的论文的格式要求创建所需的新样式，按照要求分别新建各级标题样式和正文样式4个样式，创建新样式的操作步骤如下如下。

新建一级标题样式步骤如下。

在建立样式之前，先进行清除格式的操作（详见7.19节清除格式）。

在文档开头，将"绪论"二字按照学校要求的文字样式设置好，"三号，黑体，居中，章后面空一个汉字，段前段后间距为0行"。选中要设置一级标题的文字内容"绪论"，然后选择菜单中的"开始"→"样式库设置标题"（如图7-33所示中，红色数字标号"2"的位置，或是用快速样式红色数字标号"3"的位置）→"将所选内容保存为新快速样式"→"根据格式设计创建新样式"→"名称"→"一级样式"。此过程中，要设为一级标题的文字始终处于被选中状态。（如图7-33所示的红色数字标号"1"的位置）。

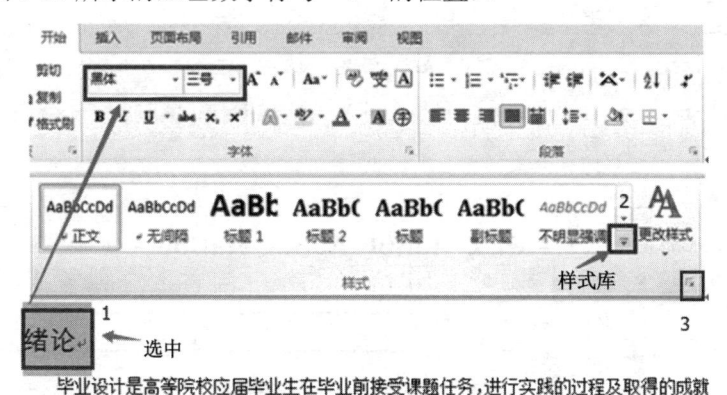

图7-33　一级标题样式设置

单击"样式库"图标，出现"样式库"对话框，在"样式库"对话框中，单击"将所选内容保存为新快速样式（Q）"按钮，出现"根据格式设置创建新样式"对话框，在"根据格式设置创建新样式"对话框中，在"名称（N）"文本框中输入文字"一级样式"，单击"确定"按钮，如图7-34所示。

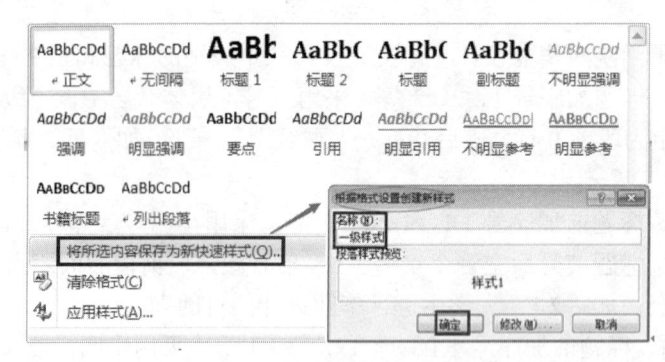

图7-34 样式库设置一级标题

二级样式、三级样式的设置方法与一级样式的设置方法相同，如图7-35所示。

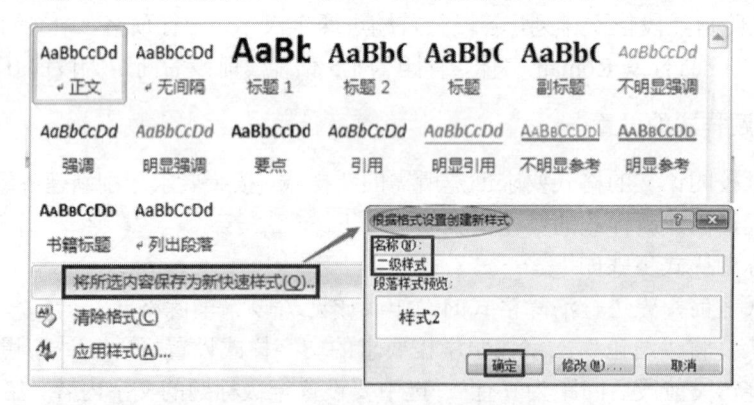

图7-35 样式库设置二级标题

设置一级标题的格式内容。单击"开始"菜单下面"样式"图标右边的小三角，红色数字"0"箭头所指的位置，如图7-36所示，

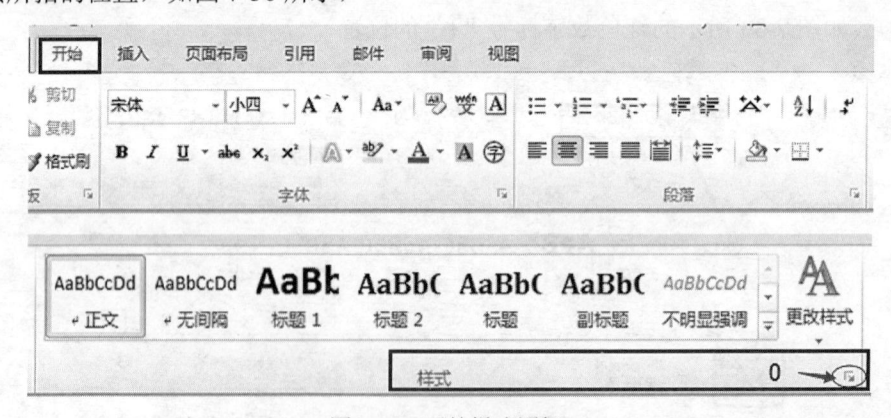

图7-36 开始样式图标

出现"样式"对话框。"样式"对话框下面的"新建样式"按钮，即红色数字"1"的位置，出现"根据格式设置创建新样式"对话框，在"名称"文本框中输入文字"一级样式"，即红色数字"2"的位置，如图7-37所示。

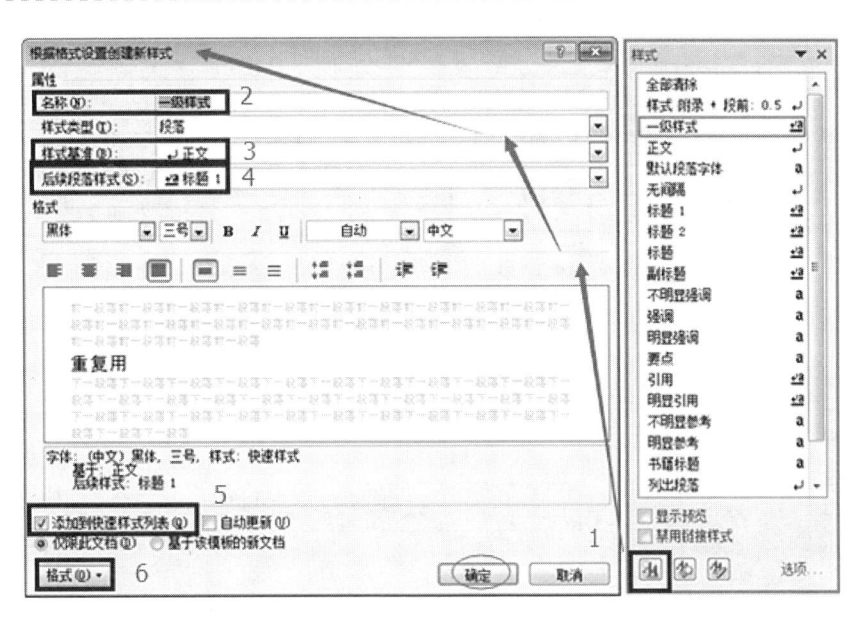

图 7-37　一级标题对话框

在"根据格式设置创建新样式"对话框中,属性选项区域内有 4 个选项,第一个是新建的样式名称,自己定义即可;第二个是选择用在什么类型上的,根据样式选用的对象来进行选择;第三个则是选择新建的样式是在哪一个已有的样式的基础上进行修改创建而来的,这样能够更快速的创建出自己想要的样式,第四个是在应用这个样式的段落之后的下一个段落默认采用的样式。格式框内就是更详细的样式格式设置。这个窗口内的选项还不足以满足论文的样式设置要求,需要更详细的字体和段落设置,可从左下方的格式选项的子菜单中选择相应设置项进行设置。

在"根据格式设置创建新样式"对话框中,在"格式"下拉列表中,选择"字体"选项,在"字体"对话框,在该对话框中,"字体(N)"→"中文字体(T)"→"黑体"→"西文字体(F)"→"Times New Roman"→"字形(Y)"→"常规"—"字号(S)"→"三号"→"字体颜色(C)"→"自动",单击"确定"按钮,如图 7-38 所示。

在"根据格式设置创建新样式"对话框中,在"格式"下拉列表中选择"段落"选项,打开"段落"对话框,在该对话框中,"缩进和间距(I)"→"常规"→"对齐方式(G)"→"居中"→"大纲级别"→"1级"→"缩进"→"左侧(L)"→"0字符"→"右侧(R)"→"0字符"→"特殊格式(S)"→"无"→"间距"→"段前(B)"→"0行"→"段后(F)"→"0行"→"行距(N)"→"1.5 倍行距"取消选中"如果定义了文档网格,则对齐到网格(W)"复选框其余段落设置用 Microsoft Office Word 2010 的默认设置,单击"确定"按钮,如图 7-39 所示。

4．二级标题样式的设置

新建二级标题样式步骤如下。

设置二级标题的格式内容。单击"开始"菜单下面"样式"图标右边的小三角,即红色数字"0"箭头所指的位置,如图 7-36 所示,出现"样式"对话框。单击"样式"对话框下面的"新建样式"按钮,即红色数字"1"的位置,出现"根据格式设置创建新样式"对话框,在"名称"文本框中输入文字"二级样式,"红色数字"2"的位置,如图 7-40 所示。

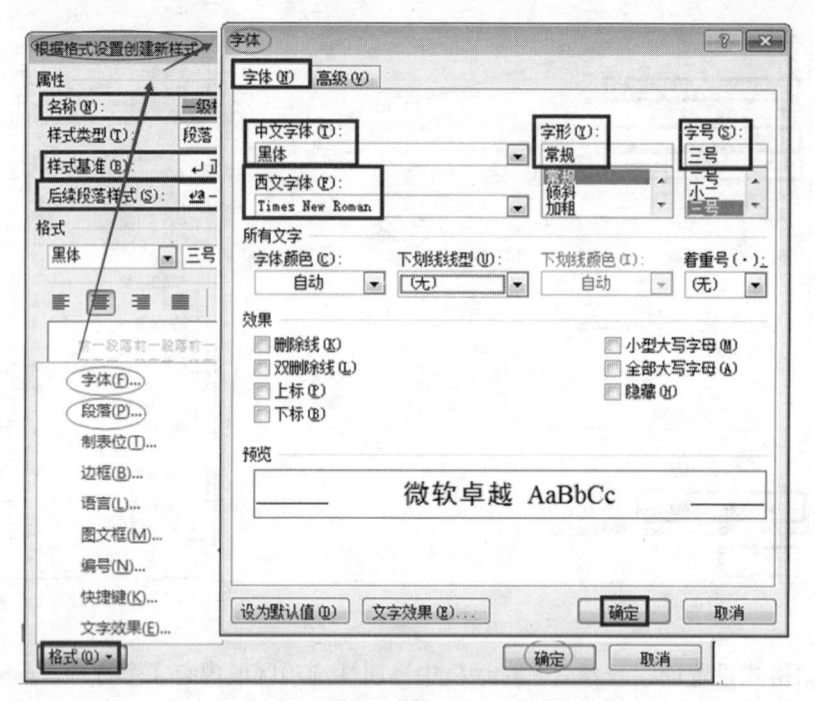

图 7-38 一级标题格式"字体"对话框

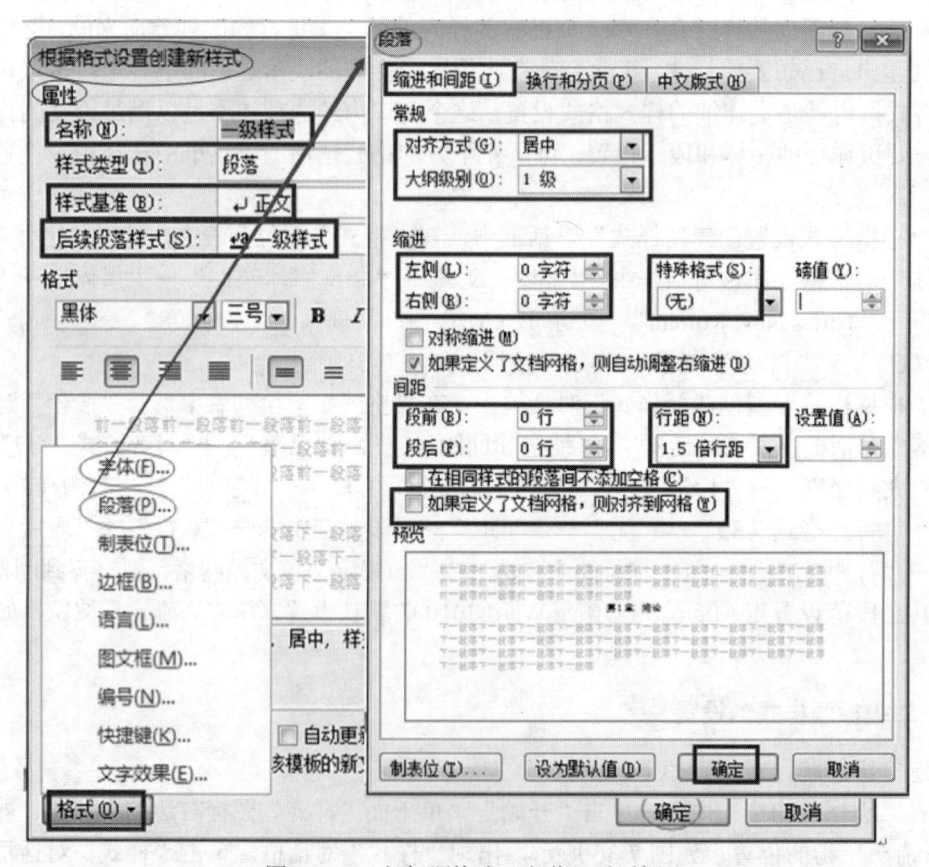

图 7-39 一级标题格式"段落"对话框

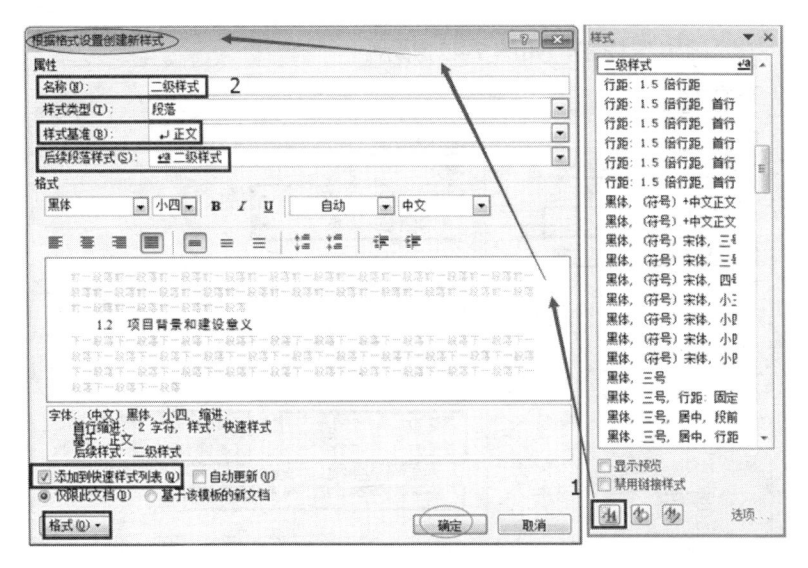

图 7-40 二级标题对话框

在"根据格式设置创建新样式"对话框中,在"格式"下拉列表中,选择"字体"选项,打开"字体"对话框,在该对话框中,"字体(N)"→"中文字体(T)"→"黑体"→"西文字体(F)"→"(使用中文字体)"-"字形(Y)"-"常规"-"字号(S)"-"小四号"-"字体颜色(C)"-"自动",单击"确定"按钮,如图 7-41 所示。

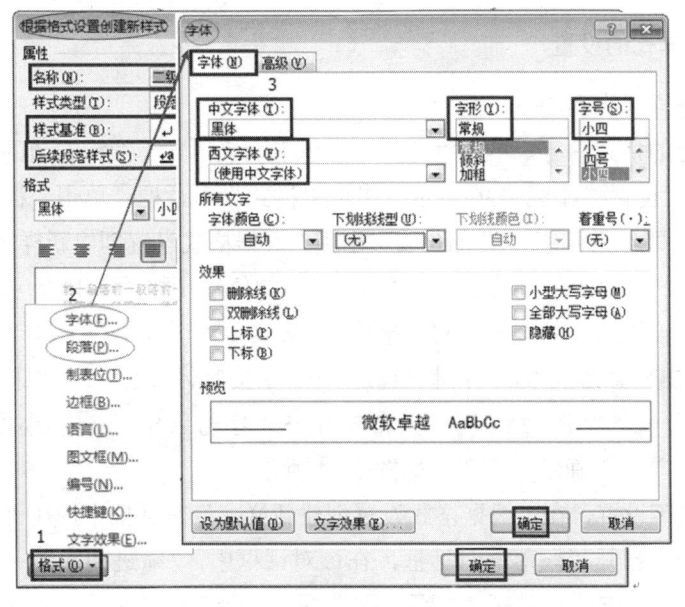

图 7-41 二级标题格式"字体"对话框

在"根据格式设置创建新样式"对话框中,在"格式"下拉列表中选择"段落"选项,打开"段落"对话框,在该对话框中,"缩进和间距(I)"→"常规"→"对齐方式(G)"→"左对齐"→"大纲级别"→"2 级"→"缩进"→"左侧(L)"→"0 字符"→"右侧(R)"→"0 字符"→"特殊格式(S)"→"首行缩进"→"磅值(Y)"→"2 个字符"→"间距"→"段前(B)"→"0 行→"段后(F)"→"0 行"-"行距(N)",取消选中"1.5 倍行距"-"如果定义了文档网格,则对齐到网格(W)"复选框,其余段落设置用 Microsoft Office Word 2010

的默认设置，单击"确定"按钮，如图 7-42 所示。

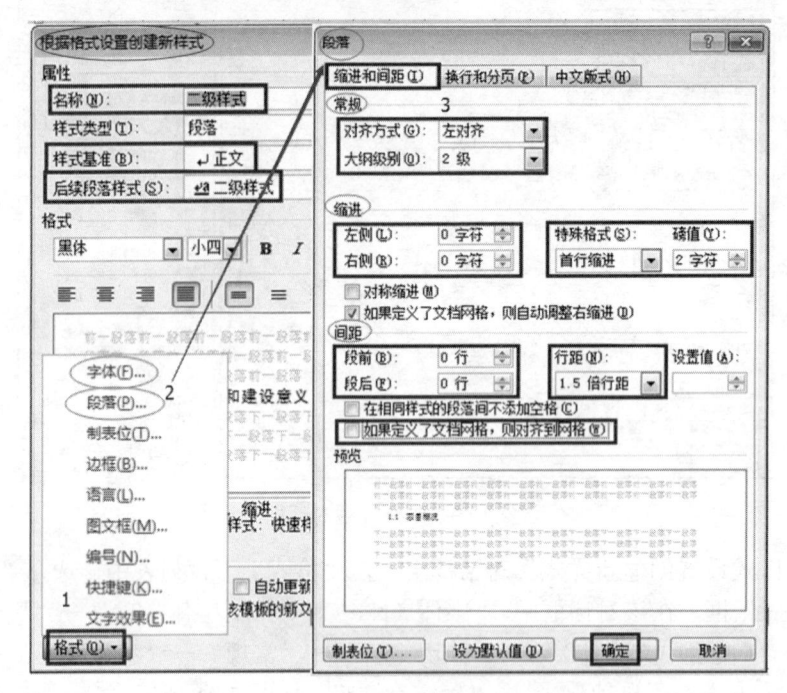

图 7-42 二级标题格式"段落"对话框

5. 三级标题样式的设置

新建三级标题样式步骤如下。

设置三级标题的格式内容。单击"开始"菜单下面"样式"图标右边的小三角，即红色数字"0"箭头所指的位置，如图 7-36 所示，出现"样式"对话框。单击"样式"对话框下面的"新建样式"按钮，即红色数字"1"的位置，出现"根据格式设置创建新样式"对话框，在"名称"文本框中输入文字"三级样式"红色数字"2"的位置，如图 7-43 所示。

在"根据格式设置创建新样式"对话框中，"格式"对话框中，选择"字体"选项，打开"字体"对话框，在该对话框中，"字体（N）"→"中文字体（T）"→"宋体"→"西文字体（F）"→"Times"→"字形（Y）"→"常规"→"字号（S）"→"小四"→"字体颜色（C）"→"自动"，单击"确定"按钮，如图 7-44 所示。

三级标题的段落设置，在"根据格式设置创建新样式"对话框中，在"格式"下拉列表中选择"段落"选项，打开"段落"对话框，在该对话框中，"缩进和间距（I）"→"常规"→"对齐方式（G）"→"左对齐"→"大纲级别"→"3 级"→"缩进"→"左侧（L）"→"0 字符"→"右侧（R）"→"0 字符"→"特殊格式（S）"→"首行缩进"→"磅值（Y）"→"2 字符"→"间距"→"段前（B）"→"0 行"→"段后（F）"→"0 行"→"行距（N）"→"1.5 倍行距"，取消选中"如果定义了文档网格，则对齐到网格（W）"复选框，其余段落设置用 Microsoft Office Word 2010 的默认设置，单击"确定"按钮，如图 7-45 所示。

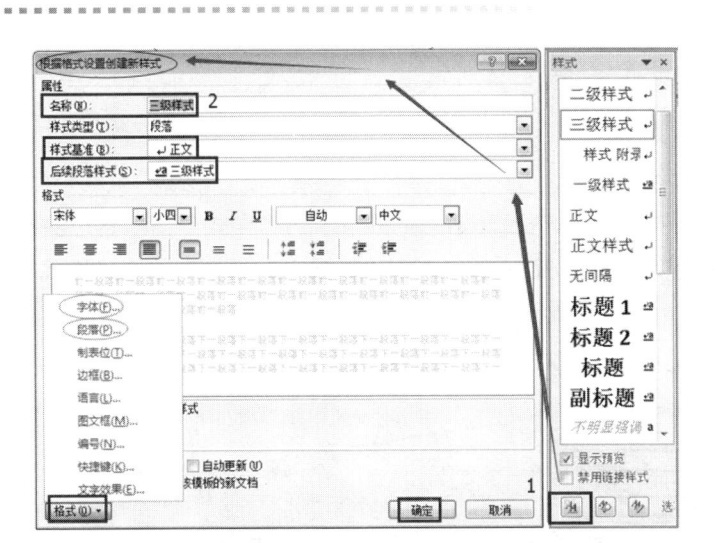

第 7 章　毕业设计（论文）撰写操作步骤

图 7-43　三级标题对话框

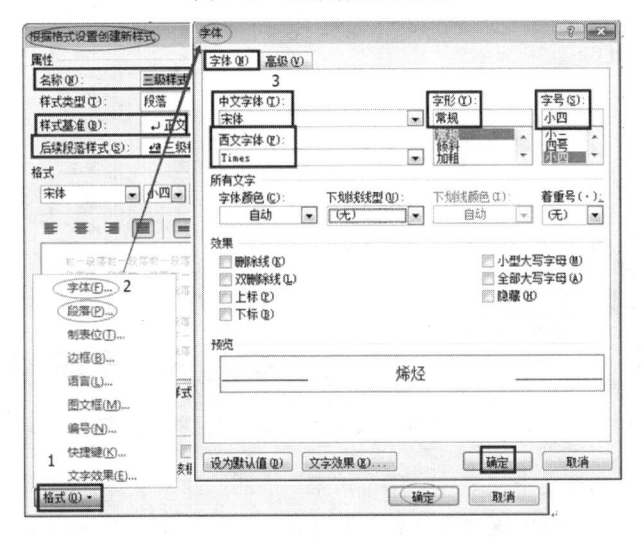

图 7-44　三级标题格式"字体"对话框

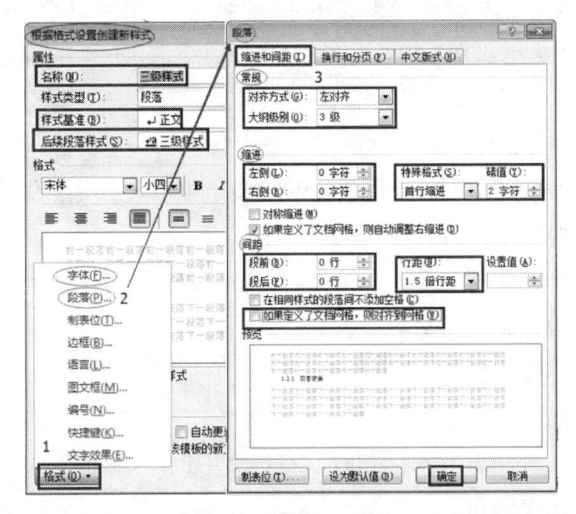

图 7-45　三级标题格式"段落"对话框

6．正文样式的设置

需要再建立正文样式。

新建正文样式步骤如下。

设置正文的格式内容。单击"开始"菜单下面的"样式"图标右边的小三角，即红色数字"0"箭头所指的位置，如图7-36所示，出现"样式"对话框。单击"样式"对话框下面的"新建样式"按钮，即红色数字"1"的位置，出现"根据格式设置创建新样式"对话框，在"名称"文本框中输入文字"正文样式"，红色数字"2"的位置，如图7-46所示。

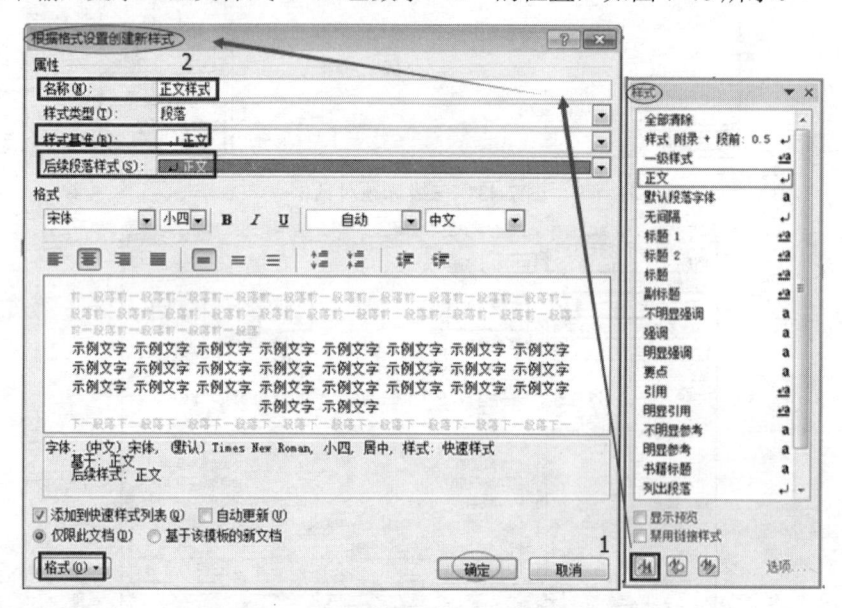

图 7-46　正文"样式"对话框

正文字体与三级标题都是中文字体（T），仿宋，小四，西文字体（F），Times，如图7-44所示。正文段落设置的方法，在"根据格式设置创建新样式"对话框中，在"格式"下拉列表中选择"段落"选项，打开"段落"对话框，在该对话框中，"缩进和间距（I）"→"常规"→"对齐方式（G）"→"两端对齐"→"大纲级别"→"正文文本"→"缩进"→"左侧（L）"→"0字符"→"右侧（R）"→"0字符"→"特殊格式（S）"→"首行缩进"→"磅值（Y）"→"2字符"→"间距"→"段前（B）"→"0行"→"段后（F）"→"0行"→"行距（N）"→"1.5倍行距"，取消选中"如果定义了文档网格，则对齐到网格（W）"复选框，其余段落设置用Microsoft Office Word 2010的默认设置，单击"确定"按钮，如图7-47所示。

这样就设置好了三个标题样式和一个正文样式，在各个章节的标题段落应用相应的格式。

章的标题使用"一级标题"样式。

节标题使用"二级标题"样式。

第三层小节标题使用"三级标题"样式。

以后每当要输入章、节、小节的标题时，将论文中的一级标题、二级标题、三级标题分别按照设置好的样式对应起来即可。

正文内容较多，也可以先选择正文样式，再输入正文文字，进行样式套用。

第 7 章　毕业设计（论文）撰写操作步骤

按照上面的方法，可以逐一对论文中不同格式的部分进行设置，在写作中方便调用，加快编辑论文的速度，如图 7-48 所示。

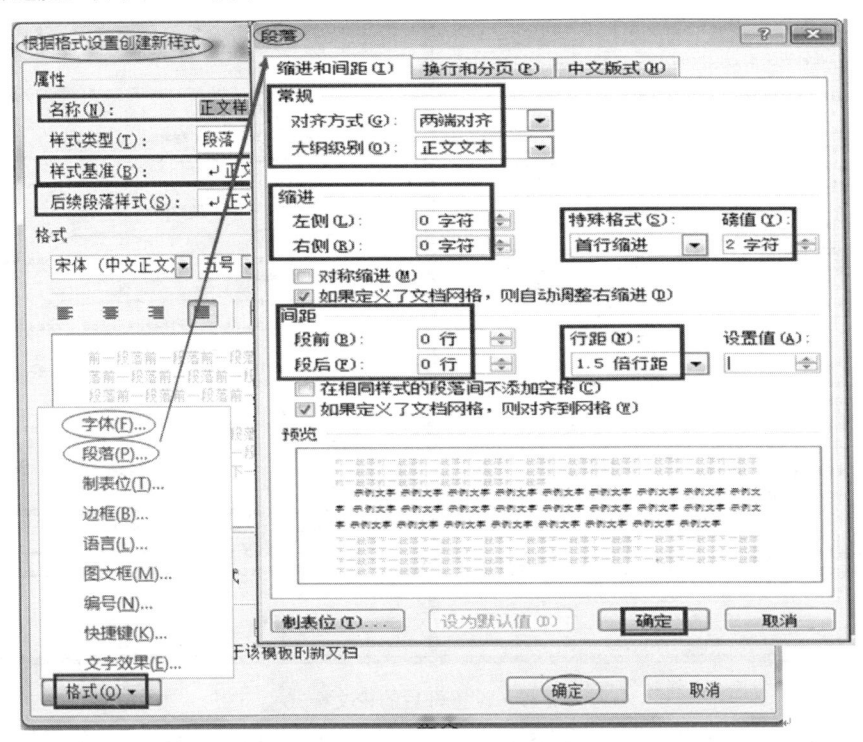

图 7-47　正文"段落"对话框

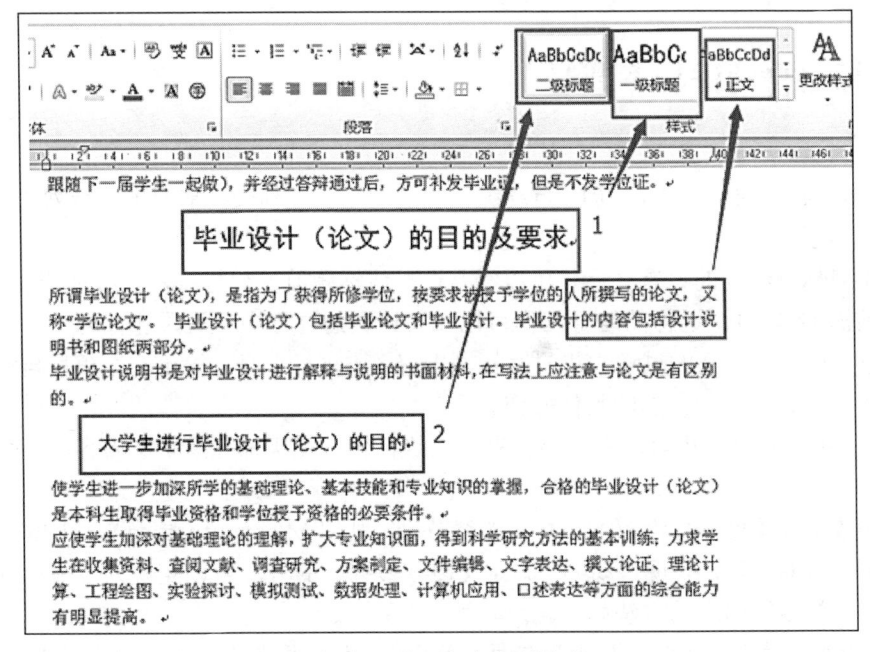

图 7-48　应用各个级别样式

设置好后的样式，如图 7-49 所示。

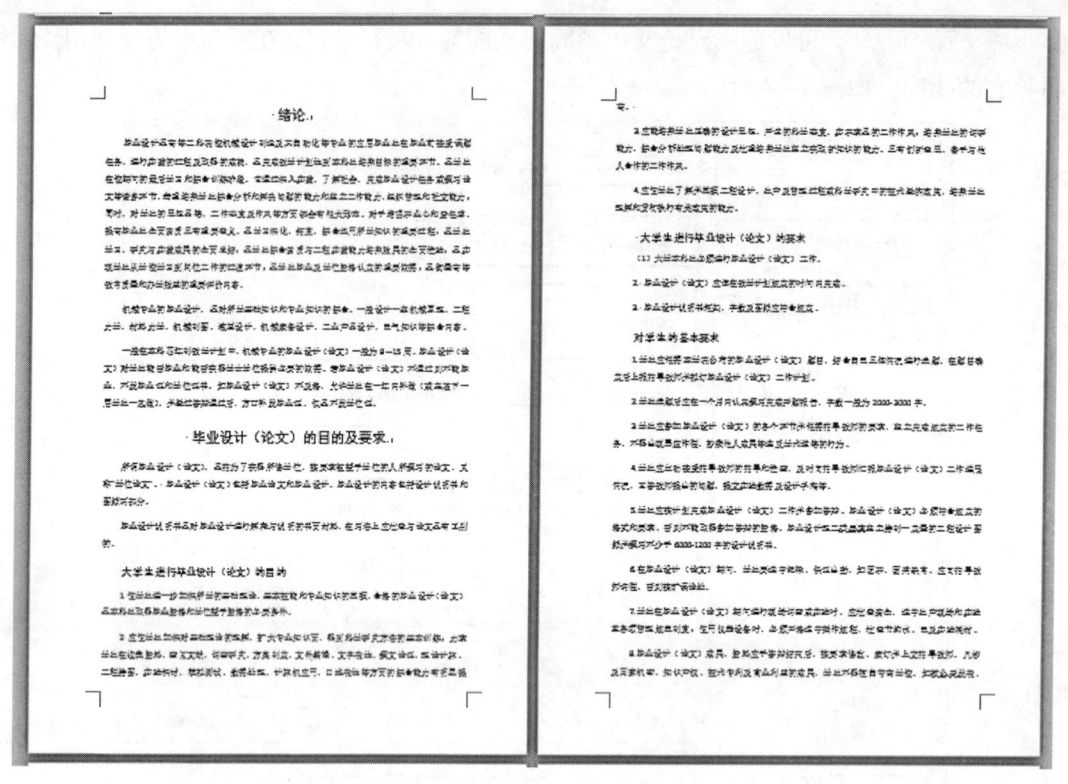

图 7-49 设置好后的论文样式

设置好样式后，再设置多级列表样式，为三个级别的标题自动添加章节号。

7.9 为标题自动添加章节号

控制 Microsoft Office Word 2010 自动编号功能的是多级列表，掌握了多级列表，自动编号就显得简单多了。

完成了对标题级别的设置之后，可以经常在一级标题前加编号 1，二级标题前添加 1.1，三级标题前添加 1.1.1。这样的编号工作可以在写论文的过程中一边添加标题一边进行手动编号；同时也可以在写论文的过程中先只写标题内容，不进行编号，等论文结束后再统一进行编号，下面将介绍其中一种方法的具体操作。

如图 7-49 所示中的内容，有一级标题、二级标题、三级标题及正文内容，三个级别的标题只是将

字体和段落设置好了，没有加进具体的章节号，利用 Microsoft Office Word 2010 系统自带自动添加章节号的功能，实现自动编号。定义新多级列表的方法可以实现为各级标题自动添加章节号。定义新多级列表的方法如下。

单击"开始"菜单中"多级列表"右面的下三角按钮，再单击"定义新的多级列表"按钮，如图 7-50 所示。

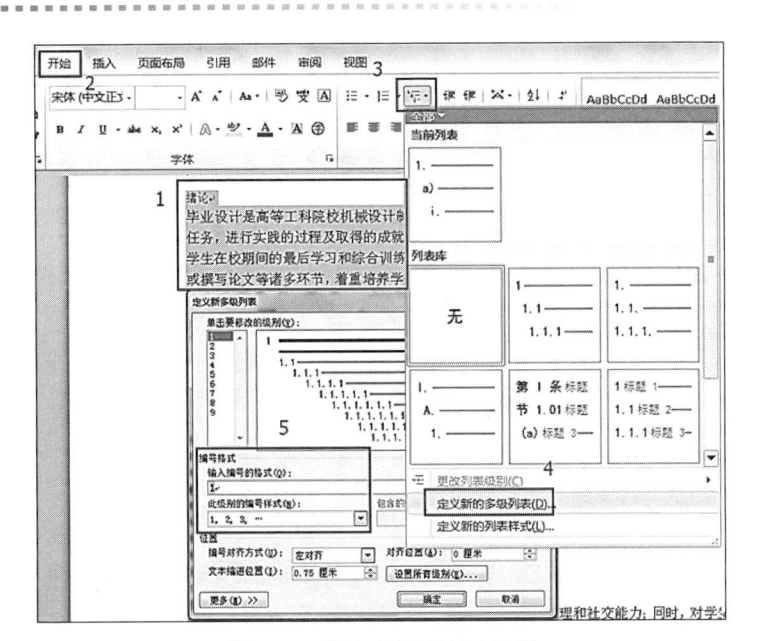

第 7 章　毕业设计（论文）撰写操作步骤

图 7-50　调出多级列表对话框

在弹出的"定义新多级列表"对话框中，"单击要修改的级别"→"1"→"将级别链接到样式"→"一级标题"→"此级别的编号样式"→"1，2，3，…"→"输入编号的格式"→"第 1 章"，Microsoft Office Word 2010 自动生成的是数字"1"，在数字"1"的前面，手工输入"第"，在数字"1"的后面，手工输入"章"，"位置"→"编号对齐方式（U）"→"左对齐"→"文本缩进位置（I）"→"0.75 厘米"→"起始编号（S）"→"1"→"编号之后（W）"→"空格"。再分别单击"设置所有级别（E）"按钮和"字体"按钮，如图 7-51 所示。

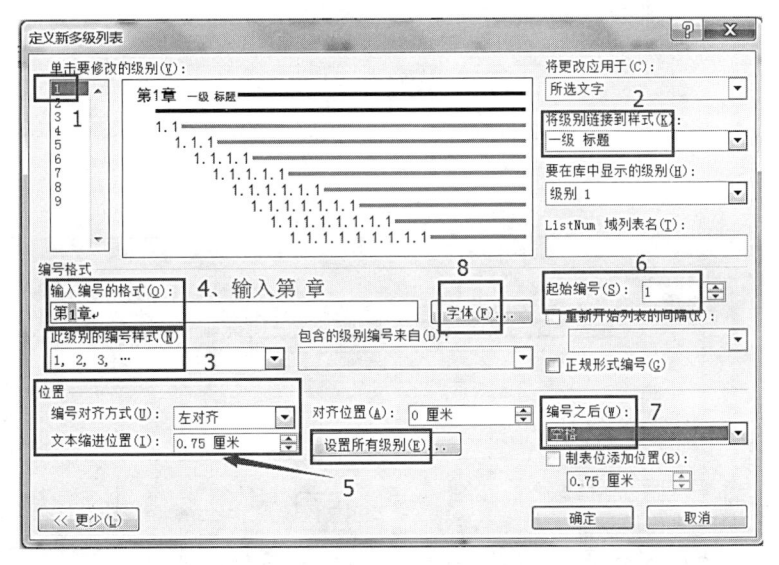

图 7-51　设置多级列表一级标题

在图 7-51 中，单击红色数字"5"的位置，打开"设置所有级别"对话框，在该对话框中，"第一级的项目符号/编号位置（B）"→"0 厘米"→"第一级的文字位置（T）"→"0.75 厘米"→"第一级的附加缩进量（A）"→"0.75 厘米"，单击"确定"按钮，如图 7-52 所示。

在图 7-51 中，单击红色数字"7"的位置，打开"字体"对话框，在该对话框中，"中文字体

(T)"→"黑体"→"西文字体(F)"→"Times New Roman"→"字号(S)"→"三号"→"字体颜色(C)"→"自动",单击"确定"按钮,如图 7-53 所示。

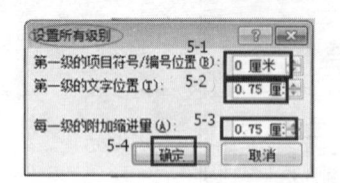

图 7-52 "设置所有级别"对话框

在"定义新多级列表"对话框中,"单击要修改的级别(V)"→"2"→"将级别链接到样式(K)"→"二级标题"→"此级别的编号样式(N)"→"1,2,3,…"→"输入编号的格式(O)"→"1.1"(如果生成的是 1.1,不用单击红色数字标号"4"的位置)→"起始编号(S)"→"1"→"编号之后(W)"→"空格"→"位置"→"编号对齐方式(U)"→"左对齐"→"文本缩进位置(I)"→"0.75 厘米",如图 7-54 所示。

在图 7-54 中,单击红色数字标号"7"的位置,打开"字体"对话框,在此对话框中,"中文字体(T)"→"黑体"→"西文字体(F)"→"Times New Roman"→"字号(S)"→"小四"→"字体颜色(C)"→"自动",单击"确定"按钮,如图 7-55 所示。

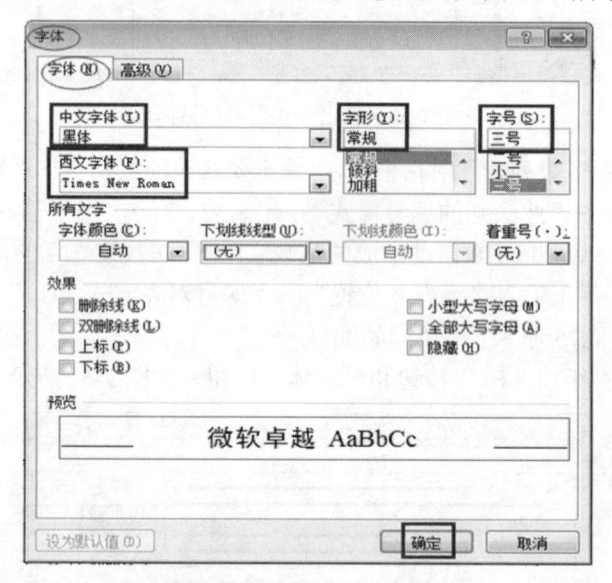

图 7-53 一级标题"字体"对话框

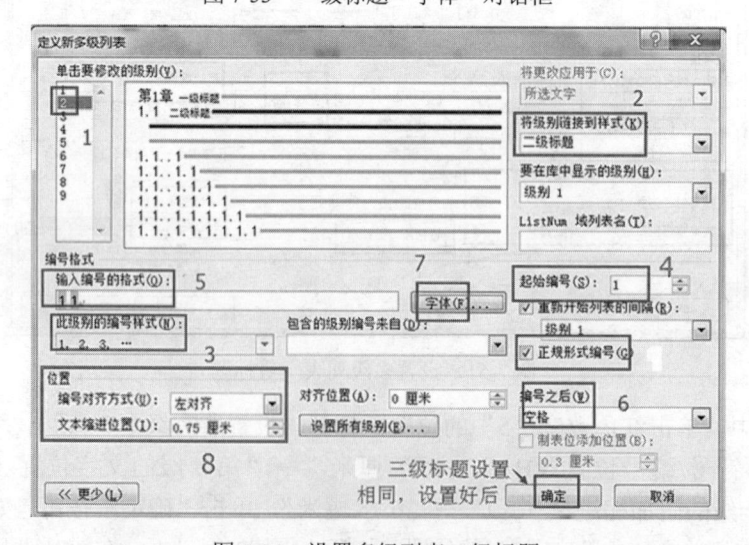

图 7-54 设置多级列表二级标题

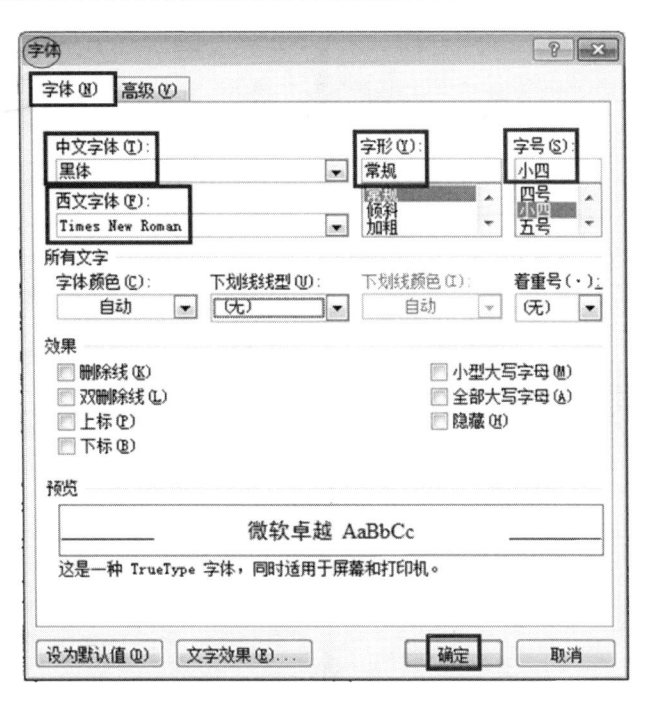

图 7-55 二级标题"字体"对话框

在"定义新多级列表"对话框中,"单击要修改的级别(V)"→"3"→"将级别链接到样式(K)"→"三级标题"。多级列表中三级标题设置方法如图 7-54 所示,字体设置方法如图 7-56 所示。

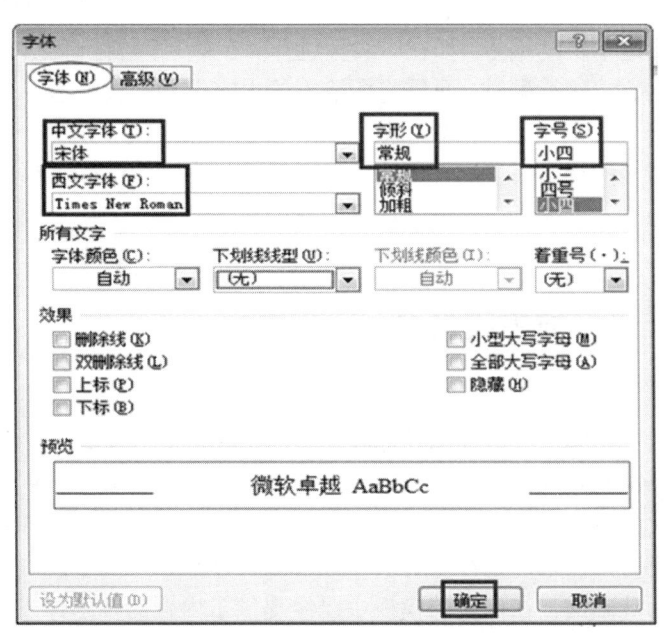

图 7-56 三级标题"字体"对话框

至此设计的多级列表与创建的一级标题、二级标题、三级标题已经相链接了,这样自动生成章、节和小节的编号,如图 7-57 所示。

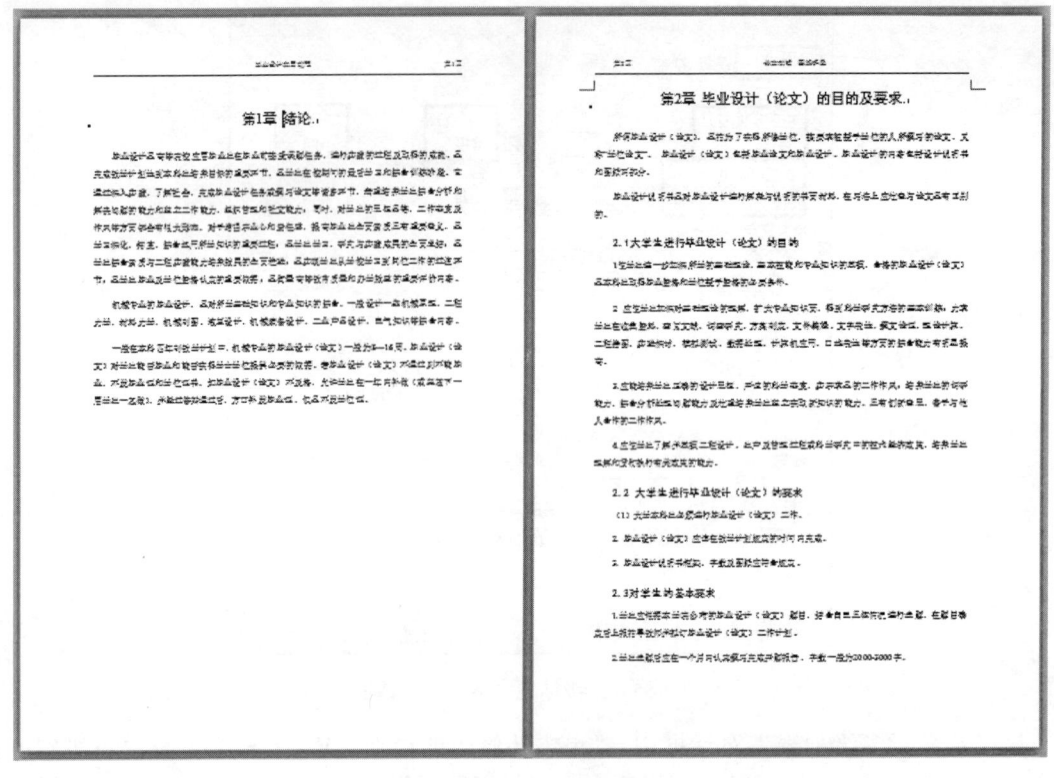

图 7-57　自动生成章节编号样式

该方法的好处为，当再次在一级标题下加入二级标题后，单击"二级标题"按钮，则文档在目前所在的一级标题下自动编号。如在一级标题"第 2 章"下已经有 2.1、2.2 两个二级标题，当需要再次加入"2.3"二级标题时，只需将所输入的内容设为二级标题后，则文档在新的二级标题前自动添加编号"2.3"，无需手动更改。

在编辑页码比较多的论文时，这种方法更显得简便，快捷。当作者需要将其他标题内容改成第 1 章的二级标题时，系统会自动更改成第 1 章的章节号！

7.10　自定义样式自动生成目录

目录是用来列出文档中的各级标题及标题在文档中相对应的页码，方便读者查阅。先了解在 Microsoft Office Word 2010 中的一个概念，大纲级别。Microsoft Office Word 2010 使用层次结构来组织文档，大纲级别就是段落所处层次的级别编号，Microsoft Office Word 2010 提供 9 级大纲级别，对一般的文档来说足够使用了。Microsoft Office Word 2010 的目录提取是基于大纲级别和段落样式为基础的，在内置的模板中已经提供了内置的标题样式，命名为"标题 1""标题 2"……"标题 9"，分别对应大纲级别的 1～9 级。

1. 设置目录的方法

设置目录的方法有很多种，这里只介绍几种简单的方法。
（1）不使用内置的标题样式而采用自定义样式。

（2）直接使用 Microsoft Office Word2010 的内置的 9 级标题样式。
（3）目录项目域。

2．目录格式要求

"目录"二字为黑体，三号，居中，上下分别空一行，居中打印，二字间不留空格，后面另起一行为一级标题章及其开始页码。

一级标题章，黑体，小四号，顶格。章节号后空一个汉字。
二级标题节，宋体，小四号，缩进两个汉字即 4 个字符，章节号后空一个汉字。
三级标题小节，宋体，小四号，缩进 4 个汉字即 8 个字符，章节号后空一个汉字。

3．自动生成目录的优点

自动生成目录的优点，方便、快捷，快速阅读查找内容，具有超级链接功能，按住 Ctrl 键的同时单击目录某一章节，直接跳转到该页。自动更新目录页码。

手动输入目录的缺点，复杂、麻烦、耗时、易出错，正文稍有改动，就会出现目录中页码与正文不对应的现象。本教程不做介绍。

4．自定义样式制作目录的方法

不使用内置的标题样式而采用自定义样式。目录的制作分以下三步进行。

（1）建立新的三级大纲标题样式的格式。按论文格式的要求分别修改，包括字体、段落等内容（前面在 7.5 节三级标题样式的建立已经讲过）。

（2）设置论文目录格式的要求分别修改，包括字体、段落、制表位和编号等内容。

（3）提取目录。按论文格式要求，目录放在正文的前面。在正文最前插入一新页（或是英文摘要的最后部分插入一个分节符），光标移到新页的开始，添加"目录"二字，并设置好格式。新起一段落，选择"引用"→"目录"→"插入目录"选项，再进行其他设置后，Microsoft Office Word 2010 就自动生成目录了，如图 7-58 所示。

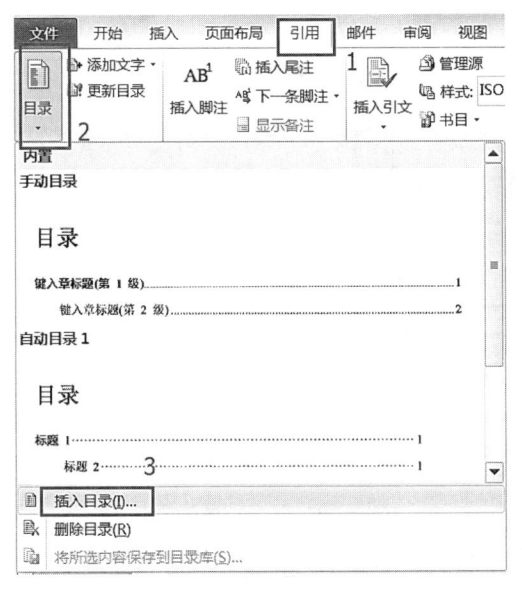

图 7-58　调出插入目录图标

在"目录"对话框中,目录(C)选项卡下,选中"显示页码(S)"和"页码右对齐(R)"复选框,"常规"→"格式(T)"→"来自模板"→"显示级别(L)"→"3",选中"使用超链接而不使用页码(H)"复选框,单击"修改(M)"按钮,如图7-59所示。

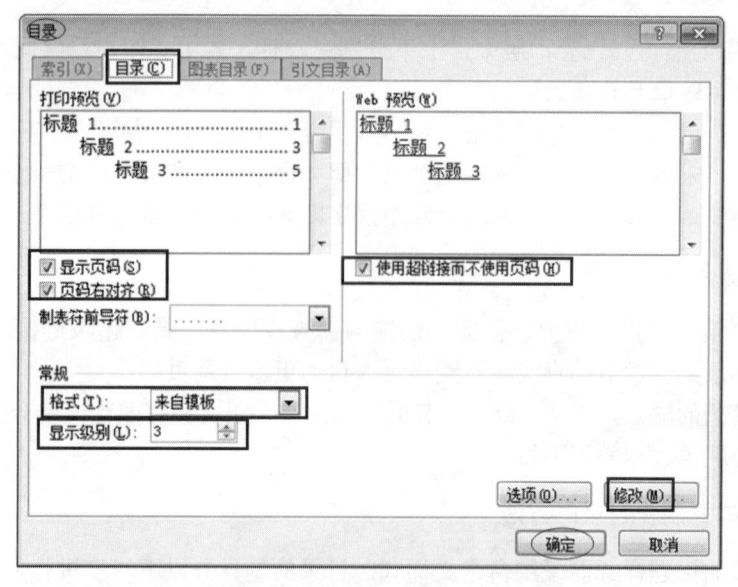

图7-59 自动插入目录对话框

5. 设置一级目录的方法

设置一级目录的步骤,包括设置字体、段落等内容,其具体方法如下。

单击如图7-59所示的"修改"按钮,出现"样式"对话框,在该对话框中的"样式"下拉列表中选择"目录1"选项,单击"修改(M)"按钮,如图7-60所示。

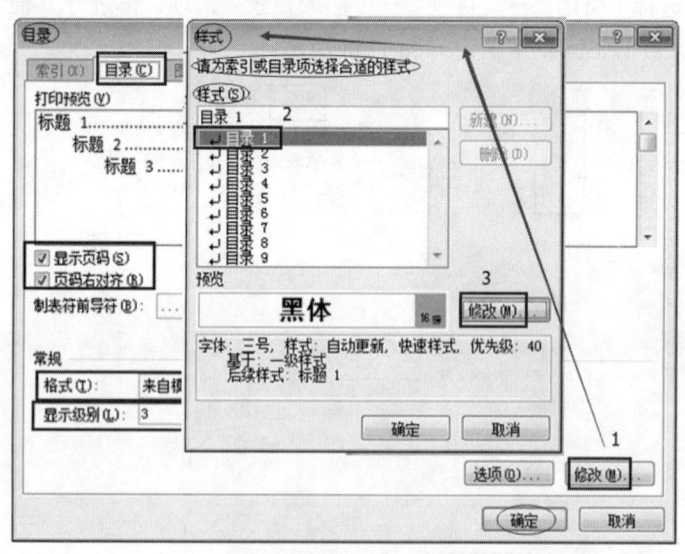

图7-60 一级目录对话框

单击如图7-60所示的"修改"按钮,出现"修改样式"对话框,在该对话框中"目录1"→"格式(O)"→"字体(F)",如图7-61所示。

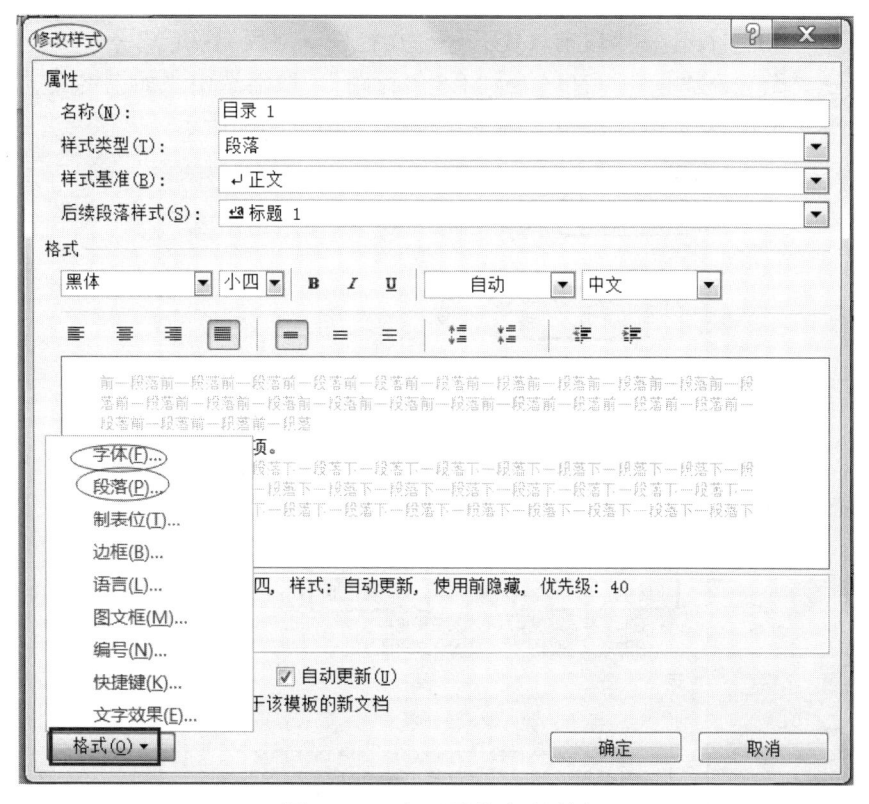

第 7 章　毕业设计（论文）撰写操作步骤

图 7-61　一级目录修改对话框

打开"字体"对话框，在该对话框中，"中文字体（T）"→"黑体"→"西文字体（F）"→"Times New Roman"→"字形（Y）"→"常规"→"字号（S）"→"小四"→"字体颜色（C）"→"自动"，单击"确定"按钮，如图 7-62 所示。

图 7-62　一级目录修改"字体"对话框

单击如图 7-61 所示的"格式（O）"按钮，选择"段落（P）"选项，出现"段落"对话框，在"段落"对话框中，"缩进和间距（I）"→"缩进"→"左侧（L）"→"0 字符"→

"右侧（R）"→"0 字符"→"段前（B）"→"0 行"→"段后（F）"→"0 行"→"特殊格式（S）"→"无"→"行距（N）"→"1.5 倍行距"，取消选中"如果定义了文档网格，则对齐到网格（W）"复选框，单击"确定"按钮，如图 7-63 所示。

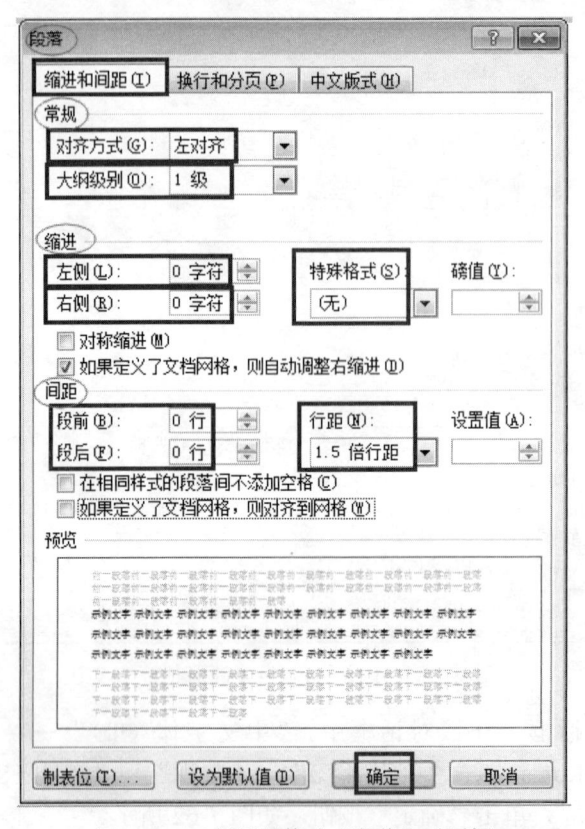

图 7-63 一级目录修改"段落"对话框

6．设置二级目录的方法

设置二级目录的步骤，包括设置字体、段落等内容其具体方法如下。

选择如图 7-60 所示的"目录 2"选项，出现"样式"对话框，在该对话框中，"样式"→"目录 2"→"修改（M）"，如图 7-64 所示。

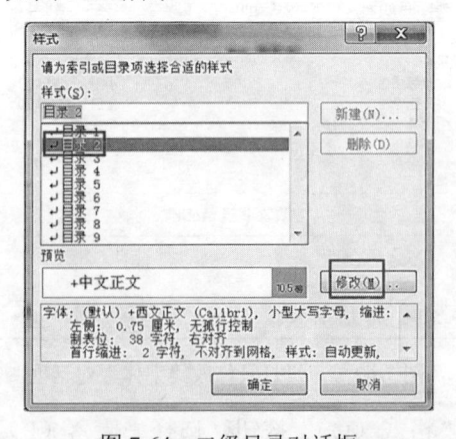

图 7-64 二级目录对话框

单击如图 7-64 所示的"修改"按钮,在出现的"修改样式"对话框中执行"目录 2"→"格式 (O)"→"字体 (F)"命令,如图 7-65 所示。

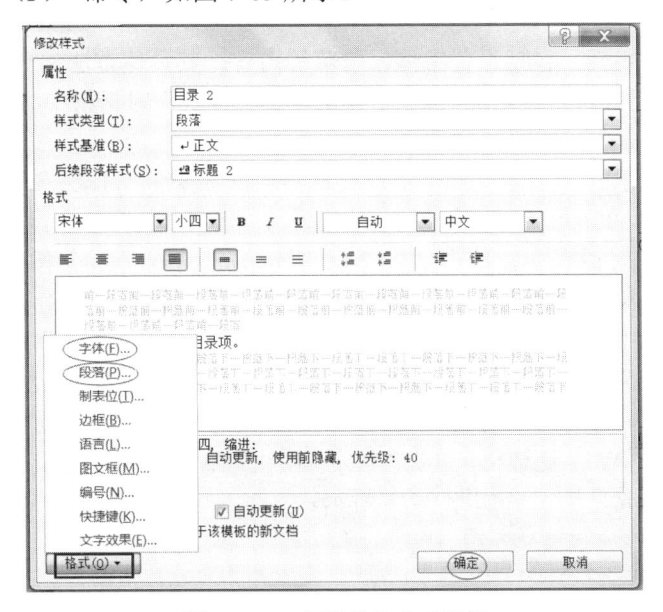

图 7-65　二级目录修改对话框

选择如图 7-65 所示的"字体"选项,出现"字体"对话框,在该对话框中"中文字体(T)"→"宋体"→"西文字体(F)"→"Times New Roman"→"字形(Y)"→"常规"→"字号(S)"→"小四号"→"字体颜色(C)"→"自动",单击"确定"按钮,如图 7-66 所示。

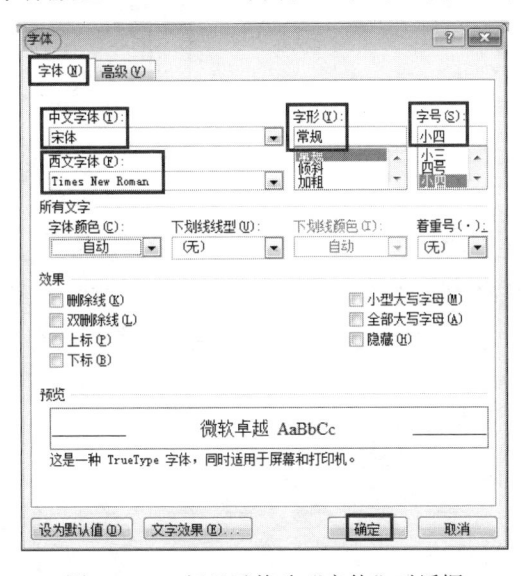

图 7-66　二级目录修改"字体"对话框

选择如图 7-65 所示的"段落(P)"选项,出现"段落"对话框,在"段落"对话框中,"缩进和间距(I)"→"常规"→"对齐方式(G)"→"左对齐"→"大纲级别(O)"→"2级"→"缩进"→"左侧(L)"→"2 字符"→"右侧(R)"→"0 字符"→"段前(B)"→"0行"→"段后(F)"→"0 行"→"特殊格式(S)"→"无"→"行距(N)"→"1.5 倍行距",

取消选中"如果定义了文档网络，则对齐到网格（W）""确定"按钮，如图7-67所示。

7．设置三级目录的方法

设置三级目录的步骤，包括设置字体、段落等内容，其具体方法如下。

选择如图7-60所示的"目录3"选项，在出现的"样式"对话框中执行"样式"→"目录3"→"修改（M）"命令，如图7-68所示。

单击如图7-64所示的"修改"按钮，在出现的对话框中执行"目录3"→"格式（O）"→"字体（F）"命令，如图7-69所示。三级目录的字体设置与二级目录的字体设置相同，如图7-66所示。

在"修改样式"对话框中，单击如图7-69所示的"格式（O）"按钮，选择"段落"选项，在出现"段落"对话框中，"缩进和间距（I）"→"常规"→"对齐方式（G）"→"两端对齐"→"大纲级别（O）"→"3级"→"缩进"→"左侧（L）"→"4字符"→"右侧（R）"→"0字符"→"段前（B）"→"0行"→"段后（F）"→"0行"→"特殊格式（S）"→"复选框，单击"→"行距（N）"→"1.5倍行距"，取消选中"如果定义了文档网格，则对齐到网格（W）"复选框，单击"确定"按钮，如图7-70所示。此时Microsoft Office Word 2010就自动生成目录了，如图7-71所示。

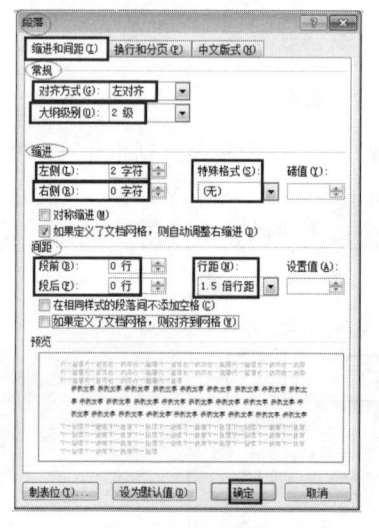

图7-67　二级目录修改"段落"对话框　　　图7-68　三级目录对话框

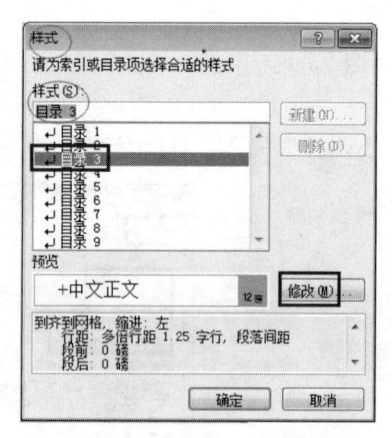

图7-69　三级目录修改对话框

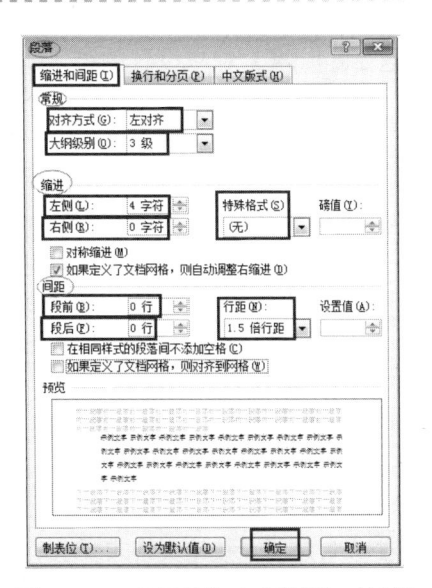

图 7-70　三级目录修改"段落"对话框

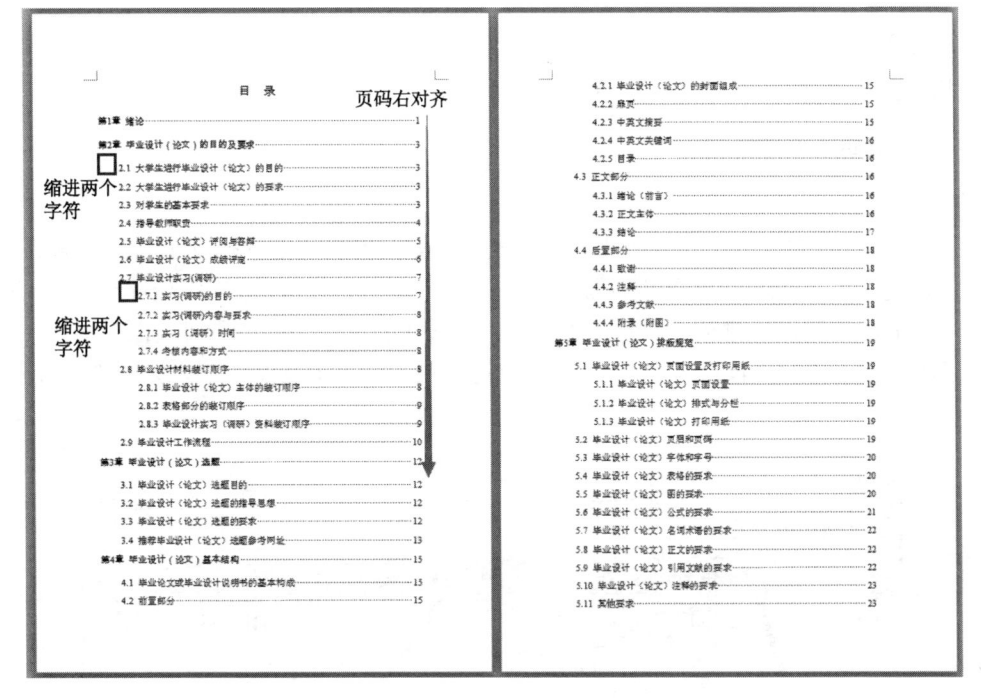

图 7-71　按照要求自动生成目录样式

"目录"二字需要按照学校要求的格式手动设置。目录生成后有时目录内容的文字会有灰色的底纹，这是 Microsoft Office Word 2010 的域底纹，打印时是不会打印出来的。

7.11　利用内置标题样式自动生成目录

直接使用 Microsoft Office Word2010 的内置标题样式利用样式自动生成目录。

内置样式中的标题 1、标题 2、标题 3 对应设置的是大纲级别 1、2、3。一般三级基本够用。

1. 设置内置样式的具体方法

设置内置样式的具体方法如下。

（1）修改标题样式的格式。通常 Microsoft Office Word 2010 内置的标题样式不符合论文格式要求，需要手动修改。在菜单栏上的"样式"下拉列表框中选择"所有样式"选项，单击相应的标题样式，然后单击"更改"按钮。可修改的内容包括字体、段落、制表位和编号等，按论文格式的要求分别修改标题 1、2、3 级的格式。

（2）在各个章节的标题段落应用相应的格式。章的标题使用"标题 1"样式，节标题使用"标题 2"样式，第三层次标题条使用"标题 3"样式。分别对应到文中各个章节的三级标题上，设置成功后的标题前会出现一个黑色小点。

（3）当都定义好后，就可以生成目录了。按论文格式要求，目录放在正文的前面。在正文最前面插入一新页（或是英文摘要的最后部分插入一个分节符），光标移到新页的开始，添加"目录"二字，并设置好格式。新起一段落，在菜单栏执行"引用"→"目录"→"插入目录"→"选项(O)"命令，选中"样式(S)"→"确定"→"确定"按钮。确定后 Microsoft Office Word 2010 就会自动生成目录，如图 7-72 和图 7-73 所示。

2. 要求页码不连续排列

页码与前面的页码不连续排列解决的方法如下。

如图 7-73 所示中，页码没有按照要求生成，与前面的页码连续排列了，是从第 5 页开始的，但应该是从第 1 页开始。错误的原因是在设置目录时，没有设置"分节符，下一页"，导致页码与前面的页码连续排列。改正的方法为：在设置目录时，先执行"页面布局"→"分隔符"对话框→"下一页(N)"命令，插入分节符并在下一页上开始新节。如图 7-71 所示是正确的设置。

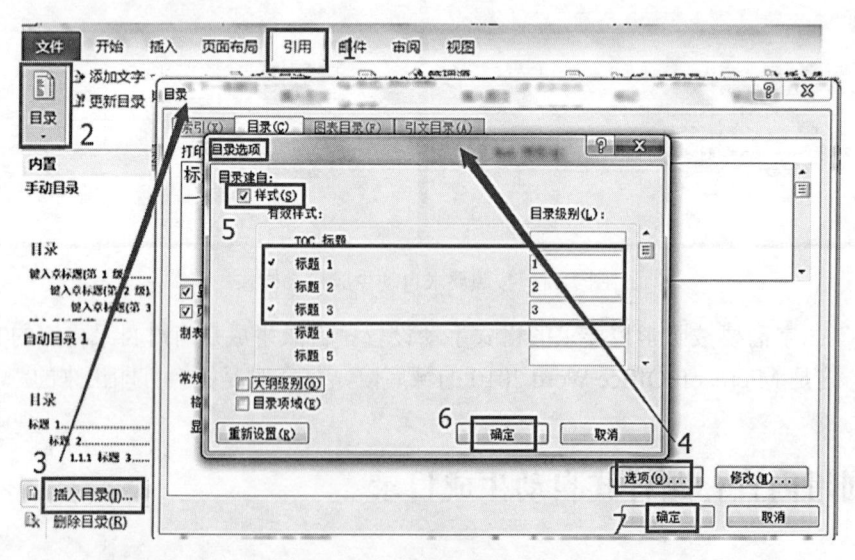

图 7-72　自动生成目录对话框

目 录

第1章 绪论..5
第2章 毕业设计（论文）的目的及要求...6
　2.1 大学生进行毕业设计（论文）的目的......................................6
　2.2 大学生进行毕业设计（论文）的要求......................................6
　2.3 对学生的基本要求..6
　2.4 指导教师职责..7
第3章 毕业设计（论文）选题...7
　3.1 毕业设计（论文）选题目的..7
　3.2 毕业设计（论文）选题的指导思想..7
　3.3 毕业设计（论文）选题的要求..8

图 7-73 自动生成的目录

7.12 项目域制作目录

设置目录的方法还有域，也比较简单，但是前面没有序号，需要用多级列表的方法添加序号。

目录项域的优点，它可以不受段落限制，可以任意选择级别进行大纲级别的设置，还可以设置多套目录。

1．设置目录项域的具体方法

设置目录项域的具体方法如下。
（1）选择要设置的目录文本。
（2）用 Alt+Shift+O 组合键调出"标记目录项"对话框。
（3）分别将你要设置的目录文本粘贴到项目域的对话框中，自己定义。
（4）目录标识符默认（C）。
（5）大纲级别，自定义设置。

例如，"毕业设计（论文）的目的及要求"，是一级标题，用 Alt+Shift+O 组合键调出"标记目录项"对话框，复制"毕业设计（论文）的目的及要求"文本，在对话框的"目录项"文本框中单击，"目录标识符（I），默认为"C"，"级别（L）"选择数字"1"，单击"标记"按钮，如图 7-74 和图 7-75 所示。

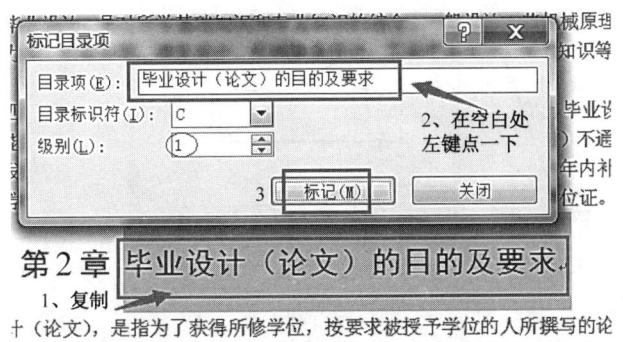

图 7-74 项目域方法设置一级标题

毕业设计实用教程（工程类）

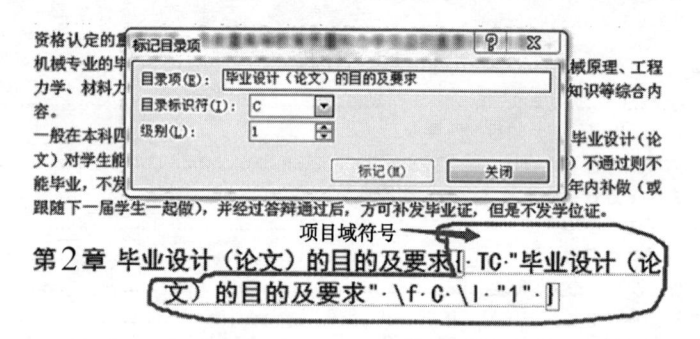

图 7-75 项目域符号

如图 7-76 所示出现的项目域符号（红色数字"5"的位置，大括号里面的字），打印不出来，要想不显示项目域符号，在键盘上按 Alt+F9 组合键即可。

"大学生进行毕业设计（论文）的目的"是二级标题，在"级别（L）"后的文本框中，选择"2"选项，如图 7-76 所示的红色数字"3"的位置中，级别不要选错否则生成的目录是错误的！选择三级标题方法与此相同，在"级别（L）"后的文本框中选择"3"选项即可，如图 7-76 所示。

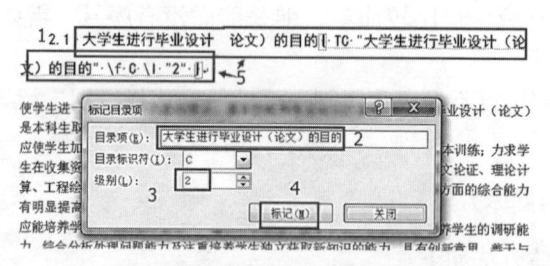

图 7-76 项目域方法设置二级标题

将文档的一级标题、二级标题、三级标题全部选择好后，插入目录，如图 7-77 所示。执行"引用"→"目录"→"插入目录"命令，即红色数字"3"的位置，出现"目录"对话框，单击"选项"按钮，即红色数字"4"的位置，出现"目录选项"对话框，选中"目录项域（E）"复选框，即红色数字"5"的位置，"标题 1"前面自动打上对勾→"1 级"→"标题 2"前面自动打上对勾→"2 级"→"标题 3"前面自动打上对勾→"3 级"→"确定"→"确定"，Microsoft Office Word 2010 就自动生成目录了，如图 7-78 所示。

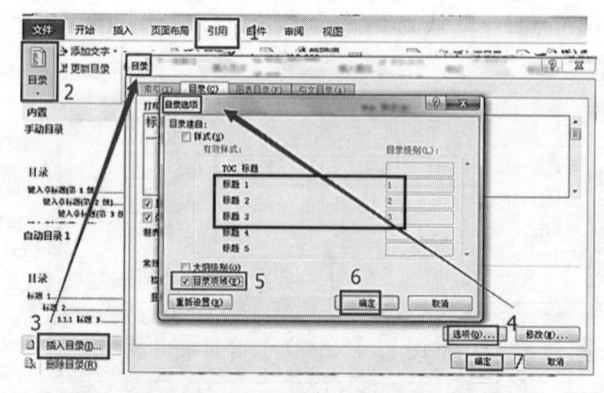

图 7-77 项目域自动生成目录对话框

绪论	12
毕业设计（论文）的目的及要求	12
大学生进行毕业设计（论文）的目的	12
大学生进行毕业设计（论文）的要求	13
对学生的基本要求	13
指导教师职责	13
毕业设计（论文）选题	14
毕业设计（论文）选题目的	14
毕业设计（论文）选题的指导思想	14
毕业设计（论文）选题的要求	14

图 7-78　用项目域自动生成的没有序号的目录

如图 7-78 所示画红色圈的页码不对，原因是没有设置分节符。正确的方法是先设置分节符，再进行目录的自动生成。

2．项目域生成的目录添加章节号

用项目域自动生成的目录，没有章节号，不能手动添加章节号，手动加上的章节号，修改起来很费事，用定义新的多级列表的方法生成章节号，如图 7-78 所示是用系统自带的样式生成的，设置时最好用自定义的一级标题、二级标题、三级标题样式。选中"目录项目域（E）"复选框，如图 7-79～图 7-81 所示。

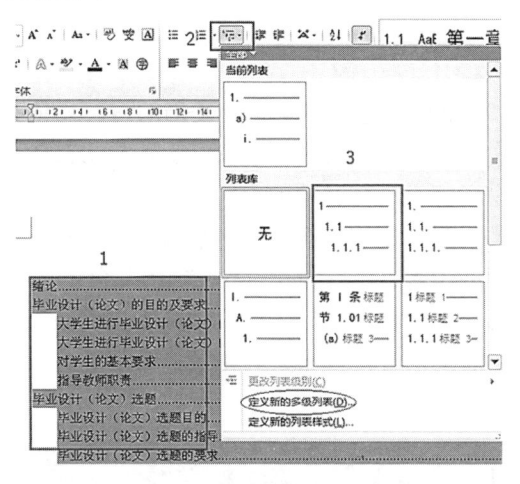

图 7-79　创建新的多级列表

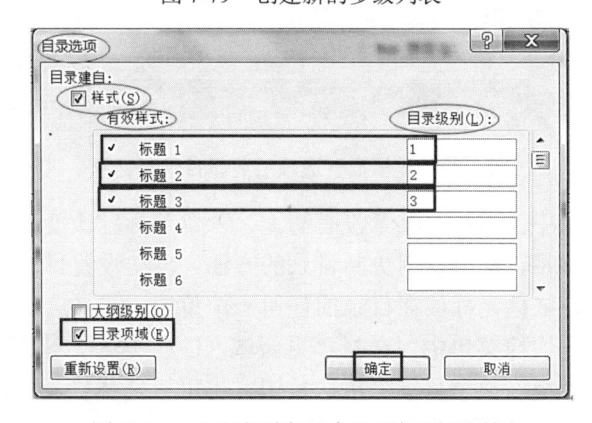

图 7-80　目录选项中三个级别标题对话框

用项目域的方法完成的目录样式，用内置多级列表定义章节号。如果样式不符合要求，需要将多级列表重新定义，方法已经讲过了。

目　录

```
1    绪论 ............................................................................................. 12
2    毕业设计（论文）的目的及要求 ....................................................... 12
    2.1   大学生进行毕业设计（论文）的目的 ........................................ 12
    2.2   大学生进行毕业设计（论文）的要求 ........................................ 13
    2.3   对学生的基本要求 .................................................................. 13
    2.4   指导教师职责 ......................................................................... 13
3    毕业设计（论文）选题 ...................................................................... 14
    3.1   毕业设计（论文）选题目的 ..................................................... 14
    3.2   毕业设计（论文）选题的指导思想 ........................................... 14
    3.3   毕业设计（论文）选题的要求 .................................................. 14
```

图 7-81　用项目域自动生成的有序号的目录

7.13　更新目录

　　Microsoft Office Word 2010 所创建的目录是以文档的内容为依据，如果文档的内容发生了变化，如页码或者标题发生了变化，就要更新目录，使其与文档的内容保持一致。最好不要直接修改目录，因为这样容易引起目录与文档的内容不一致。

　　在创建了目录后，如果想改变目录的格式等内容，可以再执行一次创建目录的操作，重新选择格式和显示级别等选项（设置方法详见第 1 章 7.10 节自定义样式自动生成目录；第 1 章 7.11 节利用内置标题样式自动生成目录；7.12 节项目域制作目录。）。执行完操作后，会在目录区域中出现一个咨询框，询问是否要替换原来的目录，单击"是（Y）"按钮，替换原来的目录即可，如图 7-82 所示。

图 7-82　重新设置选项后更新目录对话框

　　如果只是想更新目录中的数据，文章没有写完，若章节标题改变，或页码发生变化，而不是要更改目录的格式等项目，都可以用更新目录的方法。自动设置目录在改动时非常简单。更新目录方法有以下几种，鼠标光标放在目录的任何一个位置，或是选择要更新的部分，或是全部选择，右击，在弹出的快捷菜单中，选择"更新域（U）"选项，出现"更新目录"对话框，选中"更新页码"或者"更新整个目录"单选按钮。也可以选择目录后，按 F9 键更新域。还可以执行"引用"→"更新目录"命令也可以更新目录。更新前"7.1 带圈的数字"，更新后按照前面的排序 7.1 应该排到"7.21 带圈字符",如图 7-83 和图 7-84 所示。

如果自动生成的目录与想象的格式不太一样,如行距、字号、字体等。这时候可重新设置目录。光标放在目录的任何位置,重复以前设置的方法"引用"→"目录"→"插入目录",然后单击"修改"按钮,在弹出的对话框中,修改"目录1""目录2""目录3"的格式,实际上是分别对应目录里的一级标题、二级标题、三级标题,进入后,再进行修改,哪一级标题的样式不对,就修改哪一级的,如果都不对,那就全部修改。如"目录1"的样式,"格式"→"段落",或者"格式"→"字体",对不符合要求的地方进行修改。选择"目录2",修改"格式"→"段落",或者"格式"→"字体",修改不正确的地方。三级标题用同样方法。(参照前面,7.10 节自定义样式自动生成目录的设置)修改结束后,单击"确定"按钮,弹出"是否替换所选目录"询问框,单击"是"按钮。直到重新生成的目录符合学校规定的格式。

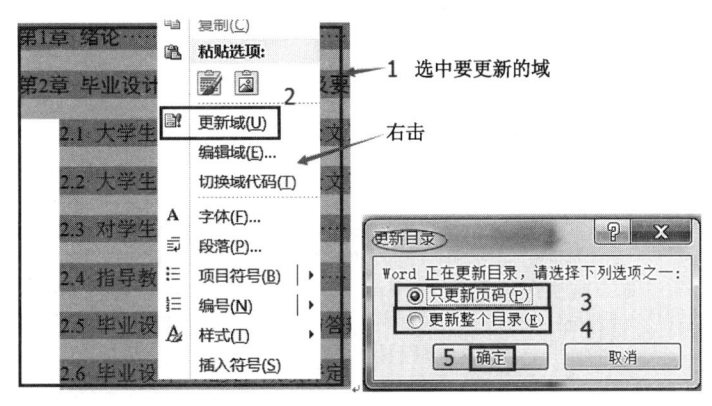

图 7-83 更新目录对话框

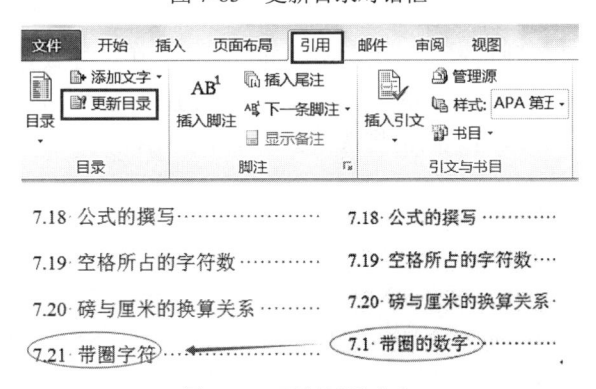

图 7-84 更新目录内容

如果有章节标题不在目录中,是没有使用标题样式或使用不当,不是 Microsoft Office Word 2010 的目录生成有问题,检查出错的相应章节就能解决问题。

7.14 解决"错误!未定义书签"

在打印之前,认真的审核毕业设计(论文),确定完好无误后,如图 7-85 所示,去打印。到打印社,打开毕业设计(论文)后,发现目录的页码处出现"错误!未定义书签",如图 7-86 所示,其中原因之一就是里面的内容与页码数不相符!当改动论文时,特别是改动三个级别的标题后，没有及时用更新域的方法，更新目录，导致目录的页码与正文的页码不符！改正方法为：在打印之前，用更新域的方法，更新目录，可以纠正这种错误（前提是设置的三级大纲是正确的，目录生成是按照上面所讲的方法设置的）。

目 录

第1章 绪论	1
第2章 毕业设计（论文）的目的及要求	3
2.1 大学生进行毕业设计（论文）的目的	3
2.2 大学生进行毕业设计（论文）的要求	3
2.3 对学生的基本要求	3
2.4 指导教师职责	4
2.5 毕业设计（论文）评阅与答辩	4
2.6 毕业设计（论文）成绩评定	5

图 7-85　设置好的目录页码

目 录

第1章 绪论	**错误！未定义书签。**
第2章 毕业设计（论文）的目的及要求	**错误！未定义书签。**
2.1 大学生进行毕业设计（论文）的目的	**错误！未定义书签。**
2.2 大学生进行毕业设计（论文）的要求	**错误！未定义书签。**
2.3 对学生的基本要求	**错误！未定义书签。**
2.4 指导教师职责	**错误！未定义书签。**
2.5 毕业设计（论文）评阅与答辩	**错误！未定义书签。**
2.6 毕业设计（论文）成绩评定	**错误！未定义书签。**

图 7-86　错误！未定义书签

另一个原因是，目录单独设置，与正文不在同一个文档中，导致打印时，系统找不到对应的页码，出现"错误！未定义书签"的警告！改正方法为：只能手动改正页码！如果修改目录的某一行，将光标放在该行最后，向前推选，如图 7-87 所示。

目 录

第 1 章 绪论	1	1
第 2 章 毕业设计（论文）的目的及要求	2	2
2.1 大学生进行毕业设计（论文）的目的	2	
2.2 大学生进行毕业设计（论文）的要求	2	

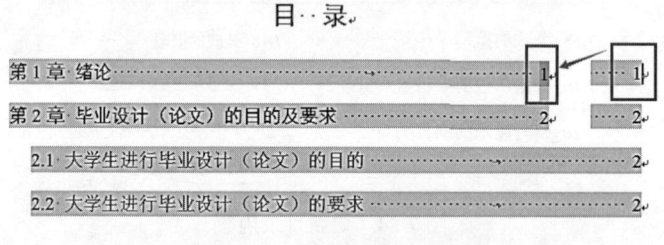

图 7-87　推选方法修改目录

7.15　页眉页脚的制作

毕业论文中格式编辑最重要、最难的一步就是目录和页眉页脚的制作。特别是不同部分页眉不同、奇偶页眉不同就更难设置了。

1. 页眉页脚的设置具体方法

页眉页脚的设置具体方法如下。

（1）插入分节符（详见 7.24 节分隔符）。用设置分节符的方法，将封面和中英文摘要之间、中英文摘要和目录之间、目录和正文之间分成 4 个小节。将每个节都分好后，才能进行页眉页码的编辑。设置分节符非常重要，否则，将无法进行互相独立的页眉页码设置。

（2）页眉样式默认使用内置样式"页眉"。这里需要的是各节的页眉互相独立，封面和扉页无页眉页脚，无需编辑（第一节）。中英文摘要（第二节），在这一节的任何一页的页眉处单击工具栏的"链接到前一条页眉"，去掉链接，图标弹起，显示为暗色，即取消两节相关联。"链接到前一条页眉"变黄，是表示与上一节相同。（以后设置每节页眉和页码之前都需要此步骤），完成后关闭工具栏。此节格式可以独立编辑，就不会与前一节相同了。

（3）目录（第三节）与中英文摘要（第二节）相同。

（4）正文从第一章绪论首页开始，至附录（第四节）的设计。将光标放于此节的页眉处，选中工具栏中的奇偶页不同（如果学校没有奇偶页不同要求此步骤省略），单击"链接到前一条页眉"，图标弹起，去掉链接，图标显示为暗色，此节也是独立的。在此节的第一页和第二页的页眉位置分别按照学校的要求输入奇偶页页眉的内容，此节的整个奇偶页眉将全部自动生成。后几章如果要求页眉不同，操作方法相同。

（5）页码使用内置字符样式"页码"。页码的设计与页眉相同，四个节分别设计。封面、扉页和目录，无页码，无须设置。

（6）中英文摘要、ABSTRACT（第二节），页码数字用罗马数字（I、II…）单独编排页码。在编辑页码之前，还是先点击"链接到前一条页眉"，图标弹起，去掉链接，图标显示为暗色，如果在页眉处已经设置好了，此步骤省略。

（7）第四节页码从绪论首页开始，作为第 1 页，至附录，用阿拉伯数字（1、2…）连续编排页码，页码位于页眉右侧。将光标放于第四节的第一页页眉右侧处，选择"页码"选项，选择好页码的格式，此时第四节全部添加了页码。

（8）如果要求奇偶页不同，那么页码也不同。设置方法，将光标放在第四节的第一页也就是奇数页的页脚处，选择"页码"选项，此时奇数页添加了页码。将光标放在第四节的第二页，也就是偶数页的页脚处，复制第一页的页码（或是选择"页码"选项），偶数页也添加了页码。

（9）改字号和字体：双击页眉，进入可编辑状态。选中数字"1"，在"字体"里改成 Times New Roman，将"第页"二字和"烟台南山学院本科毕业设计（论文）"，改成宋体，五号。最简单的方法是将样式中的页眉样式、页脚样式按照学校要求改好。

不熟悉制作页眉页脚方法的同学在制作之前，先将文档复印一个备份，防止制作页眉页脚时弄乱了无法恢复。

双击页眉页脚部分即进入页眉页脚编辑状态，双击正文部分即退出页眉页脚编辑状态。

2. 页眉与页码在页眉处

页眉与页码在页眉处的设置方法有两种，下面以烟台南山学院设置页眉页码的格式要求"第 20 页 5.2　毕业设计页眉和页码 5.3　毕业设计字体和字号"为例。

（1）用图标插入页眉。执行"插入"→"页眉"→"编辑页眉"命令，如图 7-88 所示。

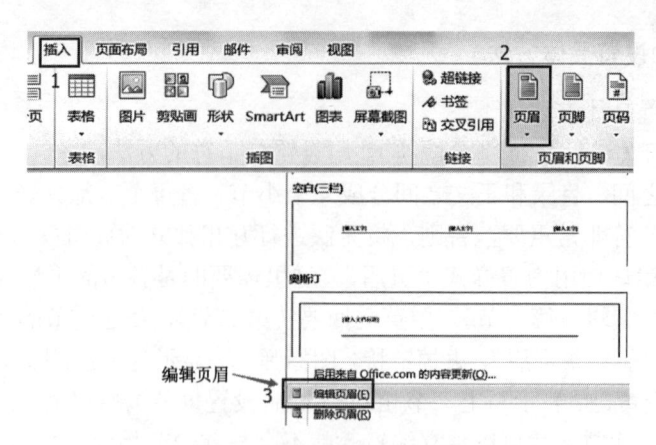

图 7-88　插入页眉对话框

（2）双击页眉，"链接到前一条页眉"是黄色的，是自动选中的，表示与上一节相同。我们不想让它们相同，单击"链接到前一条页眉"图标，去掉链接，图标弹起，显示为暗色，即正常颜色，这时它们不相同了，取消了两节相关联，同时取消了每节的"与上一节相同"设置，以便对每节进行单独编写。

具体操作方法：将鼠标光标放到第四节（即正文所在节）的页眉，单击页眉页脚编辑工具栏上的"链接到前一条页眉"图标，这样就是取消"与上一节相同"的设置，使得两节的页眉可以分别设置（因为默认设置为与上一节相同），否则无论修改哪一节，另一节都会跟着改变，同理，页脚也同样处理。在页眉处输入学校规定的页眉内容，烟台南山学院本科毕业设计（论文），如图 7-89 和图 7-90 所示。

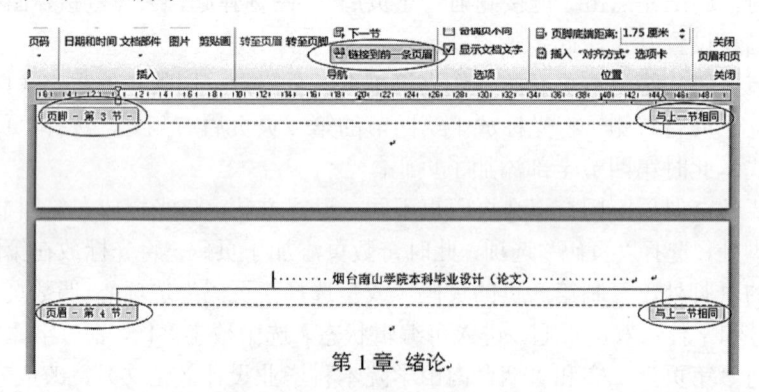

图 7-89　链接到前一个页眉对话框（a）

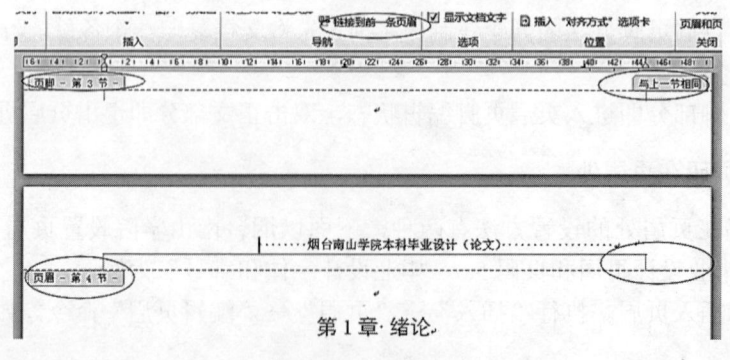

图 7-90　链接到前一个页眉对话框（b）

在菜单栏中，单击"页码"图标，即执行"设计"→"页码"命令后出现的下拉列表中，选择"设置页码格式"选项，在出现的"页码格式"对话框中，第一个选项是编号格式，正文格式选择阿拉伯数字（1，2，3，…），中文摘要、ABSTRACT，页码数字用罗马数字（I，II，III，…）单独编排页码。在编辑页码之前，还是先单击"链接到前一条页眉"图标，图标弹起，去掉链接，图标显示为暗色（图标显示为黄色是表示与前面链接），如果在页眉处已经设置好了，此步骤省略，如图7-91～图7-93所示。

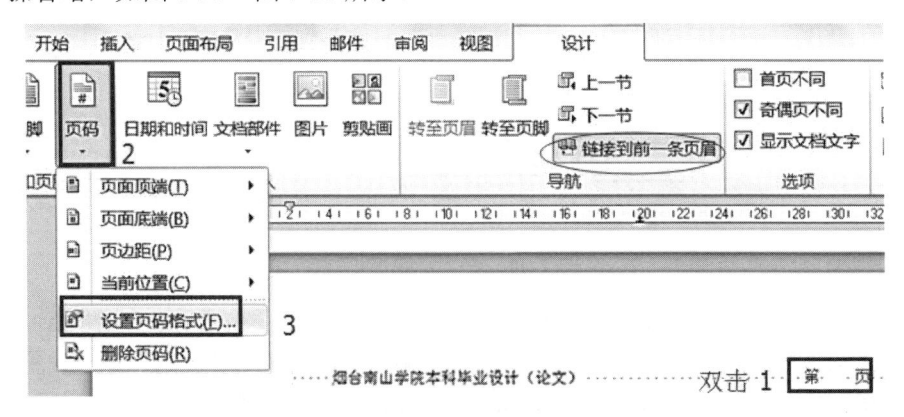

图7-91 页码设置对话框

图7-92 设置起始页码

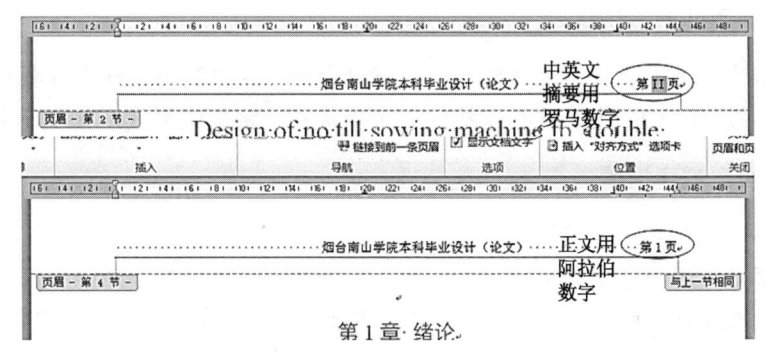

图7-93 设置好的页码

3. 奇偶页页码的设置方法

正文页眉页码奇偶页的设置方法为：如果要求奇偶页不同，那么页码也不同。设置方法，按如图7-91所示的步骤，在"设计"选项卡中，双击第四节的第一页也就是奇数页的页眉处，将"奇偶页不同",在奇数页的页眉处有页码"第1页",在偶数页的页眉处没有页码,此时奇数页添加了页码,如图7-94所示。

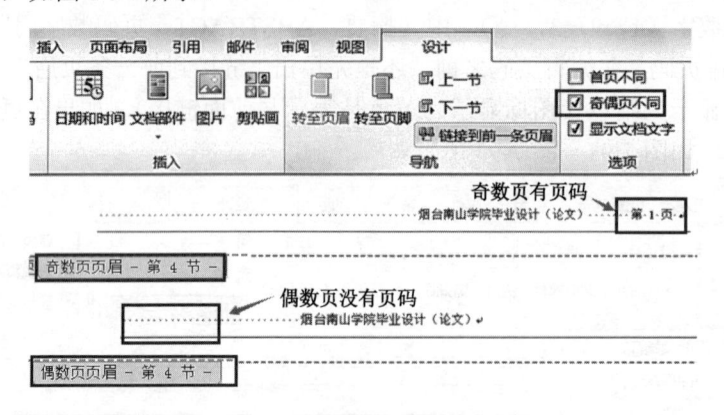

图7-94 设置奇偶页不同

将第四节的第一页奇数页的页眉处"第1页"3个字选中并右击,复制粘贴到第四节的第二页偶数页的页眉处,自动生成"第2页"。或者执行"设计"→"页码"→"设置页码格式"命令,在出现的"页码格式"对话框中,选择阿拉伯数字2,偶数页也添加了页码,如图7-95所示。

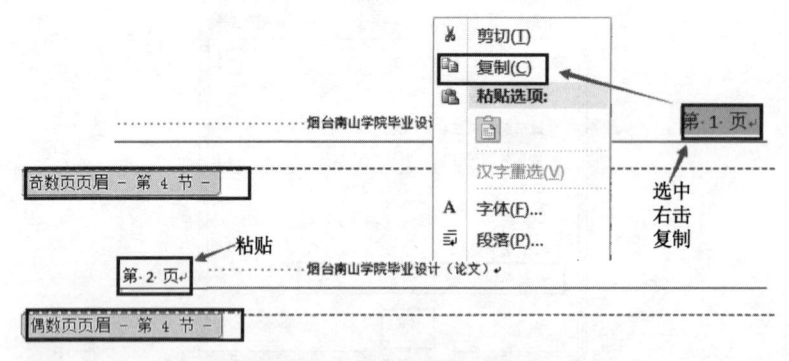

图7-95 偶数页页码设置

4. 页脚设置页码的方法

在页脚处双击,使页脚处于编辑状态,执行"设计"→"页码"→"页面底端"命令,在出现的"页面底端"对话框中,根据学校的要求,选择一种页码形式,如图7-96所示。

5. 不同的页码数字设置

中英文摘要和正文对页码的格式有不同的要求,中文摘要、ABSTRACT(第二节),页码数字用罗马数字(Ⅰ、Ⅱ…)单独编排页码,正文(第四节)页码数字用阿拉伯数字(1、2…)连续编排页码,需要分别设置。插入页码,执行"设计"→"页码"→"设置页码格式"命令,如图7-91所示。

在"页码格式"对话框中,第一个选项是编号格式,正文页码数字选择阿拉伯数字(1,2…)。单击"编号格式"文本框后的下三角按钮,中文摘要、ABSTRACT 的页码数字选择罗马数字(Ⅰ、Ⅱ…)。"页码编号"选项区域,选中"续前节"单选按钮与前一节相同,选中"起始页码"单选按钮是选择不同的数字格式。

图 7-96　页码底端对话框

正文奇偶页的页码设置：奇数页取消选中"续前节"单选按钮，"起始页码"单选按钮后的文本框中选择阿拉伯数字"1"，偶数页选择是要与奇数页格式相同，选中"续前节"单选按钮，"起始页码"单选按钮后的文本框中选择阿拉伯数字"2"。

中文摘要、ABSTRACT，页码数字用罗马数字（I、II、III…）单独编排页码。在编辑页码之前，取消选中"续前节"单选按钮，"起始页码"单选按钮后的文本框中选择罗马数字"I"，如图 7-97 所示。

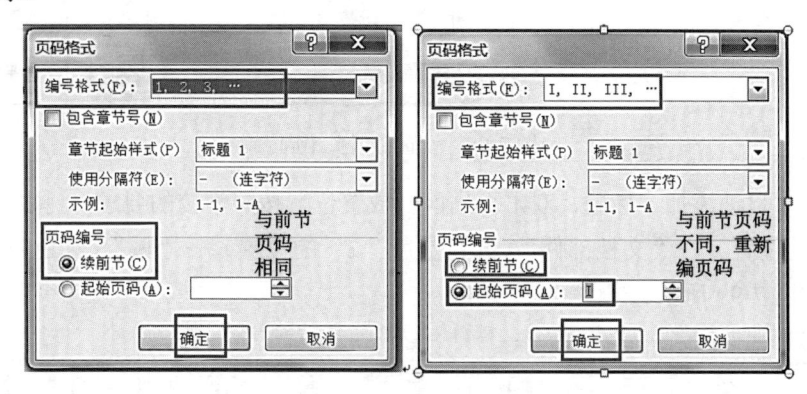

图 7-97　"页码格式"对话框

以此类推，可以在一篇文档中任意插入多段不同的连续的页码，选择"设置页码格式"选项，还可以指定从任意数字开始设计页码。

6．为页眉添加章节标题

用章标题作为页眉或者是用节标题作为页眉时，比较麻烦，还需要正确设置分节符。因为不同的章和节是随着页码在变化，不能手工输入章的标题和节的标题，用域的方法设置，实现该效果的前提是章标题和节标题应用了标题样式。

为页眉自动添加章、节标题，操作方法为：章标题对应"样式"中的"标题 1"，节标题对应"样式"中的"标题 2"。方法参见 7.8 节创建标题和正文样式。

设置文档页眉和页脚为奇偶页不同。单击"页面布局"菜单，即红色数字"1"的位置，在"页面设置"即红色数字"2"的位置，单击旁边的小三角符号，出现"页面设置"对话框，在"版式"选项卡中选中"奇偶页不同"复选框,即红色数字"3"的位置,如图 7-98 所示。

图 7-98 设置奇偶页不同

在奇数页中自动添加章标题,双击页眉区(放置位置按照学校的要求),执行"插入"(红色数字"1"的位置)→"文档部件"(红色数字"2"的位置)→"域"(红色数字"3"的位置)命令,如图 7-99 所示。

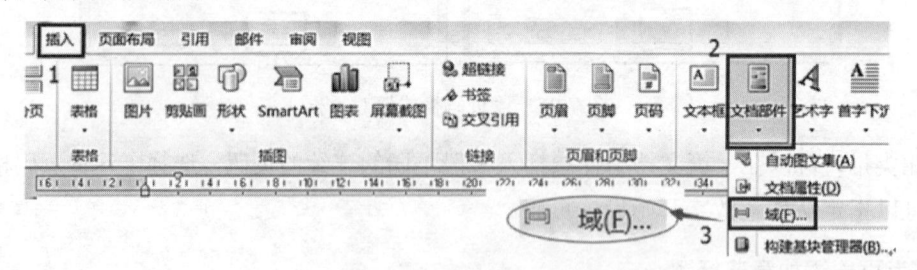

图 7-99 页眉插入域

选择"域"选项(红色数字"3"的位置),出现"域"对话框。在"域名"下拉列表中选择"StyleRef"选项,在选项区域"样式名"下拉列表中选择"域属性"选项,选中"标题 1"→"插入段落编号(G)"和"插入段落位置(P)"复选框,单击"确定"按钮,如图 7-100 所示。

在页眉处已添加了章标题。如果出现"错误!文档中没有指定样式的文字",是章标题和节标题没有应用标题样式,如图 7-101 所示。

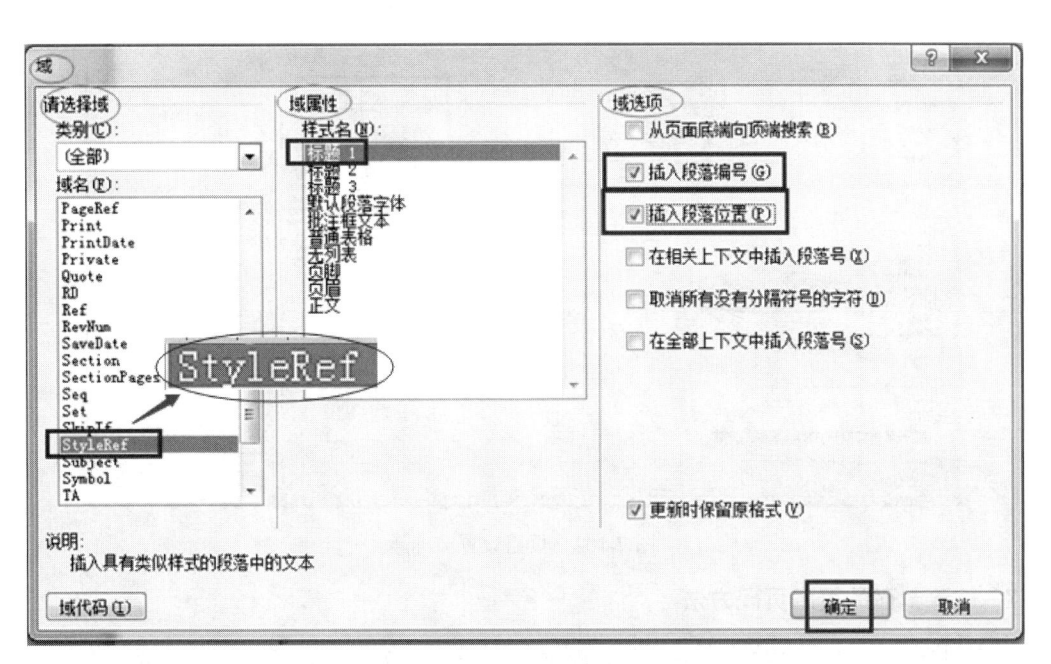

图 7-100　页眉设置章标题

图 7-101　页眉插入章标题

选择"域"选项（红色数字"3"的位置），出现"域"对话框。在"域名"下拉列表中选择"StyleRef"选项，在"域属性"选项区域"样式名"下拉列表中选择"标题 2"选项，选中"插入段落编号（G）"如"插入段落位置（P）"复选框，单击"确定"按钮。在页眉处已添加了本页所在的节标题，如图 7-102 所示。

完成插入后，用大纲视图预览效果。随着输入的章、节内容的增加，只要新增的章、节标题都应用了"标题 1"或"标题 2"的样式，那么页眉中插入的章、节标题会自动根据文档内容的变化而变化。

注意：在设置时，千万不要忘了设置分节符。

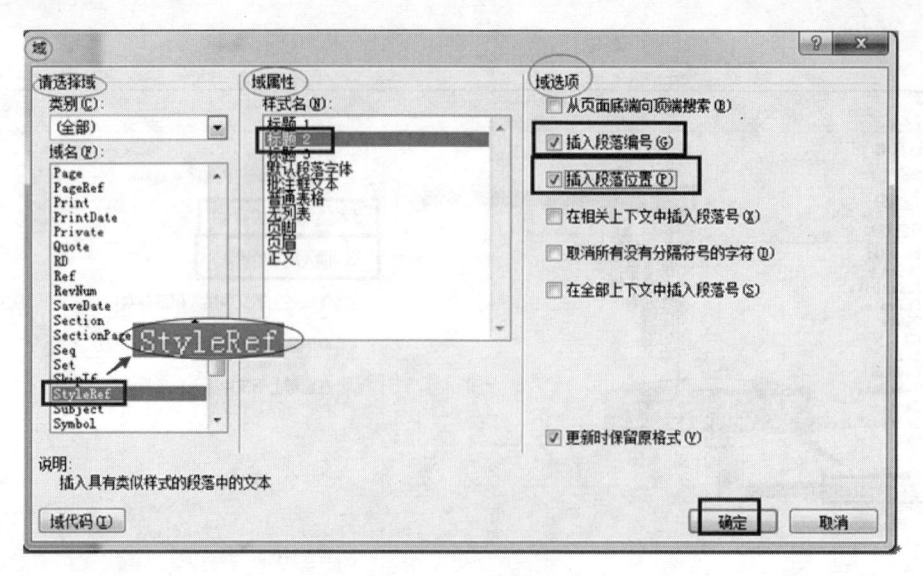

图 7-102　页眉设置节标题

7. 删除封面的页眉页码方法

论文封面及内封不用设置页眉页码。删除封面设置的页眉页码方法，鼠标光标在第一节封面的页眉处，执行"插入"→"页眉"→"删除页眉"命令，或者直接选中页眉内容，删除即可。用同样方法删除页码，如图 7-103 所示。

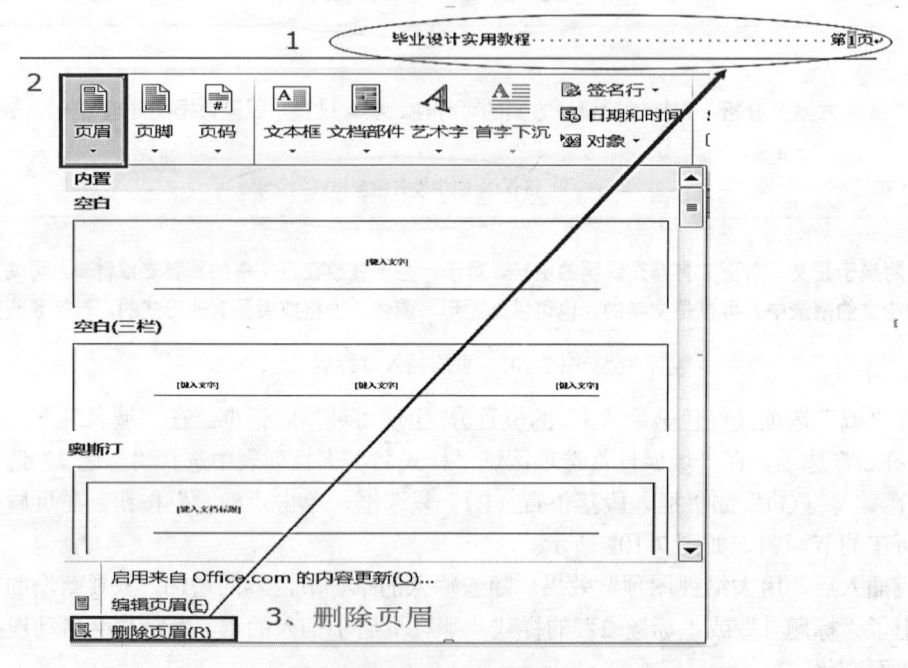

图 7-103　首页去除页眉上的字

8. 正文样式法去除页眉横线

删除页眉处的文字，删除文字的方法不用介绍。此时还有默认下画线存在，用"正文样式"可以去除下画线，很简单。去除横线的方法为，选中横线和横线上面的段落符号，单击"开始"

菜单下右上角的"正文样式"图标，下画线即可去除，如图7-104所示。

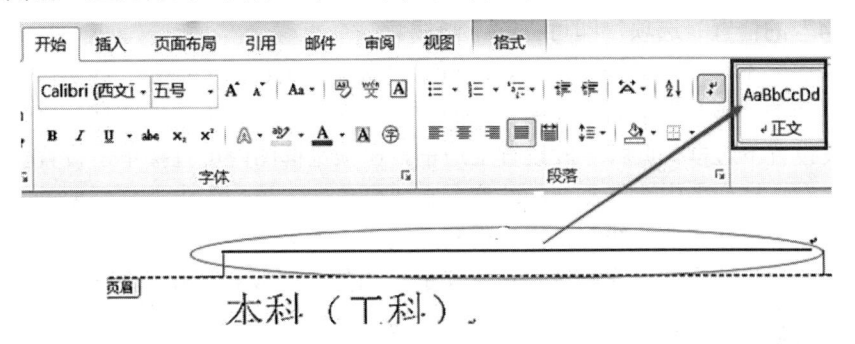

图7-104　正文样式法去除页眉横线

9．边框方法去除页眉横线

用边框和底纹删除页眉中横线的方法为：全选页眉下画线（包括段落标记），
执行"开始"（红色数字"1"的位置）→"边框"（红色数字"2"的位置）→"边框和底纹"（红色数字"3"的位置）命令，在"边框和底纹"对话框中，选择"边框"→"设置"→"无"选项，对话框右下角的"应用于"下拉列表中选择"段落"选项，再单击"确定"按钮即可取消下画线，如图7-105和图7-106所示。

图7-105　边框图标

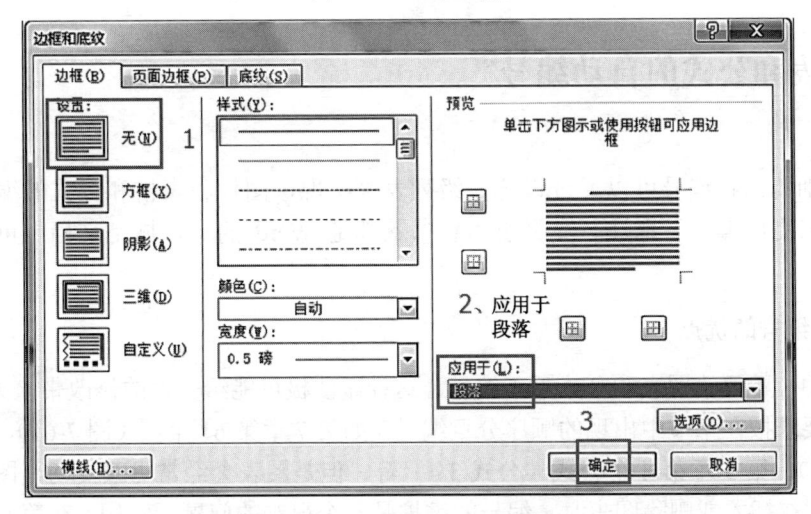

图7-106　边框方法去除页眉横线

更简单的方法：选中横线和横线上面的段落符号，如图 7-105 所示中，选择"无框线（N）"（红色数字"4"的位置）选项，即可去除下画线。

用边框和底纹不仅可以去掉下画线，还可以设置想要的线型、颜色、线宽等，方法为：在边框和底纹界面的"预览"下面，右侧中间的位置，有上边框、下边框图标，单击要应用的边框，页眉一般设置下边框，页脚一般设置上边框，在预览框图内可直接单击设置页眉页脚的边框，在"宽度"下拉列表中选择需要的线宽，在"颜色"下拉列表中选择需要的颜色，在"样式"下拉列表框中选择需要的线型，在边框和底纹界面的右下角中，在"应用于"下拉列表中选择"段落"选项，这样就设置好了自己定义的页眉的上画线和页脚的下画线。

10．页眉页脚设置小结

为不同的节添加不同的页眉和页脚的简单方法。文档的封面和目录不需要添加页眉，只有中文摘要、ABSTRACT、正文开始到附录才需要添加页眉和页脚，前面已经对文档进行分节设置，所以很容易实现这个功能。设置页眉和页脚时，从文档最前面开始，双击进入页眉的编辑状态，注意在页眉的左上角显示有"奇数页页眉－第 1 节－"（详见图 7-94 设置奇偶页不同）的提示文字，表明当前是对第一节设置页眉。由于第一节是封面，不需要设置页眉，单击"显示下一项"按钮，显示并设置下一节的页眉。第二节是中文摘要、ABSTRACT，需要填写页眉页脚内容。第三节是目录的页眉，不需要填写页眉页脚内容。只有第二节和第四节需要编辑页眉页脚。以第四节为例，在第四节的页眉处[详见图 7-89 链接到前一个页眉对话框（a）]，页眉的右上角显示有"与上一节相同"提示，表示第四节的页眉与第三节相同。如果现在在页眉处输入文字，则此文字将会出现在所有节的页眉中，因此不要急于输入文字。如图 7-89 所示的"链接到前一条页眉"是黄色的，是自动选中的，表示与上一节相同。单击"链接到前一条页眉"图标，去掉链接，图标弹起，显示为暗色，即正常颜色，取消两节相关联。这时页眉右上角的"与上一节相同"提示消失，表明当前节的页眉与前一节不同。此时再在页眉中输入"烟台南山学院本科毕业设计(论文)"作为页眉，后面的其他节无须再设置页眉，因为后面节的页眉默认为"同前"，即与第四节相同。双击退出编辑状态。页脚的设置方法相同，这样就省去了清除封面和目录页眉页脚的麻烦。

7.16　图表和公式的自动编号

三个级别的标题编号可以通过设置多级列表来实现，图片、表格和公式的编号通过设置题注的方法来完成编号。题注、交叉引用和书签都是 Word 的域，域是文档中可能发生变化的内容。

1．自动编号的优点

在文档中，不要给图表和公式手工编号，这种做法极可能给文章的修改带来无穷的后患。图表和公式要求按在章节中出现的顺序分章编号，如第 7 章第 61 个图（图 7-61），第 7 章第一个表（表 7-1），第 3 章第 4 个公式（公式 3.4）等。但是图表会经常更改变动，图表的编号也会随着变动，在插入或删除图表时，编号的维护是一个很难的问题。例如，在第 6 章的第一张图（图 6-1）前插入一张图，则原来的图 6-1 变为图 6-2…文档中还有很多对这些编号的引用。

例如,"详见图 7-94 设置奇偶页不同"。文字说明中引用的图表编号也需要跟着改变才能得到正确的结果。如果图很多,引用也很多,如果每次改变都需要手动去更改那么工作量也将会很多,而且还容易出错。表格和公式也存在同样的问题。能不能让 Word 对图表公式自动编号,在编号改变时自动更新文档中的相应引用?答案是肯定的!可以应用 Word 中的自动编辑功能,题注可以自动生成图、表、公式的编号,交叉引用功能,可以在图表的顺序发生变化时,该编号会自动随图表的编号更新,当插入或删除新的内容时,所有的编号和引用都将自动更新,无须手动维护。

2.图的自动编号

下面用题注的功能,以图的编号为例介绍具体的操作方法。

按照论文格式要求(详见 5.5 节毕业设计图的要求),第 6 章的第一个图编号格式为"图 6-1"。将图插入文档中后,选中新插入的图,执行图 7-107 所示的红色数字"1"的位置,执行"引用"(红色数字"2"的位置),→"插入题注",(红色数字"3"的位置)命令,打开"题注"对话框。"题注(C)"→"标签(L)"→选择"Figure",即红色数字"4"的位置,单击"新建标签(N)"按钮,即红色数字"6"的位置,建立一个图的新标签,在打开的"新建标签"对话框,"标签(L)"→输入"图 6-",即红色数字"7"的位置,单击"确定"按钮,即红色数字"8"的位置,返回到"题注"对话框→"标签(L)"(单击后面的小三角按钮,选择已经建好的"图 6-",编号格式为阿拉伯数字),→"位置(F)"→"所选项目下方"(红色数字"5"的位置)单击"确定"按钮。Microsoft Office Word 2010 在图的下方插入了一个标签文字和序号"图 6-1",在序号后按下空格(按照学校要求设置),输入说明,"封面和扉页板式",完成后的样式"图 6-1 封面和扉页板式",还可以移动"图 6-1 封面和扉页板式"的位置,改变文字的对齐方式等,如图 7-107 和图 7-108 所示。

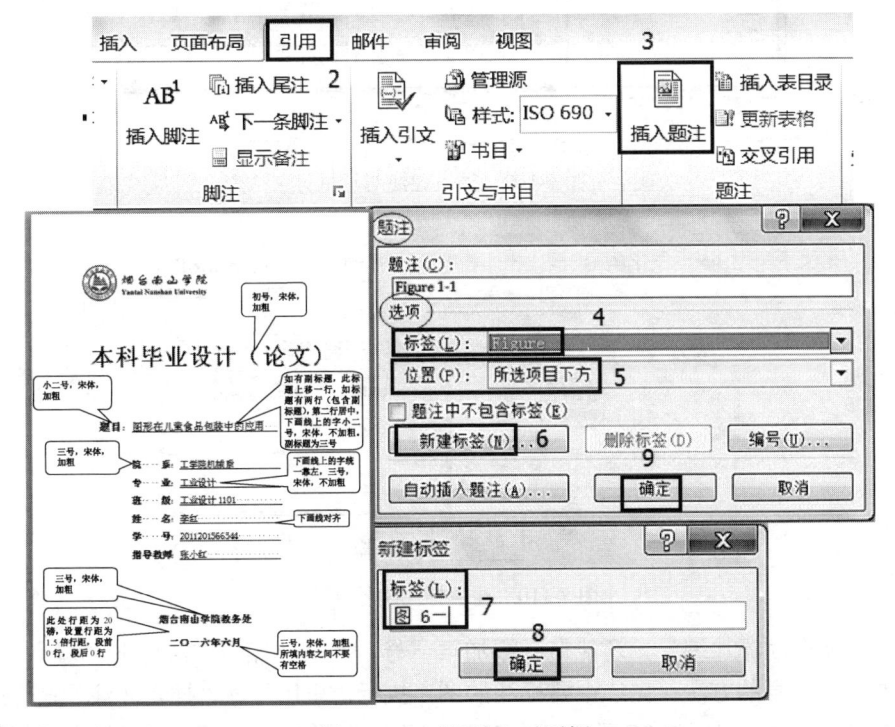

图 7-107 "题注"对话框

图 7-108　用题注标注图的编号

第二张图标注图号的方法，还是选中需要编号的图，如图 7-109 所示，选中红色数字"1"的位置，"引用"→"插入题注"，出现"题注"对话框，在"题注（C）"文本框中自动生成"图 6-2"，即红色数字"4"的位置，单击"确定"按钮。Microsoft Office Word 2010 在图的下方插入了"图 6-2"的一个标签文字和序号，设置为居中，如图 7-110 所示。

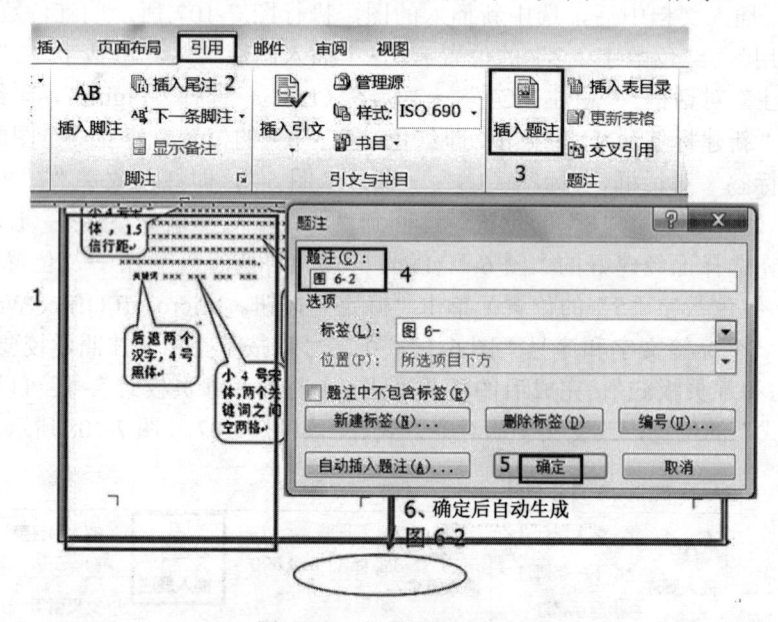

图 7-109　插入题注对话框

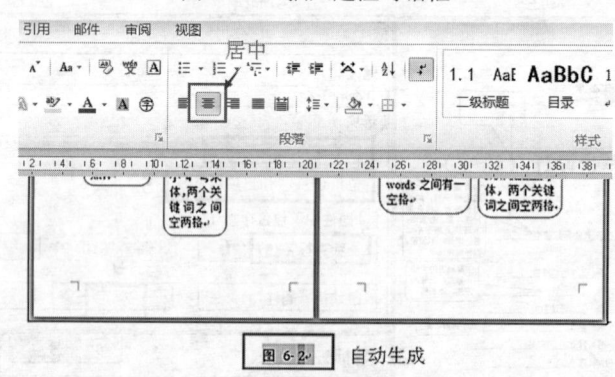

图 7-110　题注标注编号样式

题注不但能自动添加编号，还能自动添加章节号。其具体操作方法如下。

自动添加章节号的方法：先选中要标注的图，执行"引用"→"插入题注"命令，在打开的"题注"对话框中，"题注（C）"→"标签（L）"→选择"Figure"，如果没有建好标签，单击"新建标签（N）"按钮，即红色数字"5"的位置，建立一个图的新标签，在打开的"新建标签"对话框中的"标签（L）"文本框中输入汉字"图"，红色数字"5-1"的位置，单击"确定"按钮，红色数字"5-2"的位置，返回到"题注"对话框→"标签（L）"，即红色数字"3"的位置，单击后面的小三角按钮，选择已经建好的"图"→"位置（P）"→"所选项目下方"→"编号（U）"（红色数字"6"的位置），打开"题注编号"对话框，在"题注编号"对话框中，单击"格式（F）"（红色数字"7"的位置）后面的小三角按钮，设置阿拉伯数字→"1，2，3，…"选中"包含章节号（C）"复选框，即红色数字"8"的位置，"章节起始样式（P）"→"标题1"→"使用分隔符（E）"→"－（连字符）"（红色数字"10"的位置），单击"确定"→"确定"按钮，如图7-11所示。

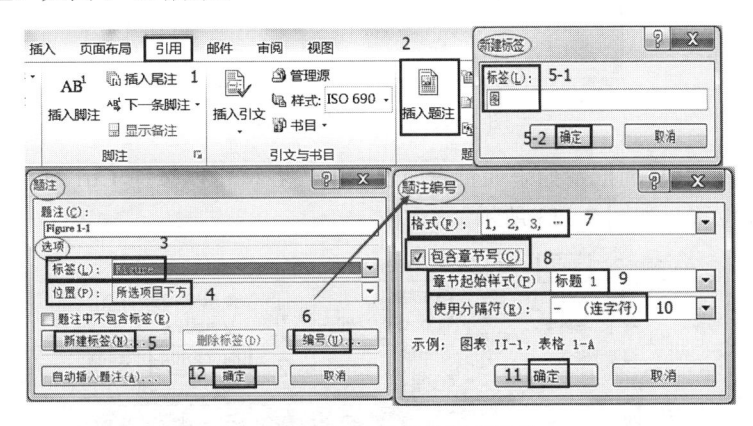

图7-111　自动按章的顺序编号

这样在需要图号的图形下方，自动生成了带有章号和图序的标签，标签内容需要手工输入，不能自动生成，图序和标签内容之间按照论文撰写要求应该留有空格。再次插入图的编号时添加方法与图7-109所示的方法相同！Microsoft Office Word 2010会自动按图在文档中出现的章的顺序进行编号。如果需要不同的编号显示数字等可以在"题注编号"→"格式"选项框里进行设置。不用阿拉伯数字，可以改成字母（字母可以区分大、小写）、罗马数字、全角等，同时编号的显示格式可以设置是否显示标签等。

3．文档中自动引用编号

在文档中有图、表或是加以文字说明时需要引用图号或是编号时，如"参见图5-1"，分两步做。插入题注之后，选中题注中的文字"图5-1"，在"插入"菜单中单击"书签"图标，输入书签名称，单击"添加"按钮，这样就把题注文字"图 5-1"做成了一个书签，如图7-112所示。

在需要引用它的地方，将光标放在插入的地方（例题是"参见"字的后面），在"插入"菜单中单击"交叉引用"图标，在弹出的对话框中引用类型选择"书签"，"引用内容"为"书签文字"，选择刚才输入的书签名后单击"插入"按钮，Microsoft Office Word 2010就将文字"图5-1"插入到光标所在的地方。在其他地方需要再次引用时直接插入相应书签的交叉引用就可以了，不用再做书签。单击"插入"按钮后就会在插入点插入所需要插入的内容，全选该部分文字，所插入的文字被灰色高亮，如果移动光标到插入的文字上就会出现提示该部分有超链接存在，这是因为在插入的时候系统默认选中

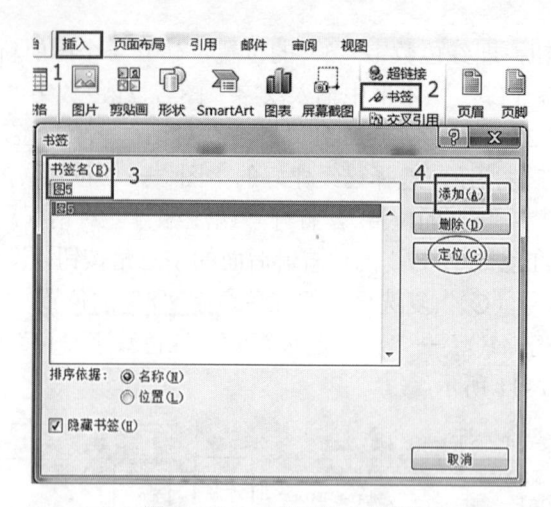

图 7-112 "书签"对话框

"插入为超链接"复选框，如果要查看所引用的内容，可以按住 Ctrl 键单击就可以跳转到引用的内容所在位置，如图 7-113 所示。

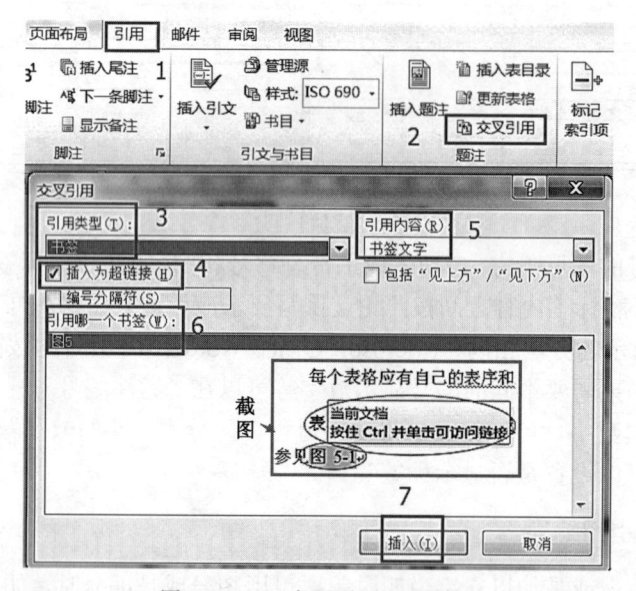

图 7-113 "交叉引用"对话框

4．公式的自动编号

按照对公式的编号要求（详见 5.6 节毕业设计公式的要求），插入公式后，将公式单独放在一个段落，版式为"嵌入式"（Microsoft Office Word 2010 默认），不要选中公式，光标放在公式之后，在"引用"选项卡中单击"插入题注"图标，由于没有选中项目，所以"位置"文本框为暗色，标签选择"公式"选项，单击"编号"按钮，在出现的"题注编号"对话框中选中"包含章节号（C）"复选框（如果没有设置自动添加标题序号，不要用此功能，需要手动设置章号）→"章节起始样式"→"标题 1"→"使用分隔符"→"连字符"→"确定"→"确定"。Microsoft Office Word 2010 将标签文字和自动产生的序号插入到光标所在位置，如第 7 章第一个公式为（7.1），如图 7-114 所示。

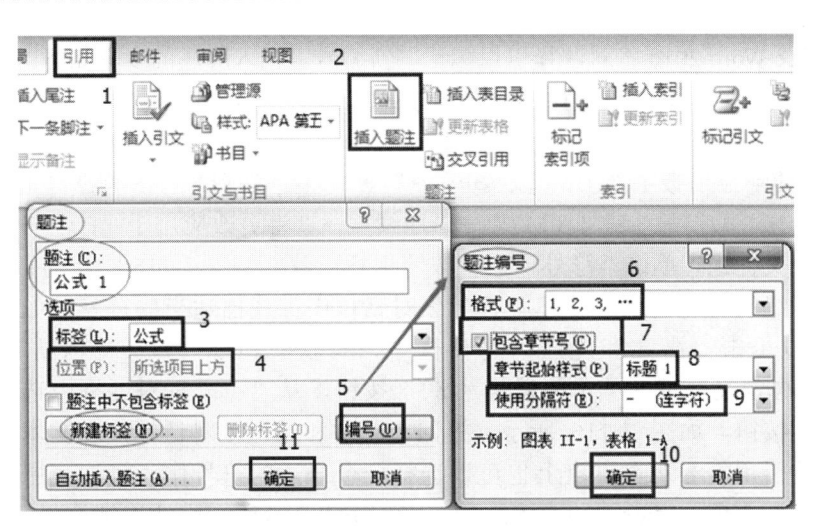

图 7-114　题注插入公式对话框

在文档中引用公式编号的方法与图相同。公式的编号要求在右边行尾，具体的方法（详见 7.16 节中的"图的自动编号"）。

5．表格的自动编号

按照对表格编号要求（详见 5.4 节毕业设计表格的要求），表格编号的操作方法与图相同，唯一不同的是表格的题注在表格上方，在文档中引用表格编号的方法与图相同。

6．自动维护编号

使用 Microsoft Office Word 2010 的题注、书签、交叉引用功能，实现了图表、公式的编号自动维护，当在第一张图前再插入一张图后，Microsoft Office Word 2010 会自动把第一张图的题注"图 6-1"改为"图 6-2"，文档中的"图 6-1"也会自动变为"图 6-2"。

如果在修改论文的过程中有增减图表、公式时会发生编号变动，引用文字有时不会自动更新，可以选中图表、公式的编号或是引用文字，右击，在弹出的菜单中选择"更新域"选项。整个文档都需要更新，全选整个文档，然后按 F9 键同样可实现自动更新域。

7．修改题注的样式

系统插入的题注的字体格式一般不符合论文要求，所以需要修改题注的样式设置，方法参考 7.8 节创建标题和正文样式。

7.17　脚注

注释用于说明数据出处或对所注内容做出解释说明，一般分为页末注（脚注）和篇末注（尾注）两种。一般院校毕业设计使用脚注形式。脚注格式为整篇论文当页注释，也可以作为文档某处内容的注释。注释内容包括作者、出处、出版年份、页码等信息。注释也可是解释性语句。

脚注由两个关联的部分组成，包括注释引用标记和其对应的注释文本。Microsoft Office Word 2010 自动为标记编号或创建自定义的标记。在添加、删除或移动自动编号的注释时，

Microsoft Office Word 2010 将对注释引用标记重新编号。插入脚注的步骤如下。

单击"引用"→"脚注"后面的小三角按钮,如图 7-115 所示,出现"脚注和尾注"对话框,在"脚注和尾注"对话框中,"位置"→"脚注(F)"→"页面底端"→"编号格式(N)"→带圈的阿拉伯数字"①、②、③……"→"自定义(U)"→选择自定义标记→"起始编号(S)"→"①"→"编号(M)"→"连续"→"将更改应用于(P)"→"整篇文档",或是选择自定义标记,单击"符号(Y)"按钮进行设置,如图 7-115 所示的,红色数字"1"的位置。出现"符号"对话框,在"符号"对话框中,找出适当的符号,如插入"参考文献"时,可以单击"脚注和尾注"对话框中,"尾注(E)"→"文档结尾→"自定义(U)"→选择自定义标记,单击"符号(Y)"按钮,从"符号"对话框中选择方框图标,单击"确定"按钮,如图 7-116 所示。返回"脚注和尾注"对话框,在文本框中输入作为脚注或尾注的引用符号。在键盘上也可以选择一个合适的符号作为脚注或尾注,如果选择了"自动编号"选项,Microsoft Office Word 2010 就会给所有脚注连续编号,单击"应用"按钮后,每次输入脚注时都是选择的符号格式。也可以不选择"自动编号"选项,当添加、删除、移动脚注引用标记时需要重新编号,如图 7-115 所示。

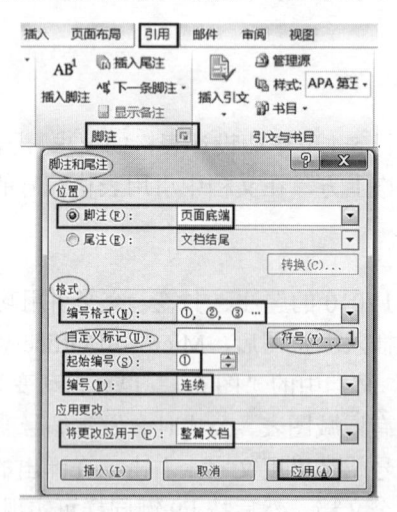

图 7-115 设置脚注对话框

设置好脚注样式后,开始标注脚注。将鼠标光标移动到要插入脚注的位置,即红色数字"1"的位置,单击"引用"选项卡中的"插入脚注"图标,如图 7-117 所示。

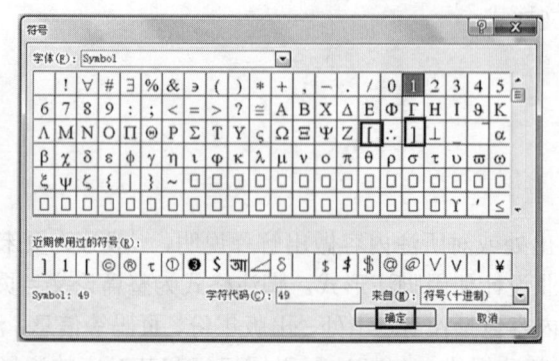

图 7-116 符号图标

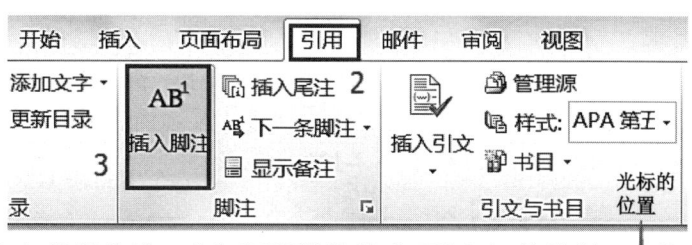

图 7-117　选择脚注

单击"插入脚注"图标后光标自动跳转到本页的页脚处，出现数字"①"，同时在要插入的内容处也出现数字"①"，并同时在本页的下面出现横线。输入脚注的内容为"附件：1-13.烟台南山学院本科毕业设计（论文）撰写规范"，如图 7-118 所示。

图 7-118　页面底端插入脚注

查看脚注的方法：在文档中插入脚注的位置，出现上标符号"①"，将鼠标指针放在上标符号"①"处，出现刚才在页眉底部输入的文字"附件：1-13.烟台南山学院本科毕业设计（论文）撰写规范"，如图 7-119 所示。

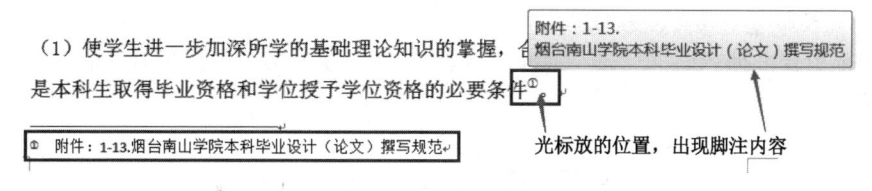

图 7-119　查看脚注

删除脚注的方法：如果要删除脚注，不能在页面底端删除，应该在文档中有脚注图标的位置将上标删除，页眉底端的文字和横线将一起被删除，如图 7-120 所示。

图 7-120　删除脚注

7.18　参考文献的编号和引用

参考文献：作者在写作过程中使用过的主要参考文献。对参考文献的要求详见 5.9 节毕业设计引用文献的要求。

参考文献的标注和编号。鼠标光标放在要引用的位置上，执行"引用"→"插入引文"→"添加新源"命令，在出现的"创建源"对话框中选中"显示所有书目域"复选框，按照参考文献的要求内容逐一填写，如图 7-121 和图 7-122 所示。

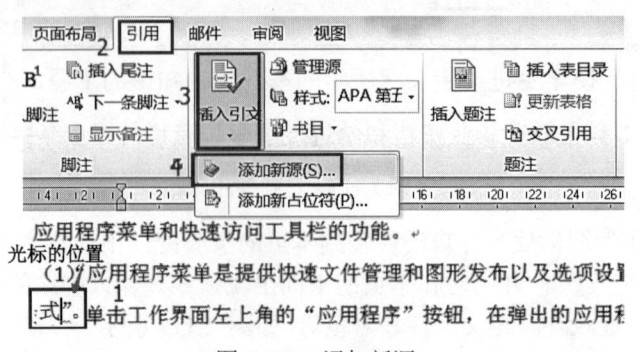

图 7-121　添加新源

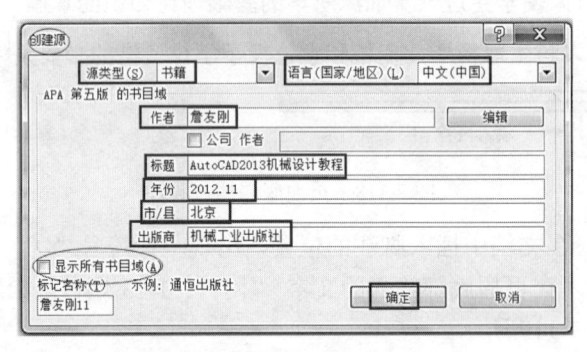

图 7-122　"创建源"对话框

鼠标光标放在"插入引文"处，显示刚才插入的参考文献提示和在需要插入的参考文献的地方出现标号，参考文献标号样式，如图 7-123 所示。

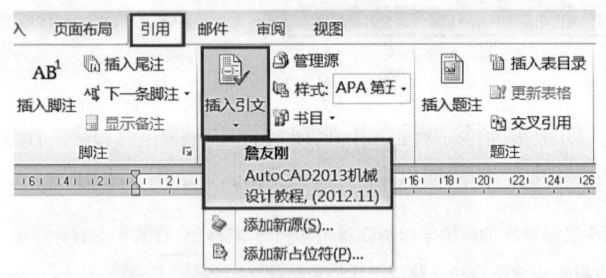

图 7-123　参考文献标号

在"引用"菜单中单击"书目"后面的下三角按钮，出现"引用作品"图标，这时鼠标光标跳到文档末尾，自动生成"引用作品"4 个字和图 7-122 对话框中输入的内容。将"引用作品"改为"参考文献"，字体、字号等按照要求修改，将参考文献的标号数字"1"用键盘上的方括号按钮，即加方括号[1]，完成参考文献的标号和引用，如图 7-124～图 7-126 所示。

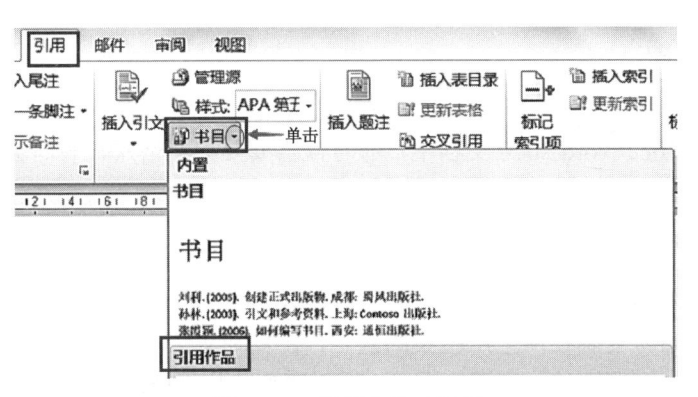

图 7-124 引用作品对话框

图 7-125 键盘上的方括号按钮

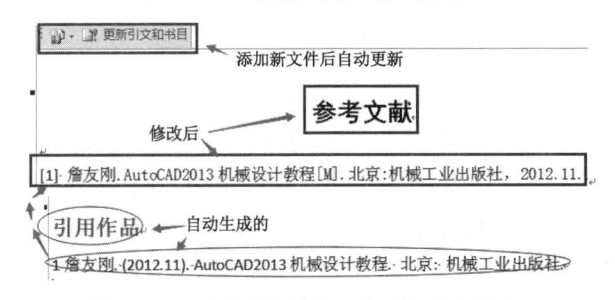

图 7-126 "引用作品"改为"参考文献"

如果参考文献的引用顺序发生变化后,单击"更新引文和书目"按钮自动更新。

鼠标光标点击"引用"→"管理源",出现"源管理器"对话框,有"以下位置中的可用源"(以前文档编辑和当前文档编辑的参考文献)和"当前列表"(当前文档编辑的参考文献),可以进行"复制""删除""编辑""新建"等操作,如图 7-127 所示。

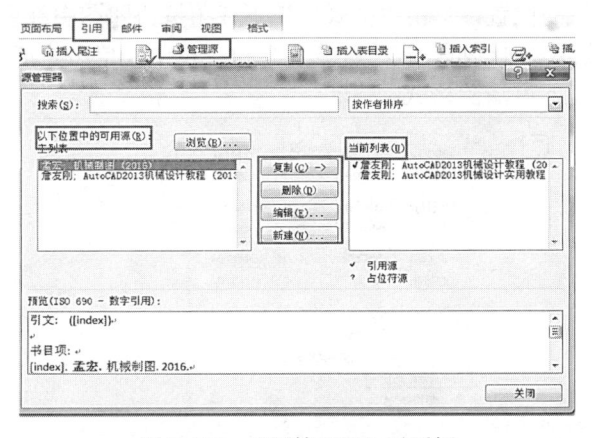

图 7-127 "源管理器"对话框

7.19 清除格式

在 Microsoft Office Word 2010 文档中，有时候需要要设置格式，有时候还需要清除格式，清除格式的方法有多种。

1．用记事本清除格式

用记事本清除格式。在文档中，经常要用到的一个命令，就是"清除格式"。在写论文的时候，很多时候会直接复制在网上所搜集的内容，在复制文字的时候，同时也会把原文文字的格式复制下来，包括文字字体、文字排版等，所以需要先用"格式刷"或是"清除格式"命令，清除原来的文字格式。用系统自带的记事本功能也很好用，将在网上复制的文字先粘贴到打开的记事本中，再从记事本复制，粘贴到自己要用的文档中，这样也能去掉不需要的格式，只保留文字。

2．用格式刷清除格式

用格式刷。在"开始"菜单的下方，有一个小刷子的图标，如图 7-128 所示，红色数字"1"的位置。当需要把一段特殊的文字格式多次应用时，双击格式刷，连续刷需要的文字，很快捷方便。

3．用图标清除格式

用清除格式图标，如图 7-128 所示的，红色数字"2"的位置。例如，要清除目录页的格式，在空白页的第一行处，输入"目录"二字，按照学校的要求设置字体，三号，黑体，居中，按 Enter 键，然后选中此段段落样式，再单击"清除格式"图标。

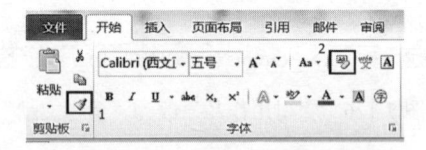

图 7-128　格式刷和清除格式图标

4．用样式库清除格式

用样式库。先选中要清除格式的字体"目录"二字，选择"开始"选项卡，如图 7-129 所示的红色标记数字"1"的位置，单击"样式库"下三角按钮即图中红色标记数字"2"箭头所指的位置，出现"样式库"对话框，在"样式库"对话框中，单击"清除格式"按钮，即红色标记数字"3"的位置，即可清除格式。

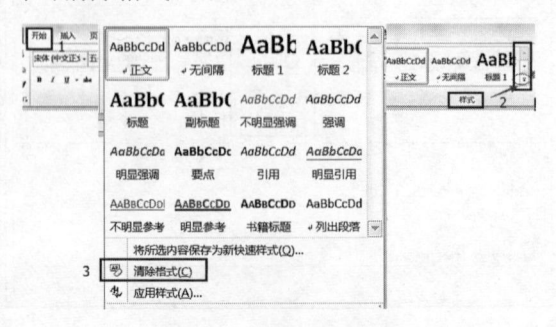

图 7-129　清除格式图标

7.20 制表位的使用

制表位是指水平标尺上的位置，它指定了文字缩进的距离或一栏文字开始的位置，使用户能够向左、向右或居中对齐文本行；或者将文本与小数字符或竖线字符对齐。在制表符前自动插入特定字符，如句号或画线等。默认情况下，按一次"Tab"键，Microsoft Office Word 2010 将在文档中插入一个制表位，小四号的间隔为"0.85 厘米"。制表位的类型包括左对齐、居中对齐、右对齐、小数点对齐和竖线对齐等，这些制表位的使用方法大致相同，可以快速地对齐一行或多行。

1．文字的排版

以"毕业设计（论文）字体和字号"的排版为例。

例如，排版前。

5.3　毕业设计（论文）字体和字号。

论文题目：二号，黑体。

章标题：三号，黑体。

节标题：小四号，黑体。

条标题：小四号，宋体。

正文：小四号，宋体。

页码：五号，宋体。

排版后：设置制表位，字体的间隔距离，用制表位的方法排版毕业设计（论文）的实例。

排版步骤：选中"正文"二字，即红色数字"1"的位置，如图 7-130 示，执行"开始"→"分散对齐"命令，即红色数字"3"的位置，出现"调整宽度"对话框，在"调整宽度"对话框中，"当前文字宽度"→"2 字符（0.85 厘米）"→"新文字宽度"→"4 字符（1.69 厘米）"，选择 4 个字符的理由，在要对齐的一列所有文字中，最多是 4 个字符，如"数字字母"单击"确定"按钮，如图 7-130 所示。

章标题、节标题、条标题、页码，方法与此相同（略）。简单的方法，选中已经设置好的"正文"二字，双击"格式刷"图标，将"章标题"刷一下，这时"章标题"三个字的设置与"正文"二字相同。再将"节标题、条标题、页码"分别刷一下，设置与"正文"二字也相同。

图 7-130　设置分散对齐

如图 7-131 所示，选中要对齐的文字，即红色数字"1"的位置，在"开始"菜单中单击"段落"后面的小三角按钮，或是右击，在出现的快捷菜单中选择"段落"选项（图略），执行"段落"→"制表位（T）"命令，即红色数字"4"的位置。

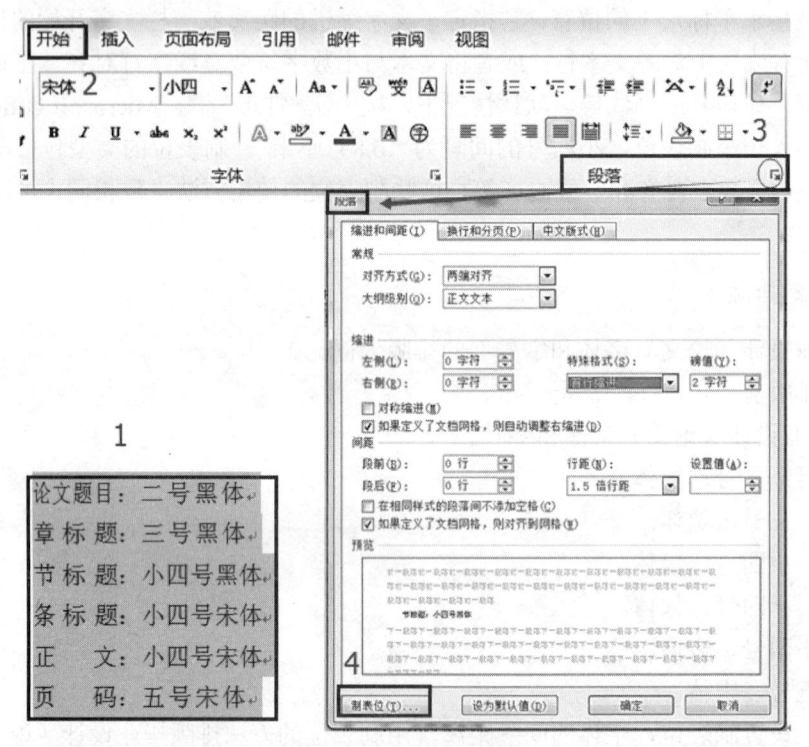

图 7-131 设置制表位

在图 7-131 中单击"制表位（T）"按钮，出现"制表位"对话框，在"制表位"对话框中的"制表位位置（T）"文本框中输入"10 字符"，选择 10 个字符的理由，在要对齐的后排文字中，10 个字符的位置比较合适，可以根据排版效果调整合适的字符数，执行"设置（S）"→"确定"命令，如图 7-132 所示。

图 7-132 "制表位"对话框

设置好制表位后，将光标放在需要对齐的位置前面，如"小四号宋体"的"小"字前面，按 Tab 键一次，"小四号宋体"就被推到制表位字符 10 的位置。依次用 Tab 键将后面的文字都调整好，如图 7-133 所示。

设置好字体的间隔距离和制表位后的排版形式，如图 7-134 所示（说明：图中的字体要求是 2016 年烟台南山学院教务处发文）。

图 7-133　按制表键调整位置　　　　图 7-134　制表符的应用

2．公式的排版

再以论文中公式排版的要求为例说明制表位的使用方法和效果。论文里的公式要求单独放在一个段落，公式居中，按章节进行编号，编号用小括号括起来放在右边行尾。操作步骤如下。

先输入公式和编号，公式的版式选择"嵌入式"（Microsoft Office Word 2010 自带功能）。如图 7-135 所示选中要对齐的公式和编号，即红色数字"1"的位置，在"开始"菜单中单击"段落"后面的小三角按钮，或是右击，在出现的快捷菜单中选择"段落"（图略），执行"段落"→"制表位（T）"，即红色数字"4"的位置，如图 7-135 所示。

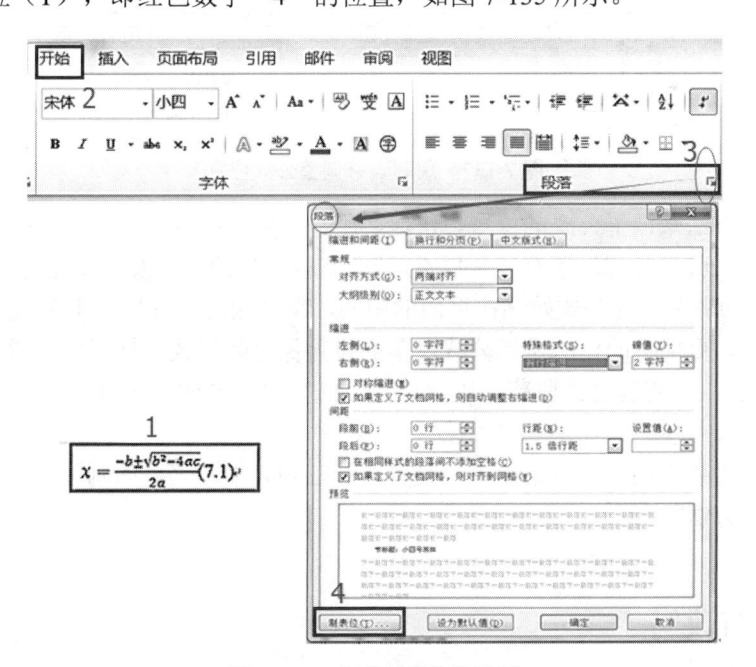

图 7-135　公式制表位的设置

在图 7-135 中单击"制表位（T）"按钮，出现"制表位"对话框，在"制表位"对话框中的"制表位位置（T）"文本框中输入"20 字符"选中"居中"复选框，单击"设置（S）"按钮，在"制表位位置（T）"文本框中输入"40 字符"选中"右对齐"复选框，单击"设置（S）"按钮，再单击"确定"按钮。选择 20 个字符的理由，在要对齐的公式和编号中，20 个字符的位置基本上在正中的位置，公式编号右对齐，选择 40 字符。上面水平标尺上的位置右边显示 41 字符，居中的位置选择 20.5 字符，右对齐选择 41 字符，也可以根据排版效果调整合适的字符数，如图 7-136 所示。

图 7-136　公式制表位对话框

设置好制表位后，将光标放在公式的前面，按一下 Tab 键，这样就在公式的前面插入了一个制表符，此时公式以居中制表位为中心居中对齐，再把光标移到公式的编号（7.1）的左括号前面，再按 Tab 键插入一个制表符，编号就推到行尾右对齐了，如图 7-137 所示。

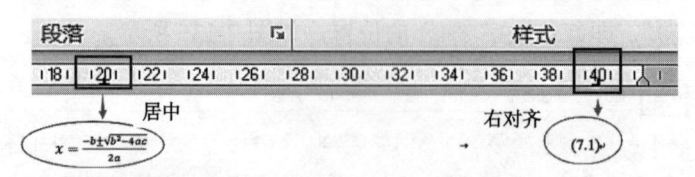

图 7-137　用制表符调整公式位置

用制表位的方法来调整公式的位置，快捷实用，不用去按很多次 Space 键将公式调整到中间位置、编号调整到行尾位置。还有一个优点，若公式或编号的长度发生变化时，Microsoft Office Word 2010 会自动调节以使公式始终在页面的中间，编号始终在行尾，不会因为公式或编号的长度变化而换行。更简单的作法是把公式段落的设置保存为样式（样式的设置详见 7.8 节创建标题和正文样式），所有的公式段落应用此样式，既简单又方便，而且可以保持所有的公式段落制表位的一致。

公式的排版用表格的方法也很简单，设置一行三列表格。表格的制作参考 7.22 节三线表格的制作。具体方法略。

7.21　插入与改写

在编辑文字的时候，经常碰到按"Space 键"或是输入文字后，把后面的字给删除了，是什么原因造成的呢？其实出现这种情况是因为在编辑文字的时候，不小心按了 Insert 键了。按下此键，就会把我们在 Word 里输入的文字转换成改写状态。在改写状态下，每次输入一个字符，就会自动把后面的字符替换掉。还有一种原因就是鼠标左键不小心点到 Microsoft Office Word 2010 窗口最下面状态栏上的"插入"字样，转换成了"改写"了。在改写状态下，只要再次按下 Insert 键，或者再次单击 Microsoft Office Word 2010 窗口最下面的状态栏上的"改写"两个字，就会重新转换为输入状态。问题就解决了，如图 7-138 所示。

图 7-139　插入与改写

7.22　三线表格的制作

在毕业设计（论文）中，要求表格用三线表格，（详见 5.4 节毕业设计表格的要求），制作三线表格的方法如下。

先制作一个普通表格。插入 5 行 4 列的表格。方法为在"插入"菜单，单击"表格"图标。单击表格的左上角，拖动光标，列数选中 4 列，行数选中 5 行，松开鼠标。文档中出现一个 5 行 4 列的带框线表格。对表格进行数据居中、根据需要调整表格的大小等设置。选中全部表格，按 Ctrl+E 组合键，这时表格的数据已经居中，段落符号在单元格的中间位置。如果需要左对齐或是其他的设置，都需要先设置好再进行文字或是数据的输入，如图 7-139 所示。

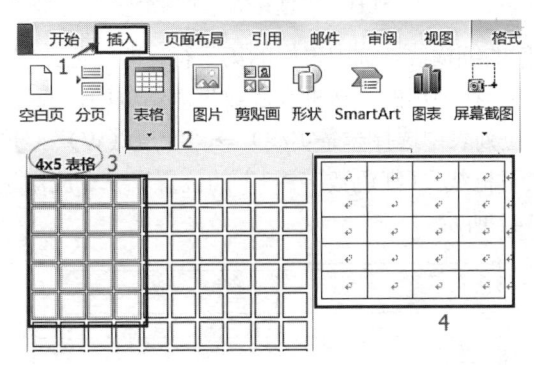

图 7-139　插入表格对话框

鼠标光标移动到表格左上角，在红色方框的位置，箭头所指的位置，如图 7-140 所示，出现四向箭头（画椭圆的内部所示，放大图）时选中表格（点黑），选中全部表格，也可以用拖动的方法选中全部表格。修改表格的线型，选中所有单元格后，单击"开始"菜单（或是右击，出现快捷菜单，图略），单击"边框"图标，即红色数字"3"的位置，选择"边框和底纹（O）"选项，即红色数字"4"的位置，如图 7-140 所示。

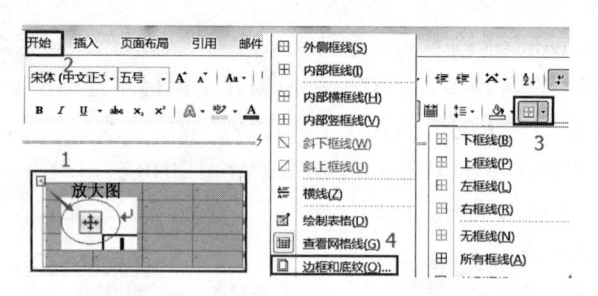

图 7-140　选择边框和底纹命令的方法

上框线和下框线的设置。在弹出的"边框和底纹"对话框中,"边框(B)"→"设置"→"无(N)",(红色数字"1"的位置),取消表格的所有框线。"自定义(U)"(红色数字"2"的位置)。设置表格的最上面边框线,"样式(Y)"(下拉列表中选择一条实线)→"宽度(W)"(选项下拉列表中选择 1.5 磅,红色数字"4"的位置。)→"上框线"(红色数字"5"的位置)→"下框线",(红色数字"6"的位置)→"应用于(L)"→"表格",此时"预览"中只剩下上下两条线,再单击"确定"按钮,如图 7-141 所示。

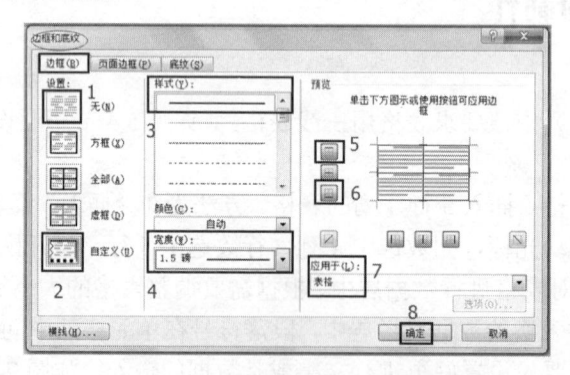

图 7-141　设置表格上下两条线

下面需要添加表格中间的细横线。选中表格的第一行,即红色数字"1"的位置,右击,选择"边框和底纹"图标(图略)。在弹出的"边框和底纹"对话框中,选择"边框(B)"→"自定义(U)"→"样式(Y)"(下拉列表中选择一条实线)→"宽度(W)"(下拉列表中选择 0.5 磅,红色数字"2"的位置)→"下框线"(红色数字"3"的位置)→"应用于(L)"→"单元格",单击"确定"按钮,如图 7-142 所示。

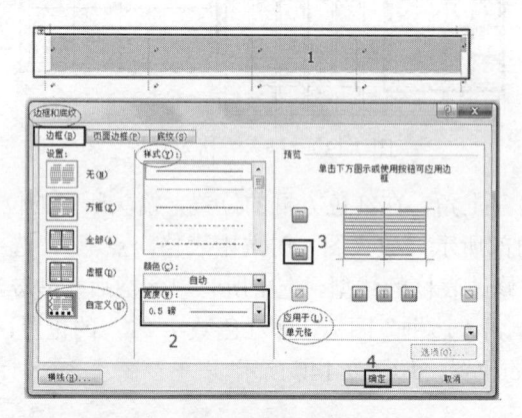

图 7-142　设置表格中间的细横线

选中所有表格，单击"居中"按钮（可以根据论文的格式要求选择对齐方式）。表格设计好后，输入内容"表 7.1 三线表的制作"，如图 7-143 所示。

图 7-143 三线表的制作

如图 7-143 所示的已经是三线表格，这个暗灰色线虽然在文档中能看见，但是在打印写作的论文时是打印不出来的。

7.23 公式的撰写

在工科论文中，经常需要插入公式来说明计算依据和过程等，可以使用 Microsoft Office Word 2010 自带的公式编辑器插入公式，这样能够很快速地插入各种复杂的公式。公式的分为两种类型：一种是内置样式的公式，将内置样式公式选中，可以直接应用，带入数据即可。也可以加以改动，添加或是减少格式。另一种是自己设置的公式内容，利用插入新功能来完成，是经常用到的内容。格式的完成就要利用 Microsoft Office Word 2010 自带的公式编辑器，符号和结构两大部分来完的。公式的表现形式分为"专业型"的格式和"线性"的格式两种，根据文章的格式要求选用。

1．插入内置样式的公式

单击"插入"菜单下"π公式"后面的下三角按钮，在出现的"内置"公式下拉列表中，选择内置样式的公式，或是选择"π插入新公式（I）"选项，单击需要的公式，在文档中光标处会出现公式，如图 7-144 所示。

在"公式"对话框中，有两部分可以选择，右边是结构部分，如图 7-145 所示的上面的位置，即红色数字"1"所在的方框。左边是符号部分，如图 7-145 所示的中间的位置，即红色数字"2"所在的方框，编辑公式用。单击箭头所指的位置，"在公式中添加符号"小三角图标，"基础数学"对话框中，有"基础数学""希腊字母""字母类符号"等字符可以选择，如图 7-145 所示。

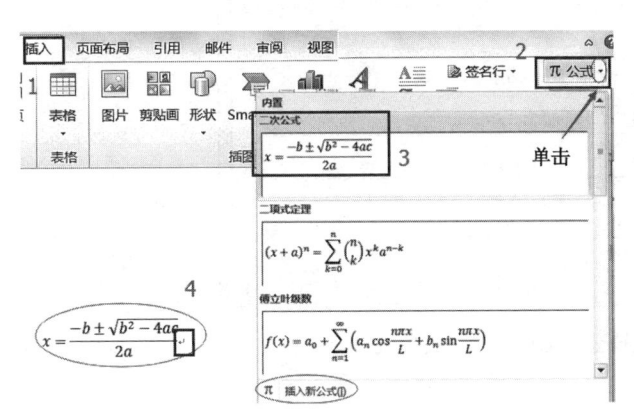

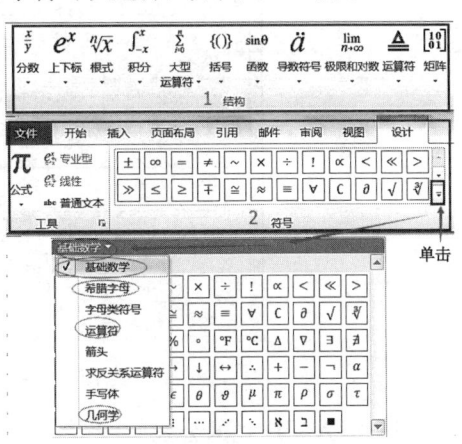

图 7-144 内置公式的调用   图 7-145 符号和结构对话框

公式插入完成。如需插入数字或对公式进行修改，直接单击公式即可进行重新编辑，如图 7-146 所示。

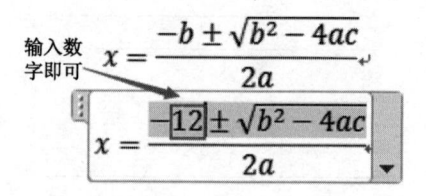

图 7-146　对内置公式进行修改

插入的公式的显示分为两种形式，一种是线性格式，一种是专业型格式。可以根据需要选用。选中红色数字"1"所在的方框的公式，单击"专业型"图标，公式的格式就是专业型格式。选中红色数字"2"所在的方框的公式，单击"线性"图标，公式的格式就是线性格式，如图 7-147 所示。

执行"插入"→"公式"命令（图略），单击出现的"工具"下面的小三角符号，如图 7-147 所示，红色数字"3"的位置，出现"公式选项"对话框，如图 7-148 所示。

设置公式编辑器的相关参数，Microsoft Office Word 2010 自带的公式编辑器只支持一种字体格式，无法进行更改。对独占一行的公式使用以下设置"左边距"→"0 厘米"→"右边距"→"0 厘米"，选中"线性格式被复制到剪贴板上时转换为纯文本（N）"单选按钮，其他参数根据需要自己设置。

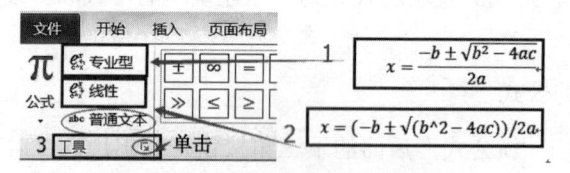

图 7-147　线性格式和专业型格式

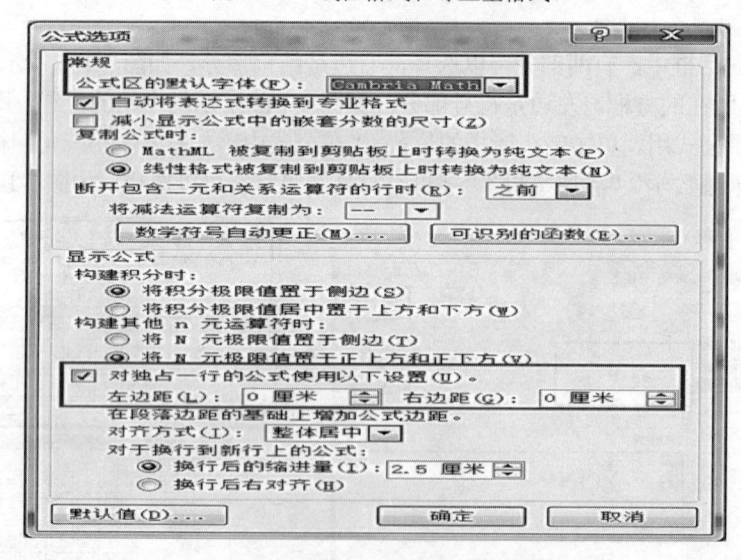

图 7-148　设置公式编辑器的相关参数

2．插入新样式的公式

内置样式一般不能满足需求，需要插入新公式。图 7-149 所示中公式为例。在"插入"菜单中单击"π公式"后面的下三角按钮,出现"内置"公式对话框,选择"π插入新公式(I)"选项,在文档中插入点出现公式编辑框,此时单击公式编辑框不会出现光标,会出现蓝色的边框,边框里面是要编辑的公式,需要直接单击公式的内容"在此处键入公式",才会进入编辑器,出现光标,这时输入公式内容即可,如图 7-149 和图 7-150 所示。

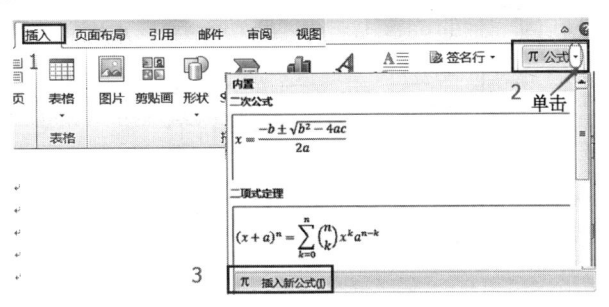

图 7-149　调用新公式图标

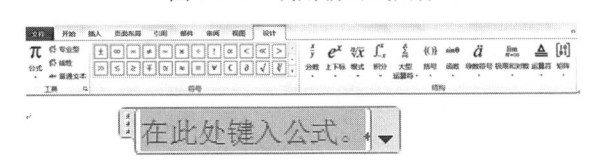

图 7-150　调用新公式对话框

利用"公式"对话框中,左边的符号部分和右边的结构部分,编辑公式,用输入分数、正负号、根式、上标等方法,完成公式的编辑。例如,输入正负号的方法,光标放在需要编辑公式的位置,单击左边的符号部分,上面的正负号,在下面需要编辑公式的位置处即出现正负号,如图 7-151 所示。输入分数、根式、上标等方法相同,分别在左边的符号部分和右边的结构部分,找到对应的符号,分别单击即可,前提是光标的位置要放置在正确的位置上,如果在输入的过程中,出现错误,不是 Microsoft Office Word 2010 自带的公式编辑器有问题,要认真检查出错的位置,解决问题,如图 7-152~图 7-156 所示。

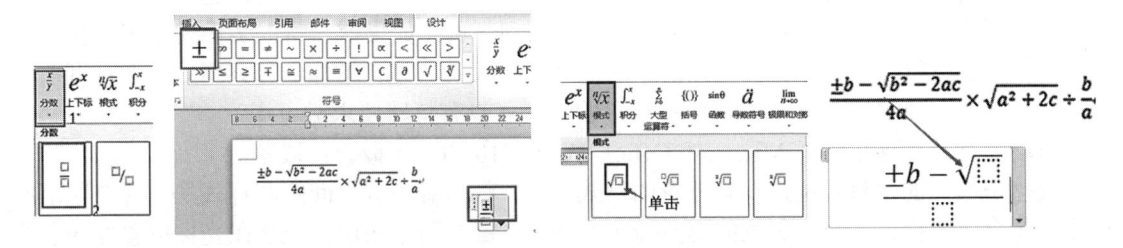

图 7-151　分数和正负号的编辑

图 7-152　根式的编辑

如图 7-153 所示,"b^2"的输入较难,光标的位置要放置在图 7-152 中的方框中,否则"b^2"就输入在图 7-152 中的方框外面了。

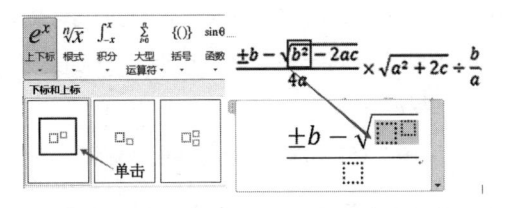

图 7-153　上标的编辑

如图 7-154 所示，鼠标光标放置的正确位置，一定要注意，输入"b^2"的"b"时，光标放在第一个方括号内，输入字母"b"，用英文的输入法。输入"b^2"的数字"2"时，光标放在上标的方括号内时，才能输入数字"2"。光标放在"b^2"的数字"2"的后面时，输入的负号与数字"2"同在上标的位置上，光标应该放在"b^2"的字母"b"的同一行的位置，这样输入的负号与字母"b"才能在同一行的位置上。

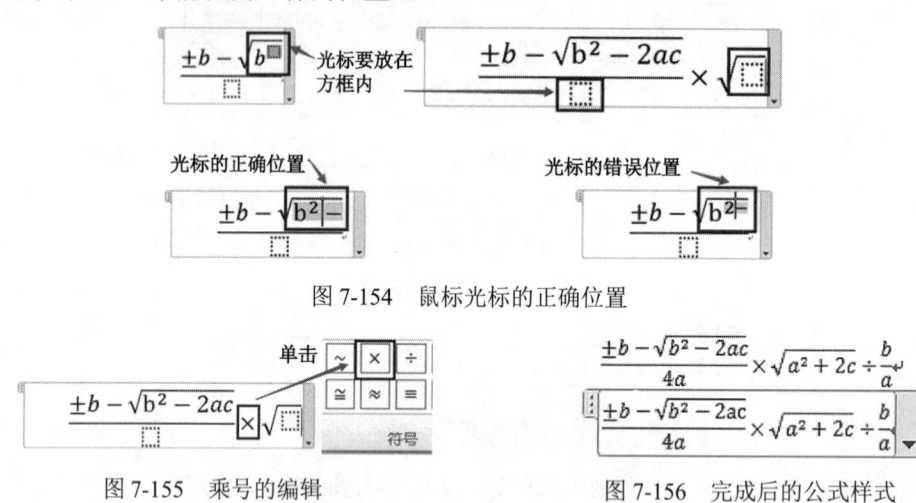

图 7-154　鼠标光标的正确位置

图 7-155　乘号的编辑

图 7-156　完成后的公式样式

7.24　分隔符

　　分隔符包括分页符和分节符两部分。分页符包括分页符、自动换行符、分栏符。分节符包括下一页、连续、偶数页、奇数页。

　　分页符，标记一页终止并开始下一页的点。分页符是用来分页的，分页符后的文字将另起一页。论文中各章的标题要求另起一页，放在新页的第一行，这时就可以使用分页符。在前一章的最后放置一个分页符，这样不管前一章的版面有什么变化，后一章的标题总是出现在新的一页上。不要用按多次 Enter 键的方法将章标题推到新页。如果前一章的版面发生了变化，删掉了一行，这时后一章的标题就跑到前一章的最后一页的末尾；增加一行，则后一章标题前又多了一个空行。建议用分页符来完成章与章的分页（没有特殊要求时可用）。

　　自动换行符，这里涉及 Microsoft Office Word 2010 的一个概念：段落。

　　段落是独立的信息单位，具有自身的格式特征，如对齐方式、间距和样式等。每个段落的结尾处都有段落标记（一个灰色的拐弯箭头）。Enter 键有两个作用，一是在光标位置插入一个段落标记，表示一个段落的结束；二是另起一行。换行符和 Enter 键不同，它只有第二个作用，没有第一个作用，即换行符的前一行和后一行仍然属于同一个段落，共享相同的段落格式，如图 7-157 所示。

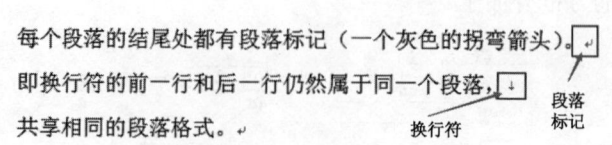

图 7-157　自动换行符和段落标记

　　分节符，这里涉及到 Microsoft office word2010 的另一个概念：节。这里的"节"不同于论文里的章节。分节符的作用相当于将整个文档分成了不同的独立部分，使整个部分成为许多的节，从而独立设计不同部分的格式。节是一段连续的文档块，相同节的页面拥有同样的边距、纸型或方向、打印机纸张来源、页面边框、垂直对齐方式、页眉和页脚、分栏、页码编排、行号及脚注和尾注。如果没有插入分节符，Microsoft Office Word 2010 默认整个文档只有一个节，所有页面都属于这个节。若想对页面设置不同的页眉页脚，必须将文档分为多个节。

在论文中，封面、目录等页的页眉页脚是空白的，无须添加页眉页脚，中英文摘要、从正文到结尾就需要添加页眉（带有学校标志或学校名、毕业设计（论文）等字样）、页脚（显示页码）等，这就要求一个文档内不同页面段内有不同的页眉页脚，要实现这一目的，可以使用 Microsoft Office Word 2010 的分节功能，在出现页眉页脚改变的地方插入分节符对文章进行分节，以达到用户想要的效果。

以烟台南山学院对毕业设计的要求为例，需要将封面和扉页设置为一节（无页眉、页脚），也可以将封面和扉页各设置成一节。中英文摘要设置为一节（有页眉，页脚用罗马数字Ⅰ、Ⅱ……单独编页码），目录设置为一节（无页眉、页脚），正文绪论部分开始至附录设置为一节（有页眉，页脚用阿拉伯数字1、2……连续编排），节中用插入分节符的方法实现分节达到上述不同的页眉页码的要求。设置成四小节，各个小节设置分节符的操作方法相同。

例如，目录与第1章绪论不能在一页，第1章绪论应另起一页，用分节符（下一页）就能达到分页的目的。在需要把文档设置成一节的末尾处插入分节符（下一页），将光标放在两节之间，在目录后或是第1章绪论前均可，本例是将光标放在第1章绪论前面，即如图7-160所示的红色数字"1"的位置，执行"页面布局"→"分隔符"后面的小三角按钮→"分节符"→"下一页（N）"命令，在目录和第1章绪论之间，Microsoft Office Word 2010 插入了一个分节符，效果如图7-158～图7-160所示。

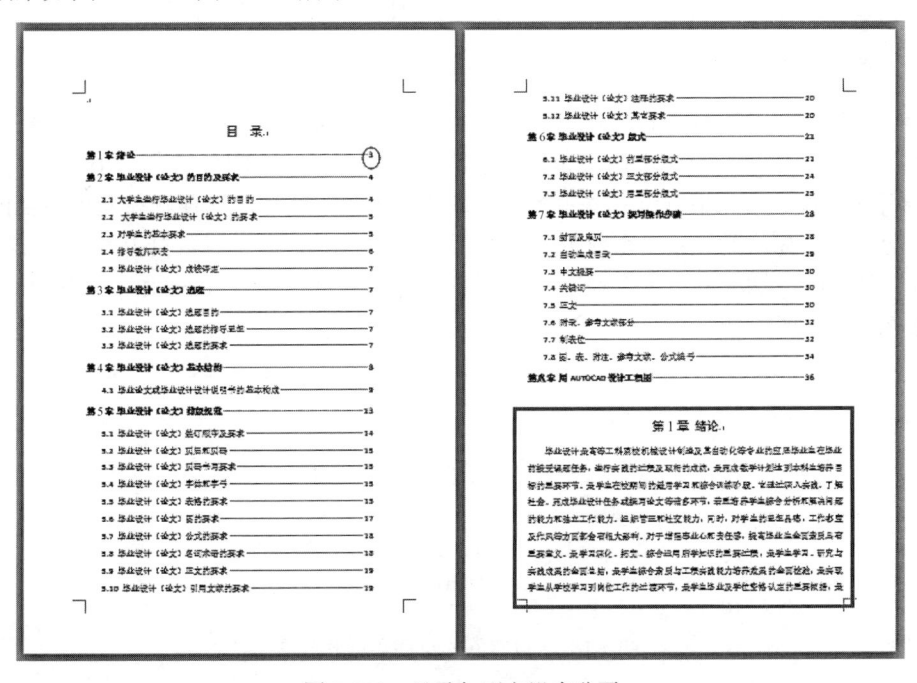

图7-158 目录与正文没有分页

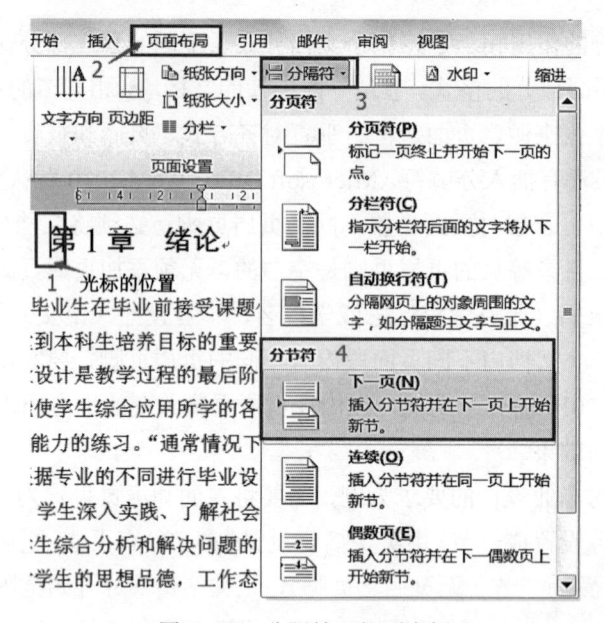

图 7-159　分隔符下拉列表框

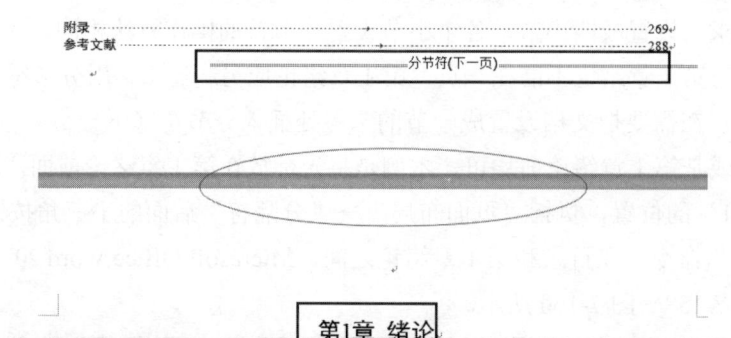

图 7-160　设置好的分节符

在插入点出现分节符插入标志，表明了从下一页开始另起一节，用设置分节符的方法，将封面和中英文摘要之间、中英文摘要和目录之间、目录和正文之间分成四个小节。

若是奇偶页排版根据情况选择"奇数页"或"偶数页"选项。这样就在光标所在的地方插入了一个分节符，如果是设置"奇数页（D）"插入分节符并在下一奇数页上开始新节，如果是设置"偶数页（E）"插入分节符并在下一偶数页上开始新节，分节符下面的文字就会属于另外一节，如图 7-161 所示。

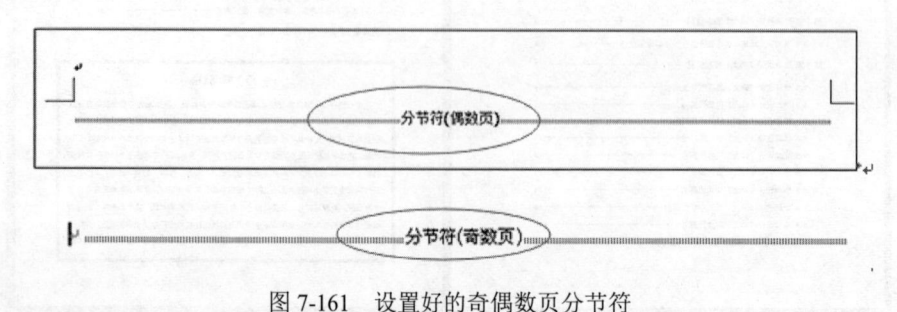

图 7-161　设置好的奇偶数页分节符

7.25 不能用按 Enter 键的地方

不要用按 Enter 键来完成段落的间距设置和另起一页。在修改学生的论文时，删掉前一章的几行后，发现后面一章的内容跑到前一章的最后一页末尾了，若是增加几行，后一章的标题前又增加了几行空格。原因是同学们没有用分节符来完成章与章的分页设置！这样使整篇文章在修改时，全部乱套，费时、费力，指导教师只有重新按照正确的方法设置。

7.26 空格所占的字符数

在 Microsoft Office Word 2010 中每按一次 Space 键，光标移动多长的距离？在 Microsoft Office Word 2010 默认的情况下，按一次 Space 键，在英文之间的空格，占 0.5 个字节的距离，而中文之间的空格，占 1 个字节的距离。

一个字节就是半个中文字的距离，或一个英文字的距离。如果不想使用默认的空格间隔，可以在 Microsoft Office Word 2010 中进行设置，使中文、英文或中英文之间的空格，所占的距离都一样。

执行"开始"→"段落"（图略）→"中文版式"命令，在"字符间距"选项区域，取消选中"自动调整中文与西文的间距"和"自动调整中文与数字的间距"复选框，单击"确定"按钮，如图 7-162 所示。

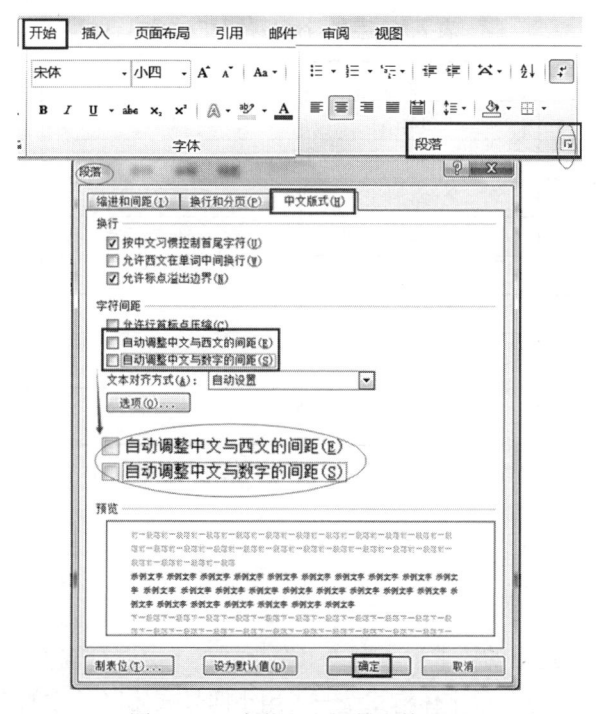

图 7-162 中英文之间的空格设置

这样，无论在中文输入状态还是在英文输入状态，或者是在数字之间按 Space 键，空格所占的间距都一样，正好是一个字节的位置。空格所占的字节数，还与输入法的半角全角状态有关。

在半角状态下输入的空格占一个英文字符；在全角状态下输入的空格占一个中文字符。

全角、半角的切换方法（以微软新体验为例）：在全角状态下，单击输入法对话框中所示的按钮，即可切换到半角状态，如图 7-163 所示。

图 7-163　全角、半角的切换法

7.27　磅与厘米的换算关系

Microsoft Office Word 2010 中磅与厘米的换算关系，1 磅约等于 0.03527 厘米，1 厘米约等于 28.35 磅，Windows 为了满足中文出版中使用字号作为字体大小单位的需要，允许用户同时使用"号"和 "磅"作为字体大小的单位。提供的字号包括初号、小初、小一、一号、二号、小二、三号、小三、四号、小四、五号、小五、六号、小六、七号、八号。每一种字体"号"与"磅"值的对应关系，如表 7.1 所示。

表 7.1　字号与磅值的对应关系

字号	磅值	字号	磅值
初号	42	四号	14
小初	36	小四	12
小一	26	五号	10.5
一号	24	小五	9
二号	22	六号	7.5
小二	18	小六	6.5
三号	16	七号	5.5
小三	15	八号	5

7.28　设置上空一行，下空一行

在毕业设计（论文）规范的要求中，有"上空一行，下空一行"，"下空二行"的要求，怎么设置呢？空一行是指"各空行处的字体格式统一采用小四号宋体"！论文的正文要求用小四号宋体！有些同学在段落设置中，设置为"间距"→"段前（B）"→"1 行"→"段后（F）"→"1 行"，这样正确吗？如果标题的字体是小四号宋体，这样设置是对的，如果标题是二号黑体，那么设置的上下行的距离是二号黑体的行距，而不是小四号宋体！同学们在设置时，应该用 Enter 键的方法设置"上空一行，下空一行"或者是"下空二行"。正确设置方法为"间距"→"段前（B）"→"0 行"→"段后（F）"→"0 行"，如图 7-164 所示。

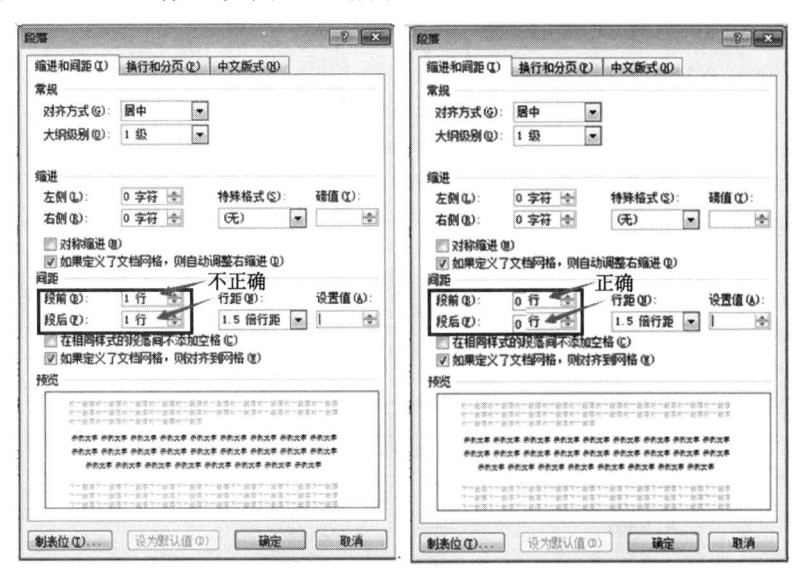

图 7-164　上空一行，下空一行的设置

7.29　正确设置对齐

在学生修改论文时，发现很多同学用手动的方法实现对齐！用按 Space 键的方法达到对齐的目的，这种方法不好。所有的对齐都应该利用 Microsoft Office Word 2010 自带的功能来完成，方法有标尺、制表位、对齐方式、段落的缩进量等（在前面的章节中都有详细的介绍）。

7.30　带圈字符

用 Microsoft Office Word 2010 带圈字符功能，最大带圈字符为两位数，只能输入最大数字为 99。

先选中数字 99，执行"开始"→"带圈字符"→"样式"→"增大圈号"或者选择"缩小文字"→"圈号"选择圆圈（方框等）→"确定"命令，如图 7-165 所示。

完成上述步骤后，Microsoft Office Word 2010 文档就给数字"99"自动加上了圈号。如果想进一步调整圆圈和字符的位置大小等，可以用"切换域代码"的方法如图 7-166 所示。

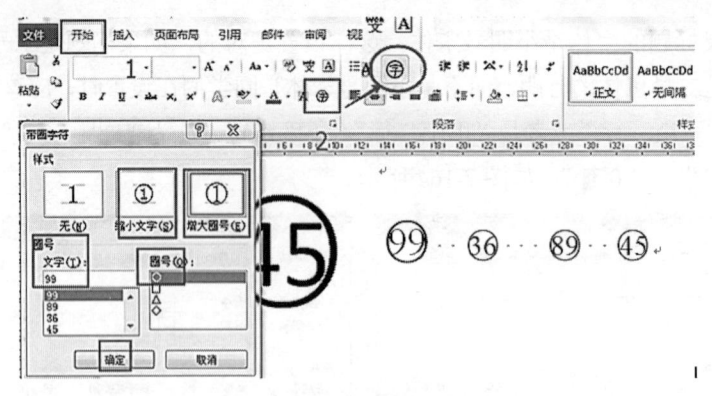

图 7-165　带圈字符

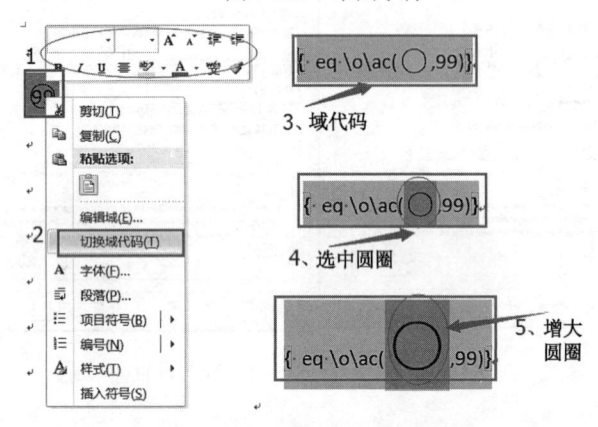

图 7-166　切换域代码增大圆圈

选中带了圈号的数字 99，即红色数字"1"的位置。右击，在弹出的快捷菜单中，选择"切换域代码"选项，即红色数字"2"的位置。

出现域代码代号，即红色数字"3"的位置。选择圆圈，即红色数字"4"的位置。然后按"Ctrl+]"组合键圈号扩大，即红色数字"5"的位置增大圆圈。按"Ctrl+["组合键圈号缩小。

完成上述步骤以后，若返回，在该代码处右击，选择"切换域代码"选项。

选择"字体"选项。在弹出的对话框中，"高级"选项卡下的"位置"下拉列表中，选择"提升"选项，根据自己的需要，调整提升量，就能达到满意的效果，如图 7-167 所示。

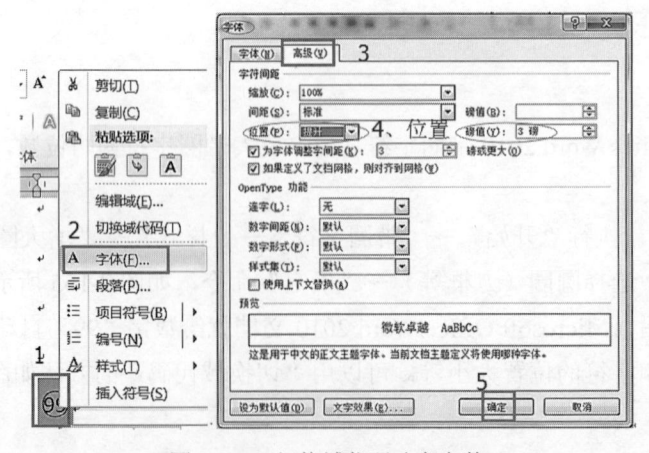

图 7-167　切换域代码改变参数

7.31 设置附录在目录中不加章号

在制作目录时，要求在附录和参考文献前面不需要添加章号，而将附录和参考文献设置为一级标题，自动生成目录时就会自动添加章号，怎样能将附录和参考文献自动生成在目录中，又能将章节号去掉呢？去掉的方法如下。

为附录（标题）和参考文献（标题）单独设置样式，在自动生成目录时，将该样式选中为目录中能显示的样式（一级标题）即可，生成目录后在附录和参考文献前就不会有编号。可以参考下面的方法：参见 7.10 节自定义样式自动生成目录 7.11 节利用内置标题样式自动生成目录 7.12 节项目域制作目录。

设置附录和参考文献在目录中不加章号的方法如下。

菜单栏选择"引用"，鼠标光标左键点"目录""插入目录"，再进行其他设置后，Microsoft Office Word 2010 就自动生成目录了。具体方法如下。

执行"引用"→"目录"→"插入目录"命令。在出现的"目录"对话框中的"目录"选项卡下选中"显示页码（S）"和"页码右对齐（R）"复选框，"常规"→"格式（T）"→"来自模板"→"显示级别（L）"→"3"选中"使用超链接而不使用页码（H）"复选框，单击"修改"按钮，进入字体和段落的设置，如图 7-59 所示。设置好后，返回到"目录"对话框中，单击"选项"按钮，如图 7-168 所示，进入到"目录选项"对话框，如图 7-169 所示。找到"附录"和"参考文献"（图中"参考文献"没有显示），在"目录级别（L）"的下面与"附录"对应的文本框中输入数字"1"（一级样式输入数字"1"），"附录"前面自动标记对勾，表示已经被选中。"参考文献"不加章号的设置方法与其相同。设置好后，执行"确定"→"确定"命令，等待一会，系统自动生成目录，如图 7-170 所示。

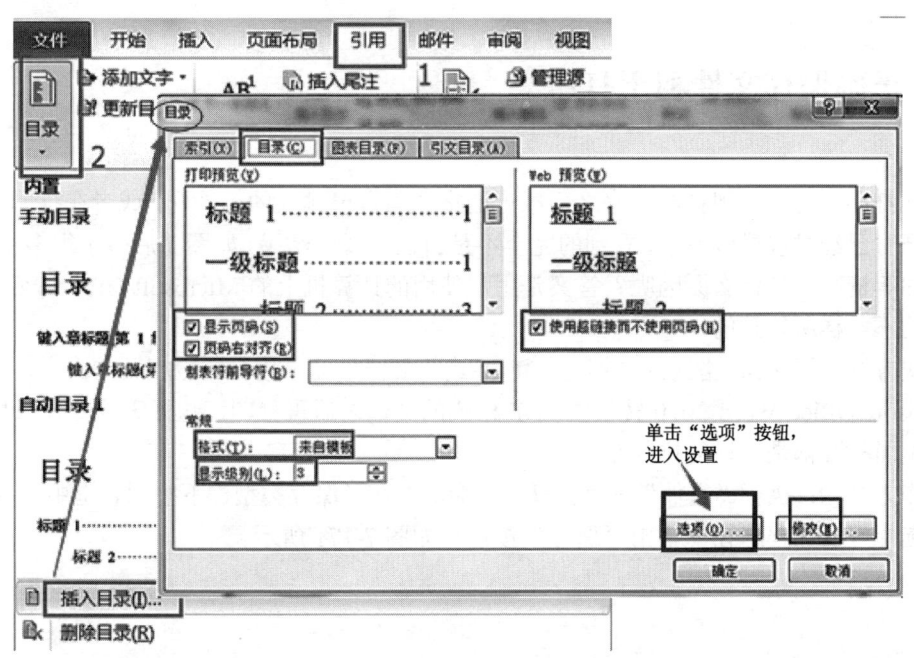

图 7-168　设置自动生成目录对话框

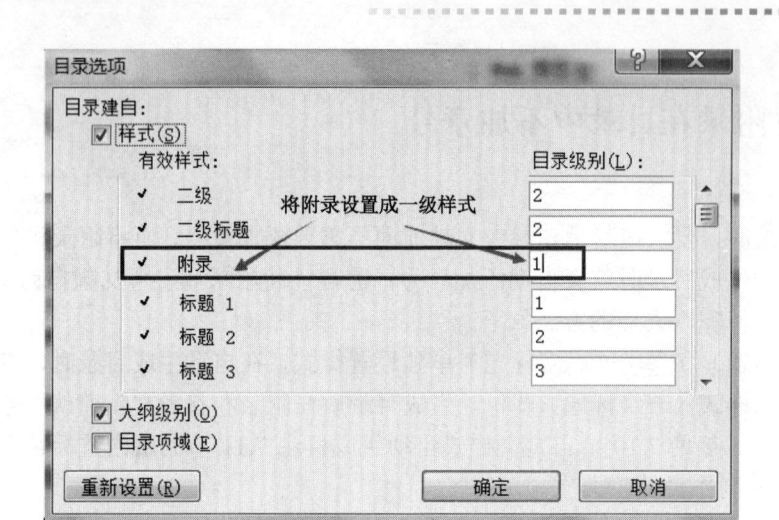

图 7-169　将附录设置成一级样式

```
第9章 复制图纸的折叠··················································239
    9.1 复制图纸的折叠分类············································239
    9.2 有装订边需要装订标题栏的方位在A0图纸的长边上············240
    9.3 有装订边需要装订标题栏的方位在A1图纸的长边上············243
    9.4 有装订边需要装订标题栏的方位在A2图纸的长边上············245
    9.5 有装订边需要装订标题栏的方位在A3图纸的长边上············247
    9.6 有装订边需要装订标题栏的方位在A0图纸的短边上············248
附录··········································································251
参考文献····································································266
```

图 7-170　自动生成的不带章节号的附录和参考文献

7.32　正确保存文件利于打印

论文打印的时候发现打印出来之后纸上的格式与自己排版的不一样，或者在打印室的计算机上打开时已经发现排版变了，看到的完全不是自己想要的结果，如图前后多了很多空白区域，页数增加等情况，是什么原因呢？答案是用户使用的计算机上的 Microsoft Office Word 版本与打印室的不一样所导致的。

解决方法，用 PDF 格式的文档！PDF 格式的文档里面不包含排版相关的内容，将论文通过 Microsoft Office Word 2010 转换成 PDF 格式的文档之后再打印，这样无论在什么样的 PDF 查看器里面打开都是一样的排版布局。

操作方法为：执行"文件"→"另存为"命令，在"保存类型"下拉列表框中选择"PDF"格式，选择好后保存路径，单击"保存"按钮，如图 7-171 所示。

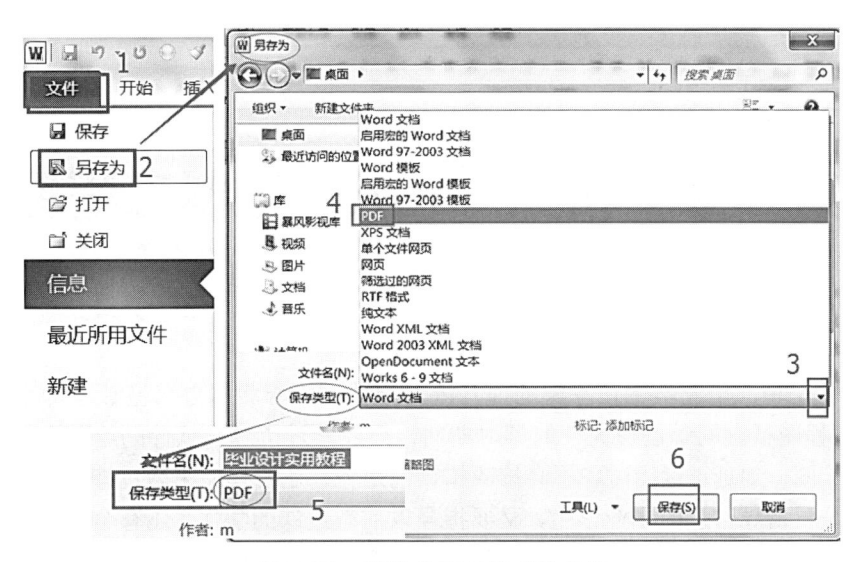

图 7-171　转换成 PDF 格式的文档

转换成 PDF 格式文档后的样式，如图 7-172 所示。

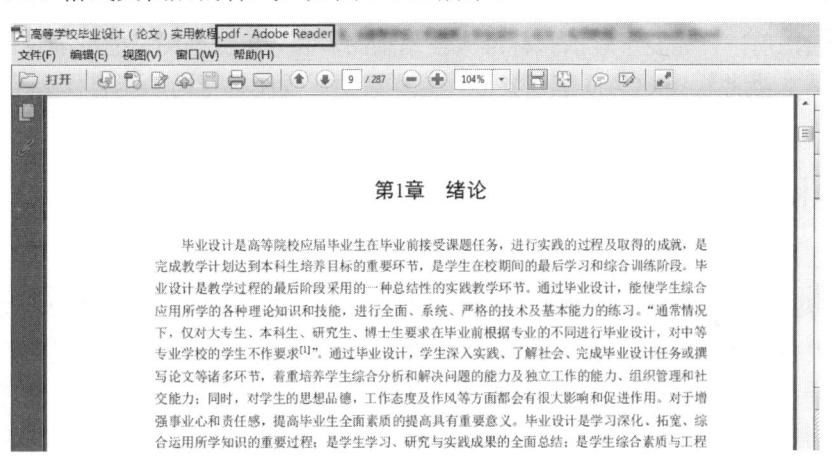

图 7-172　转换成 PDF 格式文档后的样式

7.33　及时保存

在论文的写作过程中，要养成良好的习惯，及时保存，每天写作完成后，多做备份。这样才不至于因为系统出现不正常的情况而导致丢失数据。保存的方法很多，用 U 盘、网盘、邮箱等。另外，如果毕业设计（论文）中，有大量的图片，需要单独保存，保存格式为"BMP""JPG"等。

在 Microsoft Office Word 2010 里会准确地设置字体、段落、页面布局，会设置页眉页脚，会按照需要分节，会自动生成目录，说明已经掌握了 Microsoft Office Word 2010 的基本功能，毕业设计（论文）的写作排版基本没有问题了。

第 8 章 用 AutoCAD 绘制工程图

每年的毕业季，毕业学生在答辩的前几天，都要到指导教师办公室让老师审核毕业设计（论文）和工程图纸。同学们在大一的学习期间，已经学过了二维软件的绘图，有些学生学了二维软件的绘图，到真正运用时，不会修改错误的地方，还要找原来教过课的老师修改，导致一部分老师既要指导自己的毕业学生，又要指导以前教过课的学生。还有个别的指导教师让学生绘制好工程图后，不审核电子版，让学生打印出来后，再找出问题，让学生再打印，导致学生反复修改、打印，学生怨言很多！本章针对学生工程图绘制中容易出现的错误问题，以非常灵活的方式——问答的形式，重点讲解，不是将 AutoCAD 软件所有绘图问题讲解一遍！

计算机绘图前，首先要了解国家标准《技术制图》和《机械制图》的标准规定，再次了解绘图软件的基本功能，AutoCAD 工作界面，怎样启动、关闭、帮助功能有什么用处等。

8.1 工程图样

工程世界乾坤大，一切尽在图样中。在工程技术中，按一定的投影方法和有关规定，把物体的形状、大小、材料及有关技术说明，用数字、文字和符号表达在图纸上或储存储在磁盘等介质上的图样，称为工程图样。如图 8-1 所示。

图样的作用如下。
（1）图样是表达设计者设计意图的重要手段。
（2）图样是工厂组织生产、制造零件和装配机器的依据。
（3）图样是工程技术人员交流技术思想的重要工具。是工程界共同的技术语言。

我国工程图学具有悠久的发展历史，我国比较早记载工程上使用工程图的文献是《尚书》，书中记载公元前 1059 年，周公曾画了一幅建筑区域平面图送给周成王作为营造城邑之用。我国于 1959 年颁布了国家标准《机械制图》，并于 1974 年、1984 年、1993 年、1998 年、2002 年、2008 年、2012 年先后进行了多次修订。"没有规矩，不成方圆"，每一个工程技术人员都应该树立标准化的概念，自觉贯彻执行国家标准，绘制工程图样要执行国家标准《技术制图》和《机械制图》的基本规定。

在图纸绘制、装订方面，有些学生按照所画图形的大小随意画出图框，随便折叠图纸，导致了图纸折叠后大小不一，既不美观，又不利于保存！还有的学生到工厂之后，也是按照自己的意愿画图，不遵守国家标准制图，降低了社会对大学生的评价程度。根据这种现象，对在校的大学生提出了更为规范的要求，机械制图必须按照国家标准的要求绘图！绘图中，对图幅的尺寸（标准图幅五种）、图框的格式（X 型图纸、Y 型图纸）、特殊符号（看图符号、对中符号等)、标题栏(尺寸及字体、字号的要求)、明细栏(尺寸及字体、字号的要求)、比例的大小(放大、原值、缩小)、线型(连续线型和非连续线型长短画线的尺寸要求、粗实线和细实线的宽度要求)、字体(长仿宋、gbenor、gbcbig 等字体)、在计算机中绘图对图线的颜色要求等,绘制工程图一定要按照国家标准的要求来设置。

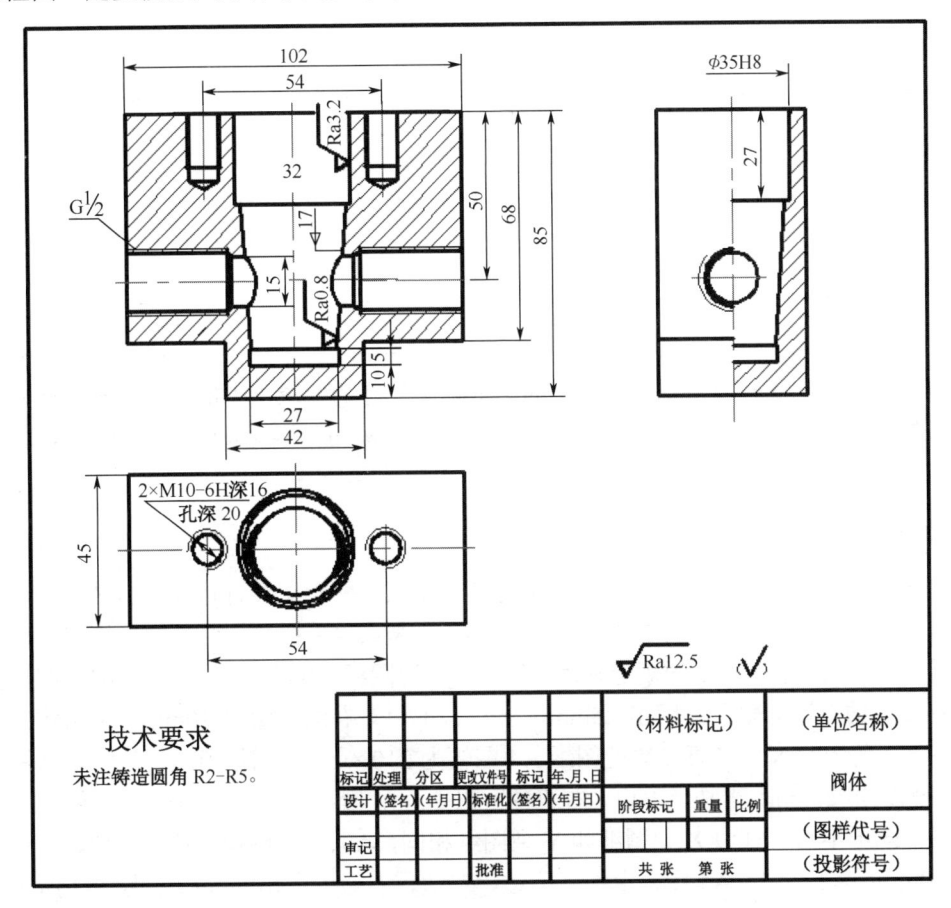

图 8-1 工程图样

8.2 绘图用图纸幅面和格式的要求

国家标准《技术制图》中图纸幅面和格式(GB/T 14689—2008)的含义如下。
GB／T14689－2008 是《技术制图》中图纸幅面和格式的标准代号。
(1)"GB"——国家标准中"国"与"标"的第一个汉语拼音字母的组合。
(2)"T"——"推荐"中推的第一个汉语拼音字母。
(3)"GB/T"——推荐性国家标准。
(4)"14689"——国家标准的编号。
(5)"－"——分隔号。
(6)"2008"——发布该标准的公元年号。

1．图纸幅面和格式

为了便于图纸的装订和保存，国家标准对图纸幅面作了统一的规定。标准图纸基本幅面分为 A0、A1、A2、A3、A4 五种。基本幅面及图框尺寸，如表 8.1 所示。

表 8.1 图纸幅面尺寸

（单位：mm）

幅面代号		A0	A1	A2	A3	A4
尺寸 $B×L$		841×1189	594×841	420×594	297×420	210×297
图框	a	25				
	c	10			5	
	e	20		10		

绘制技术图样时，应优先采用表 8.1 的图纸幅面尺寸的要求，不能满足选择图幅尺寸时，可以加长幅面尺寸，按照基本幅面的短边整数倍增加。例如，A4 图纸短边（A4 图纸的短边是 210）3 倍增加（210×3=630），尺寸是 630×297，标号 A4×3。

2．图框格式和尺寸

在图纸上必须用粗实线画出图框。图框有两种格式，即不留装订边和留有装订边。同一产品中所有图样均应采用同一种格式。一般采用 A4 竖装或 A3 横装。两种图框格式，留装订边和不留装订边，尺寸按表 8.1 的规定画出。例如，X 型图纸 A0 图幅为 1189×841，图纸留装订边时，从图纸的纸边界限左侧留出 25mm，上边、下边、右边各留出 10mm，用粗实线画出图框，如图 8-2 所示的 X 型图纸。Y 型图纸 A4 图幅为 210×297，图纸留装订边时，从图纸的纸边界限左侧留出 25mm，上边、下边、右边各留出 5mm，用粗实线画出图框，如图 8-2 所示的。Y 型图纸。图纸不留装订边 X 型图纸和 Y 型图纸相同，A0、A1 图幅上边、下边、左边、右边各留出 10mm，A2、A3、A4 图幅上边、下边、左边、右边各留出 5mm，如图 8-3 所示的图框格式不留装订边（X 型图纸、Y 型图纸）。

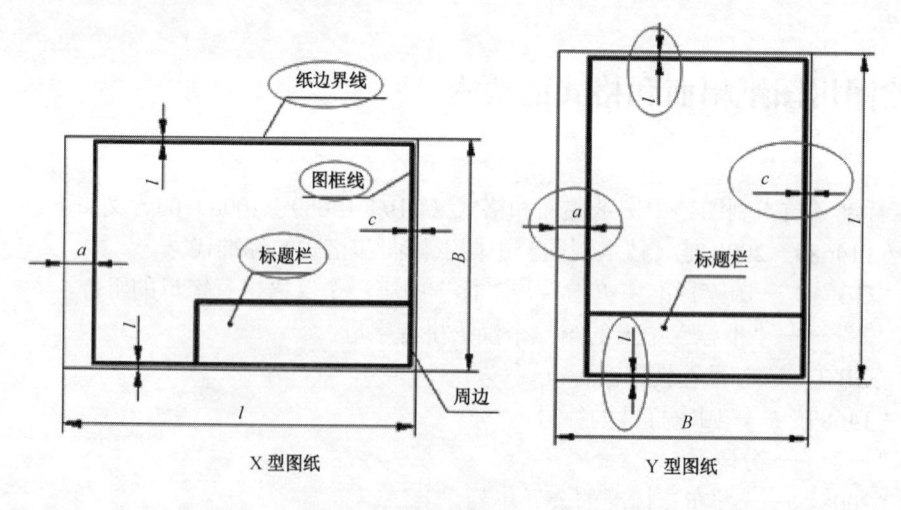

图 8-2 图框格式留有装订边

X 型图纸　　　　　　　　　　Y 型图纸

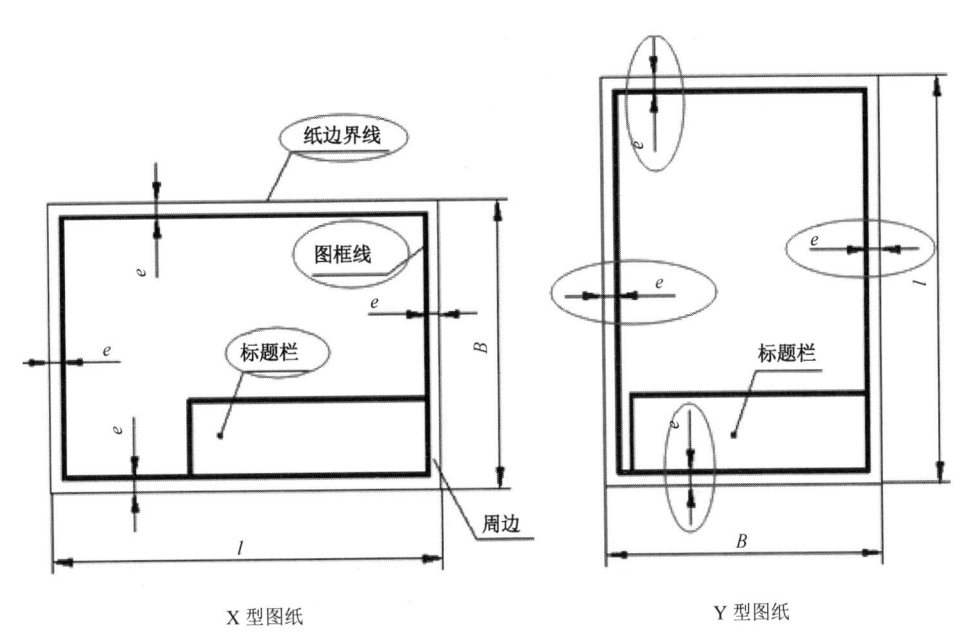

图 8-3　图框格式不留装订边

注意：无论是否留有装订边，都应在图幅内画出图框。图框用粗实线绘制。

8.3　正确选择比例和图线

在机械图样中，比例和图线是非常重要的内容，要认真掌握。

1．比例

比例是指图中图形与其实物相应要素的线性尺寸之比。分类：比例分原值、缩小、放大三种。注意：无论采用哪种比例画图，图形中尺寸数值均应标注实际尺寸；比例值应按照表 8.2 所示的 GB/T 14690—1993《技术制图比例》规定数值选取，"比例系列一"是优先选用的数值，"比例系列二"是可以在必要的时候选用的数值。不管是手工绘图还是计算机绘图，都不能自己定义比例，一定要按照国家标准规定的比例选取。

比例符号"："，如"1：1"；"1：100"；"2：1"。如图 8-4 所示为用不同比例画出的图形。

为了在图样上直接获得实际机件大小的真实概念，应尽量采用 1：1 的比例绘图。无论采用何种比例绘图，标注尺寸时都按机件的实际尺寸值标注，而与比例数值无关。同一机件的各个视图应采用相同的比例，比例一般应标注在标题栏中的比例栏内。

当机件上有较小或较复杂的结构需用不同比例时，可在视图名称的下方或右侧标注比例，如图 8-5 所示。

表 8.2　比例系列

种类	比例	
	系列一	系列二
原值比例	1：1	
放大比例	2：1　5：1　1×10^n：1 2×10^n：1　　5×10^n：1	2.5：1　　4：1 2.5×10^n：1　4×10^n：1
缩小比例	1：2　　1：5　　1：10 1：2×10^n　1：5×10^n 1：1×10^n	1：1.5　1：2.5　1：3　1：4　1：6 1：1.5 ×10^n　1：2.5 ×10^n　1：3×10^n 1：4 ×10^n　1：6 ×10^n

注：n 为正整数。

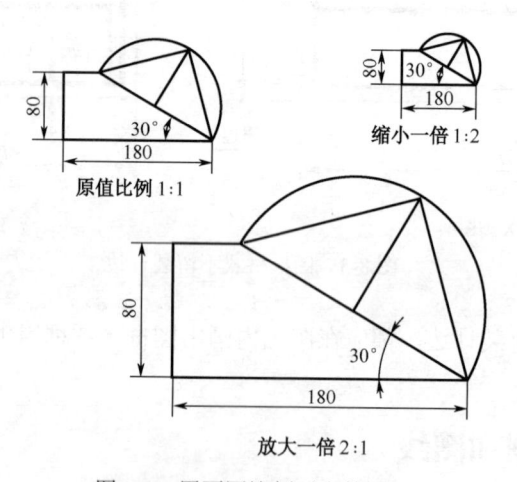

图 8-4　用不同比例画出的图形

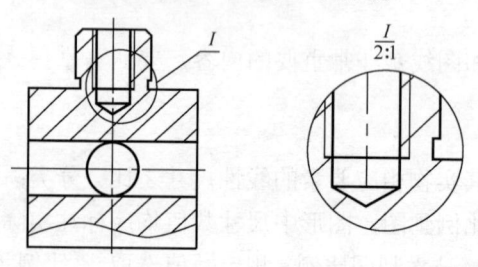

图 8-5　视图名称的下方或右侧标注比例

2．机械制图的图线要求

机械图样中用来表达物体结构形状的图形，是由各种不同的图线组成的，每种图线都有其规定的画法和应用范围。在机械工程绘图中，不管是手工绘图还是 CAD 的制图，所用图线都应遵守国标规定。

GB/T 4457.4—2002《机械制图　图样画法　图线》中规定了机械图样采用的 9 种图线的名称、图线的代码（No.小数点前为基本线型代码，小数点后数字"1"表示细实线，数字"2"表示粗实线）、线型的画法、图线的尺寸、线宽的要求及其主要用途，如表 8.3 所示。注：表中 d 为线宽代号，分别表示粗线和细线的线宽（单位：mm）。

GB/T 4457.4—2002 规定，在机械图样中图线分粗线、细线两种，粗线的宽度 d 应按图的大小和复杂程度选用。粗线、细线的宽度比例为 2：1。国标规定图线的宽度 d 在 0.13、0.18、

0.25、0.35、0.5、0.7、1.0、1.4、2 数字中选取，推荐粗线宽度优先选用"0.5（0.25）mm"和"0.7（0.35）mm"两种组别线宽。不连续的独立部分，如点、长度不同的画和间隔，称为线素，手工绘图时，线素的长度应符合国标的规定。用图 8-6 所示的尺寸或者是相近的尺寸画各种线型。

在同一张图样中，图线不宜互相重叠，当两个以上不同的图线重合时，可以按照下面的方法处理，细实线与细虚线、细点画线重叠时画细实线，细虚线与细点画线重叠时画细虚线。粗实线与细虚线、细点画线重叠时画粗实线。

表 8.3 机械制图的图线形式及应用

序号	代码 NO.	图线名称	图线型式	一般应用
1	01.1	细实线		过渡线、尺寸线、尺寸界线、剖面线、重合断面的轮廓线、指引线、螺纹牙底线及辅助线等
2		波浪线		断裂处的边界线；视图与剖视图的分界线
3		双折线		断裂处的边界线；视图与剖视图的分界线
4	01.2	粗实线		可见轮廓线；表示剖切面起讫和转折的剖切符号
5	02.1	细虚线		不可见轮廓线
6	02.2	粗虚线		允许表面处理的表示线
7	04.1	细点画线		轴线、对称中心线、剖切线等
8	04.2	粗点画线		限定范围表示线
9	05.1	细双点画线		相邻辅助零件的轮廓线、可动零件极限位置的轮廓线、轨迹线、中断线等

不管是手工绘图还是计算机绘图，同一图样中同类图线的宽度应基本一致；虚线、点画线及双点画线的线段长度和间距应各自大致相等。绘制圆的中心线，圆心应为长画的交点，点画线两端应超出轮廓 2~5mm；在较小的图形上绘制点画线或双点画线有困难时（如<8mm），可用细实线代替。虚线如果在粗实线的延长线上，粗实线应画到分界点，虚线应留有空隙。虚线圆弧与实线相切时，虚线圆弧的短画应画到切点，虚线直线应留出间隙。图线不得与文字、数字或符号重叠、混淆。不可避免时，应首先保证文字、数字或符号清晰。看图时首先要看尺寸数字，在结合图形分析相关问题。考虑缩微制图的需要，两条平行线之间的最小间隙一般不小于粗实线线宽的两倍，即粗实线线宽为 0.35mm，两条平行线之间的最小间隙为 0.7mm，如图 8-6 所示。

图 8-6　图线应用实例

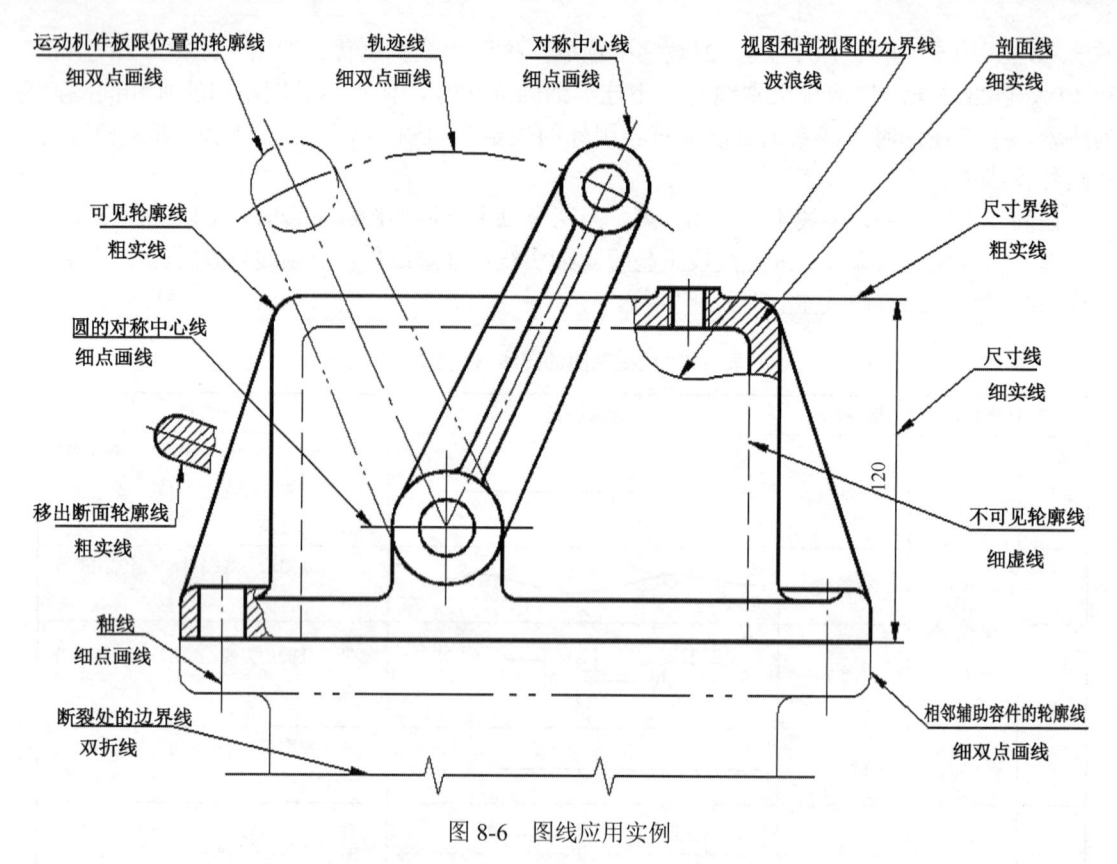

8.4　用 AutoCAD 绘图时的准备工作

本例用 AutoCAD 2013 绘制机械工程图。先了解 AutoCAD 2013 软件绘制图样前应该做好哪些准备工作，是用"草绘与注释"工作界面还是用"AutoCAD 经典"工作界面绘图；绘图用的单位是采用公制还是英制；绘图采用什么比例好；用多大的图纸幅面绘图；需要建立多少个图层才能满足绘图需要；图层中的线型、线宽、颜色怎样设置；用什么样的文字写标题栏；用什么样的文字标注尺寸；尺寸标注中直接标注有什么缺点；标题栏是根据什么标准画出来的；装配图中的序号和明细栏中的顺序号是否要一致；装配图中的序号字体有要求吗？等等。这些在绘图之前都要准备好，就像手工绘图时，要准备图纸，绘图工具，如三角板、铅笔、圆规等，手工绘图不准备好这些工具，将无法绘图。计算机绘图也是一样的，必须先设置好上述的要求，才能正确绘图，节省时间。

AutoCAD 2013 默认启动的为"草绘与注释"工作界面。该工作界面包括标题栏、应用程序菜单、快速访问工具栏、功能区、绘图区、命令窗口、导航栏和状态栏等，如图 8-7 所示。可以切换到"AutoCAD 经典"工作界面，如图 8-8 所示。

1. 标题栏

"AutoCAD 2013 的标题栏位于工作界面的顶部，标题栏左侧依次显示的是"应用程序"按钮、快速访问工具栏及其右侧的工作空间切换下拉列表（默认下）；标题栏中间则显示当前运行程序的名称的文件名等信息;标题栏右侧依次显示的是"搜索""登录""交换""保持连接""帮助"及"窗口控制"按钮,如图 8-7 和图 8-8 所示的最上面的图标。

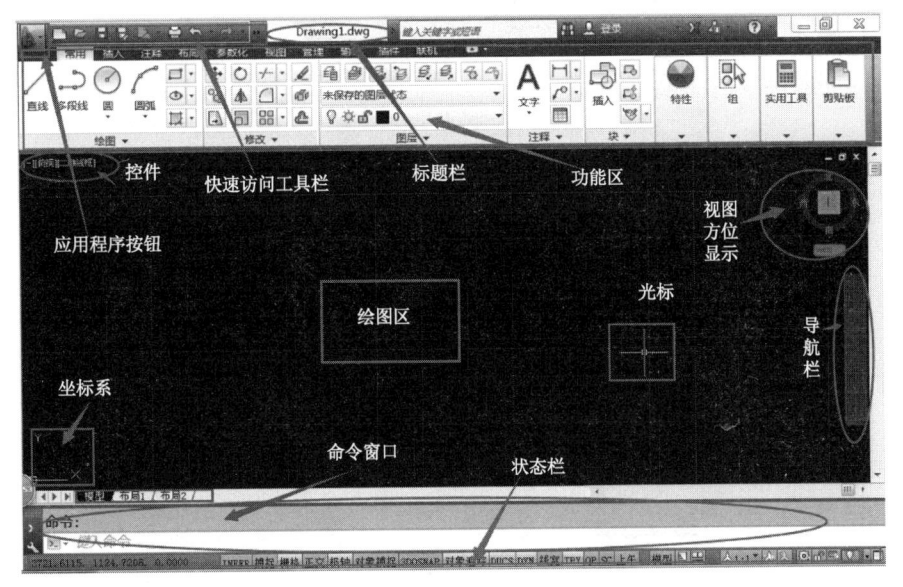

图 8-7 "草绘与注释"工作界面

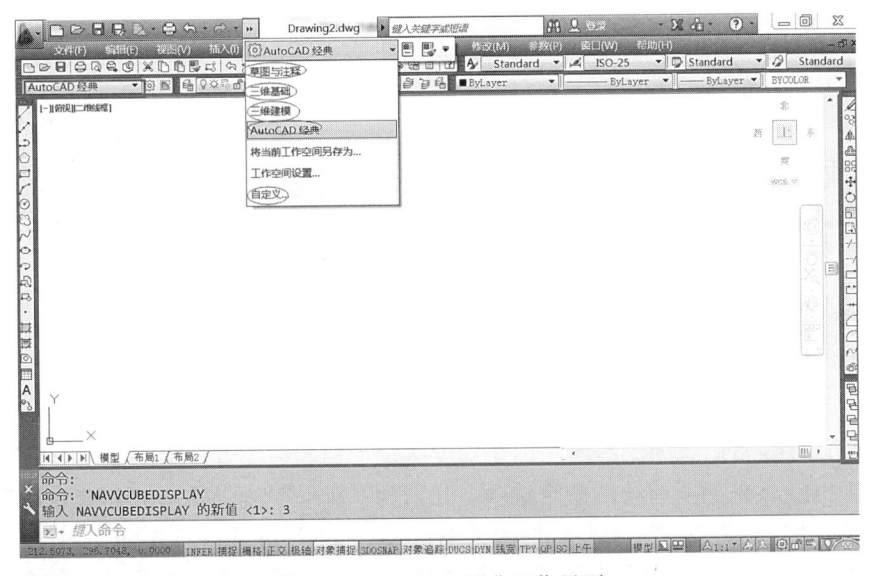

图 8-8 AutoCAD 经典工作界面

2. 应用程序菜单的功能

应用程序菜单和快速访问工具栏的功能。

(1)"应用程序菜单是提供快速文件管理和图形发布及选项设置的快捷路径方式"。单击工作界面左上角的"应用程序"按钮,在弹出的应用程序菜单中,用户可以对图形进行新建、打开、保存、另存为、输出、发布、打印和关闭操作。

在应用程序菜单中,右侧带有小三角的菜单项,表示它还有级联菜单;右侧没有内容的菜单项,单击它后会执行对应的 AutoCAD 命令,如图 8-9 所示。

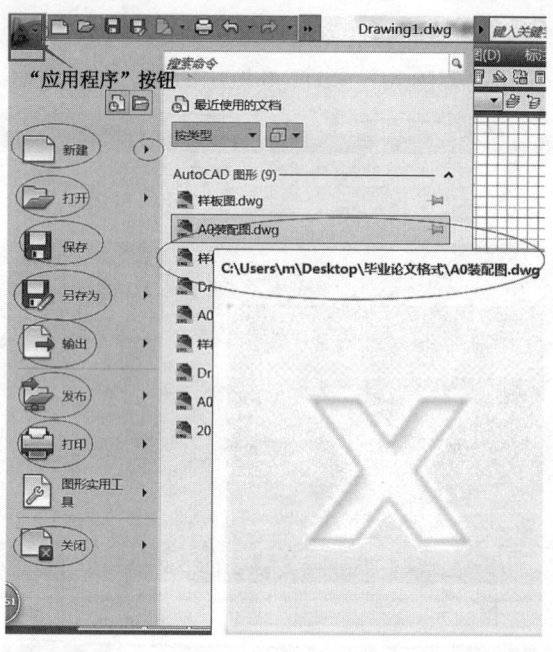

图 8-9　应用程序菜单

（2）快速访问工具栏默认位于工作界面的左上方。在该工具栏中放置了一些常用命令的快捷方式，如"新建""打开""保存""打印""放弃"等按钮。单击快速访问工具栏右侧的"工作空间"下拉按钮，可在下拉菜单中选择需要的工作空间，也可对工作空间进行设置，如图 8-10 所示。

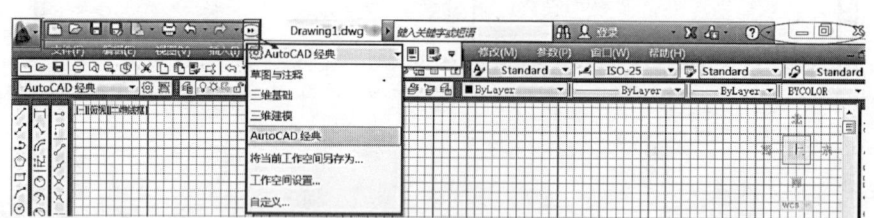

图 8-10　常用绘图命令的图标

AutoCAD 2013 常用绘图命令的图标在功能区位于标题栏下方，绘图区上方。功能区集中了 AutoCAD 2013 软件的所有绘图命令选项。分别为"常用""插入""注释""布局""参数化""视图""管理""输出""插件""联机"和"Express Tools"（Express Tools 选项在安装时非默认选项）选项卡，并显示该命令包含的面板，可在这些面板中选择要执行的操作命令如图 8-7 所示。

3. 绘图区

绘图区类似于手工绘图时的图纸，用 AutoCAD 2013 绘图并显示所绘图形的工作区域。该区域位于功能区下方，命令窗口的上方。绘图区的左下方为坐标系（默认为世界坐标 WCS）；左上方的"控件"包括"视口控件""视图控件"和"视觉样式控件"，显示并可设置当前工作界面的视口数、视图名称和视觉样式；右侧有"视图方位显示（View Cube）"及"导航栏"，如图 8-7 所示。

4. 状态栏

状态栏用于显示或设置当前的绘图状态。状态栏上位于左侧的一组数字反映当前光标的坐标，其余按钮从左到右分别表示"推断约束""捕捉模式""栅格显示""正交模式""极轴追踪""对象捕捉""三维对象捕捉""极轴追踪""对象捕捉""允许/禁止动态 UCS""动态输入""显示/隐藏线宽""显示/隐藏透明度""快捷特性""选择循环"和"注释监视器"；该栏最右侧为"全屏显示"按钮，单击此按钮，则操作界面将以全屏显示。绘图时打开"极轴追踪""对象捕捉""动态输入"和"线宽"。"正交模式"不要打开，可以用极轴功能代替，如图 8-11 所示。

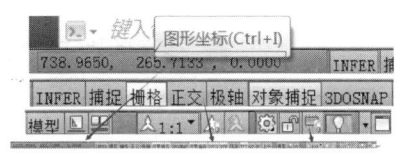

图 8-11 状态栏

5. 查看绘图中使用的命令

命令窗口与文本窗口的切换就能查看绘图过程中使用的命令。AutoCAD 2013 的命令窗口位于绘图区的下方。命令窗口用于输入系统命令或显示命令提示信息。显示命令提示信息的文本窗口可以通过按 F2 键打开或关闭。使用 AutoCAD 2013 绘图时，有时需要切换到文本窗口，以查看绘图过程中使用的命令信息，有时又需要再转换到绘图窗口进行图形绘制，通过按 F2 键可以实现上述切换，如图 8-12 所示。

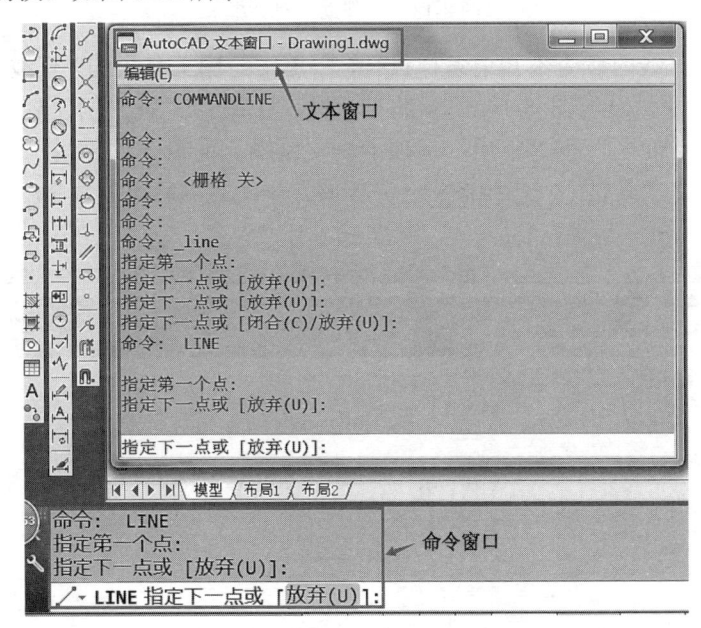

图 8-12 命令窗口与文本窗口切换

6."帮助"功能

每一款软件基本上都有"帮助"功能，而此功能经常被忽略，帮助功能是设计软件者对软件所做的权威解释。

AutoCAD 2013 提供了强大的帮助功能，在绘图或开发过程中可以随时通过该功能得到相应的帮助。在打开的 AutoCAD 2013 工作界面按 F1 键；或在菜单栏执行"帮助"→"帮助"命令；或单击"访问帮助"按钮；或在命令行输入"HELP"，AutoCAD 2013 弹出"帮助"窗口，可以通过此窗口得到联网后相关网络提供的学习、帮助信息；或在脱机帮助中搜索所需的主题，查询软件的使用方法，浏览 AutoCAD 2013 的全部命令与系统变量等。AutoCAD 软件的更新升级很快，在帮助窗口中，可以了解更多的新功能，充分利用新功能，方便绘图，如图 8-13 所示。

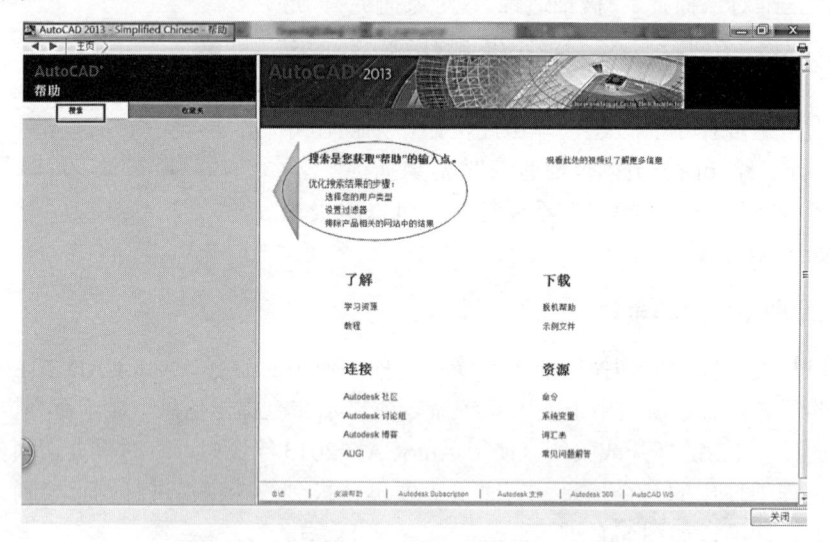

图 8-13 "帮助"对话框

使用方法，如直线的命令不知道怎样执行，将单击绘图工具条的"直线"按钮，单击"帮助"→"帮助"命令，出现图 8-14 所示的对话框："LIEN"→"创建直线段"→"访问方法"→ ∕ 按钮→"功能区"→"常用"选项卡→"绘图"面板→"直线"→"菜单"→"绘图"→"直线"→"工具栏"→"绘图"→"概要"→使用"直线"命令，可以创建一系列连续的直线段。

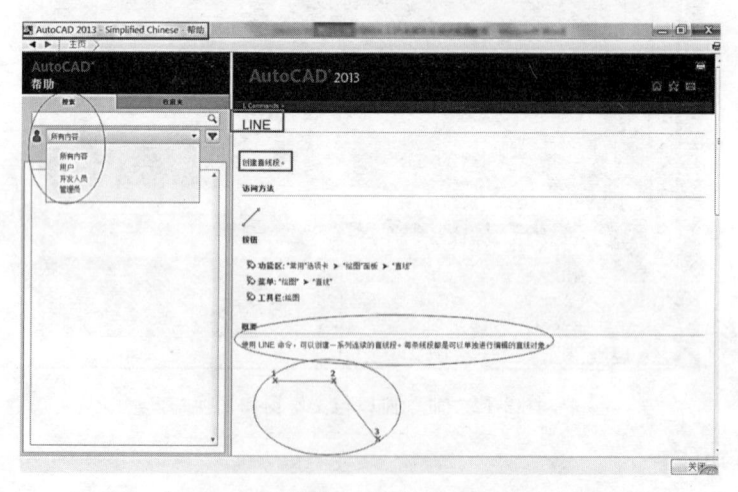

图 8-14 "帮助"对话框中直线的画法

8.5 图形文件用公制打开与保存

图形文件怎样用公制打开及保存图形的格式为*.dwg。图形打开分公制和英制两种方法。

第 8 章　用 AutoCAD 绘制工程图

AutoCAD 软件是美国人设计的，中国人使用时要用中国国家的标准计量单位公制（mm）打开。怎样创建新图形，怎样退出 AutoCAD 的方法。

1．创建新图形

创建新图形与退出 AutoCAD

（1）启动 AutoCAD 2013 后，系统将自动新建一个空白文件。通常新建文件的方法有以下几种。

①通过应用程序菜单新建文件；②利用快速访问工具栏新建文件；③利用菜单栏新建图形文件；④利用命令行新建文件，即执行 NEW 命令。

注意：acadiso 是公制，单位为 mm，选择 AutoCAD 样板图，弹出"选择样板"对话框，通过此对话框选择对应的样板，一般选择样板文件 acadiso.dwt 即可，打开方法，执行 acadiso→"打开"命令，就会以对应的样板为模板建立新图形，如图 8-15 所示。

acad 是英制，单位为英寸，不适合我们国家的绘图要求，打开方法，执行"acad"→"打开"后面的小三角→"无样板打开公制"命令，如图 8-16 所示的红色方框里面的说明。

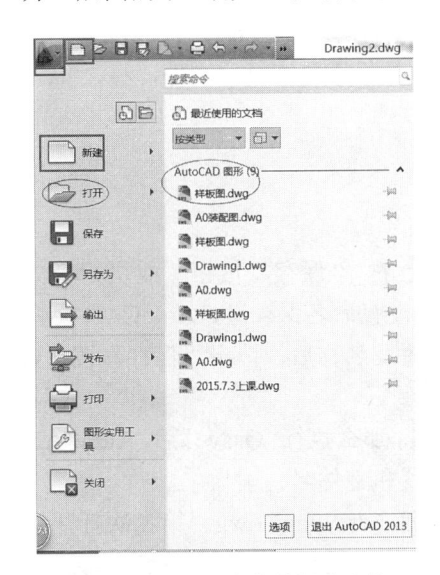

图 8-15　应用程序菜单新建文件 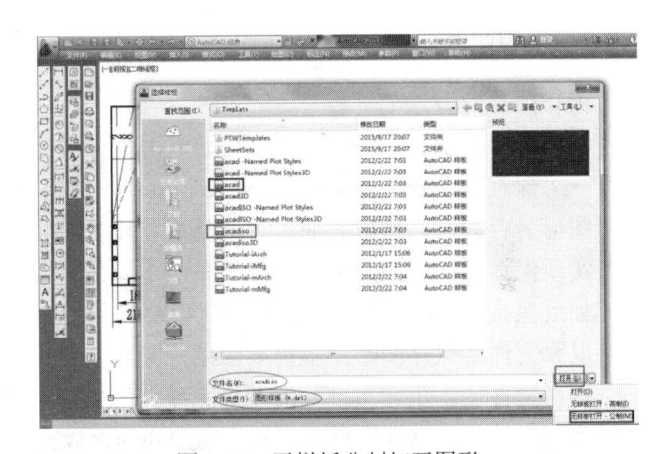　　　　图 8-16　无样板公制打开图形

（2）打开图形。通过菜单栏执行"文件→打开"命令，AutoCAD 弹出"选择文件"对话框，可通过此对话框确定要打开的文件并打开。也可以选择 AutoCAD 样板图，弹出"选择样板"对话框，通过此对话框选择对应的样板，一般选择样板文件 acadiso.dwt 即可，单击"打开"按钮，就会以对应的样板为模板建立新图形，如图 8-17 所示。

（3）退出 AutoCAD 有以下几种方式。

① 关闭 AutoCAD 窗口。上面的 图标是关闭这个 AutoCAD 软件，下面的 图标是关闭当前文档，如图 8-18 所示。

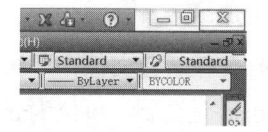

图 8-17 打开图形　　　　　　　图 8-18 关闭 AutoCAD 窗口

② 选择"文件"菜单中的"退出"选项。

③ 在命令行输入"Quit"命令。

无论采用哪一种方式，在退出 AutoCAD 之前，如果最后一次操作不是存盘，则会弹出一个对话框，询问用户是否存储已作的改动。AutoCAD 图形文件的后缀为".dwg"，当图形文件保存时，系统会将原图自动生成后缀为".bak"的备份文件，如果需要恢复原文件，将".bak"改为".dwg"即可。

2．保存图形的方法

保存图形的方法如下。

（1）用"Qsave"命令保存图形。单击"标准"工具栏上的"保存"按钮，或执行"文件"→"保存"命令，即执行"Qsave"命令，如果当前图形没有命名保存过，AutoCAD 会弹出"图形另存为"对话框。通过该对话框指定文件的保存位置及名称后，单击"保存"按钮，即可实现保存，如图 8-19 所示。

如果执行"Qsave"命令前已对当前绘制的图形命名保存过，那么执行"Qsave"后，AutoCAD 直接以原文件名保存图形，不再要求用户指定文件的保存位置和文件名。

存盘文件名。第一次打开的图形系统原始状态默认文件名：drawing1.dwg。第二次打开的图形系统原始状态默认文件名：drawing2.dwg，以此类推。

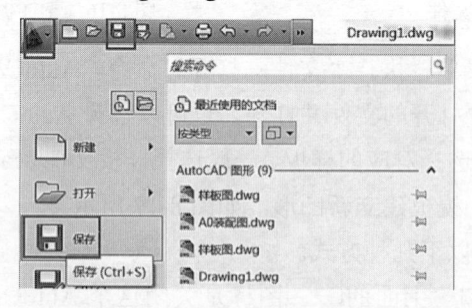

图 8-19 用"Qsave"命令保存图形命令的位置

（2）换名存盘另存为。换名存盘指将当前绘制的图形以新文件名存盘。执行"Save"命令，AutoCAD 弹出"图形另存为"对话框，要求确定文件的保存位置及文件名，根据提示操作即可，如图 8-20 和图 8-21 所示。

图 8-20 "图形另存为"保存图形命令的位置 1

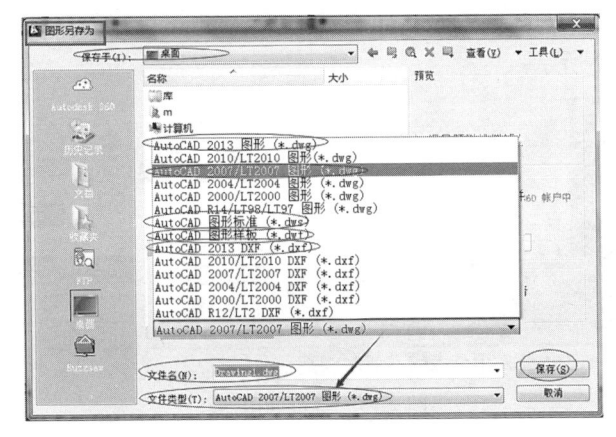

图 8-21 "图形另存为"保存图形命令的位置 2

8.6 鼠标功能

鼠标移至某图标,会自动显示图标名称,单击该图标。各种命令的执行大多是通过光标(鼠标)的移动、单击和选取操作来完成的。

光标在不同情况下有不同的显示状态。

光标可以作为拾取键、Enter 键 ;还可以用它弹出快捷菜单 、控制图形显示。

1. 左键

左键的功能如下。

（1）单击具有选择功能（选图形、选点、选功能），双击进入对象特性对话框。

（2）范围缩放：双击将所画图形全部显示出来。

2. 右键

右键的功能如下。

（1）单击打开快捷菜单或具有 Enter 键功能。

（2）按住 Shift 键+右击，对象捕捉快捷菜单。

3. 中间滚轮

中间滚轮的功能：图形的显示控制。

（1）实时缩放：中间滚轮向前推是放大，向后是缩小。

（2）实时平移：按住滚轮不放并拖动是平移图形。

8.7 调用命令的方法

以直线的输入为例，在 AutoCAD 中，调用命令的方法有以下几种。

（1）键盘输入。直接从键盘输入 AutoCAD 命令，也可以输入命令的别名，如 LINE 命令的别名是 L，如图 8-22 所示。

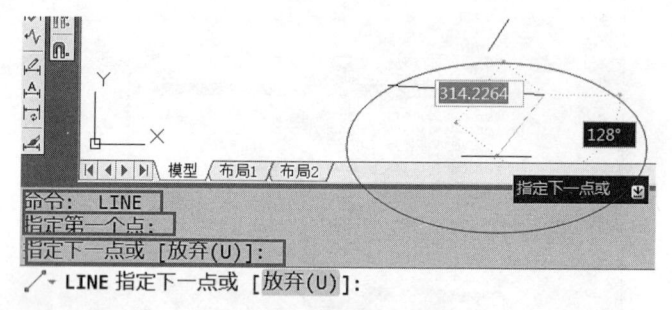

图 8-22　键盘调用命令

（2）图标按钮输入。

单击工具栏中图标选择相应命令，如图 8-23 所示。

图 8-23　图标调用命令

（3）下拉菜单：单击某项目菜单弹出下拉菜单选择相应命令，如图 8-24（a）所示的下拉菜单调用命令。

（4）快捷菜单：在不同区域右击会弹出相应快捷菜单，如图 8-24（b）所示的快捷菜单调用命令。

(a)　　　　　　　　　　　(b)

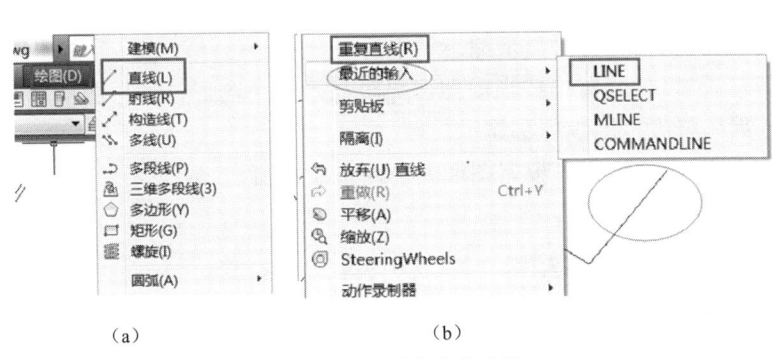

图 8-24　调用命令的方法

8.8　图形显示命令

常用控制图形显示的菜单和工具栏。在菜单栏执行视图→缩放命令，在出现的对话框中选择相应的命令即可。如图 8-25（a）所示。或是选择标准工具栏缩放图标，按住图标，在出现的下拉菜单中选择相应的命令即可。如图 8-25（b）所示。

如图 8-25（b）所示各项图标的功能如下。

按住图标（用红色数字"0"标号的位置）不放会弹出工具栏，这些工具栏的作用如下。

（1）红色数字"1"的位置：通过指定窗口作为缩放区域，满屏幕显示窗口内的所有实体。

（2）红色数字"2"的位置：用一方框动态确定显示范围。

（3）红色数字"3"的位置：按比例缩放图形。数值后跟"X"时，相对当前显示区。

（4）红色数字"4"的位置：用指定中心和高度的方法定义一个新的显示窗口。

（5）红色数字"5"的位置：尽可能大地显示一个或多个选定的对象并使其位于绘图区域的中心。

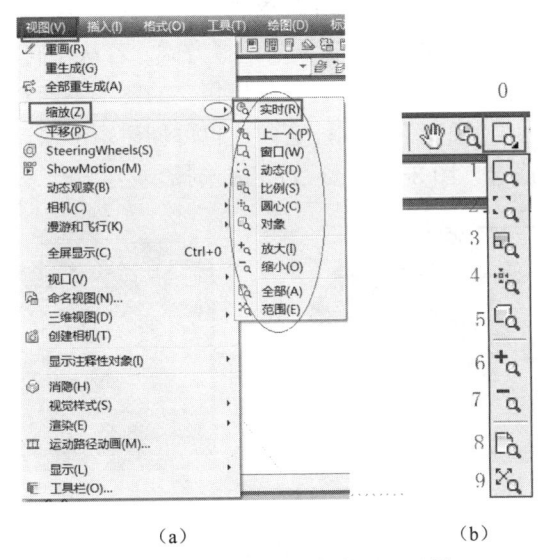

(a)　　　　　　　　　　　(b)

图 8-25　图形显示的菜单和工具栏

（6）红色数字"6"的位置：显示放大一倍。

（7）红色数字"7"的位置：显示缩小一半。

（8）红色数字"8"的位置：按当前图形界限显示整个图形，如果图形超过了界限范围，则按当前图形使用的最大范围满屏幕显示。

（9）红色数字"9"的位置：根据图形大小调整显示窗口。

8.9 选择图形对象的方法

选择对象的方法很多，常用的方法有以下几种。

（1）点选图形方式。该方式一次只选一个实体。在出现"选择对象"提示时直接移动鼠标，让对象拾取框移到所选择的图形上并单击，该图形变成虚像显示，即被选中。若要选择多个图形，依次去选择单击即可，如图8-26（a）所示为点选一个实体，图8-26（b）所示为点选多个实体。

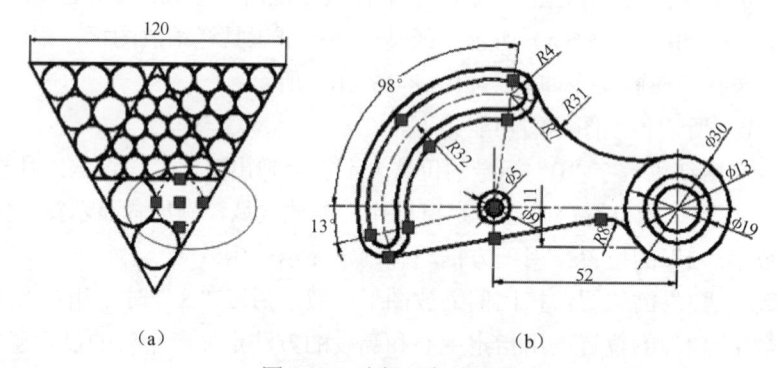

图 8-26 选择对象的方法

（2）矩形窗口选择图形。在选择大量图形时，用框选图形方式较为合适。框选的方式分为两种，一种是从左向右框选，另一种是从右向左框选。使用时，系统根据用户在屏幕上给出的两个对角点的位置自动引入"窗口"或"窗交"选择方式。若从左向右指定对角点，为"窗口"方式，位于矩形窗口内的图形将被选中，只与窗口相交的图形不能被选中，如图 8-27 所示。若从右向左指定对角点，为"窗交"方式，它同样也可创建矩形窗口并选中窗口内所有图形，图 8-28（a）为从右向左框选，图 8-28（b）为完成选择。

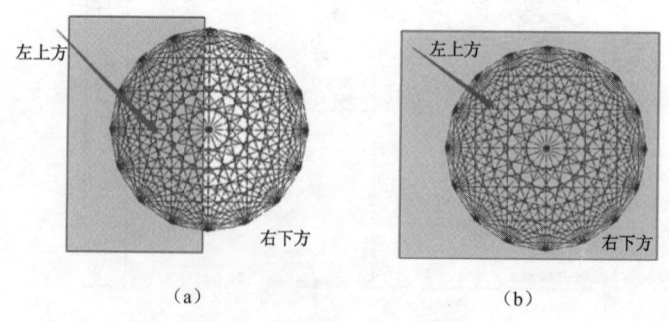

图 8-27 窗口方式选择图形

(a)　　　　　　　　　　　　　　(b)

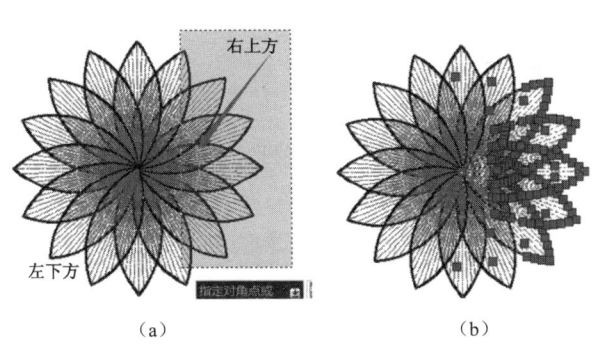

图 8-28　窗交方式选择图形

（3）快速选择。有时用户需要选择具有某些共同属性的对象来构造选择集，如选择具有相同颜色、线型或线宽的对象，用户当然可以使用前面介绍的方法选择这些对象，但如果要选择的对数量较多且分布在较复杂的图形中，会导致很大的工作量。在"常用"选项卡的"实用工具"面板中单击"快速选择"按钮，在此对话框中，根据需要选择相关特性即可，如图 8-29 所示，或在绘图区的空白处右击，在打开的快捷菜单中选择"快速选择"命令，同样可以打开"快速选择"对话框，根据需要选择相关特性即可，如图 8-30（a）所示为用"快速选择"命令将红色的直线全部选中，更换成蓝色的直线。如图 8-30（b）所示为用"快速选择"命令将黑色的圆弧线全部选中，更换成绿色的圆弧线。图 8-30（c）所示为最终效果图。

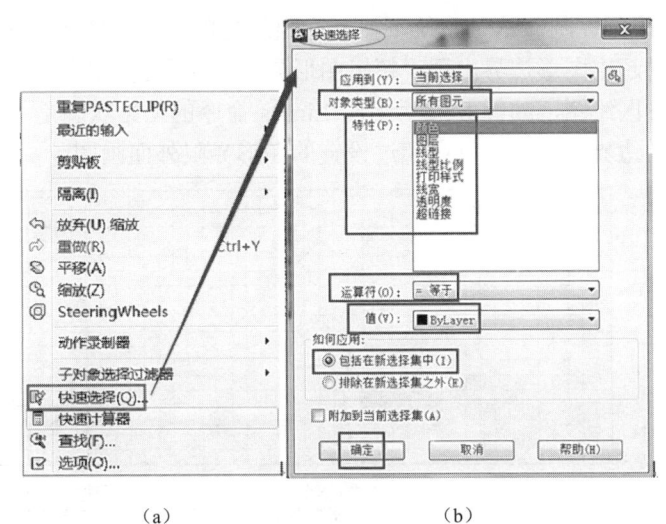

(a)　　　　　　　　　　　　　　(b)

图 8-29　"快速选择"

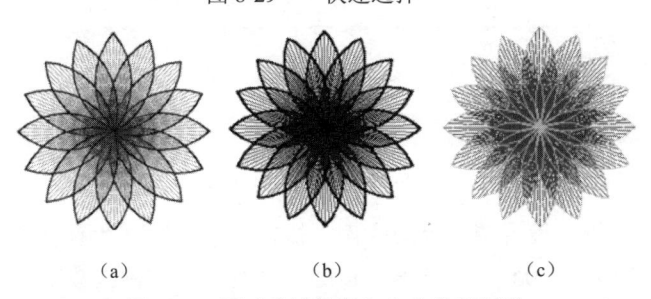

(a)　　　　　　(b)　　　　　　(c)

图 8-30　用"快速选择"命令选择图形

8.10 主要的图形辅助功能

使用 AutoCAD 的捕捉工具能够快速、精确地定位和绘制图形。常用的命令有对象追踪、对象捕捉、极轴等。在 AutoCAD 软件的最下面，如图 8-31 所示。

图 8-31 图形辅助功能

8.11 设置 A4 图幅绘图界限的方法

手工画图时，要选择一张适合绘图零件大小的图纸，在计算机绘图中，绘图区域是无限大的，不能在无限大的空间画图，应该设置用户需要的图纸大小。调用命令，图形界线（Limits）设置图形边界。根据绘制图形尺寸，通过指定边界左下角坐标及右上角坐标设定绘图界限。

在 AutoCAD 2013 工作空间的菜单栏，执行"格式"→"图形界限"命令，按提示设置即可，图形界限设置完成后，输入 Z，按 Enter 键，输入 A，按 Enter 键，或是双击以便将所设图形界限全部显示在屏幕上。开（ON）/关（OFF）选项的功能是控制图形界限的检查。当选择开（ON）时，打开限制控制，这时系统不接受超出界线的点，即图形元素不能超出界限，也就是在画图时有时候超出图形边界出现"超出图形界限"的提示，告诉用户不能超过设置的图形界限，只能在绘图区绘图，如图 8-32 所示。Limits 命令的初始状态是关（OFF），表示关闭界限控制，系统停止边界检查，可以在超过设置的图形界限外面画图。

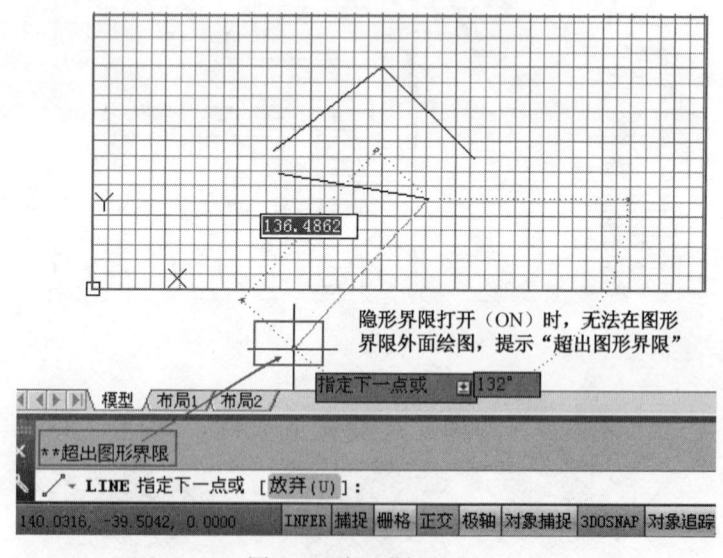

图 8-32 超出图形界限

以 A4 图幅 Y 型放置，设置图形界限为例：执行"格式"→"图形界限"命令，如图 8-33 所示，"左下角"输入数字（0,0）→按 Enter 键→"右下角"输入数字（210,297）→按 Enter 键→"栅格打开"→利用栅格检查设置的图幅位置及大小，正确显示后，双击实现将所画图形全部显示在屏幕中（也可以点击缩放图标），如图 8-34 所示。

整个数字输入过程中，可以用中文输入法，也可以用英文输入法，如果是输入汉字，必须转换成中文输入法，AutoCAD 2013 不识别中文。

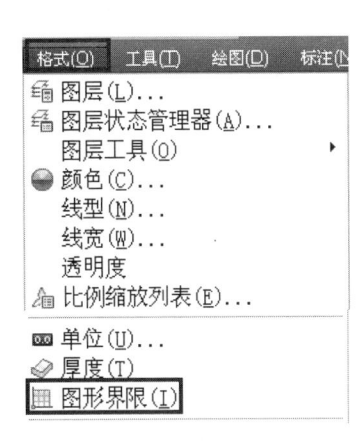

图 8-33 "图形界限"命令

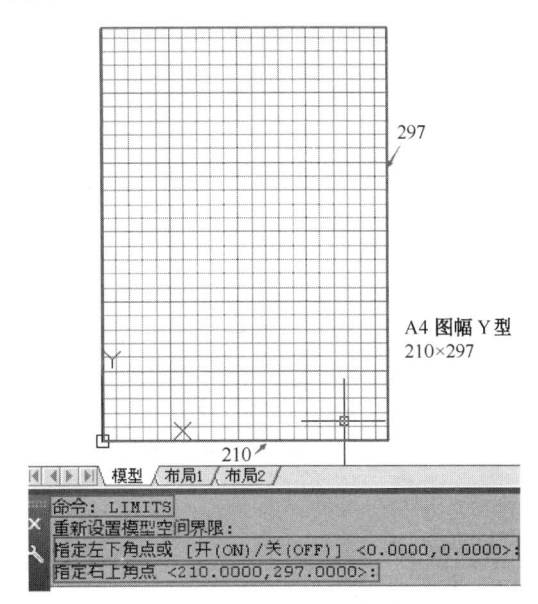

图 8-34 设置 A4 图幅 Y 型图形界限

8.12 设置图层

为什么要设置图层？国家标准《机械工程 CAD 制图规则》GB/T14665—2012 的规定，凡在计算机绘制机械工程图样时，图样中各种线型、图线的颜色、线宽在计算机中需要分层。要求机械工程制图中用 CAD 绘制的机械工程图样，应优先考虑表达准确、看图方便，在完整、清晰、准确地表达机件各部分形状的前提下，力求制图简便。用 CAD 绘制机械图样时尽量采用 CAD 新技术。

1. 图线线宽的要求

为了便于机械工程 CAD 的制图需要将 GB/T 4457.4—2002《机械制图 图样画法 图线》中所规定的机械图样 9 种线型分为以下几组，如表 8.4 所示。工程制图中，根据图幅的大小选择不同的线宽，A0 图纸和 A4 图纸不能选择同一组线宽，如将线宽都选择第 5 组，粗实线用 0.5mm，细实线用 0.25mm，打印出来的图纸不好看，A4 图纸可以，A0 图纸粗实线与细实线的线宽看上去基本相同。一般优先采用第 4 组。

表 8.4 机械工程 CAD 的制图线宽要求

组别	1	2	3	4	5	一般用途
线宽（mm）	2.0	1.4	1.0	0.7	0.5	粗实线、粗点画线、粗虚线
	1.0	0.7	0.5	0.35	0.25	细实线、波浪线、双折线、细虚线、细点画线、细双点画线

2. 图线颜色的要求

《机械工程 CAD 制图规则》GB/T14665—2012 规定，屏幕上显示图线一般应按表中提供的颜色显示并要求相同类型的图线应采用同样的颜色。例如，细实线是绿色，同一张图纸的细实线都应该是绿色，不能将细实线设置成绿色一个图层和红色一个图层。

可以将图层想象为没有厚度的透明薄片。应将具有相同属性（颜色、线型等）的实体放在一个图层上，一幅图可以分解为若干个不同的图层。将所有图层叠在一起，就可以显示出整个图形。

图层具有的特点：当开始绘一幅新图时，AutoCAD 自动创建名为 0 的图层，其余图层需用创建新图层的方法来实现。可以在一幅图中指定任意数量的图层。系统对图层数没有限制，对每一图层上的对象数也没有限制，但只能在当前图层上绘图。每一图层需要有一个名称，可以用汉字、字母等命名。位于同一个图层上的对象应该是同一种绘图线型，同一种绘图线宽，同一种绘图颜色。可以改变各图层的线型、颜色等特性。各图层具有相同的坐标系和相同的显示缩放倍数。可以对位于不同图层上的对象同时进行编辑操作。可以对各图层进行打开、关闭、冻结、解冻、锁定与解锁等操作，以决定各图层的可见性与可操作性。

3. 新建图层

在"图层特性管理器"中，单击"新建图层"按钮或按 Alt+N 组合键，此时在图层列表中显示名称为"图层 1"的新建图层。"图层 1"处于亮显状态时，可以直接进行编辑命名，按两次 Enter 键，再次新建出"图层 1"并立即编辑命名，如此重复，直到完成所需的所有图层，如图 8-35 所示。

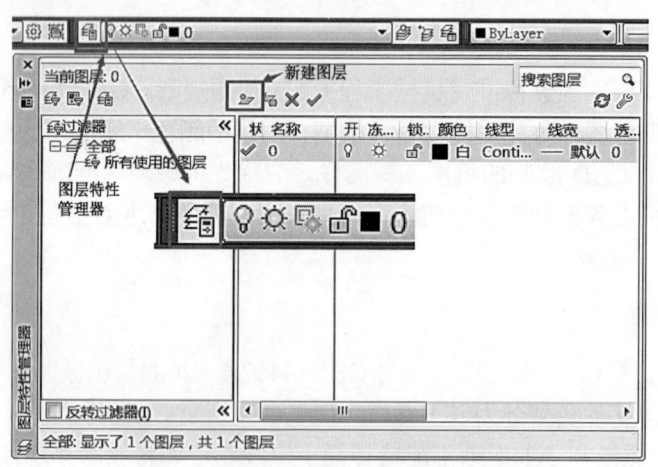

图 8-35 图层特性管理器新建图层

4. 设置图层颜色

可以使用"图层特性管理器"为图层指定颜色，以便识别不同图层上的图形对象。在"图层特性管理器"中选择一个图层，单击"颜色"图标，弹出"选择颜色"对话框，选择一种颜色，单击"确定"按钮，即可为所选图层设定颜色。AutoCAD 2013 提供了丰富的颜色方案，用自然数表示颜色，共有 255 种颜色，其中 1~7 号为标准颜色，从左向右（红色框中颜色）分别是：1 表示红色、2 表示黄色、3 表示绿色、4 表示青色、5 表示蓝色、6 表示洋红、7 表示白色（如果绘图背景的颜色是白色，7 号颜色显示成黑色），如图 8-36 所示。

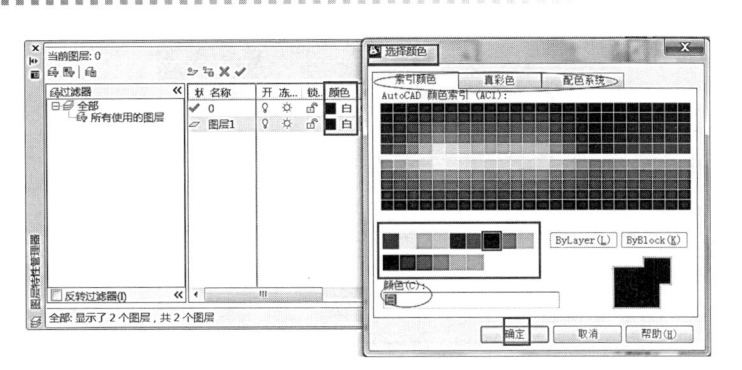

图 8-36　图层特性管理器设置图层颜色

5．设置图层线型

设置新绘图形的线型。命令为"LINETYPE"。

在菜单栏执行"格式"→"线型"命令，AutoCAD 弹出如图 8-37 所示的"线型管理器"对话框。可通过其确定绘图线型和线型比例等。

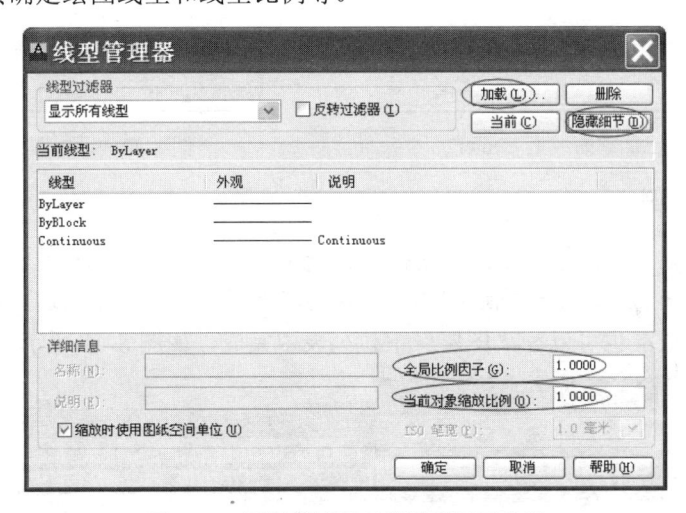

图 8-37　图层特性管理器设置图层线型

如果线型列表框中没有列出需要的线型，则应从线型库进行加载。单击"加载"按钮，出现"加载或重载线型"对话框，从"可用线型"列表框中选择线型"CENTER2"（CENTER、CENTERX2），如图 8-38 所示，单击"确定"按钮，加载的线型显示在"线型管理器"对话框的"当前线型"列表中，再次单击红色框里面的"CENTER2"线型，如图 8-39 所示，单击"确定"按钮，完成线型设置。

6．设置图层线宽

设置新绘图形的线宽。命令为"LWEIGHT"。在菜单栏执行"格式"→"线宽"命令，AutoCAD 弹出"线宽设置"对话框。线宽列表框中列出了 AutoCAD 2013 提供的 20 余种线宽，可从中在"随层""随块"或某一具体线宽之间选择。其中，"随层"表示绘图线宽始终与图形对象所在图层设置的线宽一致，这也是最常用到的设置。还可以通过此对话框进行其他设置，如列出单位、调整显示比例等，如图 8-40 所示。

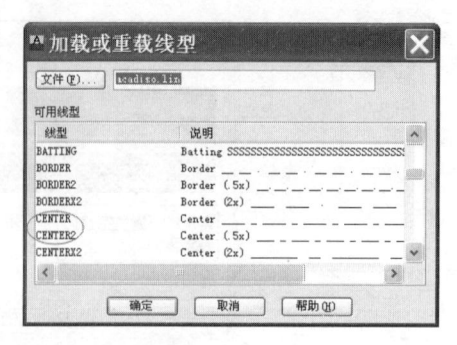

图 8-38 "加载或重载线型"对话框

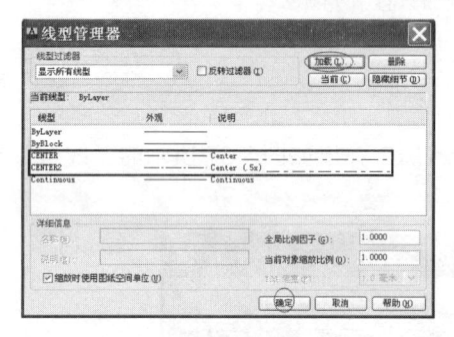

图 8-39 已加载的线型 Center2

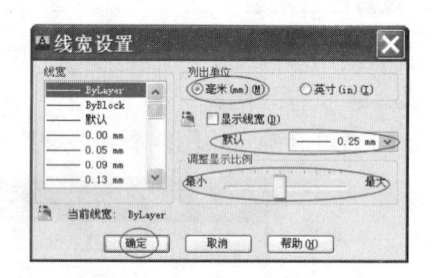

图 8-40 设置图层线宽

7. 设置图层样例

绘制复杂图形时，常常从一个图层切换至另一个图层，频繁地改变图层状态或是将某些对象修改到其他图层上。如果不熟悉这些操作，将会降低设计工作效率。这些操作可以在"图层特性管理器"中完成；也可以在"图层"下拉列表中完成，如图 8-41 所示。

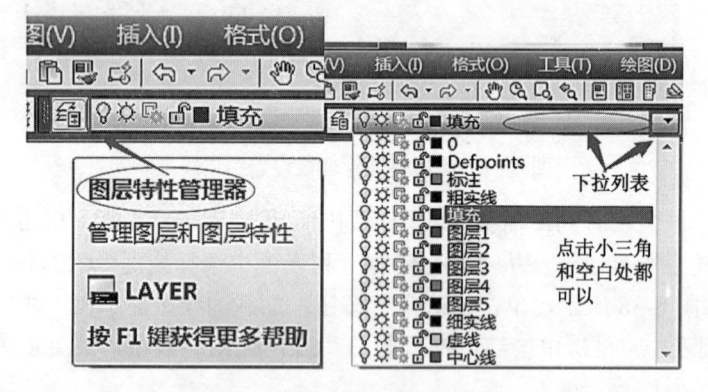

图 8-41 调出"图层特性管理器"

将图层的名称最好用汉字（或者是容易记住的名称）命名，因为在画复杂图形时需要设置很多图层，名称命不好，画图的过程中换图层容易出错。要望文知义，简单易懂。"标注层"→"颜色"→"绿色"→"线型"→"Continuous"→"线宽"→"0.25"；"粗实线层"→"颜色"→"白色"→"线型"→"Continuous"→"线宽"→"0.5"；"辅助线层"→"颜色"→"白色"→"线型"→"Continuous"→"线宽"→"0.25"；"剖面线层"→"颜色"→"绿色"→"线型"→"Continuous"→"线宽"→"0.25"；"双点画线层"→"颜色"→"红色"→"线型"→"PHANTOM2"→"线宽"→"0.25"；"图案填充层"→"颜色"→"白色"→

"线型"→"Continuous"→"线宽"→"0.25";"细实线层"→"颜色"→"绿色"→"线型"→"Continuous"→"线宽"→"0.25";"虚线层"→"颜色"→"黄色"→"线型"→"DASHED2"→"线宽"→"0.25";"序号层"→"颜色"→"白色"→"线型"→"Continuous"→"线宽"→"0.25";"中心线层"→"颜色"→"红色"→"线型"→"CENTER2"→"线宽"→"0.25"。"Defpoints"层,是新建图层时系统自动生成的层,此层不能打印。设置粗实线与细线的线宽比例为 2:1。设置图层的多少取决于画图的图样,可以根据图样中的图形设置图层多少,如果不够,可以在画图中根据需要新建图层,如图 8-42 所示。

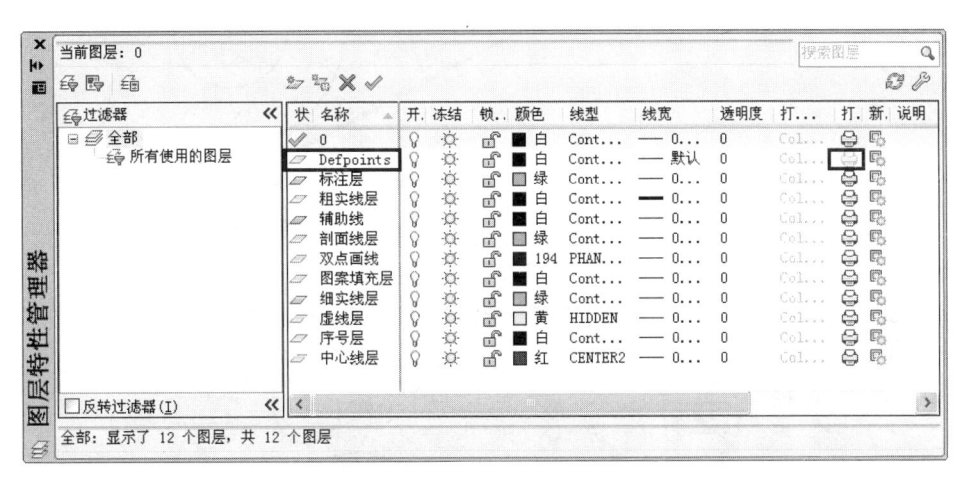

图 8-42 设置好的图层

8.13 改变图形的颜色、线宽及线型

在 AutoCAD 中,图形特性主要包括图形的颜色、线型及线宽。除了通过"图层"功能更改图形特性外,还可以通过"特性"功能来更改。

1. 改变颜色、线宽和线型

(1)如果用图层改变"颜色""线宽"和"线型",那么不管是以前画的图形还是以后画的图形都起作用,此时一定要注意了,不然一不小心将改变以前画好的图形。

(2)"常用"选项卡的"特性"面板上的"颜色""线宽"和"线型"3 个下拉按钮,能改变以后画的图形特性。当显示"By Layer"时,表示随层的意思,所绘对象的颜色、线宽和线型等属性与当前层所设定的完全相同。当设置颜色、线型、线宽后,图层不起作用,如颜色设置为蓝颜色,线型设置为中心线,线宽设置为 0.6mm,当前层设置为细实线,画出的图线是蓝色的粗中心线,而不是图层设置的黑色细实线,如图 8-43 所示。

(3)用图标"特性"对话框,只能改变选中的以前画的个别线型的特性。命令为"PR"。改变线型图标"特性"对话框改变"颜色""线宽"和"线型"是个别改变,只是对选中的线段起作用,其他的线段不起作用,如只是将中心线改成细实线,用"特性"对话框很简单。选中要更换的中心线,在命令行中输入"PR",按 Enter 键,出现"特性"对话框,单击"图层"后面的小三角,将"中心线"换为"细实线",退出对话框,完成线型更换,如图 8-44 所示。

这里讲的是用"特性"对话框的使用方法，本例题直接用"图层"改变更方便。改变个别线型颜色和线宽的方法与此相同。

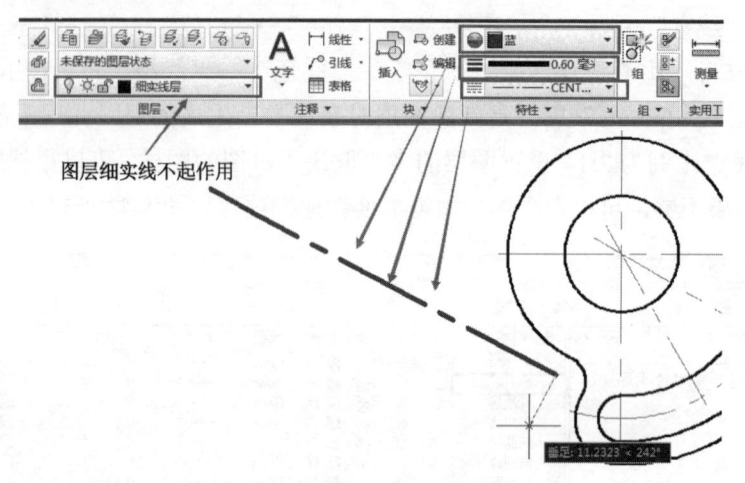

图 8-43 不用随层命令图层不起作用

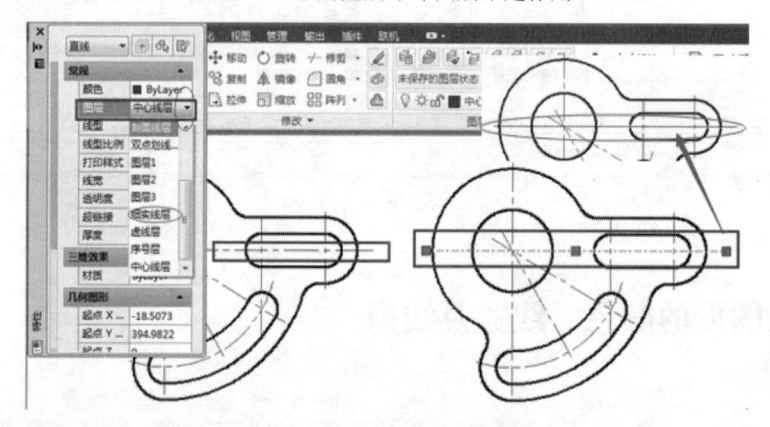

图 8-44 将中心线改变成实线

2. 改变线型比例

改变线型比例指的是修改非连续线型（双点画线"PHANTOM"、虚线"DASHED"、中心线"CENTER"等）的外观，连续线型"Continuous"不用改变。非连续线型是由长画线、短画线、空格等构成的重复图线，图线中长短画线、空格大小是由线型比例来控制的。绘图时常会遇到的情况是，本来想画虚线或点画线，但最终绘制出来的线型看上去和连续线一样，如图 8-45 所示标有红色数字"1"的方框内的线型都是非连续线型，其原因是线型比例设置得太大或太小。当比例发生变化后，标有红色数字"1"的方框内的线型都变成非连续线型了，如图 8-45 所示标有红色数字"2"的椭圆内的线型。

（1）能修改全部线型比例外观的命令。全局线型比例因子能全部修改线型外观，全局比例因子 LTSCALE 数值增加，长短画线及空格加长，反之亦然。不管是设置前和设置后都管用，如图 8-46 所示。LTSCALE 变量用于控制线型的全局比例因子命令（LTS），它直接影响图样中所有非连续线型的外观。当修改全局比例因子后，AutoCAD 将重新生成图形，并使所有非连续线型发生变化。

（2）设置后才能改变线型比例的命令。设置当前对象线型比例，有时需要为不同对象设置不同的线型比例，为此就需要单独控制对象的比例因子。当前对象线型比例是由系统变量 CELTSCALE 来设置的命令（CELTS），如图 8-46 所示，调整该值后所有新绘制的非连续线型均会与执行新设置的比例，以前绘制的非连续线型不会改变。

（3）单独改变个别已有线型的线型比例。单独改变个别已有线型的线型比例，绘图时如果仅希望改变个别非连续线型的外观显示，只需选中需要进行设置的线型，如图 8-45 所示中有蓝色夹点的图线，右击，在弹出的快捷菜单中选择"特性"命令，或在命令行中输入"PR"后按 Enter 键，在打开的"特性"选项板中选择"线型比例"选项，并输入比例值即可，如图 8-45 和图 8-47 所示。

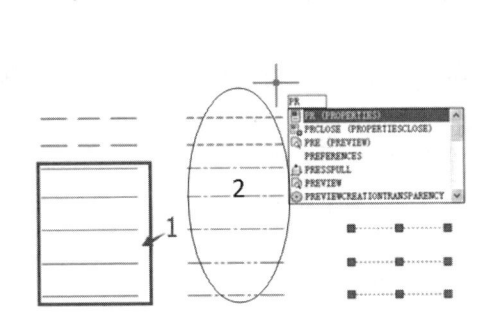

图 8-45　改变图形特性用"PR"1

图 8-46　当前对象线型比例 0.3

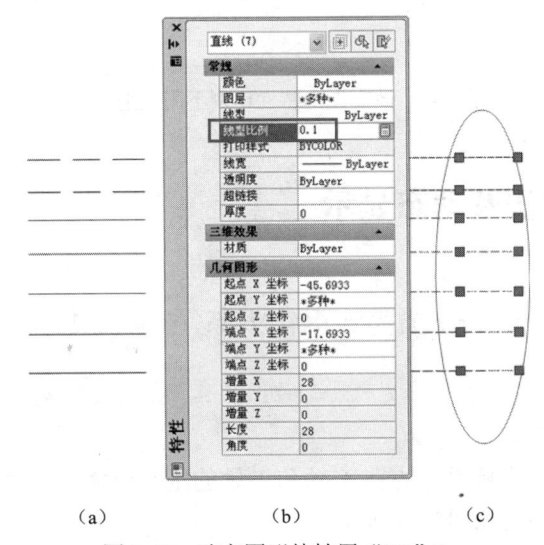

图 8-47　改变图形特性用"PR"2

（4）图层的设置和改变非连续线型相对来讲比较难，不好设置。图层命令"LA"，只能在当前图层上画图。

① 颜色：常用 7 种颜色。ByLayer 随层，ByBlock 随块。

② 难点：常用线型→"Continuous"→连续线型（实线）；

Center2→中心线（非连续线型）（适用于 A3、A4 图幅）；

Dashed2→虚线（非连续线型）（适用于 A3、A4 图幅）。

③ 线宽：粗实线层设为 0.5mm（0.3mm）线宽，细实线层设为 0.25mm(0.15mm)线宽，粗实线与细实线的比例为 2:1。

(5) 改变非连续线型外观。

① 全局比例因子 LTSCALE 数值增加，设置全局比例因子数值比数字"1"大的值，长短画线及空格加长，设置全局比例因子比数字"1"小的值，如数字"0.1"，会使它们缩短。不管是设置前和设置后都管用。例如，将如图 8-48（a）所示中的图线全部选中，设置全局比例因子数值为"0.1"，设置后的结果如图 8-48（c）所示。

② 当前对象线型比例：CELTSCALE，设置以后绘制的线型受影响，以前绘制的线型不受影响。如果两项都设置了，他们之间是乘积关系，如 LTSCALE 设置为"1"，CELTSCALE 设置为"0.3"，线型比例为：LTSCALE×CELTSCALE=1×0.3=0.3。例如，将如图 8-48（a）所示中的图线全部选中，设置全局比例 LTSCALE 因子数值为"1"，当前对象线型比例 CELTSCALE 设置为"0.3"，设置后的结果如图 8-48（b）所示。

③ 个别线型调整，改变图形特性用"PR"（CH）命令，用"PR"特性对话框调整线型比例。

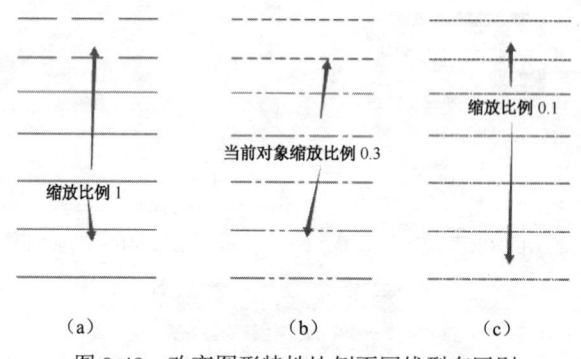

（a） （b） （c）

图 8-48　改变图形特性比例不同线型有区别

8.14　数据输入方法及动态显示

要利用 AutoCAD 绘制图形，首先要了解坐标系、坐标的概念，了解图形对象所处的环境及数据输入方法。

1. 绝对坐标

绝对坐标是指点对于坐标系原点在 X 轴和 Y 轴的绝对位移，用"#"标识。以绝对坐标的形式输入点时，可以采用直角坐标或极坐标。

2. 相对坐标

相对坐标是指某个点相对于上一点的绝对位移值，用"@"标识。只要知道下一点与前一点的相对位置就可以作图，因此方便实用。相对坐标分为相对坐标直角坐标和相对坐标极坐标。

3. 点的 4 种输入方法

（1）绝对直角坐标（#x,y）。

"#"输入方法：按 Shift+3 组合键。

x,y——直角坐标 x,y 方向上的数值（包括正负数值），中间用英文的","(逗号)隔开。

（2）相对直角坐标（@x,y）。
"@"输入方法：按 Shift+2 组合键。
（3）绝对极坐标（#l<a）。
"<"输入方法：按 Shift + <组合键。
l——极径的长度；
a——极径与 x 轴正向方向上的夹角（包括正负数值）。
（4）相对极坐标（@l<a）。

4．直线的输入方法

方向+距离。用鼠标左键定出方向，输入数值（或者单击屏幕的一个位置定出距离）。

例如，在指定一条直线的起点后，当命令行提示"指定下一点或[放弃(U)]："时（状态栏的动态输入开启情况下，光标也会提示"指定下一点或"），将光标指向所需绘制的直线方向，然后直接输入一个数字即可。在正交模式或极轴追踪模式下，此种方法最为便捷实用。

8.15 机械图样填充正确的图案

当需要用一个图形图案填充一个区域时，可以用 HATCH（快捷键 H）命令建立一个相关联的填充阴影对象，指定相应的区域进行填充，即所谓的图案填充。可以使用图案进行填充，也可以使用渐变色进行填充，修改图案填充的方法，双击要修改的图案即可。绘制零件图和装配图都有图案填充的要求。

1．机械工程图金属填充图案

图案填充内容包括填充边界的确定、图案的选择、特性等。机械工程图金属的填充图案选择 ANSI31。图案填充需掌握比例、角度，如图 8-49 所示，图中比例为 1∶1、2∶1、1∶2。角度为 0°、90°、45°。填充方式为不关联、关联、渐变色等，如图 8-50 所示。图案填充时，遇到有汉字、字母、尺寸标注时需断开图案填充的图案，保持汉字、字母、尺寸标注的完整性，如图 8-51 所示。

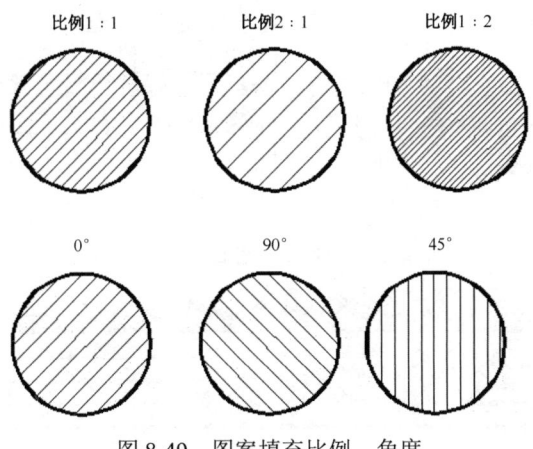

图 8-49　图案填充比例、角度

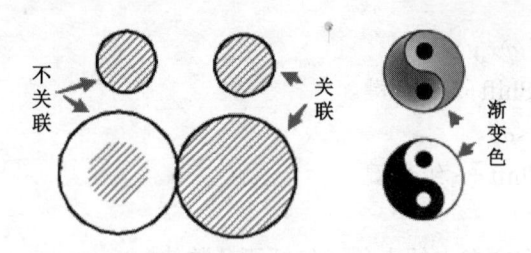

图 8-50 图案填充关联、不关联及渐变色填充

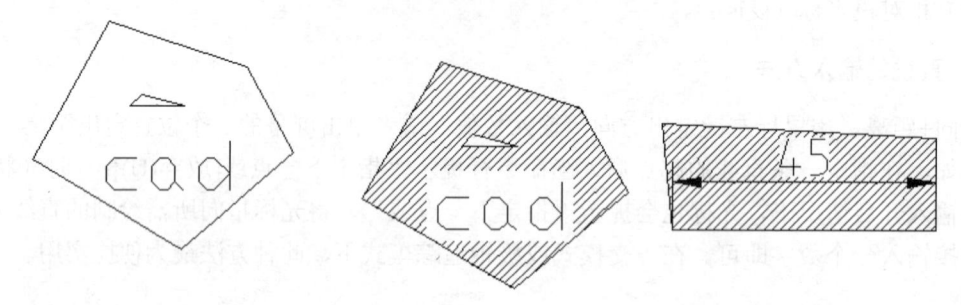

图 8-51 遇到有汉字、字母、尺寸标注时需断开图案填充的图案

2. 图案填充的操作方法

图案填充的操作方法：执行"常用"→"绘图"→"图案填充"命令，或是在命令行中输入"H"，按 Enter 键，如图 8-52 所示，出现"图案填充创建"选项卡，如图 8-53 所示，在 AutoCAD 经典界面，出现"图案填充和渐变色"对话框，如图 8-54 所示，可以根据需要选择填充的图案、颜色、比例、角度、有无边界填充图案、关联不关联等需要设置的选项，按提示进行操作即可，如图 8-53 和图 8-54 所示。渐变色是指从一种颜色到另一种颜色的平滑过渡。在"常用"选项卡的"绘图"面板中单击"图案填充"下拉按钮，在其下拉列表中选择"渐变色"选项，打开"图案填充创建"选项卡，按照相应选项操作即可。

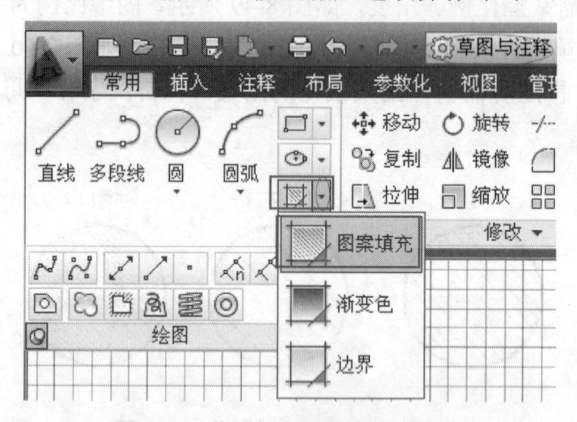

图 8-52 草图与注释图案填充命令

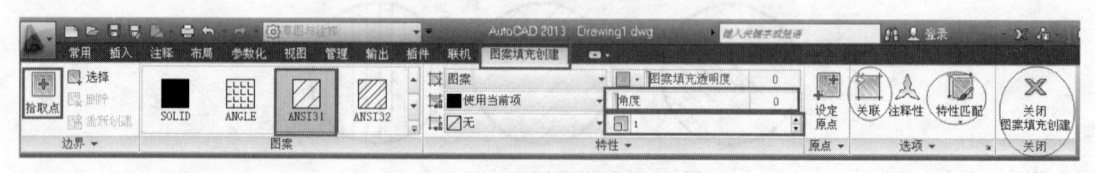

图 8-53 "图案填充创建"选项卡

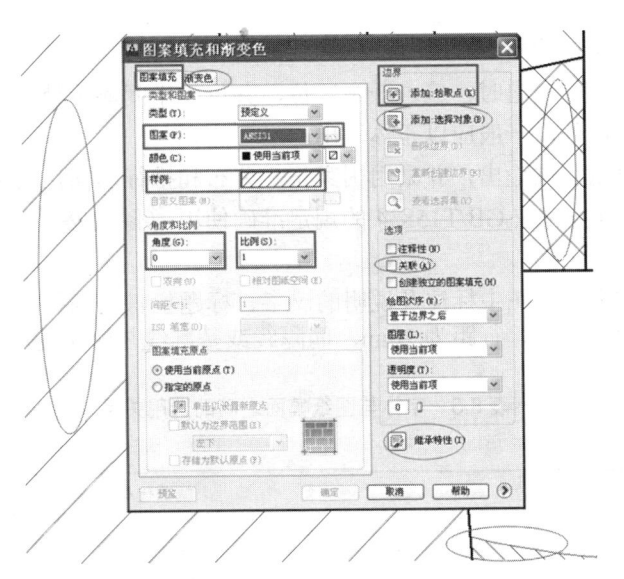

图 8-54　AutoCAD 经典界面"图案填充和渐变色"对话框及填充结果

8.16　工程图对字体的要求及正确设置

在工程设计中，除了绘制图形外，还需要有文字注释，用汉字、数字、字母说明机件的大小、注写技术要求、进行尺寸标注、填写标题栏、明细表等。

1．字体（GB/T 14691—1993）

字体有很多种，机械制图中所用字体国家有标准规定，要按照国家标准规定的要求书写。国际标准规定如下。

（1）书写必须做到字体工整、笔画清楚、间隔均匀，排列整齐。

（2）国标规定，字体高度（用 h 表示）必须规范，其公称尺寸系列为 1.8 mm、2.5 mm、3.5 mm、5 mm、7 mm、10 mm、14 mm、20 mm 共 8 种。若需要书写更大的字，其字体高度应按照比率递增。字体高度代表字体号数。

（3）图样上的汉字应采用长仿宋体字，字的大小应按字号规定，并应采用国家正式公布推行的《汉字简化方案》中规定的简化汉字。如果在进行图样上书写的汉字不遵守国标的规定，会造成差错，给加工机械图样造成损失。汉字的高度 h 不应小于 3.5 mm，其字宽一般为 $h/\sqrt{2}$。

长仿宋体汉字的特点是：横平竖直，起落有锋，粗细一致，结构匀称。

2．数字和字母

数字和字母各分 A 型和 B 型两种字体。A 型字体的笔画宽度为字高的 1/14，B 型字体的笔画宽度为字高的 1/10。我国采用 B 型字体。

3．CAD 图中的字体要求

CAD 工程图中所使用的字体，必须做到"字体工整、笔画清楚、间隔均匀，排列整齐"。应按《机械工程 CAD 制图规则》GB/T14665—2012 规定的要求书写，如表 8.5 所示。

数字：一般应以正体输出。

小数点：小数点进行输出时，应占一个字位，并位于中间靠下处。

字母：除表示变量外，一般应以正体输出。

汉字：汉字一般用正体输出，并采用国家正式公布和推行的简化汉字。

标点符号：标点符号应按 GB/T15834 的规定准确使用，(除省略号和破折号为两个字位外)均为一个符号一个字位。

汉字字形：长仿宋体，图中标注及说明的汉字、标题栏、明细栏等。

汉字最小字距为 1.5mm，行距为 2mm，间隔线或基准线与汉字的间距为 1mm。

表 8.5 字体与图纸幅面之间的选用关系

单位：mm

字符类别	幅面代号				
	A0	A1	A2	A3	A4
	字体高度 h				
字母与数字的号数	5				3.5
汉字的号数	7				5

注：h=汉字、字母和数字的高度

4. 文字样式的设置

通过"文字样式"对话框，可以方便直观地设置文字的字体、字高、倾斜角度、方向及其他特征。将文字样式设置好后，就可以输入文字了。文字样式命令为"ST"；多行文字的命令为"T"；单行文字的命令为"DT"。

SHX 字体与 TTF 字体是两种不同的方式定义的字体，在 CAD 都可以使用。它们分别有什么特点呢？什么情况下应该用什么字体呢？

下面简单介绍一下这两种字体的特点。

（1）SHX 字体的特点如下。

AutoCAD 和一些兼容 CAD 专用的字体。

采用矢量的方式定义的字体，字体由线条构成，不填充。

可以自己按照定义规则编写 SHP 文件（SHX 的源文件，纯文本文件），然后在 AutoCAD 中编译（compile）成 SHX 文件。

相应的字库文件分以下三类。

① 小字体：只包含英文、数字和一些符号，总共只有 256 个字。

② 大字体：可容纳 65535 个文字，一般用于定义中、日、韩等亚洲文字。

③ 符号形：定义一些公差标注、线型等使用的图形（SHAPE）。

SHX 字体的优点：具有较高的编辑、显示、打印速度。单线条仿宋字字体清秀，适合国标制图。

SHX 字体的缺点：由于 CAD 专用字体属于可自定义字体类型，所以不同公司提供的 SHX 字体文件名与款式可能各不相同，同样的文件可能是不同的字体，也可能字体的基本大小比例也不同。从而导致汉字与数字字母大小不一致，或汉字与数字字母分开写时，文字易因替换字体而错位。

（2）TTF 字体的特点如下。

是 Windows 系统支持的真字体（TrueType），由三次曲线定义，放大时边界光滑清晰。

字体得到广泛的支持，且具有统一规范的定义。

因汉字、英文、数字和一些符号均定义在同一个文件中，字体大小统一规范。

TTF 字体的优点：文字看上去比较美观、规整。

TTF 字体的缺点：由于在 CAD 中显示 TTF 字体时由边界线和内部的填充组成，显示数据比较多。如果大量使用 TTF 文字，会导致内存占用明显增加，显示和操作速度都会变慢，对打印也会有影响，打印数据大，打印慢。

大多数图纸中使用不太好看的 SHX 字体而不使用 TTF 字体，这个除了性能方面的原因外，还跟行业或单位的规定有一定关系。选用哪种字体通常不是由个人根据喜好决定的，如果有规定就必须按照规定使用字体，如果没有规定限制，而且还需要跟其他人进行图纸交流，还要考虑到对方有没有绘图时使用的字体，文字在对方的 CAD 中能不能正常显示。

5．设置文字样式的步骤

以绘制 A3 图幅图纸为例，设置文字样式的步骤如下。

打开"文字样式"对话框的方法有以下四种：

（1）在"注释"选项卡"文字"面板中的"文字样式"下拉列表中，选择"管理文字样式"选项，如图 8-55 所示。

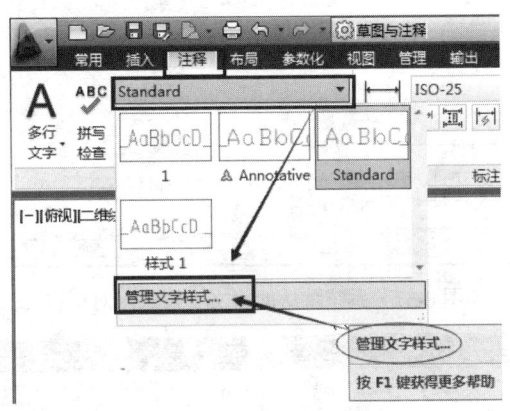

图 8-55　管理文字样式

（2）在"AutoCAD"经典界面中，执行"格式"→"文字样式"命令，如图 8-56（a）所示。

（3）在"注释"选项卡"文字"面板中单击右下角"文字样式"按钮，如图 8-56（b）所示。

（4）在命令行中输入"ST"，按 Enter 键，出现"文字样式"对话框，如图 8-57 所示。

单击"新建"按钮，打开"新建文字样式"对话框，在此对话框中，为新建的样式命名，要切合文字的用途，望文知意，如用在标题栏上设置为"标题栏"，或是用在标注上设置为"标注用 3.5"，单击"确定"按钮，系统返回到"文字样式"对话框中，如图 8-58 所示。

(a)　　　　　　　　　　　　　　　(b)

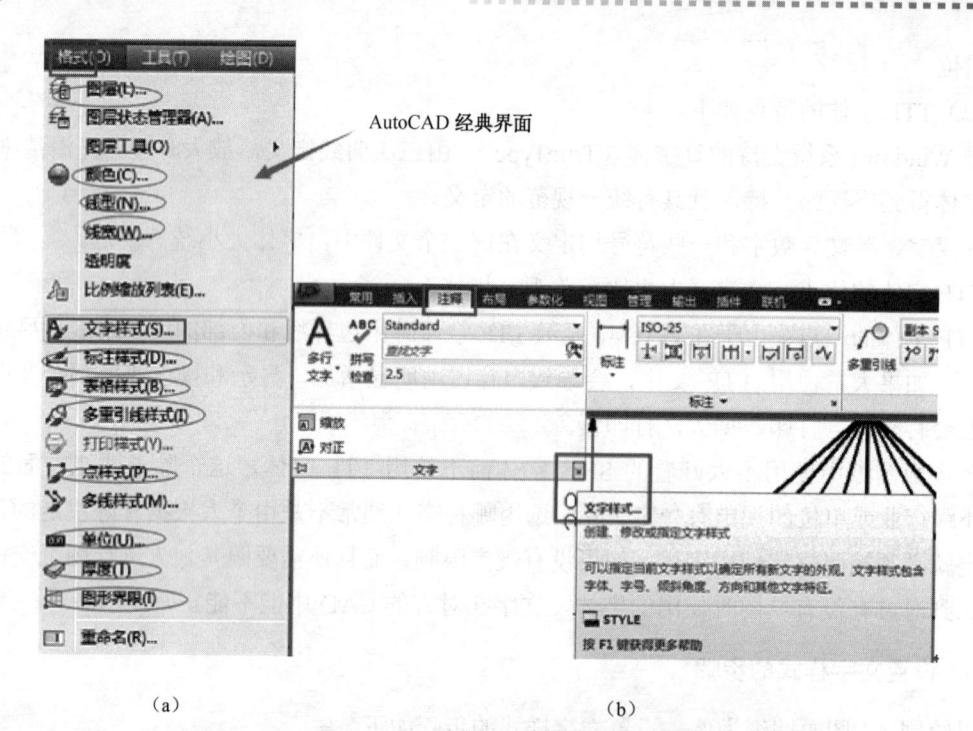

图 8-56　格式"文字样式"的位置与注释"文字样式"的位置

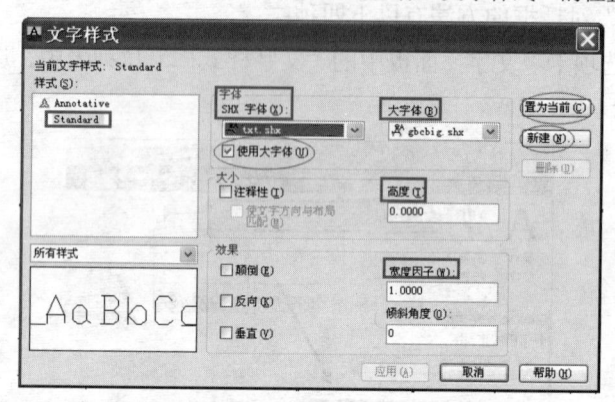

图 8-57　系统默认的"文字样式"对话框

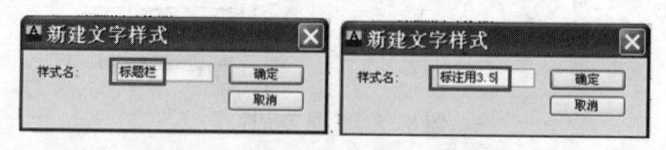

图 8-58　"新建文字样式"对话框

　　设置标题栏的字体：在"字体"下拉列表中可以选择字体，在 AutoCAD 中，除了固有的 SHX 字体外，还可以使用 Truetype 字体（如 T 仿宋 GB2312、T 仿宋等）。大字体是亚洲国家使用的字体，它即可以输入汉字、数字和字母，又可以输入一些特殊符号。按照国家标准规定《机械工程 CAD 制图规则》GB/T14665—2012 规定的要求书写字体，如表 8.5 所示。标题栏字体的汉字高度为 5 号字和 7 号字，在文字高度中设置高度为 0，在每一次创建文字时提示输入字高，这样方便书写标题栏，A3 图幅标题栏字体的汉字高度为 5 号字，也可以直接输入数字"5"。取消选中"使用大字体"复选框。新建样式名，"标题栏"→"字体名（F）"→"T 仿宋"

（或是 T 仿宋 GB2312）→"高度（T）"→"0"→"宽度因子（W）"→"0.67"→"应用（A）"。其余选项为系统默认值，如图 8-59 所示。

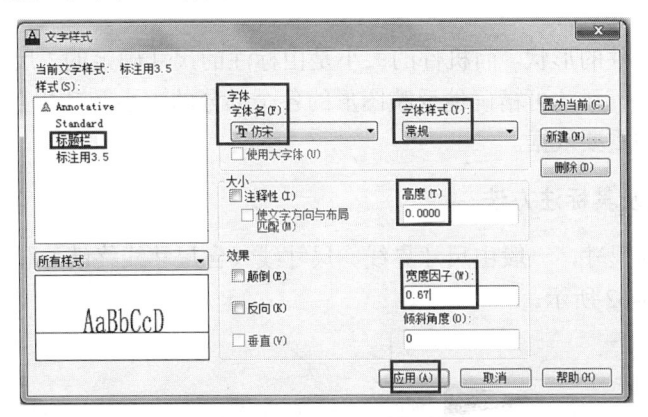

图 8-59 标题栏"文字样式"对话框

设置标注尺寸的字体，标注尺寸的字体 A3 图幅是 3.5 号字，在"高度"文本框中输入文字高度值，用此"文字样式"创建的所有文字都具有这个相同高度值，不再提示输入指定高度。"标注用 3.5"→"SHX 字体（x）"→"gbenor.shx"→"大字体（B）"→"gbcbig.shx"→"高度（T）"→"3.5"→"宽度因子（W）"→"1"→"应用（A）"→"置为当前（C）"，单击"确定"按钮。其余选项为系统默认值，如图 8-60 所示。

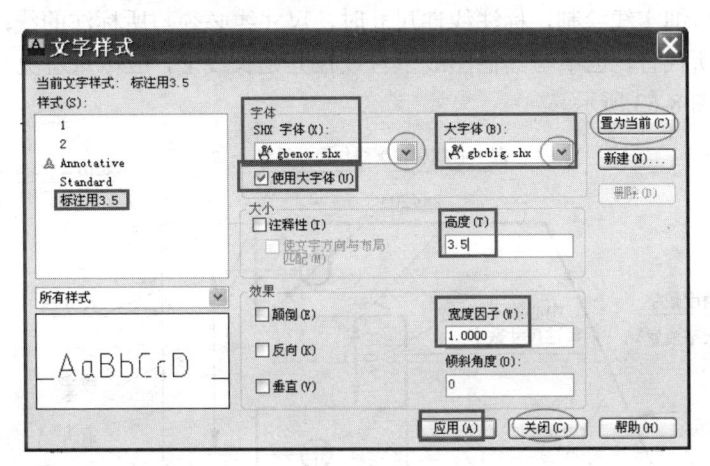

图 8-60 尺寸标注"文字样式"对话框

6．书写的字体是倒着的

字体"T 仿宋"默认状态下字体朝上，而字体"@T 仿宋"默认状态下字体朝左，设置字体样式时千万不要设置错了。双击文字，可以修改书写的文字，如图 8-61 所示。

图 8-61 字体"T 仿宋"与"@T 仿宋"的书写

8.17　正确标注尺寸

图形只能表达机件的形状，而机件的大小是由标注的尺寸确定的。尺寸标注是工程设计绘图中必不可少的工作。尺寸可精确地反映图形的各个部分的大小及其相互关系，是加工零件、装配、安装及检验的重要依据。

1. 尺寸的组成及其标注方法

组成：图样中的尺寸，一般由尺寸界线、尺寸线（含尺寸线终端）和尺寸数字组成。箭头的尺寸画法，如图 8-62 所示。

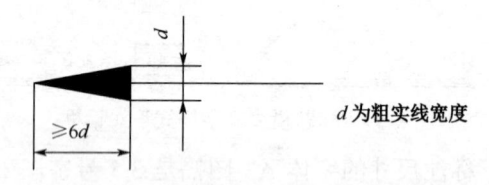

图 8-62　机械图样箭头的尺寸及画法

（1）尺寸界线用细实线绘制，由图形的轮廓线、轴线或对称线引出，也可直接利用轮廓线、轴线或对称中心线等作为尺寸界线。尺寸界线应超出尺寸线 2～5mm，尺寸界线一般应与尺寸线垂直，必要时允许倾斜。

（2）尺寸线用细实线绘制，标注线性尺寸时，尺寸线必须与所标注的线段平行。尺寸线一般不用其他图线所代替，也不与其他图线重合或在其延长线上，应尽量避免与其他尺寸线或尺寸界线相交，如图 8-63 所示。

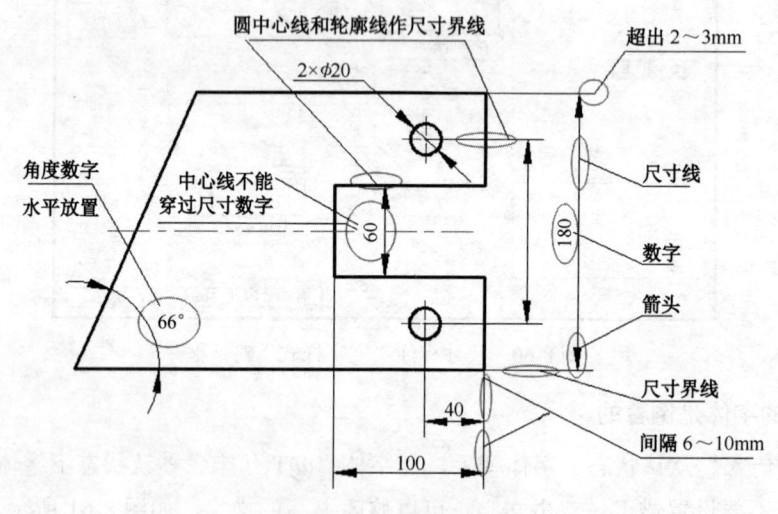

图 8-63　尺寸标注方法

2. 标注图形尺寸的要求

标注平面图形的尺寸时应注意的问题，尺寸标注要符合国家标准的有关规定。机件的真实大小应以图样上所注的尺寸数值为依据，与图形的大小及绘图的准确度无关。图样中的尺寸，以 mm 为单位时，不需标注计量单位的代号或名称。如果要采用其他单位时，则必须标注相应的计量单位的代号或名称，如厘米或是 cm。图样所标注的尺寸，为该图样所示机件的最后完工尺寸，否则应另加说明。机件的每一尺寸，一般只标注一次，并应标注在反映该结构最清晰的图形上。通过几何作图可以确定的线段不要标注尺寸。尺寸在图上的布局要清晰。力求简化标注。尺寸标注完成后应进行检查，可以按作图过程进行检查，画图时没有用到的尺寸或重复尺寸应去掉，如果按所注尺寸无法完成作图，说明尺寸不足，应补上。

3．标注相关符号

标注相关符号：直径为"φ"；半径为"R"；球直径为"Sφ"；球半径为"SR"；正方形为"□"；弧长为"⌒"；厚度为"t"；45°倒角为"C"；均布为"EQS"；展开（展开图或展开长）为"⌒→"；斜度为"∠"；锥度为"▷"；深度为"↧"；参考尺寸为"()"等。

4．CAD 图中正确标注尺寸

CAD 工程图中，怎样正确标注尺寸？首先要对尺寸的样式等进行设置。

（1）建立一个图层，在命令行中输入"LA"→标注层（细实线）；参见 8.12 节正确设置图层。

（2）建立一个文字样式，在命令行中输入"ST"→标注用 3.5 号字；参见 8.16 节中文字样式的设置，第 158 页。

（3）建立一个标注样式，在命令行中输入"D"→标注用 3.5。

由于 AutoCAD 尺寸标注的缺省设置通常不能满足国家标准对尺寸标注的要求，所以在标注尺寸前，设置好标注样式。这样在标注时才能够统一。如标注文字的字号、标注箭头类型及大小、起点偏移量、基线间距、超出尺寸界线数值、尺寸线样式等，如图 8-64 所示。

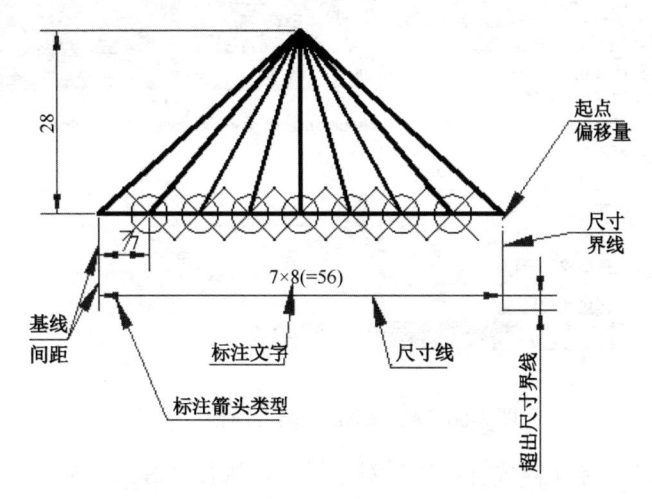

图 8-64 尺寸标注样例

5．标注样式的设置步骤

利用 AutoCAD 绘图时，对尺寸标注的字体的高度、箭头的大小、尺寸界限伸出数值，尺寸与尺寸线距离等要求，如表 8.6 所示。

表 8.6　尺寸标注设置

单位：mm

类别	设置值
公称尺寸字体高度	3.5
高度比例	对称公差：1；极限偏差：0.7
箭头大小	3
尺寸界限伸出	2

打开"标注样式"对话框：在"注释"选项卡"标注"面板中单击右下角"标注样式"按钮如图 8-65 所示；或是在菜单栏中，执行"格式"→"标注样式"命令，如图 8-66 所示；在命令行中输入"D"，按 Enter 键，出现"标注样式管理器"对话框，如图 8-67 所示。

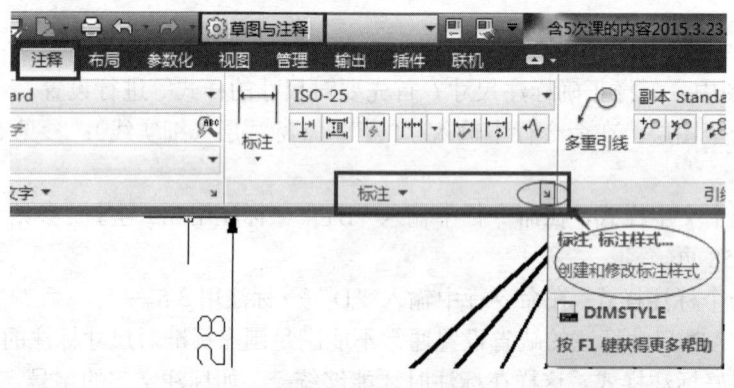

图 8-65　注释标注样式

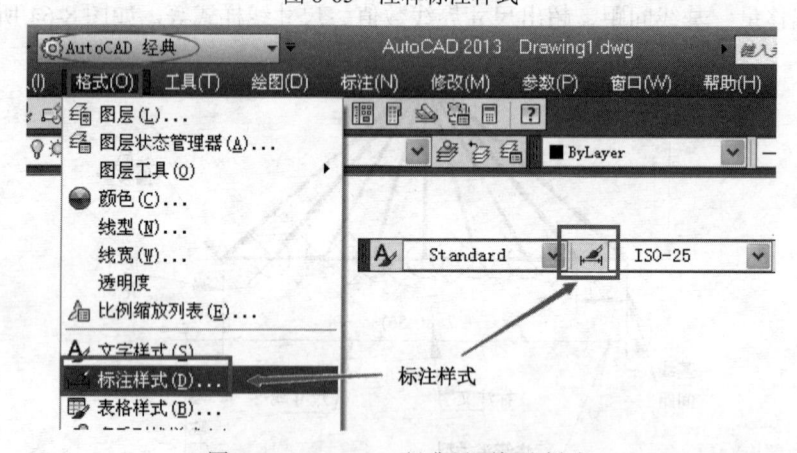

图 8-66　AutoCAD 经典界面标注样式

如图 8-67 所示的"标注样式管理器"对话框中，执行"ISO—25"→"新建"命令，出现"创建新标注样式"对话框。给新建的尺寸标注样式命名为"标注用 3.5"，如图 8-68 所示。

"线"→"基线间距"→"7"→"超出尺寸界线"→"2"→"起点偏移量"→"0"。其余选项为系统默认值，如图 8-69 所示。

"符号和箭头"→"箭头大小"→"3"→"圆心标记"→"3"→"折弯角度"→"30"。其余选项为系统默认值，如图 8-70 所示。

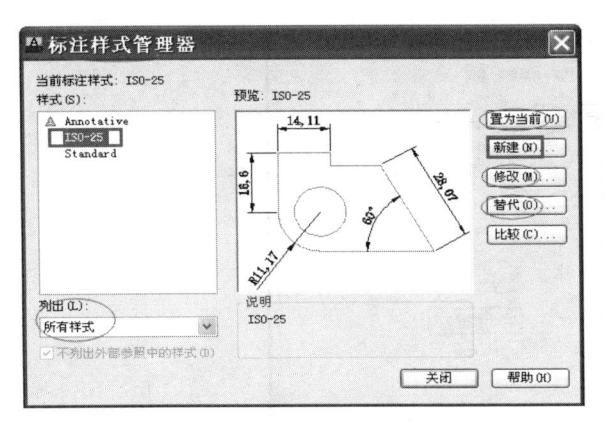

图 8-67 "标注样式管理器"对话框

图 8-68 创建新"标注样式"对话框

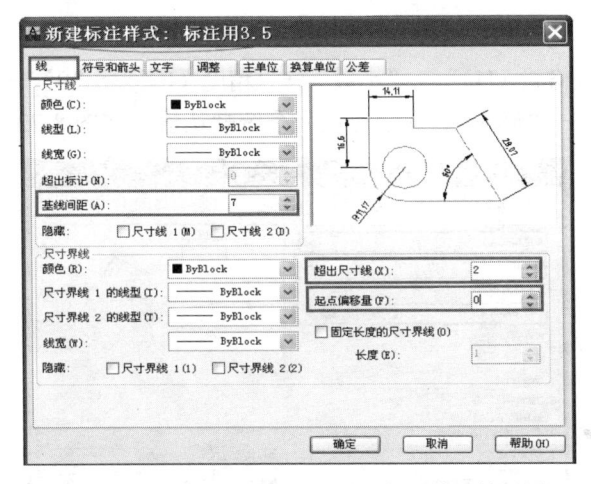

图 8-69 "新建标注样式"对话框"线"的设置

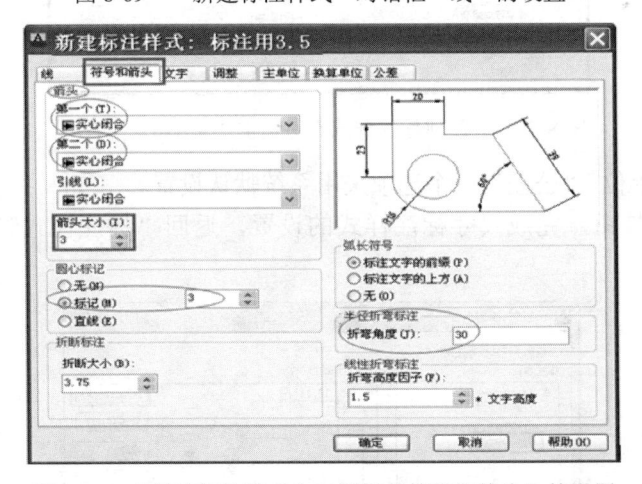

图 8-70 "新建标注样式"对话框"符号和箭头"的设置

"文字"→"文字外观"→"文字样式（Y）"→"标注用 3.5"→"文字高度（T）"→"3.5"→"文字对齐（A）"→"与尺寸线对齐"（或是选择 ISO 标准），其余选项为系统默认值，如图 8-71 所示。

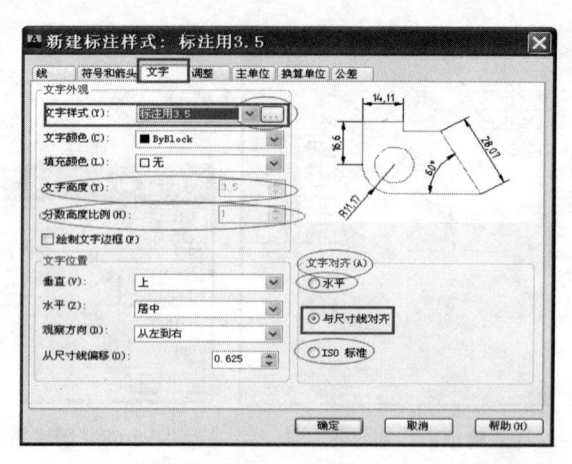

图 8-71　"新建标注样式"对话框"文字"的设置

"主单位"→"单位格式（U）"→"小数"→"精度（P）"→"0"→"小数分隔符（C）"→"句点"（英文的句号）→"确定"。其余选项为系统默认值，如图 8-72 所示。

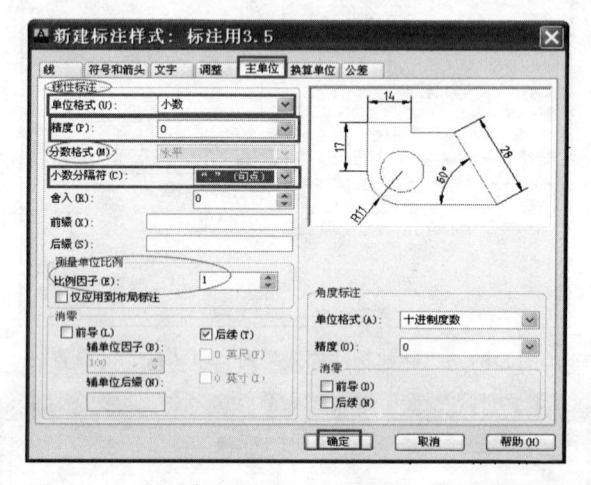

图 8-72　"新建标注样式"对话框"主单位"的设置

"调整""换算单位""公差"三个选项采用系统默认设置。

单击"确定"按钮，完成尺寸标注样式的设置，返回"标注样式管理器"对话框，如图 8-73 所示。

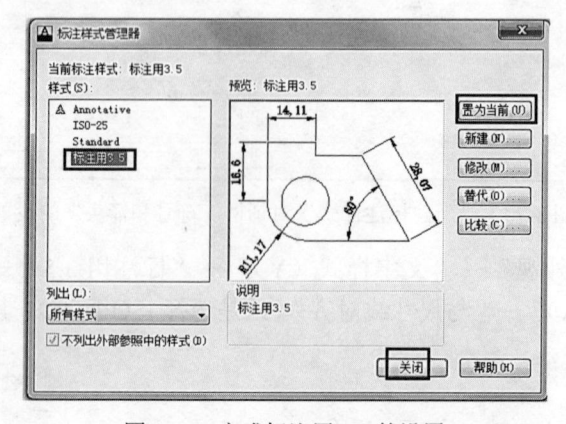

图 8-73　完成标注用 3.5 的设置

执行"置为当前（U）"→"关闭"命令，关闭"标注样式管理器"对话框，标注样式"标注用 3.5"设置完成。

8.18 角度样式的设置

在标注角度时，有国家标准规定，角度的数字必须是水平书写。标注尺寸时必须按照国家标准的要求书写。

1. 正确设置角度样式

角度样式的正确设置方法为：在标注样式"标注用 3.5"的基础上，将样式中文字设计为水平，如图 8-74 所示。

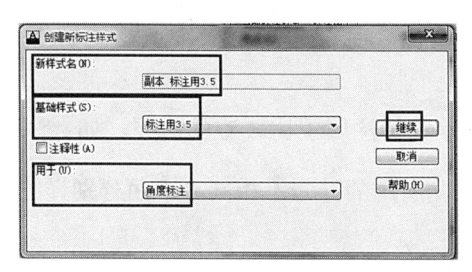

图 8-74　角度样式的设置 1

"文字"→"文字对齐（A）"，选中"水平"单选按钮，其余选项为系统默认值，如图 8-75 所示。

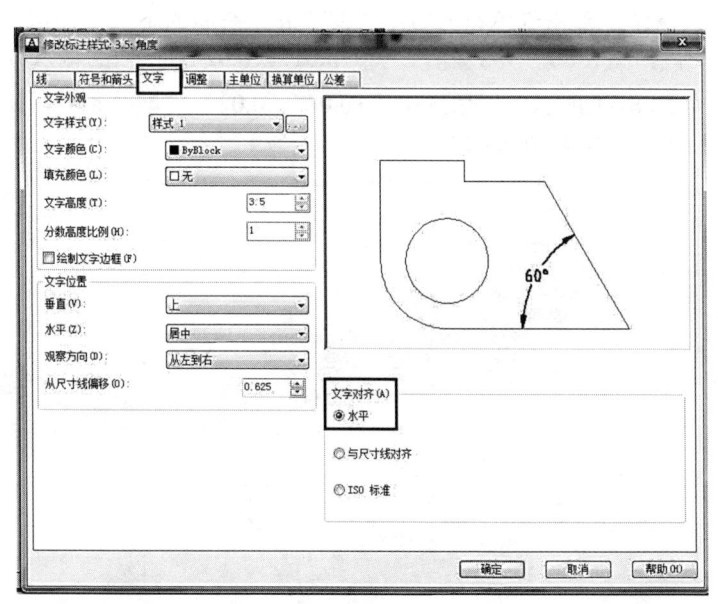

图 8-75　角度样式的设置 2

2. 角度的正确标注方法

将标注样式所在的图层（细实线），标注尺寸用的文字样式"标注用 3.5 号字"及标注样式设置好后,才可以标注尺寸。按照国家标准规定,角度数字一律水平书写,角度的正确标注方法,如图 8-76 所示。

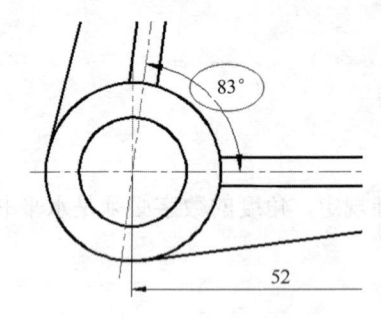

图 8-76 角度的正确标注

8.19 尺寸偏差的标注

在标注尺寸时,尺寸偏差的标注属于比较难的问题,如标注 $\phi 60^{+0.01}_{-0.02}$、标注 $\phi 40^{H7}/_{f6}$ 和标注 $\phi 50 \dfrac{H7}{f6}$。不同的偏差标注,所用的符号不相同。下面分别详细介绍。

1. 标注 $\phi 60^{+0.01}_{-0.02}$

标注 $\phi 60^{+0.01}_{-0.02}$。单击"线性标注"图标,如图 8-77 所示。空格,在需要标注的位置图中最下面的横线处单击,如图 8-78(a)所示,标注尺寸不要放,单击命令行"多行文字(M)"选项,如图 8-78(b)所示,单击红色符号数字"3""@"右面的下三角按钮,如图 8-79 所示,单击直径符号"ϕ",如图 8-80 所示,输入"60+0.01^-0.02","^"的输入方法为,按"Shift+数字 6"组合键,如图 8-81 所示。然后选中"+0.01^-0.02","堆叠 a/b",如图 8-82 所示,单击"确定"按钮,如图 8-83 和图 8-84 所示。

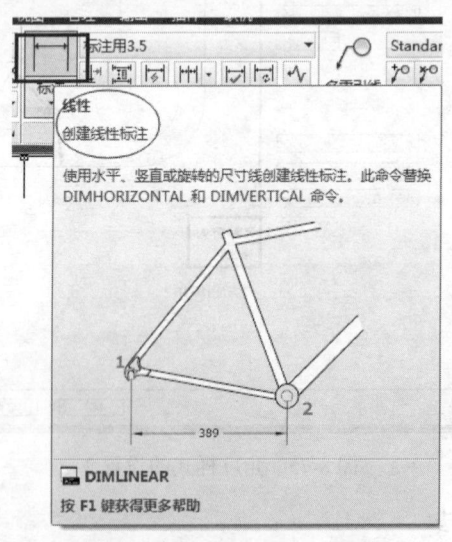

图 8-77 "线性标注"图标

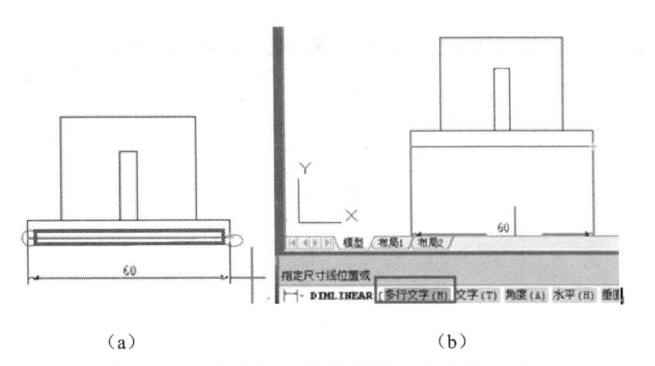

第 8 章　用 AutoCAD 绘制工程图

（a）　　　　　　　　　　（b）

图 8-78　选中标注位置的第一点和第二点

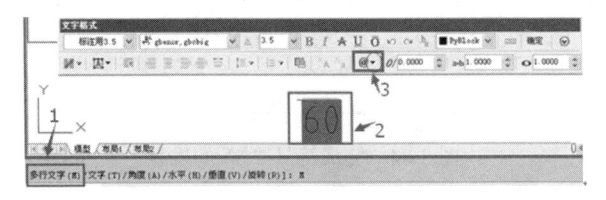

图 8-79　符号"@"右面的下三角按钮

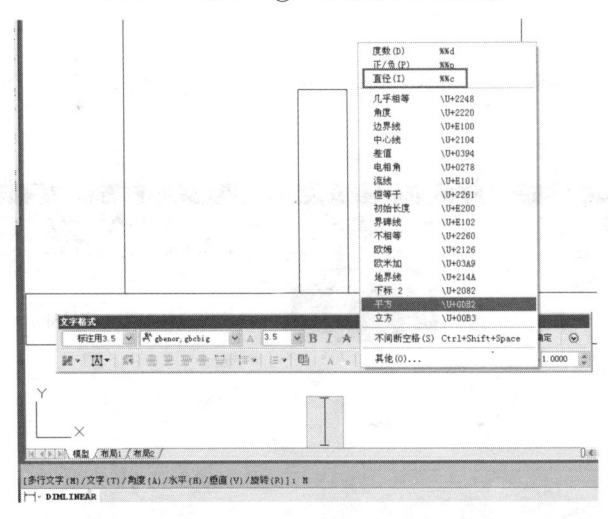

图 8-80　符号"@"右面的下三角下拉列表框

输入 %%C 也是直径符号　　　　　　　　　shift+ 数字 6 组合键

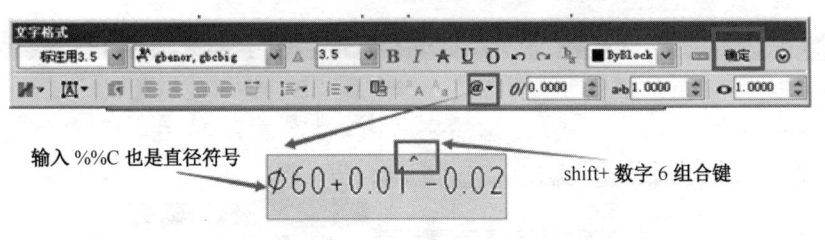

图 8-81　符号"^"堆叠符号的输入方法

图 8-82　符号"^"堆叠后的形式 1

图 8-83　符号"^"堆叠后的形式 2

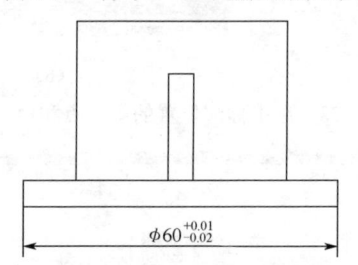

图 8-84　完成符号"^"的堆叠

2. 标注 $\phi 40^{H7}/_{f6}$ 和标注 $\phi 50\dfrac{H7}{f6}$

标注 $\phi 40^{H7}/_{f6}$，标注 $\phi 50\dfrac{H7}{f6}$，如图 8-85～图 8-87 所示。输入错误后的修改方法，如图 8-88 所示。

的输入方法：按"Shift+ 数字 3"组合键

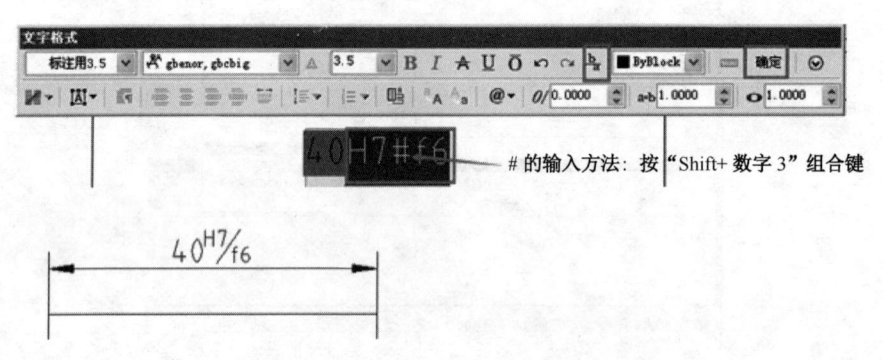

图 8-85　符号"#"堆叠后成"/"

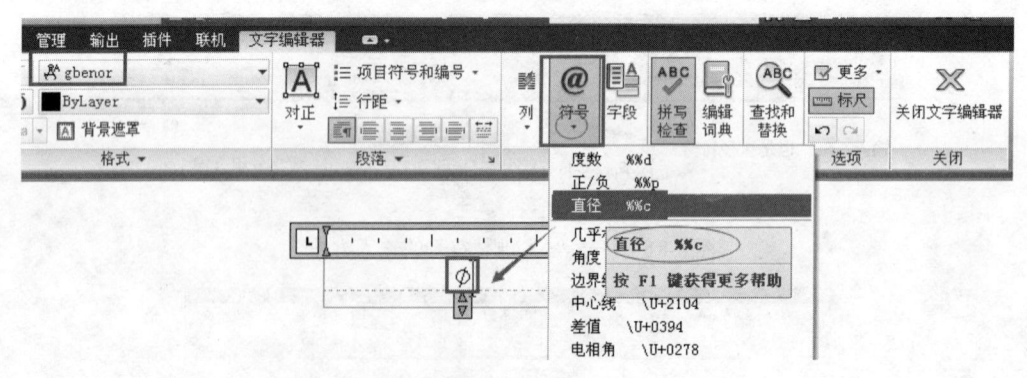

图 8-86　直径符号

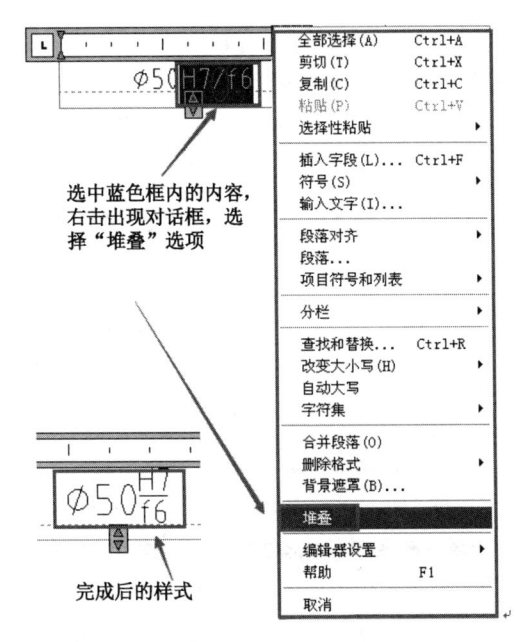

第 8 章　用 AutoCAD 绘制工程图

图 8-87　符号"/"堆叠后成"—"

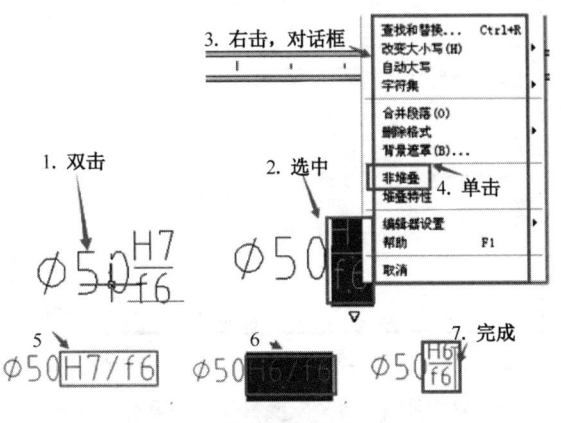

图 8-88　输入错误的修改方法

8.20　标注一半的线性尺寸

尺寸标注中怎样标注一半的尺寸。先设置标注样式，再进行尺寸标注。

1. 设置一半的尺寸标注样式

打开"标注样式"对话框：执行 DIMSTYLE 命令（快捷键 D），按 Enter 键，出现标注样式对话框。在"标注样式管理器"对话框中，单击已经建好的样式"标注用"→"新建"按钮，出现"创建新标注样式"对话框。给新建的尺寸标注样式命名为"标注一半的尺寸"如图 8-89 所示。

"线"→"基线间距"→"8"→"隐藏：尺寸线 1"→"隐藏：尺寸界线 1"→"超出尺寸线"→"2"→"起点偏移量"→"0"→确定。其余选项为系统默认值，如图 8-90

所示。

完成尺寸标注样式的设置，返回"标注样式管理器"对话框，单击"置为当前（U）"→"关闭"图标，关闭"标注样式管理器"对话框，"标注一半的尺寸样式"设置完成，如图8-91所示。

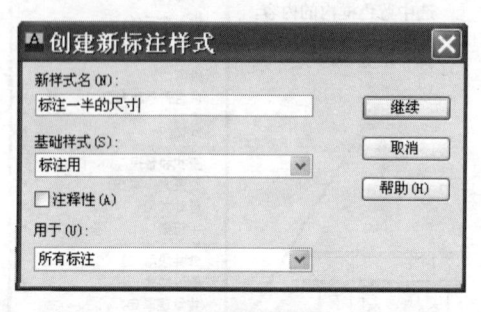

图 8-89 "创建新标注样式"对话框

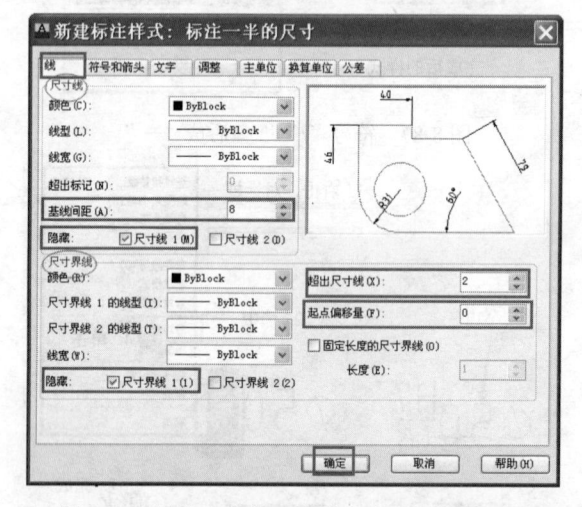

图 8-90 标注一半的尺寸样式对话框线的设置

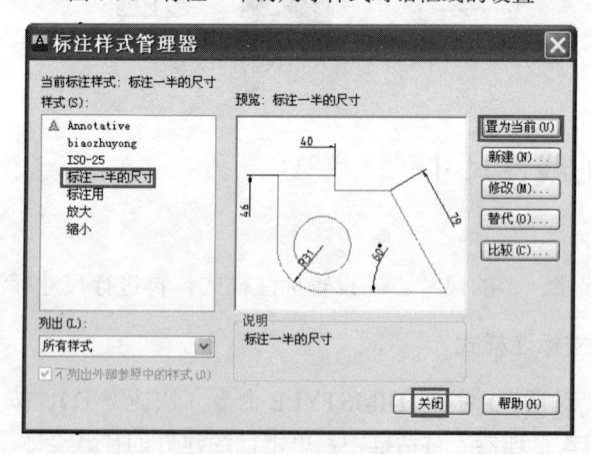

图 8-91 完成标注一半的线性尺寸样式的设置

2．标注一半的线性尺寸

标注一半的尺寸，命令栏提示如下。

```
命令:_dimlinear
```

指定第一个尺寸界线原点或 <选择对象>:在图中红色数字"1"的位置单击。
指定第二个尺寸界线原点:在图中红色数字"2"的位置单击。
指定尺寸线位置或[多行文字(M)/文字(T)/角度(A)/水平(H)/垂直(V)/旋转(R)]:标注尺寸不要放,单击命令行"多行文字(M)",M,输入"%%c35H8↙(按Enter键)
指定尺寸线位置或[多行文字(M)/文字(T)/角度(A)/水平(H)/垂直(V)/旋转(R)]:在适当的位置单击。标注文字=ϕ35H8。完成标注一半的尺寸,如图8-92所示

直径的符号ϕ在标注直径的时候是可以自动生成的。但如果不是用标注直径的命令,而是用其他命令标注,可以输入%%C,是ϕ在CAD里面的代码。

图 8-92　完成标注一半的线性尺寸

8.21　标注垂直和斜度符号

怎样标注垂直、沉头、深度、锥度和斜度符号?在打开的"文字编辑器"状态下,将字体设置为"gdt","垂直"符号输入字母"b";"沉头"符号输入字母"v";"深度"符号输入字母"x";"锥度"符号输入字母"y";"斜度"符号输入字母"z",还有对称度符号用字母"i"等,可以将键盘上的字母输入一遍,能够找到很多特殊符号,如图8-93所示。

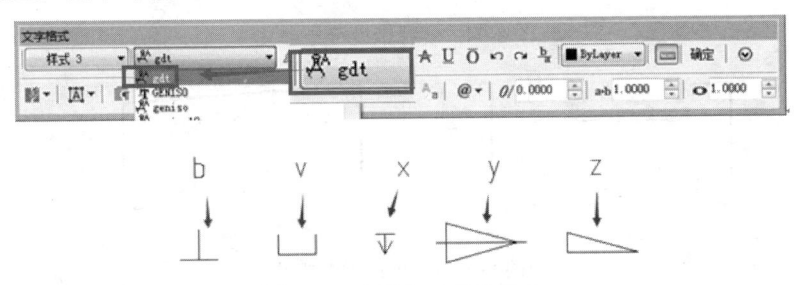

图 8-93　字母和对应的符号

8.22　锥度及斜度符号

在工程图纸中,经常看到斜度符号及锥度符号,两者有什么区别呢?怎样正确画出来图形。

1. 锥度符号

锥度符号的意思和锥度图形的画法如下。

(1)锥度符号的意思:锥度是指正圆锥底圆直径与圆锥高度之比。比值用 1:n 表示。锥度符号,以等腰三角形为例,1:7 的意思是底边长 7mm,总高度为 1mm。符号方向与锥度方向一致。如图 8-94 所示。

(2)锥度 1:7 图形的画法:先画出直线长 "16" → "43" → "16" 的外框,方法略。再画出锥度辅助线,其方法如下。

命令:L↙,LINE(输入直线命令的快捷键"L",按Enter键。)
指定第一个点:将光标放在红色数字"1"的位置。
指定下一点或 [放弃(U)]:0.5↙(输入数字"0.5",按Enter键,即红色数字"2"的位置)

指定下一点或 [放弃(U)]：7↙（输入数字"7"，按Enter键，即红色数字"3"的位置）
指定下一点或 [放弃(U)]：（将光标移动到开始画图的点，即红色数字"1"的位置，结束直线命令）

命令：EXTEND（调出修改工具条中的延伸命令）
当前设置：投影=UCS，边=延伸
选择边界的边...（选择红色数字"4"的那一条线作为延伸边）
选择对象或 <全部选择>：找到1个
选择对象：选择要延伸的对象，或按住Shift键选择要修剪的对象，或[栏选(F)/窗交(C)/投影(P)/边(E)/放弃(U)]：选择红色数字"5"的那一条线作为延伸线。

结果如图8-95所示。锥度图形的一半已经画好，如果图形要求画出另一半，单击"镜像"命令即可。

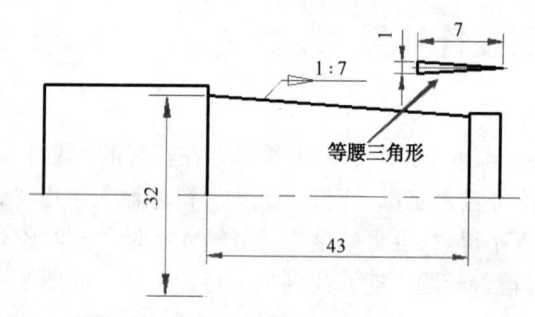

图8-94 解释锥度符号意义

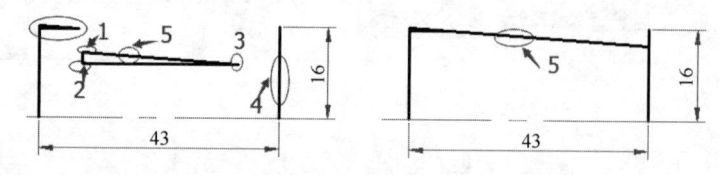

图8-95 锥度图形的画法

2. 斜度符号

斜度符号的意思和斜度图形的画法如下。

（1）斜度符号的意思：斜度是指一直线（或是平面）相对另一直线（或是平面）的倾斜程度。比值用1:n表示。斜度符号，以直角三角形为例，1:7的意思是底边长7mm，总高度为1mm。符号方向与斜度方向一致，如图8-96所示。

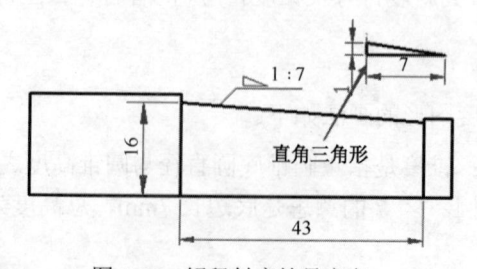

图8-96 解释斜度符号意义

（2）斜度1:7图形的画法：先画出直线长"16"→"43"→"16"的外框，方法略。再画出斜度辅助线，其方法如下。

命令：L↙，LINE（输入直线命令，按Enter键）
指定第一个点：（将光标放在红色数字"1"的位置）

指定下一点或 [放弃(U)]：1↙（输入数字1，按Enter键，即红色数字"2"的位置）
指定下一点或 [放弃(U)]：7↙（在键盘上输入数字7，回车，红色数字"3"的位置）
指定下一点或 [放弃(U)]：（将光标移动到开始画图的点，即红色数字"1"的位置，结束直线命令）

命令：EXTEND（调出修改工具条中的延伸命令）
当前设置：投影=UCS，边=延伸
选择边界的边...（选择红色数字"4"的那一条线作为延伸边）
选择对象或 <全部选择>：找到1个
选择对象：选择要延伸的对象，或按住Shift键选择要修剪的对象，或[栏选(F)/窗交(C)/投影(P)/边(E)/放弃(U)]：（选择红色数字"5"的那一条线作为延伸线）

结果如图8-97所示。斜度图形已经画好。

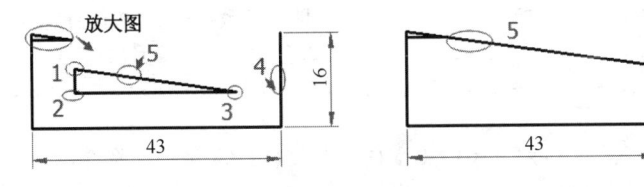

图8-97 斜度图形的画法

8.23 标注螺纹符号

螺纹符号"M"、倒角符号"C"、乘号"X"怎么标注出来的？以标注螺纹符号为例，标注水平方向的尺寸，调用线性标注尺寸命令，其方法如下。

命令：_dimlinear
指定第一个尺寸界线原点或 <选择对象>：在选中标注孔左边的位置单击
指定第二个尺寸界线原点：在选中标注孔右边的位置单击。
指定尺寸线位置或[多行文字(M)/文字(T)/角度(A)/水平(H)/垂直(V)/旋转(R)]：标注尺寸不要放下，单击命令行"多行文字（M）"，M，输入：M10↙（按Enter键）
指定尺寸线位置或[多行文字(M)/文字(T)/角度(A)/水平(H)/垂直(V)/旋转(R)]：这时标注尺寸没有具体的位置，在适当的位置单击，将标注尺寸固定位置，位置的选择要合适。标注文字=M10。完成螺纹符号的标注。

用同样的方法标注倒角符号C，将输入"M"改成输入"C"即可。乘号的输入，将输入"M"改成输入"X"即可。直接用键盘上的"X"字母代替即可，如图8-98所示。（此图为标注尺寸的介绍，实际标注时在一个视图表示清楚即可，不能重复标注。2×M10，表示有两个直径为10mm的普通螺纹孔）。

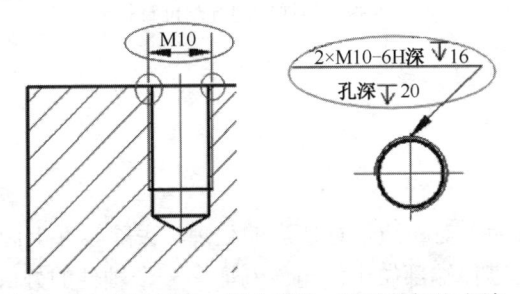

图8-98 螺纹符号、倒角符号、乘号的标注方法

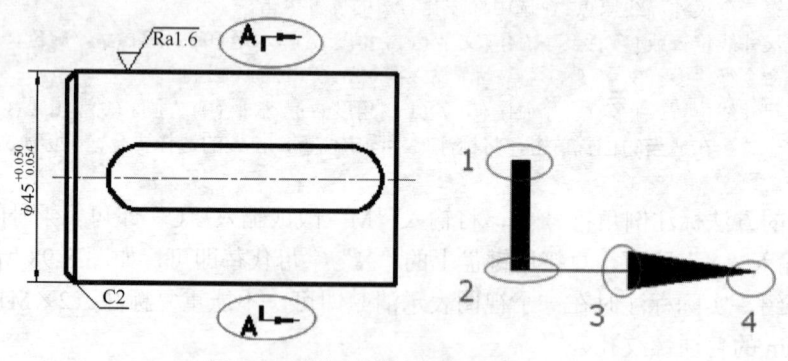

8.24　绘制剖视图的分割位置符号

剖视图的分割位置符号的画法有两种，一种是执行"标注"→"引线"命令，画出箭头和后面的转折线；另一种是用多段线的画法，其具体步骤如下。

```
命令:_pline
指定起点:在红色数字"1"的位置单击
当前线宽为"0.0000"
指定下一个点或[圆弧(A)/半宽(H)/长度(L)/放弃(U)/宽度(W)]:W↙（按Enter键）
指定起点宽度<0.0000>:0.5↙（按Enter键），即红色数字"1"的位置宽度
指定端点宽度 <0.5000>:↙（按Enter键），即红色数字"2"的位置宽度
指定下一个点或[圆弧(A)/半宽(H)/长度(L)/放弃(U)/宽度(W)]:3↙,（输入数字"3"，按Enter键）
指定下一个点或 [圆弧(A)/闭合(C)/半宽(H)/长度(L)/放弃(U)/宽度(W)]:W↙（按Enter键）
指定起点宽度<0.5000>:0↙（按Enter键），即红色数字"2"的右边位置宽度
指定端点宽度<0.0000>:↙（按Enter键），即红色数字"3"的左边位置宽度
指定下一点或[圆弧(A)/闭合(C)/半宽(H)/长度(L)/放弃(U)/宽度(W)]:3↙,（输入数字"3"，按Enter键）
指定下一点或[圆弧(A)/闭合(C)/半宽(H)/长度(L)/放弃(U)/宽度(W)]:W↙（按Enter键）
指定起点宽度<0.0000>:1↙,（输入数字"1"，按Enter键），即红色数字"3"的右边位置宽度
指定端点宽度 <1.0000>:0↙,（输入数字"0"，按Enter键），即红色数字"4"的位置宽度
指定下一点或[圆弧(A)/闭合(C)/半宽(H)/长度(L)/放弃(U)/宽度(W)]:3↙,（输入数字"3"，按Enter键）
```

完成剖视图的分割位置符号一半的画法，单击"镜像"命令，完成另一半的绘制。然后执行"绘图"→"文字"→"多行文字"命令，输入字母"A""A"就可以了，如图8-99所示。

图8-99　剖视图的分割位置符号

8.25　标注倒角

在机械加工中，有时为了对棱边进行适当的处理，去除零件上因机加工产生的毛刺，便于使用和对零件的装配，在零件端部做出倒角。例如，一个轴件的外圆柱面与轴端面的相交线，是一个很锋利的90°的棱，不但装配零件困难，而且很容易把操作者的手划伤。需要把这个锋

利的棱用车刀沿着 360°方向刮一下，这样，在外圆面和端面之间就多出了一个过渡面，这个过渡面就是倒角。国家标准《GB/T 4458.4—2003、GB/T 16675.2—2012、机械制图尺寸注法》中关于标注倒角的规定，在其 5.9 节中规定：45°倒角标注方法，C2，表示倒角角度为 45°，在 x 方向和 y 的方向长度均为 2mm，如图 8-100 所示。非 45°倒角的标注，如图 8-101 所示的形式标注。在 x 方向标注长度为 1mm，角度值为 30°。注意：标注角度时数字一定要水平放置。

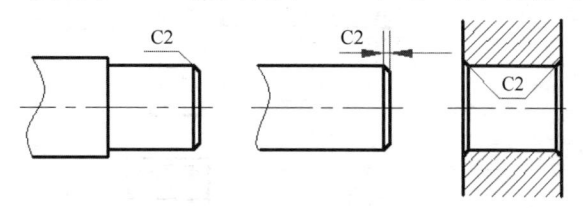

图 8-100 45°倒角的标注

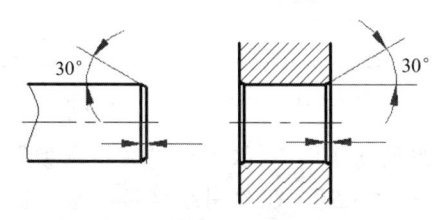

图 8-101 非 45°倒角的标注

在用 AutoCAD 绘图中，标注倒角的方法有用引线和直线标注等。

1．设置引线标注倒角样式

用引线标注倒角尺寸，设置方法可以参照用引线标注序号的方法。不同之处：在"修改多重引线样式 倒角"对话框中，单击"引线格式"选项卡，"箭头"→"符号"→"无"，其他选项为系统默认值，如图 8-102 所示。

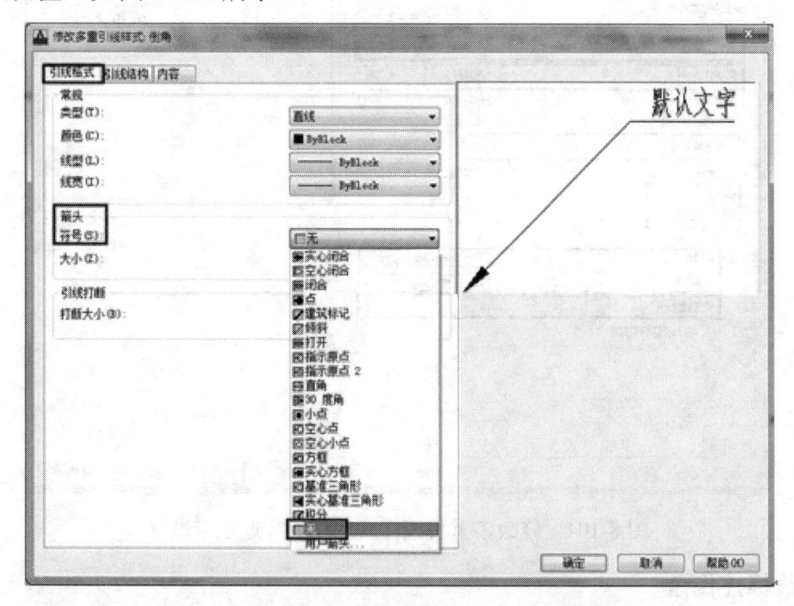

图 8-102 修改多重引线样式箭头改为无设置

设置标注尺寸的字体，新建样式名称"尺寸标注"→"SHX 字体（X）"→"gbenor.shx"→

"大字体（B）"→"gbcbig.shx"→"高度（T）"→"3.5"→"宽度因子（W）"→"1"→"应用（A）"→"置为当前（C）"，单击"确定"按钮。其余选项为系统默认值，如图 8-103 所示。

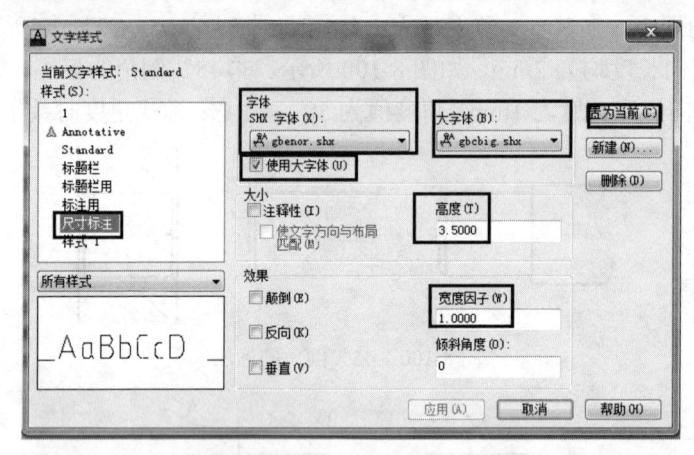

图 8-103 "文字样式"对话框

单击"内容"选项卡，如图 8-104 所示。在"文字选项"选项中，将"文字样式"→"尺寸标注"→"文字高度"→"3.5"，在"引线连接"选项区域选中"水平链接"单选按钮，"连接位置-左"→"第一行加下划线"→"连接位置-右"→"第一行加下划线"→"基线间隙"→"1"，在"文字样式"→"默认文字（D）"，光标单击后面的小方框，在绘图区出现"多行文字在位编辑器"，输入"C2"，单击"确定"按钮，返回到"修改多重引线样式 倒角"对话框中，单击"确定"按钮，如图 8-104 所示。返回到图 8-103 所示的对话框，执行"置为当前"→"关闭"命令。其他选项为系统默认设置。倒角的引线样式设置即完成。

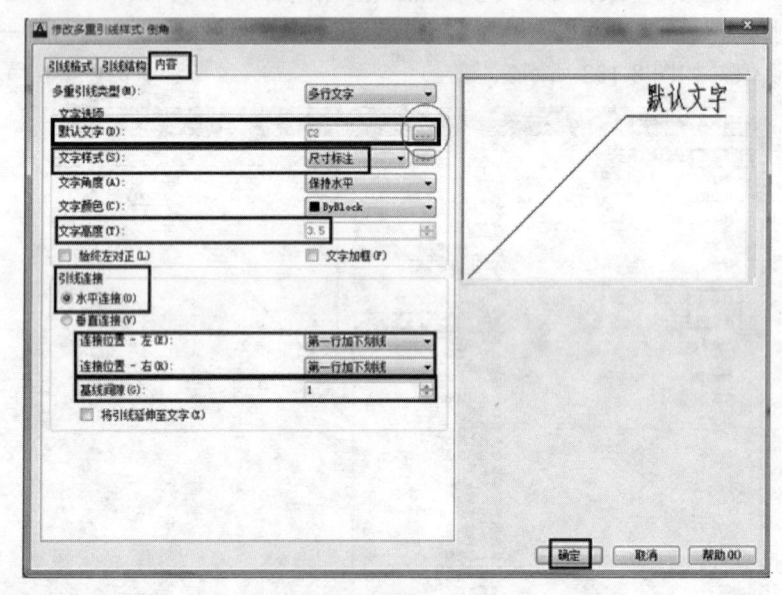

图 8-104 修改多重引线样式倒角内容选项卡设置

2．用引线标注倒角

单击"多重引线"图标，在命令行进行操作，其具体步骤如下。

```
命令：_mleader
```

指定引线箭头的位置或[引线基线优先(L)/内容优先(C)/选项(O)] <选项>：拾取点，（如图8-105所示的红色数字"1"的位置）
指定引线基线的位置：拾取点（设置极轴角度45°，向右下方移动光标，出现极轴追踪路径，提示 范围: 5.1617 < 315°，在适当的位置单击。）
覆盖默认文字 [是(Y)/否(N)] <否>:✓（按Enter键，默认符号"C2"自动输入到指定位置）。如果不是"C2"单击"是(Y)"按钮，弹出"多行文字在位编辑器"对话框，输入"C2"或是其他符号，单击"确定"按钮，如图8-105所示的红色数字"2"的位置。

完成倒角的标注，如图8-105所示。

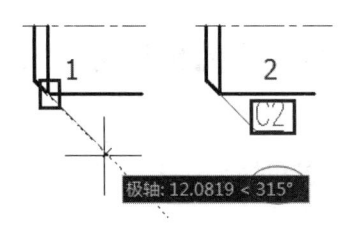

图8-105 用引线标注倒角

3．用直线标注倒角

用直线标注倒角的方法如下。

（1）用直线图标，或在命令行调用命令，其步骤如下。

命令:L✓（调出直线命令，输入"L"，按Enter键）
指定第一个点：（在红色数字"1"的位置单击）
指定下一个点:[放弃(U)]：（设置极轴角度45°，向右下方移动光标，出现极轴追踪路径，在红色数字"2"的位置单击。）
指定下一点:[放弃(U)]:在红色数字"3"的位置单击，横线的长度放下"C2"为宜）
指定下一点:[闭合(C)/放弃(U)]：（按Enter键，结束直线命令的输入）

（2）输入文字"C2"。用图标A，调出输入命令，其步骤如下。

命令: _mtext
当前文字样式："标注"，文字高度为3.5，注释性为否
指定第一角点：（在左上角适当位置单击）
指定对角点:[高度(H)/对正(J)/行距(L)/旋转(R)/样式(S)/宽度(W)/栏(C)]：（在右下角，即红色数字"3"的位置单击，输入符号及数字"C2"）

完成倒角的标注，如图8-106所示。

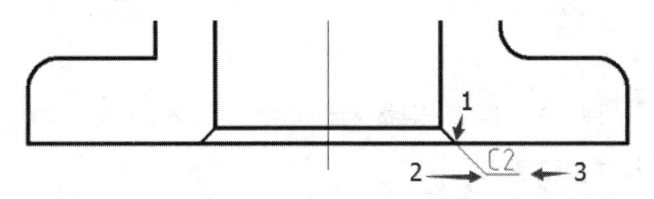

图8-106 用直线标注倒角

8.26 标注特殊符号

特殊符号的代码和字符的标注方法如表8.7所示。

表 8.7 特殊符号的标注

代码	字符
%%u	带下画线字体
%%o	带上画线字体
%%p	正负号±
%%c	直径符号ϕ

8.27 几何公差框格及基准符号的标注方法

几何公差包括形状、方向、位置和跳动公差。详情请网上查阅（GB/T 1182—2008）。

1. 几何公差框格和基准代号

几何公差应采用公差框格、几何特征符号、公差值、基准、被测要素及其他附加符号等标注。加工后的零件不仅有尺寸误差，构成零件几何特征的点、线、面的实际形状或相互位置与理想几何体规定的形状和相互位置还不可避免地存在差异，这种形状上的差异就是形状误差，而相互位置的差异就是位置误差，统称为形位误差。在机械图样中需要标注出来。

2. 几何公差框格和基准代号画法

几何公差框格和基准代号画法如下。

指引线连接被测要素及公差框格，指引线的箭头指向被测要素的表面或其延长线，箭头方向一般为公差带的方向。框格中的字符高度上与尺寸数字的高度相同，用符号 h 表示。基准中的字母一律水平书写。几何公差框格及基准符号与字体的高度 h 关系，基准符号的画法，如图 8-107 所示。

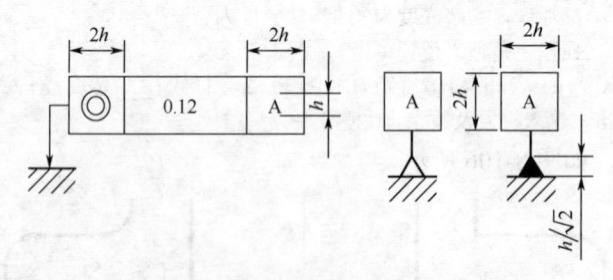

图 8-107 几何公差框格及新基准符号与字体的高度 h 关系

3. 几何公差的标注步骤

几何公差常用的标注主要包括公差框格、几何特征符号、公差值、基准等。

几何公差的几何特征符号及其公差框格、指引线、箭头用"快速引线（QLeader）"标注，其具体操作步骤如下。

（1）先设置引线样式，命令行输入快速引线"QLeader"命令，即"Qle"，打开"几何公差"对话框。

命令：QLEADER✓（按Enter键）。
指定第一个引线点或[设置(S)]<设置>:S✓（按Enter键），（设置引线样式）

第 8 章 用 AutoCAD 绘制工程图

出现的"引线设置"对话框中→"注释"→"公差（T）"→"引线和箭头"→"引线"→"直线"→"点数"→"3"，单击"确定"按钮，返回到AutoCAD绘图区域，如图8-108所示。

在绘图区域内合适的位置，指定第一个引线点或 [设置(S)]<设置>：（在如图8-109所示的红色数字"1"的位置单击）

指定下一点：（在如图8-109所示的红色数字"2"的位置单击）

指定下一点：（在红色数字"3"的位置单击，出现"形位公差"对话框，如图8-109所示）

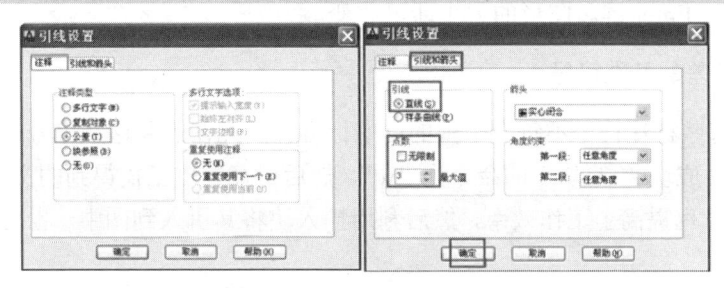

图 8-108 "引线设置"对话框

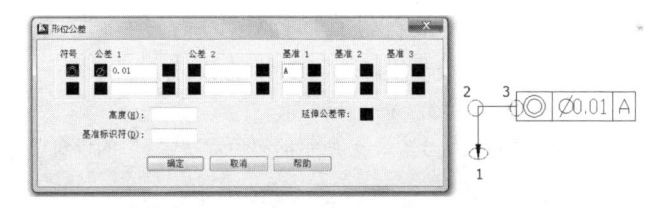

图 8-109 设置几何公差对话框 1 和标注公差方法

（2）在"形位公差"对话框中，如图 8-110 所示，单击"符号"下的黑底栏，在弹出的菜单中选择所需要的几何公差符号，选择同轴度符号，如图 8-109 所示。

（3）在相应"公差 1"的黑底栏，弹出直径符号"ϕ"，在文本框中输入几何公差值"0.01"，如图 8-109 所示。

（4）在"基准 1"下的文本框中输入基准符号"A"，如图 8-109 所示。

单击"确定"按钮。出现同圆度形位公差标注，如图 8-111 所示。

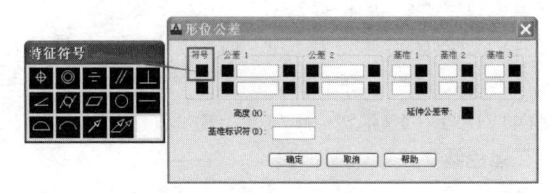

图 8-110 设置形位公差对话框 2

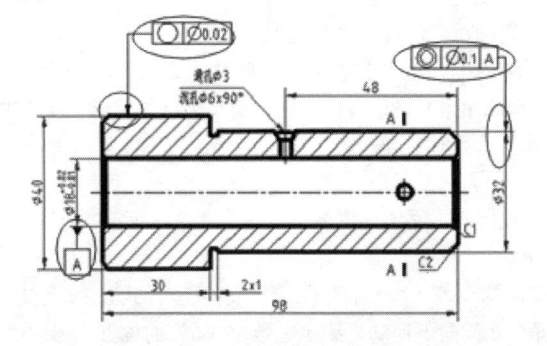

图 8-111 同圆度形位公差标注

4．几何公差框格不对称的调整

通过以下方法可以任意调整大小：在 CAD 绘图区域，将文字输入切换到英文；在最下面的命令行内输入比例缩放命令"SC"，按 Enter 键；鼠标变成 1 个小方块，用这个小方块去选中要改变大小的图形；单击这个要改变大小的图形的中心点（不动的位置）；输入比例（缩小的比例为 0.5）；按 Enter 键。图形的大小即可改变。

5．新几何公差的基准符号

在 CAD 中有些标注符号不符合中国的国家标准。因此在需要这些符号时应该先将其画出来，然后将其定义成块（"写块"的命令为"w"，然后保存到自己找得到的文件夹里），这样方便下次使用的同时也提高了工作效率，然后利用插入块将其引入到图中。也可以画好后标注在适当位置即可。

新几何公差的基准符号的画法

（1）画带有黑色小三角符号的基准符号具体操作步骤：用多段线（PL）命令画图，如图 8-112（a）所示。将变量"fill"设置为开（ON）的模式。

命令:fill输入模式[开(ON)/关(OFF)]<开>:ON

命令:_pline指定起点：（如图8-112（a）所示的黑色数字"1"的位置单击

当前线宽为0.0000

指定下一个点或[圆弧(A)/半宽(H)/长度(L)/放弃(U)/宽度(W)]:W（设置线宽）

指定起点宽度<0.0000>:3（如图8-112（a）所示的黑色数字"1"的位置及宽度为3mm）

指定端点宽度<3.0000>:0（黑色数字"2"的位置及宽度0mm）

指定下一个点或[圆弧(A)/半宽(H)/长度(L)/放弃(U)/宽度(W)]:2.5（将光标垂直放置，输入数字"2.5"，这时光标在黑色数字"2"的位置）

指定下一点或 [圆弧(A)/闭合(C)/半宽(H)/长度(L)/放弃(U)/宽度(W)]:3.5（将光标垂直放置，输入数字"3.5"，这时光标在黑色数字"3"的位置）

指定下一点或[圆弧(A)/闭合(C)/半宽(H)/长度(L)/放弃(U)/宽度(W)]:3.5（将光标水平放置，输入数字"3.5"，这时光标黑色数字"4"的位置）

指定下一点或[圆弧(A)/闭合(C)/半宽(H)/长度(L)/放弃(U)/宽度(W)]:7（将光标垂直放置，输入数字"3.5"，这时光标在黑色数字"5"的位置）

指定下一点或[圆弧(A)/闭合(C)/半宽(H)/长度(L)/放弃(U)/宽度(W)]:7（将光标水平放置，输入数字"3.5"，这时光标在黑色数字"6"的位置）

指定下一点或[圆弧(A)/闭合(C)/半宽(H)/长度(L)/放弃(U)/宽度(W)]:<打开对象捕捉>（将光标捕捉到如图8-112（a）所示的黑色数字"3"的位置，向左移动光标，当移动到与红色数字"6"垂直的时候出现交点符号时单击，这时光标在红色数字"7"的位置）

指定下一点或[圆弧(A)/闭合(C)/半宽(H)/长度(L)/放弃(U)/宽度(W)]:（在红色数字"3"的位置单击，将黑色的基准符号框架画出来），这时在方框中输入文字"A"即可，如图8-112（a）所示。

用多行文字命令输入字母"A"

命令:_mtext

当前文字样式为"标注用"，文字高度为"3.5"，注释性为"否"

指定第一角点：

指定对角点或[高度(H)/对正(J)/行距(L)/旋转(R)/样式(S)/宽度(W)/栏(C)]:A（左上角单击，即黑色数字"8"的位置，光标向下拖动，到黑色数字"9"的位置，出现"多行文字"对话框，设置文字位置为"正中"，在键盘上输入大写字母"A"），基准符号画好了，可以用建块的方法将基准符号建成块，方便使用。方法参照8.28节粗糙度符号的画法及标注方法。

（2）画带有白色小三角符号的基准符号具体操作步骤：用多段线（PL）命令画图，将变量"fill"设置为关（OFF）的模式，画带有白色小三角符号的基准符号，如图 8-112（b）所示。画图方法与黑色小三角符号相同。

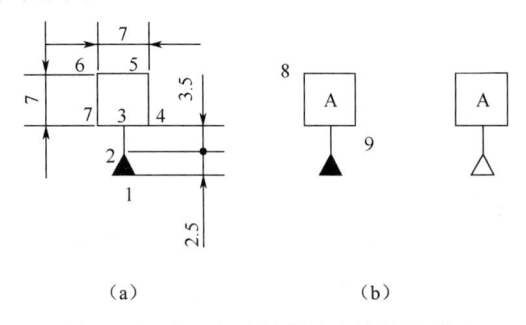

图 8-112　新几何公差的基准符号的画法

6．旧几何公差的基准符号的画法

旧几何公差的基准符号的画法如下。

> 命令：_circle 指定圆的圆心或[三点(3P)/两点(2P)/切点、切点、半径(T)]：
> 指定圆的半径或[直径(D)]:3.5（画出半径为3.5的圆，圆心符号）
> 指定移动点或[基点(B)/复制(C)/放弃(U)/退出(X)]:7（如图8-113所示，将圆心符号的水平线红色数字"1"向上移动7mm，红色数字"2"的位置，转换到粗实线层）
> 指定拉伸点或 [基点(B)/复制(C)/放弃(U)/退出(X)]:（如图8-113所示，将圆心符号的垂直线向上移动，从红色数字"3"的位置移到红色数字"4"的位置，画好符号的框架）
> 命令：_mtext
> 当前文字样式："标注用"，文字高度为"3.5"，注释性为"否"（输入字母"A"，并调整到合适的位置）

基准符号即可完成，可以用建块的方法将基准符号建成块，方便使用。方法参照 8.28 节。如图 8-113 所示。

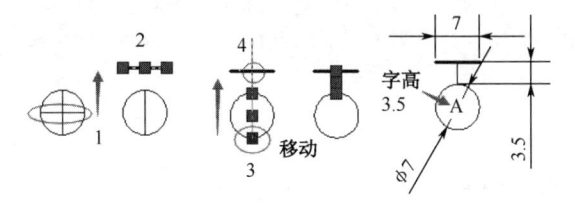

图 8-113　旧几何公差的基准符号的画法

8.28　粗糙度符号的画法及标注方法

零件经过加工后的表面会留有许多高低不平的凸峰和凹谷，零件加工表面上具有的较小间距的峰谷所组成的微观几何形状特性称为表面粗糙度。本节将介绍新、旧国标表面粗糙度符号的画法。

1. 表面粗糙度符号创建块的步骤

表面结构符号的画法比较难，需要分几步进行操作。表面粗糙度符号创建块的步骤如下。

（1）新建一个图层，最好单独建立一个粗实线图层，线宽为字体高度的 1/10，如字高为 3.5，符号线宽为 0.35；字高为 5，符号线宽为 0.5，以此类推。

（2）表面粗糙度符号尺寸：数字与字母的高度为 3.5；高度 H_1 为 5；高度 H_2 为 11；与水平线的夹角为 60°；如图 8-114 所示。

（3）画出图形（新、旧国标），如图 8-114 所示。

（4）定义属性，快捷键"ATT"。

（5）定义带属性的内部图块，命令"BLOCK"，快捷键"B"。

① 给创建的块命名，名称（255 个字符以内），最好是见名知意。

② 基点：确定块插入时的基准点如图 8-114 所示。

③ 选择对象：构成图块的图形和属性。

（6）插入图块。

（7）定义外部块（写块），命令"WBLOCK"，快捷键"W"，与内部块不同的地方是多了设置路径。

（8）块属性管理器，内部块 B（块所在的图形使用）、外部块 W（块不在的图形也能使用）。

2. 新表面的粗糙度符号的画法

画出新表面的粗糙度符号，调用直线命令（在键盘上输入字母"L"），其具体步骤如下。

命令:L✓(按Enter键)
指定第一个点:在适当的位置单击，如图8-114所示。
指定下一点或[放弃(U)]：5.8✓（输入数字5.8mm，按Enter键）
指定下一点或[放弃(U)]：5.8✓（输入数字5.8mm，按Enter键）
指定下一点或[闭合(C)/放弃(U)]：12✓（画图时四舍五入，取整数12mm，按Enter键）
指定下一点或 [闭合(C)/放弃(U)]：10✓（输入数字10mm，按Enter键）
指定下一点或 [闭合(C)/放弃(U)]：✓（按Enter键，新的表面粗糙符号已经画好，旧的表面粗糙度符号省去横线10的画法），如图8-114所示。

3. 定义属性

定义属性具体操作步骤如下。

命令：att ATTDEF✓（输入属性的快捷键"att"，按Enter键）

出现"属性定义"对话框，如图 8-115 所示的新国标，如图 8-116 所示的为旧国标。"属性"→"标记（T）"→"mun"（旧的标记为 Ra）→"默认（L）"→"3.2"→"文字位置"→"对正（J）"→"正中"→"文字样式（S）"→"标注用"→单击"确定"按钮，其他使用系统默认设置。返回到绘图区，如图 8-119 所示的红色数字"1"中的图形，属性"Ra"的位置后面单击，出现刚才设置的"MUN"，如图 8-119 所示。旧国标定义属性的方法与此相同，如图 8-114 所示。

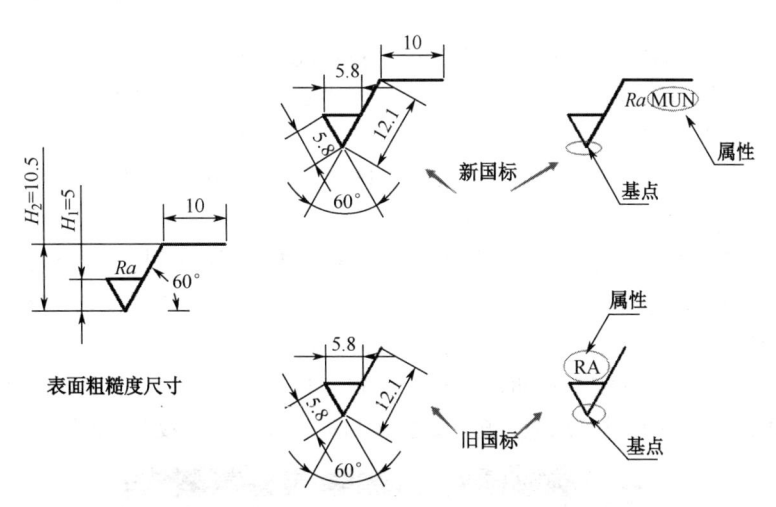

第 8 章　用 AutoCAD 绘制工程图

图 8-114　新、旧表面粗糙度符号的画法

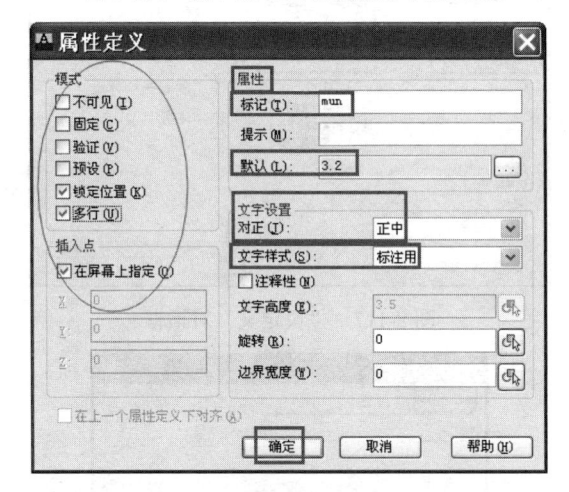

图 8-115　"属性定义"对话框（新国标）

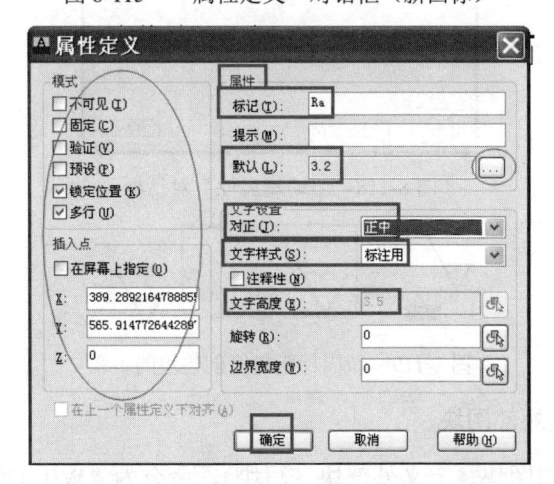

图 8-116　"属性定义"对话框（旧国标）

4．创建表面粗糙度符号内部图块

创建表面粗糙度符号内部图块，其具体操作步骤如下。

命令：B或BLOCK↙（输入块的快捷键"B"，按Enter键）

出现"块定义"对话框，如图8-117所示，在"名称（N）"文本框中输入"ccd"。在"基点"选项区域单击"拾取点（K）"图标。

指定插入基点：（返回到绘图区，在如图8-119所示的红色数字"1"的位置（端点）处单击，返回到"块定义"对话框，如图8-117所示）

选择对象：指定对角点：找到 6 个（在"对象"选项区域单击"选择对象（T）"前面的图标，返回到绘图区，选择图形，包括创建的属性值，如图 8-119 所示的红色数字"2"的位置，选择全部图形（红色数字"2"所在的红色方框），按 Enter 键，返回到"块定义"对话框，如图8-117所示，单击"确定"按钮，出现"编辑属性"对话框，如图8-118所示，单击"确定"按钮，表面粗糙度的图块创建完毕，如图8-119所示的红色数字"3"的位置的图形。

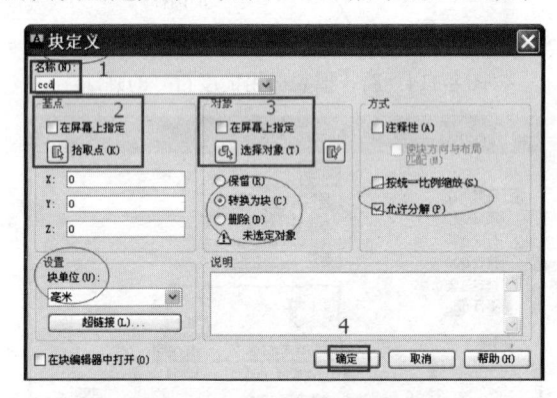

图8-117 "块定义"对话框

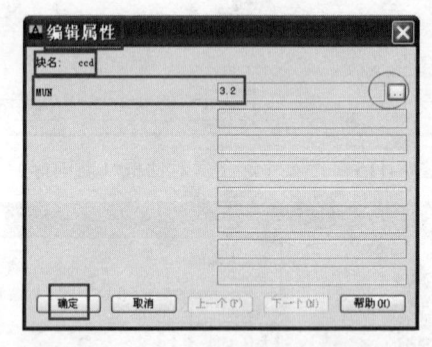

图8-118 "编辑属性"对话框

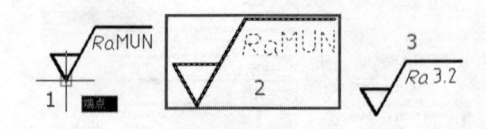

图8-119 新国标粗糙度创建块的步骤

5．创建表面粗糙度外部图块

创建表面粗糙度外部图块。定义外部块（写块），命令为"WBLOCK"，快捷键为"W"，与内部块不同的地方是多了设置路径；创建表面粗糙度外部图块的步骤如下。

命令：w或WBLOCK↙（输入写块的快捷键"w"，按Enter键）

出现"写块"对话框，如图8-120所示，在"源"选项区域选中"对象（D）"单选按钮，在"基点"选项区域单击"拾取点（K）"图标，返回到绘图区。

指定插入基点：（如图 8-119 所示的红色数字"1"的位置（端点）处单击，返回到"写块"对话框）

选择对象：指定对角点：找到 1 个（如图 8-120 所示，在"对象"选项区域单击"选择对象（T）"前面的图标，返回到绘图区，选择图形，即如图 8-119 所示的红色数字"2"的位置，按 Enter 键，返回到"写块"对话框，在"目标"选项区域的"文件名和路径（F）"下拉列表中选择块存放的位置，或单击下拉列表后面的按钮选择外部块存放路径和文件后缀名。选择好后，单击"保存"按钮，如图 8-121 所示，返回到"写块"对话框，如图 8-120 所示，单击"确定"按钮，表面粗糙度的外部图块创建完毕。

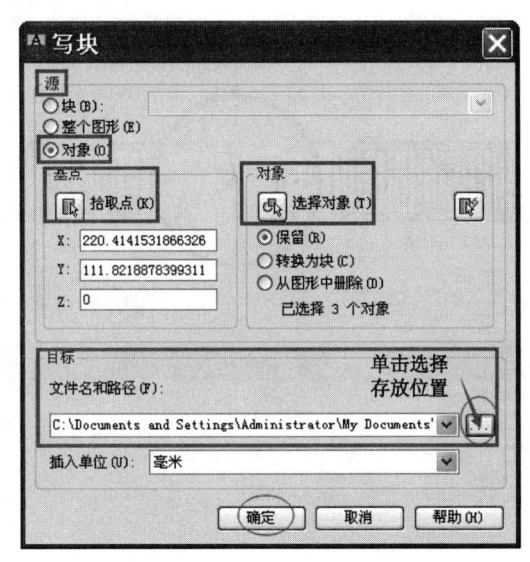

图 8-120 "写块"对话框

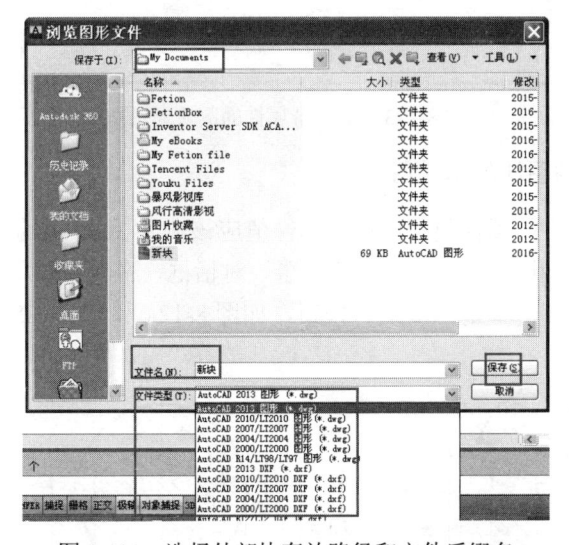

图 8-121 选择外部块存放路径和文件后缀名

6．插入块

插入块。将建好后的图块插入到图形中，其具体操作步骤如下。

命令：_insert（如图8-122所示，执行"插入"→"插入"命令出现"插入"对话框，如图8-123所示。）
指定插入点或 [基点(B)/比例(S)/X/Y/Z/旋转(R)]:（如图8-122所示的基点处）
输入属性值3.2 <6.3>: 1.6↙（输入数字1.6，按Enter键）

表面粗糙度图块已经插入到图形中，如图8-122所示。

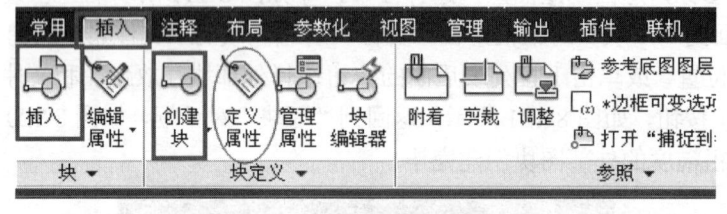

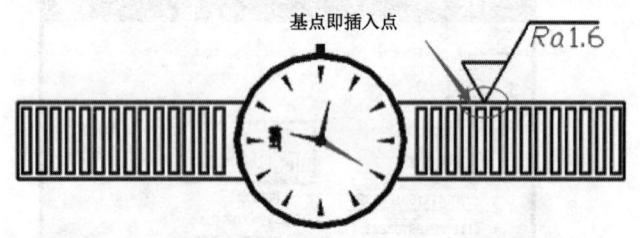

图 8-122　插入块的图标及插入带属性的图块的基点位置

图 8-123　插入带属性的图块对话框

7. 修改带有属性的图块的属性值

修改带有属性的图块的属性值。例如，属性值应该输入 3.2，误输入 6.3，修改方法为，在属性值 6.3 的位置双击，出现"增强属性编辑器"对话框，在"属性"选项卡下"值"文本框中将"6.3"改写成"3.2"，单击"确定"按钮，如图 8-124 和图 8-125 所示。

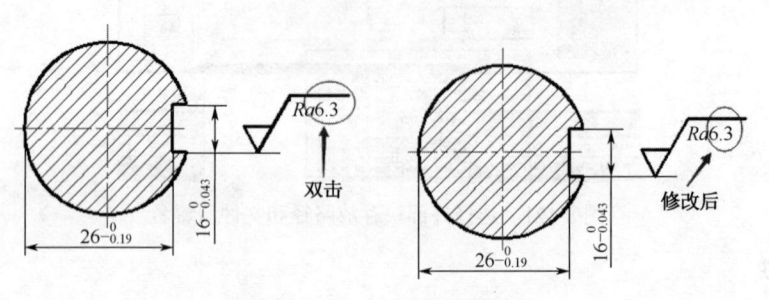

图 8-124　修改表面粗糙度的值

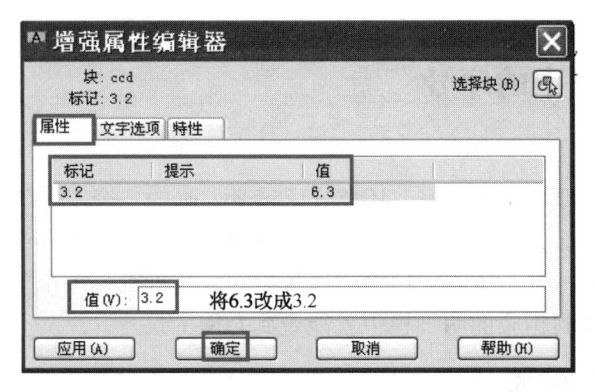

图 8-125 "增强属性编辑器"对话框修改值

8. 修改旧的表面粗糙度符号

旧的表面粗糙度符号修改比较麻烦,具体方法如下。

双击要修改的表面粗糙度数值 3.2,如图 8-126 所示,出现"增强属性编辑器"对话框,如图 8-127 所示,在"文字选项"卡中的"对正(J)"下拉列表中选择"正中"选项,选中后面的"反向(K)"和"倒置(D)"复选框,单击"确定"按钮,返回到绘图区,修改后的数字方向正确,如图 8-127 所示。

属性值应该输入 1.6,误输入 3.2,修改方法为,在"属性"选项卡下"值"文本框中将"3.2"改写成"1.6",单击"确定"按钮,返回到绘图区,可以参考如图 8-125 所示的修改方法。

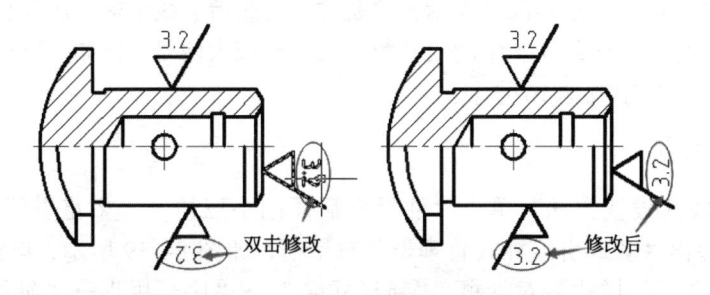

图 8-126 旧的表面粗糙度符号修改

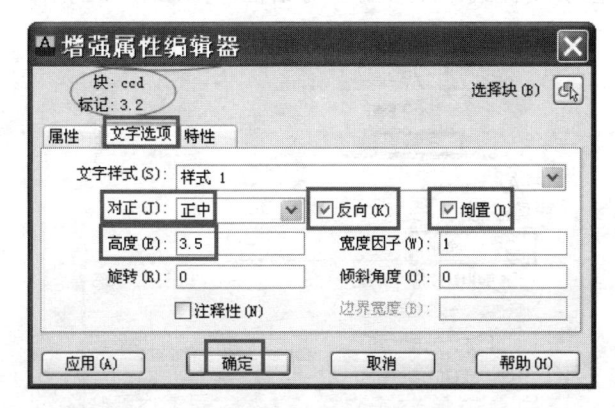

图 8-127 "增强属性编辑器"对话框修改文字方向

8.29　标注装配图中的序号

在装配图中，不仅要将图形画好，还要告诉读者，画的各个零（部）件图的名称在装配图中起什么作用？通过什么方法告诉读者呢？国家标准规定，在装配图中，所有零（部）件都需要标注序号，而且序号与右下角明细栏中的序号相对应，可以将各个零（部）件分别按照一定的规律标上序号，读者到相应的明细栏中就能查到对应的信息。

1. 装配图中序号的组成

装配图中序号组成的一般规定如下。

（1）装配图中所有的零件、部件均应编号。一个部件可以只编写一个序号。同一装配图中相同的零件、部件用一个序号，通常只标注一次；多次出现的相同的零部件，必要时也可以重复标注。

（2）标注序号按照顺时针方向或是逆时针方向标注，同一张图样只能按照一种方向标注，不能主视图按照顺时针方向标注序号，俯视图按照逆时针方向标注序号。

（3）装配图图形中零件、较小部件的序号应与明细栏中的序号一致。

装配图中的序号由序号由圆点（或箭头）、指引线（细实线）、横线（或圆圈）及序号数字组成。指引线不要与剖面线、轮廓线等图线平行，指引线与指引线之间不允许相交，允许弯折一次。当较薄零件指引线末端画圆点表示不清楚时，可在指引线末端画出箭头，箭头应指向该零件的轮廓线。序号数字比装配图中的尺寸数字大一号或大两号。例如，尺寸数字设置为5号字，序号数字应为7号字或是10号字。

2. 设置引线样式

序号中指引线的设置方法。单击"注释"后面的小三角→"多重引线样式"图标，如图 8-128 所示，弹出"多重引线样式管理器"对话框，如图 8-129 所示，单击"新建"按钮，弹出"创建新多重引线样式"对话框，"新样式名"→"序号用"→"继续"，如图 8-130 所示，弹出"修改多重引线样式：序号用"对话框，如图 8-131 所示。

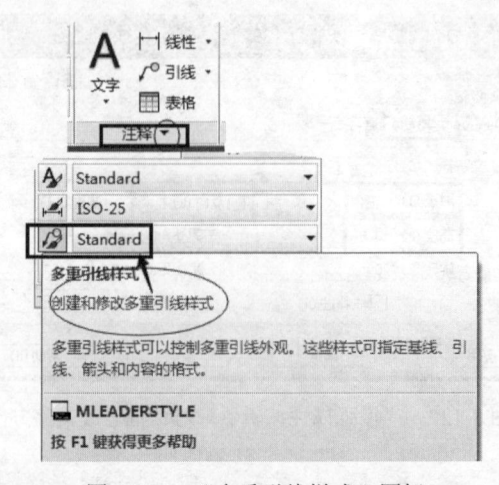

图 8-128　"多重引线样式"图标

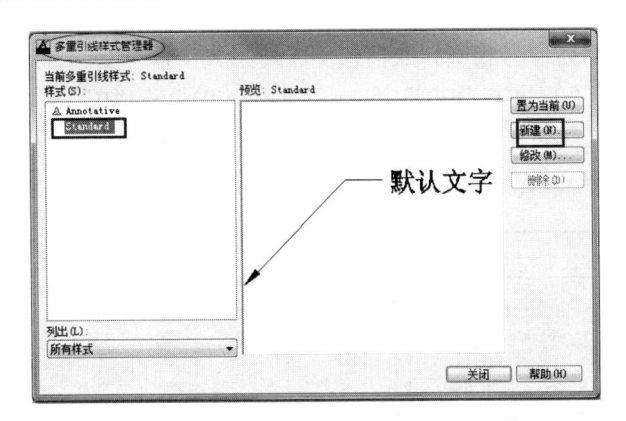

图 8-129　"多重引线样式管理器"对话框 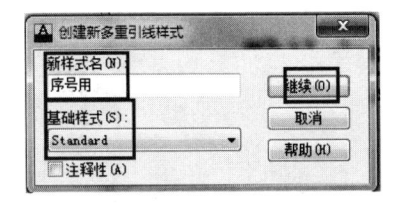　　　图 8-130　"创建新多重引线样式"对话框

在图 8-131 中，单击"引线格式"选项卡，"箭头"→"符号"→"小点"，其他选项为默认值。

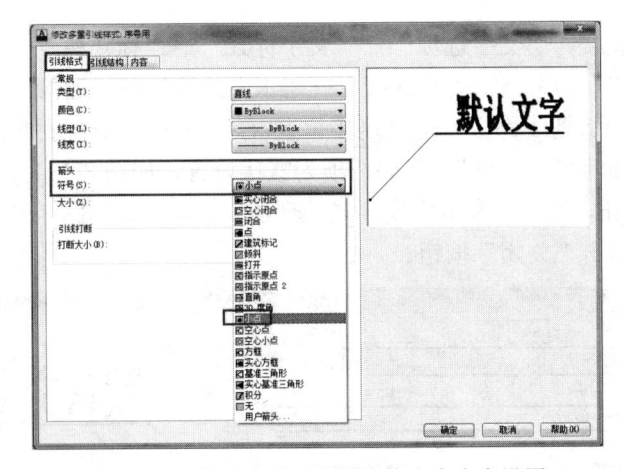

图 8-131　修改多重引线样式箭头为小点设置

在"引线结构"选项卡中，"最大引线点数"→"2"→"基线设置"→"设置基线距离"→"0.1"。其余选项均为系统默认值，如图 8-132 所示。

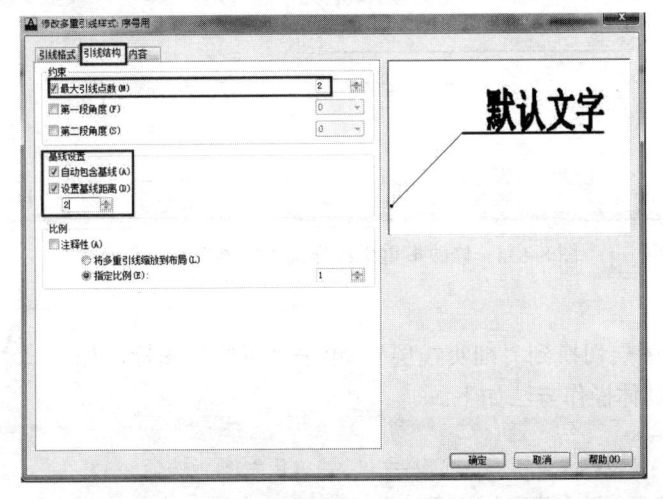

图 8-132　修改多重引线样式"引线结构"选项卡设置

设置标注序号用的字体，与标题栏的字体字号相同。取消选中"使用大字体"复选框。新建样式名，"标题栏"→"字体名（F）"→"T 仿宋 GB2312"→"高度（T）"→"0"→"宽度因子（W）"→"0.67"→"应用（A）"。其余选项为系统默认值，如图 8-133 所示。

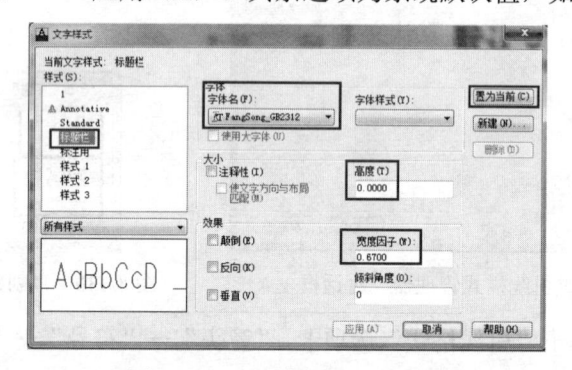

图 8-133　"文字样式"对话框

单击"内容"选项卡。"文字选项"→"文字样式"→"标题栏"→"文字高度"→"5"或是大一号的字体"7"均可→"引线连接"→"水平连接"→"连接位置-左"→"最后一行加下划线"（第一行加下划线都行）→"连接位置-右"→"最后一行加下划线"（第一行加下划线都行）→"基线间隙"→"1"，其他选项为默认设置，如图 8-134 所示。

单击"确定"按钮，返回"多重引线样式管理器"对话框，如图 8-129 所示，将"序号用"样式"置为当前"，单击"关闭"按钮。

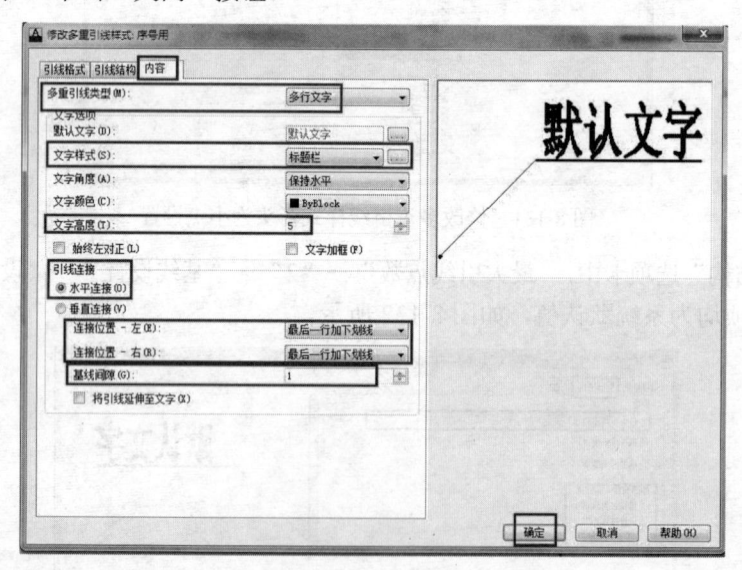

图 8-134　修改多重引线样式"内容"选项卡设置

3. 标注序号

标注序号，将图层切换到"细实线层"，单击"引线"图标，如图 8-135 所示。其具体操作方法如下。

命令：_mleader
指定引线箭头的位置或 [引线基线优先(L)/内容优先(C)/选项(O)]<选项>:拾取点（如图8-136所示中，零件1的适当位置拾取一点）
指定引线基线的位置：拾取点（向斜下方移动光标至适当位置拾取点，

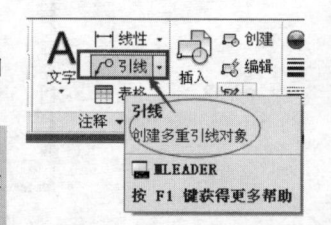

图 8-135　多重引线图标

弹出"多行文字"窗口，输入数字"1"，单击"确定"按钮），如图8-136所示。
标注"序号2"，在"零件2"的适当位置拾取一点，将光标摄取"序号1"的转折处，注意不要将光标单击转折处，让"序号2"与"序号1"沿垂直方向对齐，如图8-137所示。

完成后的序号标注如图 8-138 所示。

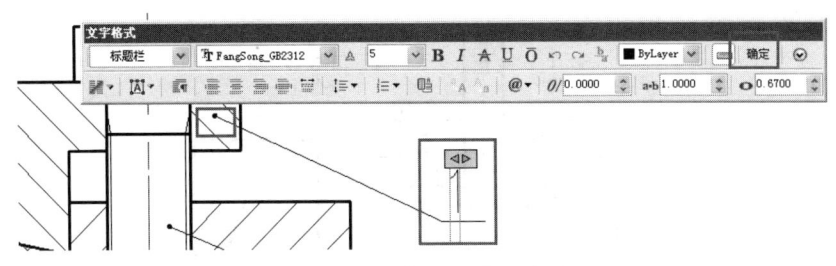

图 8-136　标注"序号 1"

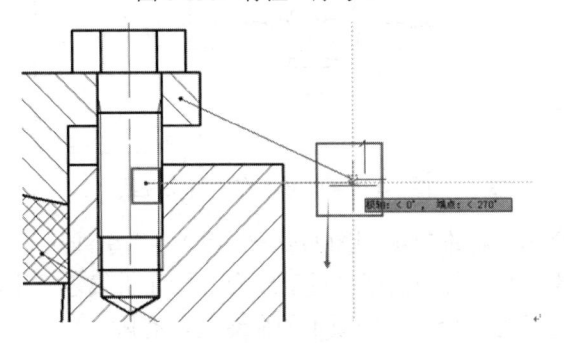

图 8-137　标注"序号 2"

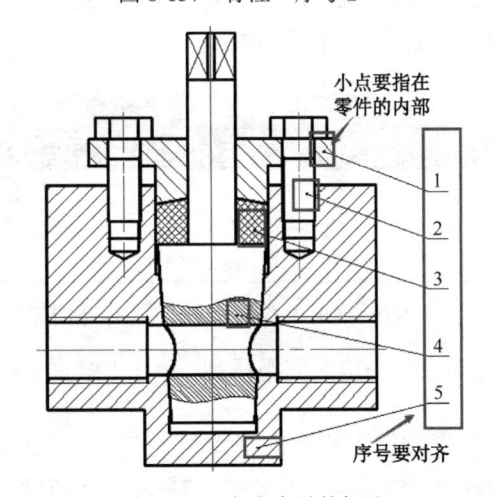

图 8-138　完成序号的标注

4. 将序号自动对齐

有时标注的序号没有自动对齐，可以用 AutoCAD 2013 自带的对齐功能进行对齐，其方法如下。

标注序号，将图层切换到"细实线层"，单击"引线"图标，如图 8-135 所示，其具体操作方法如下。

```
命令:_mleader
指定引线箭头的位置或 [引线基线优先(L)/内容优先(C)/选项(O)] <选项>:拾取点（如图8-136
```

所示中,零件1的适当位置拾取一点)

指定引线基线的位置:拾取点(向斜下方移动光标至适当位置拾取点,弹出"多行文字"窗口,输入数字"1",单击"确定"按钮),如图8-136所示。

标注"序号2",在"零件2"的适当位置拾取一点,在适当的位置单击,弹出"多行文字"窗口,输入数字"2",单击"确定"按钮,标注"零件3""零件4""零件5"的方法与此相同,如图8-139所示。

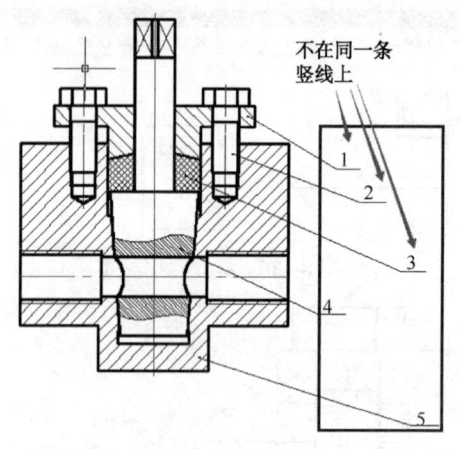

图 8-139　序号不在同一条竖线上

这样的标注不符合国家标准机械制图的要求,用"多重引线对齐"命令可以解决这一问题。注意:多重引线对齐的命令,必须使用多重引线命令标注引线才好用,用老版本的单引线标注引线,不能使用多重引线对齐命令。低版本的命令功能有限。

在"草图与注释"绘图窗口中,单击左上方的"注释"图标,出现"引线"对话框,单击"序号用"多重引线对齐图标,如图8-140所示。

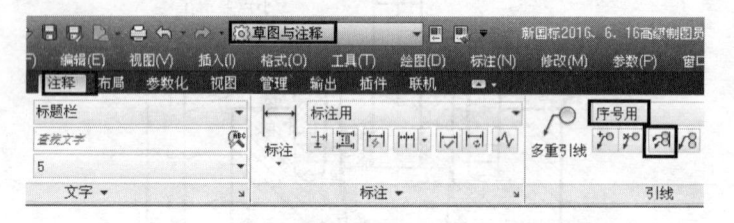

图 8-140　调出"多重引线对齐"命令图标

将选中的多重引线对齐并按照一定的间距排列。单击"多重引线"图标后,在命令行操作,其具体方法如下。

命令:_mleaderalign

选中多重引线:指定对角点:(选中5个序号及引线,选中方法为光标从右上方,红色数字"1"的位置,向左下方移动,如图8-141所示)

选中多重引线,指定对角点:找到5个(在合适的位置,红色数字"2"的位置,单击)如图8-141所示,图中全部序号显示为虚线状态)

已过滤5个

选择多重引线:✓(按Enter键)

当前模式:使用当前间距(系统默认的间距)

选择要对齐到的多重引线或[选项(O)]:(选中序号"1"的引线,选择引线的原则是哪一条引线在图中标注的位置合理、摆放位置好就选哪一条)

指定方向：（光标在向下的方向移动，极轴显示270°，在红色数字"3"的位置单击一下，如图8-141所示）

标注好的引线样式，如图 8-141 所示的右边的图形。

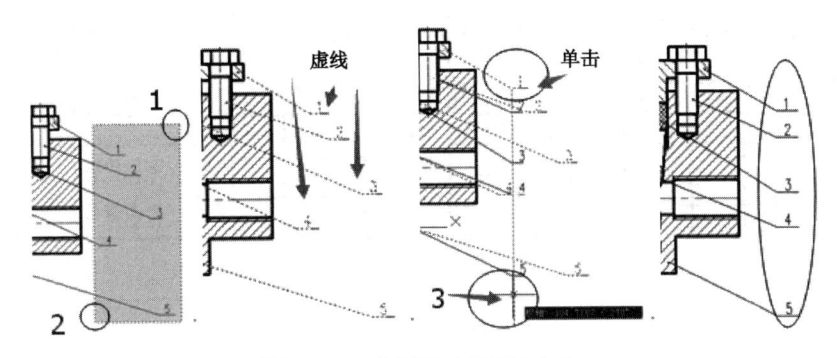

图 8-141　序号不对齐解决方法

5．怎样编号不易出错

先将所有的零件图有序画出指引线、横线及小点（箭头），检查无重复、无遗漏时，再统一按照顺时针或是逆时针的方向填写序号。

8.30　国家标准对标题栏和明细栏的要求

标题栏的基本要求、内容、尺寸和格式在国家标准 GB10609.1—2008《技术制图标题栏》中有详细的规定。在正规的图纸上（不管是手工绘图还是计算机绘图），都应按照国家标准规定的标题栏 GB10609.1—2008 绘制。

1．标题栏的尺寸要求

标题栏用来填写零部件名称、单位名称、图形比例、图号、所用材料及设计、批准、审核等有关人员的签字等信息。每张图纸的右下角都要有标题栏。标题栏的方向一般为看图的方向。

标题栏长边与图纸长边平行：X 型图纸（横放）。

标题栏长边与图纸长边垂直：Y 型图纸（竖放）。

注意：标题栏的竖线大部分都是粗实线如图 8-142 所示。标题栏分为"签字区""名称及代号区""修改区"和"其他区"，如图 8-143 所示。

2．标题栏的符号

为了利用预先印制的图纸，允许将 X 型图纸的短边置于水平位置使用，正规图纸按照逆时针方向旋转 90°，标题栏的方向在图纸的右上方，标题栏的填写要求如图 8-142 所示，看图的方向按照方向符号看图，如图 8-144（a）所示；或将 Y 型图纸的长边置于水平位置使用，如图 8-144（b）所示。图 8-144 中图纸摆放的位置就是看图的方向，此时看图方向符号的小三角向下，因此不能说标题栏的方向为看图的方向。

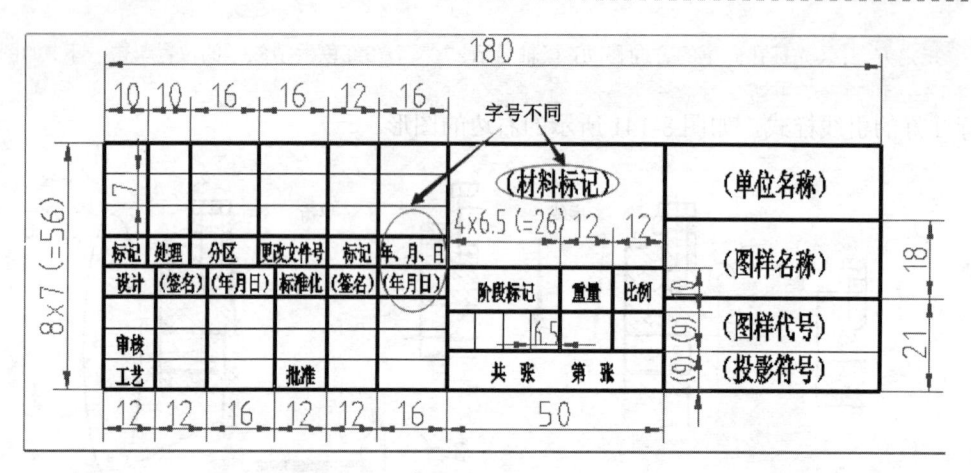

图 8-142　标题栏 GB10609.1—2008

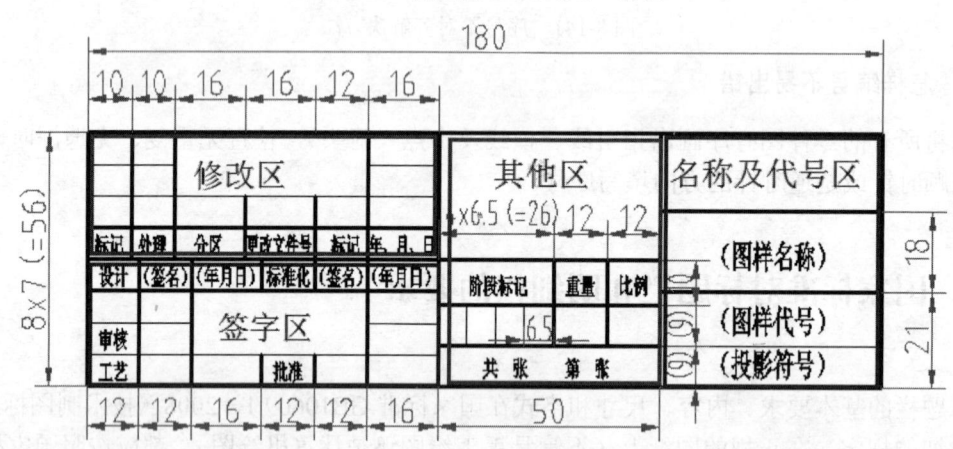

图 8-143　标题栏分区标示

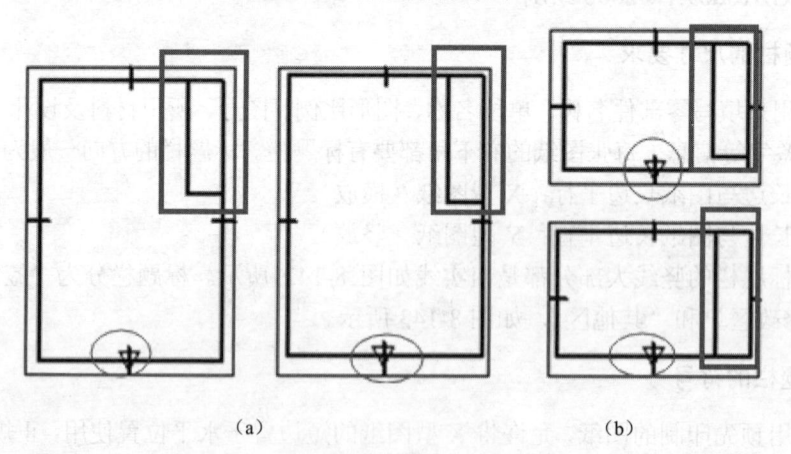

图 8-144　用预先印制的图纸标题栏的位置

(1) 对中符号。为了使图样复制和缩微摄影定位时容易找到中点，不同图幅的图纸均在图纸各边长的中点处画出对中符号。

对中符号用粗实线绘制，线宽不小于 0.5mm，长度从纸边界开始画入图框内约 5mm，如图 8-145（a）、(b) 所示。当对中符号处在标题栏范围时，伸入标题栏部分省略不画，如图 8-145（b）

所示的在标题栏处（右边）画红色方框的部分。对中符号的画法如图 8-145（c）所示。

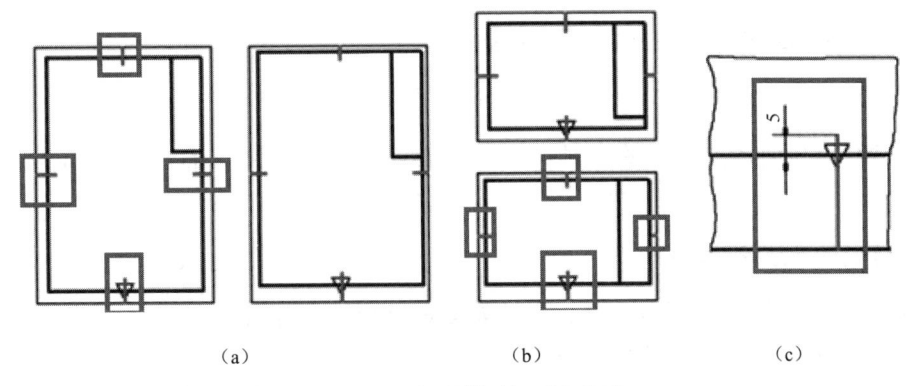

（a） （b） （c）

图 8-145 标题栏添加对中符号

（2）方向符号。对于按图配置的图纸，绘图时与看图时的图纸方向不同。应在图纸下方的对中符号处画一个方向符号，如图 8-146（a）、（b）所示，红色框内是对中符号和方向符号。

方向符号是用细实线绘制的等边三角形，等边三角形里面的粗实线是对中符号，其大小和所处的位置如图 8-146（c）所示。

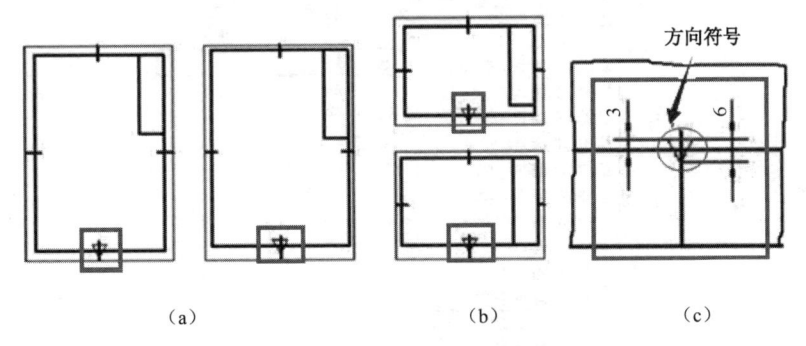

（a） （b） （c）

图 8-146 标题栏添加方向符号

3．标题栏字号的要求

画图时采用五种图幅，字体的高度根据图幅的不同会发生变化。在绘制标题栏时要格外注意。根据不同的图幅，标题栏的字号要求如表 8.8 所示。

表 8.8 标题栏和明细栏的字号

		A0	A1	A2	A3	A4
标题栏	单位名称	5			5	
	图样名称	5			5	
	图样代号	5			5	
	产品名称	5			5	
	材料名称	5			5	
	其他	3.5			3.5	
明细栏	序号、代号、名称等	3.5			3.5	

8.31 标题栏和明细栏的正确画法

绘制标题栏和明细栏的方法有两种，一种用直线（或是多段线）的方法绘制，另一种是用表格的方法绘制。

1．用直线的方法绘制表格

用多段线、直线的方法绘制标题栏。尺寸如图 8-142 所示，字体为长仿宋、字号（参见 8.30.3 节标题栏字号的要求），其操作步骤如下。

选取图层，单击"图层"工具栏中的"应用过滤器"右方下拉小三角，从已创建的图层列表中选择"细实线层"选项，将"细实线层"设为当前层，如图 8-147 所示。"文字样式"选择已经建好的"标题栏"样式（"文字样式中的标题栏"的创建方法，参见 8.16 节文字样式的设置）。

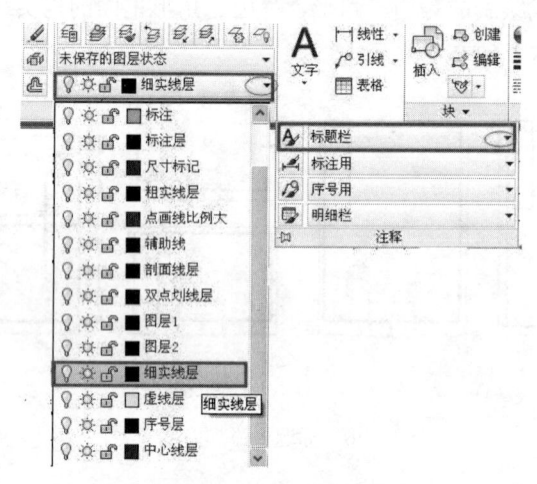

图 8-147 将图层和文字样式设置为当前层

绘制标题栏的尺寸，如图 8-143 所示。

绘制标题栏具体操作步骤如下。

单击"绘图"工具栏中的图标 ，"多段线"命令，根据命令行提示操作（注意 AutoCAD 2013 在英文和中文的模式下输入数字均可以）。

```
命令：_pline↙（按Enter键）
指定起点：（如图8-148所示，在适当位置单击）
当前线宽为 0.0000
指定下一个点或 [圆弧(A)/半宽(H)/长度(L)/放弃(U)/宽度(W)]：宽度(W) [单击命令行"宽度(W)"]
指定起点宽度 <0.0000>：0.5↙（按Enter键）
指定端点宽度 <0.5000>：↙（按Enter键）
指定下一个点或 [圆弧(A)/半宽(H)/长度(L)/放弃(U)/宽度(W)]:180↙（输入180，按Enter键）
指定下一个点或 [圆弧(A)/闭合(C)/半宽(H)/长度(L)/放弃(U)/宽度(W)]:56↙（输入56，按Enter键）
指定下一个点或 [圆弧(A)/半宽(H)/长度(L)/放弃(U)/宽度(W)]:180↙（输入180，按
```

第 8 章　用 AutoCAD 绘制工程图

Enter键）

指定下一点或 [圆弧(A)/闭合(C)/半宽(H)/长度(L)/放弃(U)/宽度(W)]:56↙（输入56，按Enter键）

标题栏的外框线绘制完成。（或者用矩形命令都可以，需要将图层换成 0.5mm 线宽的图层）

画第二条线，重复"多段线"命令，如图 8-148 所示，从红色数字"1"开始，当出现端点符号时，光标向上移动，输入数字"7"，按 Enter 键，将宽度(W)设置为"0"，在右边边框线水平位置单击，画好第一条与下边框距离 7mm 的水平细实线，如图 8-148 和图 8-149 所示。

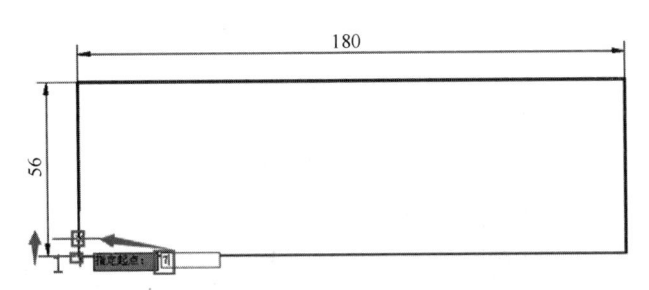

图 8-148　绘制好的标题栏外框

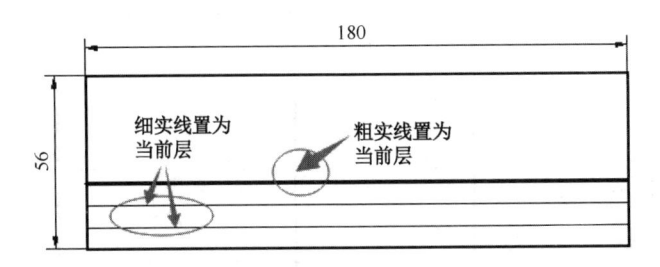

图 8-149　用"偏移"命令绘制横线时改变图层的方法

选择"修改"工具栏图标　"偏移"命令，根据命令行提示操作。

命令：_offset↙（输入偏移命令，按Enter键）
当前设置：删除源=否　图层=源 OFFSETGAPTYPE=0
指定偏移距离或 [通过(T)/删除(E)/图层(L)] <1.0>: 7 ↙（如图8-149所示，输入7mm，按Enter键）
选择要偏移的对象，或 [退出(E)/放弃(U)] <退出>:拾取对象（将光标放置在第二条细实线上任意点处，单击选中第二条细实线）
指定要偏移的那一侧上的点，或 [退出(E)/多个(M)/放弃(U)] <退出>:拾取点（将光标放在第二条细实线上面方向的任意点单击）
选择要偏移的对象，或 [退出(E)/放弃(U)] <退出>:↙（按Enter键）
将粗实线置为当前层，继续执行"偏移"命令
指定偏移距离或 [通过(T)/删除(E)/图层(L)] <7.0000>: 图层(L)[单击命令行"图层(L)"]
输入偏移对象的图层选项 [当前(C)/源(S)] <源>: 当前(C)[单击命令行"当前(C)"]
指定偏移距离或 [通过(T)/删除(E)/图层(L)] <7.0000>:↙（按Enter键）
选择要偏移的对象，或 [退出(E)/放弃(U)] <退出>:↙（按Enter键）用"偏移"命令画好的直线，如图8-149所示。

继续执行"偏移"命令完成横线和竖线的绘制，用"修剪""删除"等命令完成标题栏的绘制，步骤省略。根据国家标准的要求格式和尺寸画好标题栏，如图 8-150 所示。

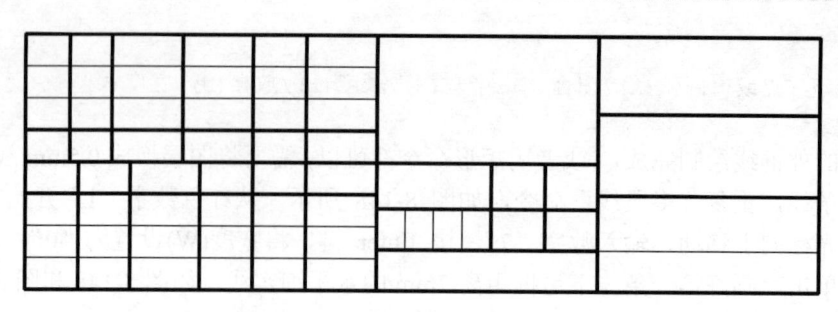

图 8-150　绘制完成后的标题栏

书写文字，"文字样式"选择已经建好的"标题栏"（"文字样式中的标题栏"的创建方法，参见 8.16 节中文字样式的设置）。

单击图标 A "多行文字"命令，根据命令行提示操作，在标题栏的左上角红色方框处单击，向右下方移动，如图 8-151 所示箭头的方向。

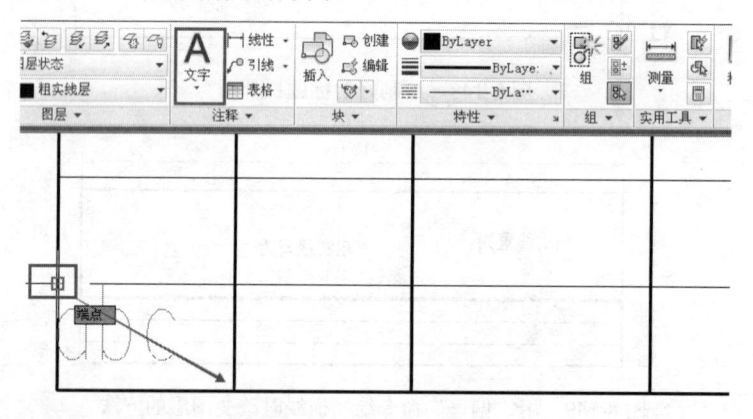

图 8-151　书写文字的方法

出现"文字编辑器"对话框，文字样式→"标题栏"→字高→"3.5"→文字位置→"正中（MC）"→"居中"→书写"工艺"二字，单击"关闭"按钮，如图 8-152 所示。

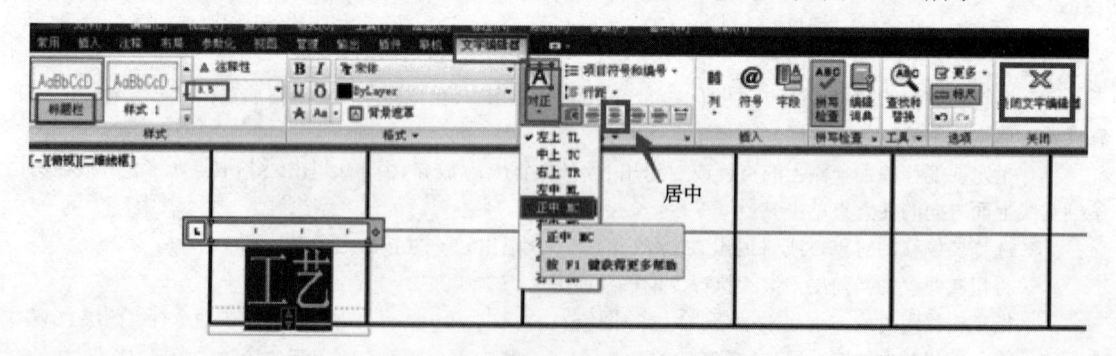

图 8-152　书写"工艺"二字

复制"工艺"二字到相同的格式中，双击"工艺"修改成"审核"，用文字书写或者是复制的方法完成标题栏的文字书写。注意标题栏的字体有 3.5 号字和 5 号字，书写时不要弄错了，如图 8-153 所示。

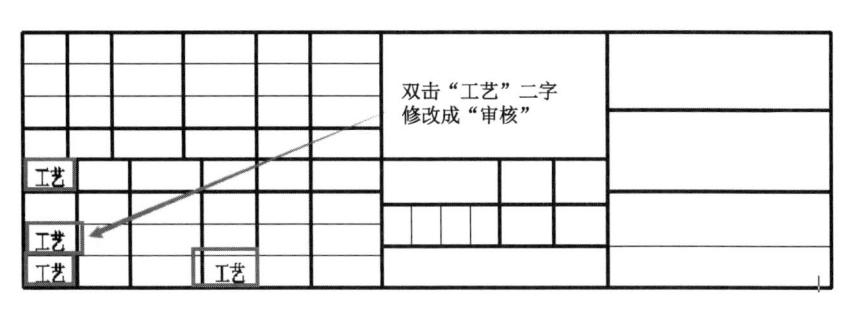

图 8-153 双击"工艺"修改成"审核"

完成后的标题栏,如图 8-154 所示。

图 8-154 完成后的标题栏

根据标题栏的内容填写,"设计"填写设计者的姓名和绘制图样的时间,填写"年月日";"审核"是审核者的姓名和审核的时间,填写"年月日";"单位名称"一栏填写设计单位或委托设计单位的名称,不能简单写"兵工厂"写得要详细,不要让别人去"猜";"图样名称"填写零部件或总图的名称,尽量简单明了;"图样代号"在产品设计时非常重要,由设计人员编制,能够反映出本图样所表达的零部件是哪种产品用的、隶属于哪一张装配图或部装图等信息,用字母和数字等组成;"阶段标记"指产品设计开发试制等过程的标记,一般不填;"标记""处理""分区""更改文件号"等是图纸的更改标记,用于在工程图使用过程中微量改动处作出标记。不同的企业对于更改标记会有相应的规定,对于图纸的更改一定要按照规定去填写更改标记,以便于查阅。"投影符号"第一角画法或是第三角画法投影识别符号,第一角画法可以省略不标,如图 8-155 所示。

(a) 第一角　　　　(b) 第三角

图 8-155 第一角画法和第三角画法投影标识符号

2. 用表格的方法绘制明细栏

用表格的方法绘制明细栏(标题栏)。《技术制图明细栏》(GB/T 10609.2—2009)规定了技术图样中明细栏的画法。

明细栏一般配置在装配图中标题栏的上方,按自下而上的顺序填写。当标题栏上方的位置不够时,可将明细栏放置在紧邻标题栏的左侧,当有两张或两张以上同一图样代号的装配图时,应将明细栏放在第一张装配图的标题栏上方。明细栏由序号、代号、材料、质量(单件、总计)、名称、数量、分区、备注等组成。

用表格样式绘制明细栏的步骤：创建表格样式（明细栏样式），尺寸如图 8-142 所示，字体为长仿宋、字号参见 8.30.3 节标题栏字号的要求，其操作步骤如下。

选取图层，单击"图层"工具栏中的"应用过滤器"右方下三角按钮，从已创建的图层列表中选择"细实线层"，将"细实线层"设为当前层，如图 8-147 所示。"文字样式"选择已经建好的"标题栏"样式（"文字样式中的标题栏"的创建方法，参见 8.16 节中的文字样式的设置）。明细栏尺寸如图 8-156 所示。

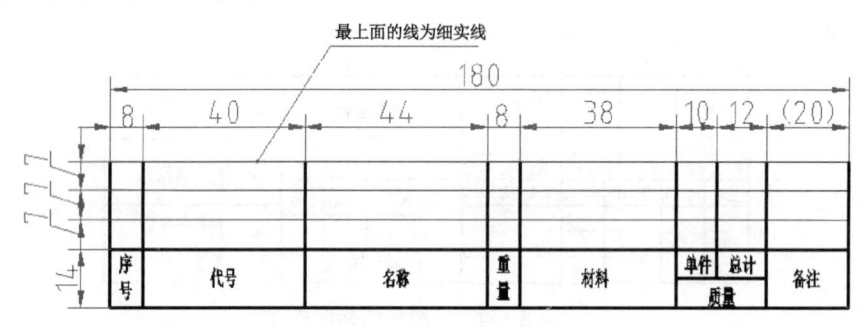

图 8-156 明细栏的尺寸

（1）绘制"明细栏"表头的样式。单击"注释"右边的下三角图标，如图 8-157 所示。出现"样式"下拉菜单，单击"表格样式"命令，出现"表格样式"对话框，在"Standard"样式的基础上，单击"新建"按钮，出现"创建新的表格样式"对话框，如图 8-158 所示。在该对话框的"新样式名"文本框中输入"明细栏"，如图 8-159 所示。

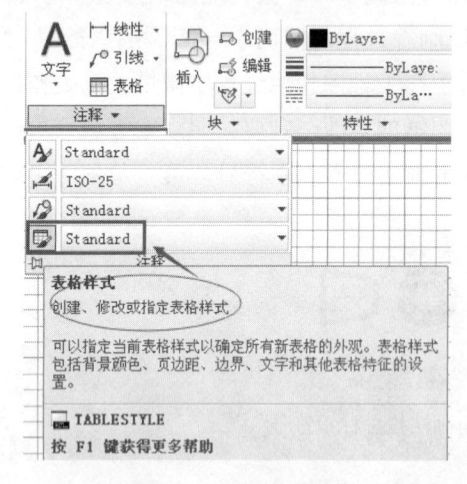

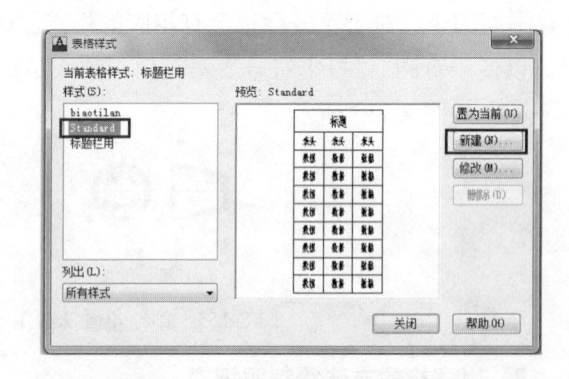

图 8-157 表格样式图标　　　　图 8-158 表格样式设置表头栏对话框

在图 8-159 中，单击"继续"按钮，弹出"新建表格样式：明细栏"对话框，在此对话框中设置新创建的表格样式的各个相关参数。

① "常规"选项卡。在"新建表格样式：明细栏"对话框右侧，单击"常规"选项卡，对表格基本特性进行设置。"特性"→"对齐"→"正中"→"格式"→"文字"→"页边距"→"水平"→"0.1"→"垂直"→"0.1"。其余选项为系统默认值，如图 8-160 所示。

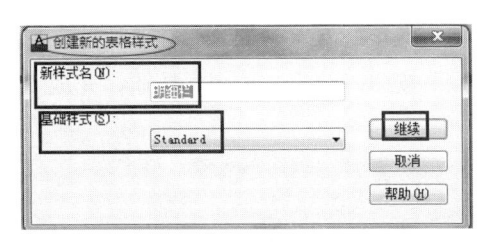

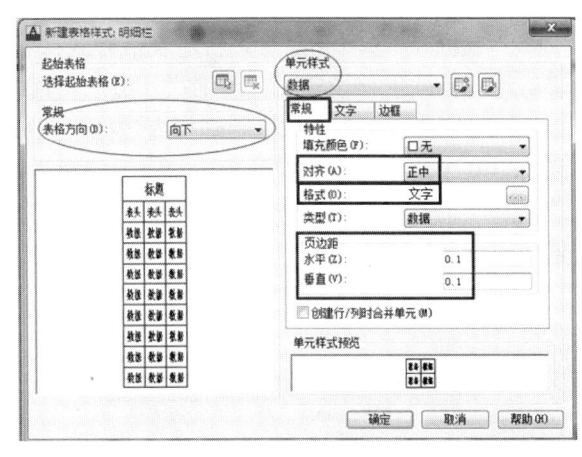

图 8-159　明细栏设置表头栏对话框　　　　图 8-160　明细栏对话框"常规"设置

②　"文字"选项卡。在"新建表格样式：明细栏"对话框右侧，单击"文字"选项卡，对表格文字特性进行设置。单击文字样式后面的小方框按钮，如图 8-161 所示，出现"文字样式"对话框，如图 8-162 所示，单击"应用（A）"→"置为当前（C）"→"关闭"。返回到"新建表格样式：明细栏"对话框。"文字样式"→"标题栏"→"文字高度"→数字"3.5"，其余选项为系统默认值，如图 8-161 所示。

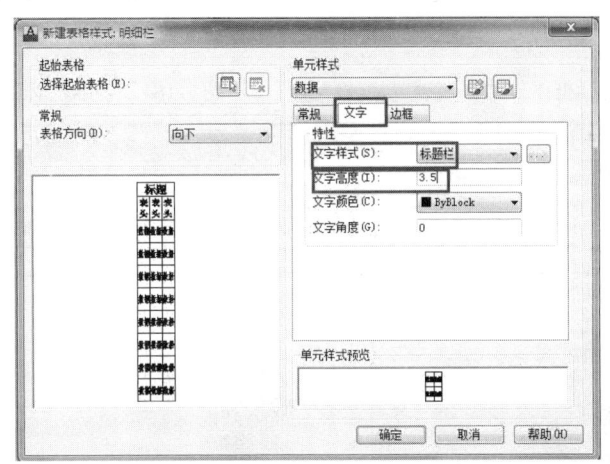

图 8-161　明细栏对话框"文字"设置

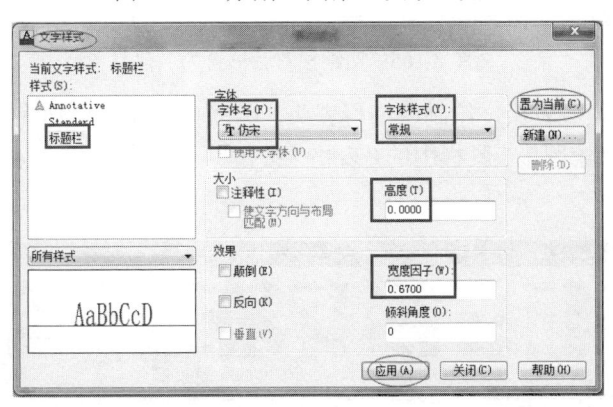

图 8-162　明细栏设置中文字样式的设置

③ "边框"选项卡。在"新建表格样式：明细栏"对话框右侧，单击"边框"选项卡，对表格边框特性进行设置。将明细栏外边框设置成粗实线，"线宽"→"0.3mm"，单击外边框□图标，如图8-163所示。将明细栏内边框设置成细实线，"线宽"→"0.15mm"，单击内边框田图标，其余选项为系统默认值，单击"确定"按钮，如图8-164所示。注意，内边框正确设置"线宽"也是粗线"0.3mm"，本例为了介绍将细实线怎样改变成粗实线的方法，将内边框设置成细线"0.15mm"。

返回到"表格样式"对话框。单击"置为当前（U）"按钮，单击"关闭"按钮，完成表格样式设置，如图8-165所示。

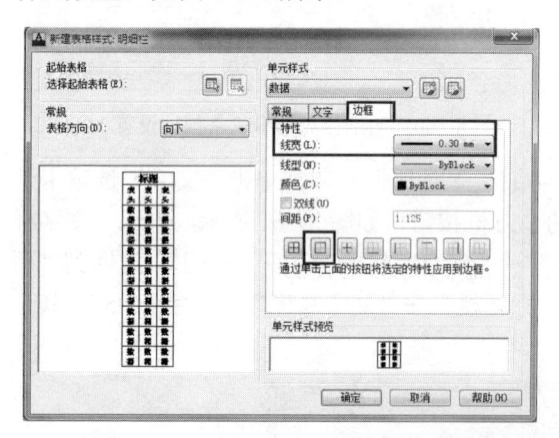

图8-163　明细栏对话框"外边框"设置 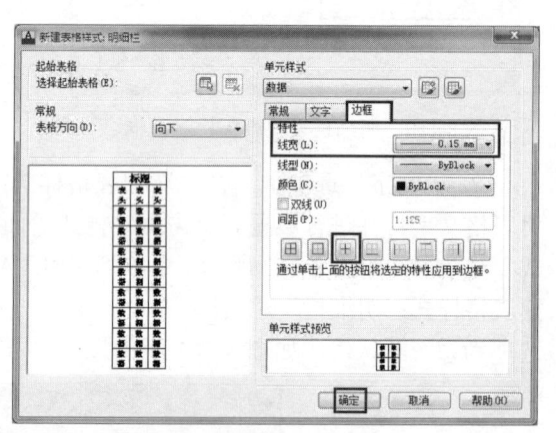　　　　图8-164　明细栏对话框"内边框"设置

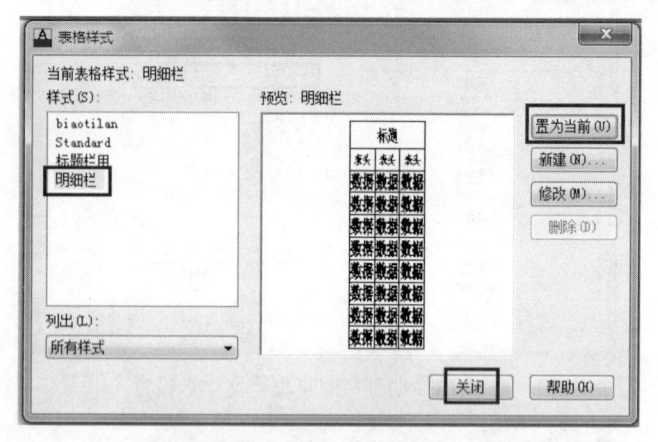

图8-165　明细栏对话框置为当前

（2）绘制"明细栏"表头。绘制明细栏表头，将当前绘图窗口切换到"细实线层"图层，然后插入表格。单击"绘图"工具栏中的"表格"按钮，出现"插入表格"对话框，如图8-166所示。

图8-166　表格图标和明细栏尺寸

"插入表格"→"表格样式"→"明细栏"→"插入选项"→"从空表格开始"→"插入方式"→"指定插入点"→"行和列设置"→"列数（C）"→"8"→"列宽（D）"→"8"→"数据行数（R）"→"2"→"行高（G）"→"1"。其他采用系统默认设置。（"设置单元样式"选区域项中"第一行单元样式"设置为"标题"，"第二行单元样式"设置为"表头"，"所有其他行单元样式"设置为"数据"，如果这样设置，后面的删除第一行、第二行就不用删除了）。（设置标题栏的方法，"列数（C）"→"16"→"数据行数（R）"→"11"→"行高（G）"→"1"，设置方法略）。如图 8-167 所示。

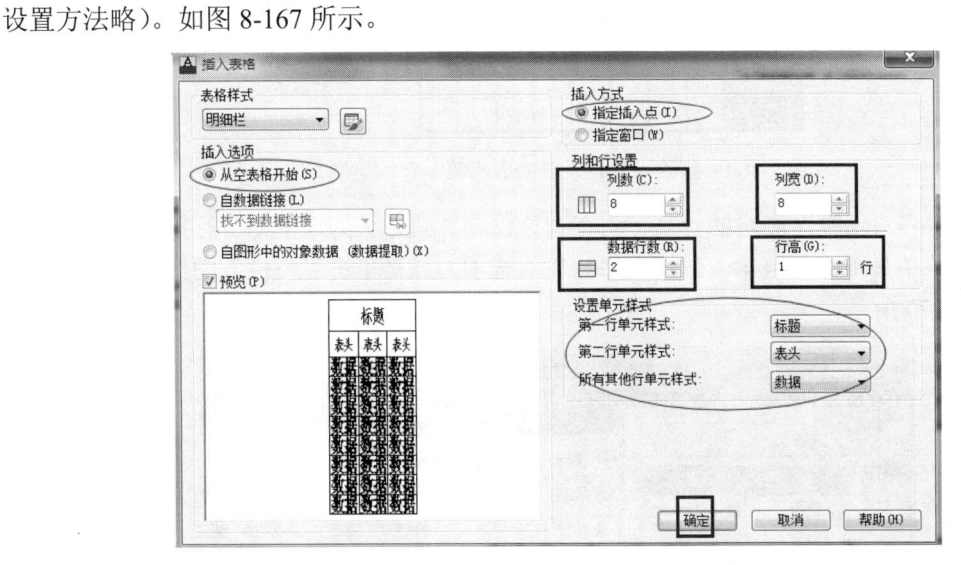

图 8-167　设置好的插入明细栏对话框

单击"确定"按钮，关闭"插入表格"对话框，返回绘图窗口，根据命令行提示操作如下。

命令：_table

指定插入点：拾取点，在绘图窗口任意一点单击，插入设置的表格，单击文本框的"确定"按钮，如图 8-168 所示。

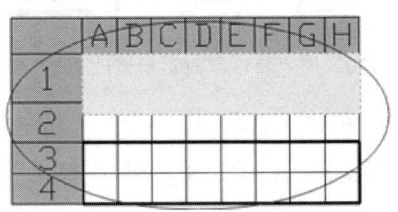

图 8-168　插入设置的表格

删除第一行、第二行，选中第一行、第二行，右击，在弹出的下拉菜单中选择"行"的下一级菜单"删除"选项，将表格第一行、第二行删除掉，也可以用图标删除，如图 8-169 所示。

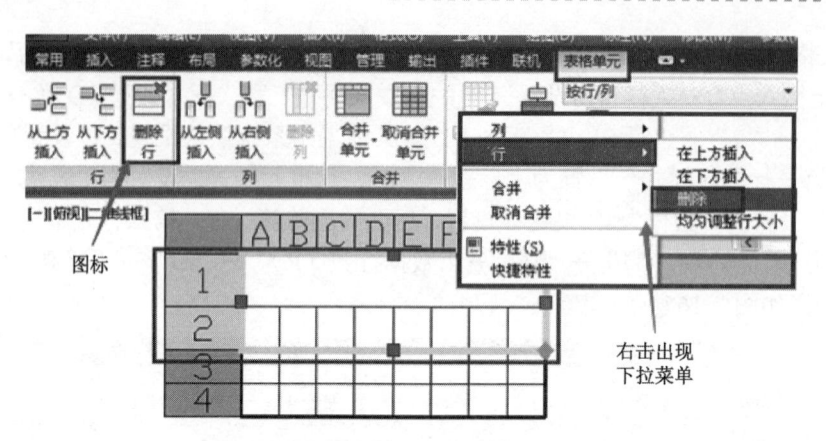

图 8-169　删除明细栏表头的表格第一行、第二行

通过"特性"对话框对表格的行高、列宽进行设置。其方法为选中第一行第二单元格，右击，在弹出的菜单最下方倒数第二位选择"特性"选项，或是单击"特性"图标，出现特性对话框，如图 8-170 所示。

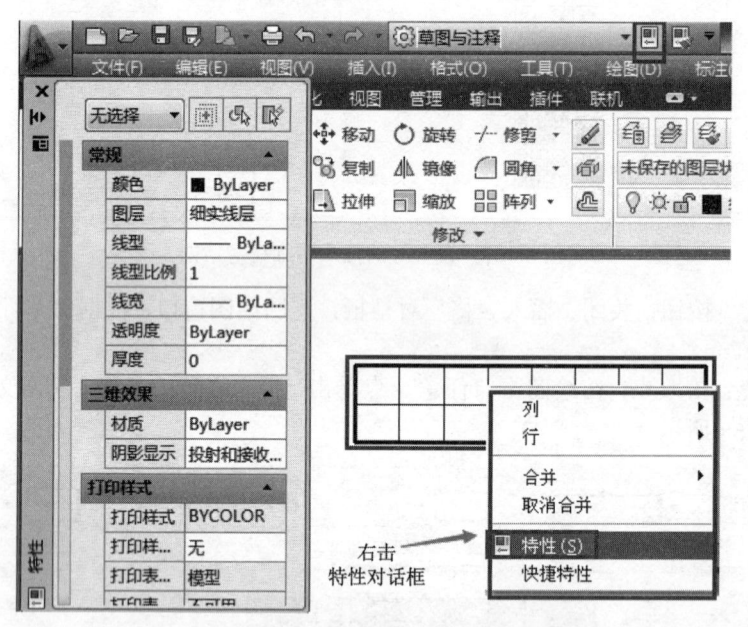

图 8-170　用"特性"对话框修改表格

"单元"→"单元宽度"→"40"→"单元高度"→"7"，按 Enter 键，如图 8-171 所示；用同样方法设置其他单元格行和列，选中第二行第三单元格，"单元"→"单元宽度"→"44"→"单元高度"→"7"，按 Enter 键；选中第一行第五单元格，"单元"→"单元宽度"→"38"→"单元高度"→"7"，按 Enter 键；选中第一行第六单元格，"单元宽度"→"10"，按 Enter 键；选中第一行第七单元格，"单元宽度"→"12"，按 Enter 键；选中第一行第八单元格，"单元宽度"→"20"，按 Enter 键。表格设置完毕，如图 8-172 所示。合并单元格，选择第二行的第六个和第七个单元格，单击"合并"图标，或右击，在弹出的菜单中选择"合并"的下一级菜单"全部"选项，即可完成两单元格合并成一个单元格，如图 8-173 所示。

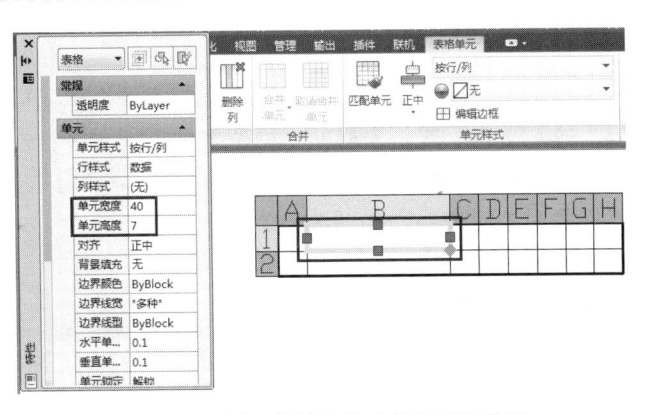

图 8-171　用"特性"修改行和列的参数

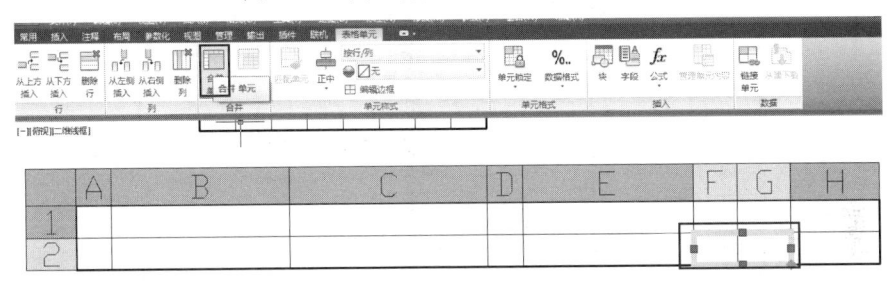

图 8-172　选中要合并的单元格

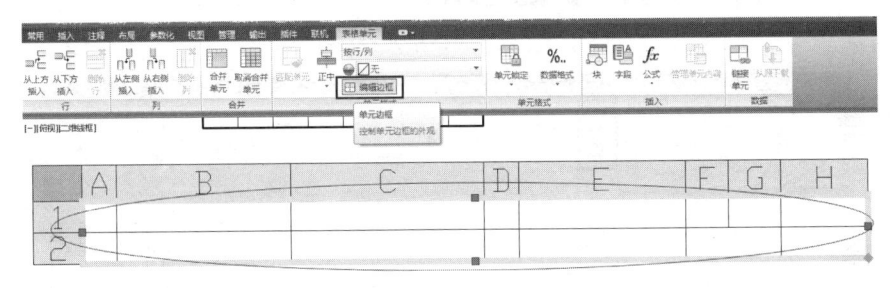

图 8-173　合并后单元格

设置表格的线宽。"表格单元"→"编辑边框"→"单元边框特性"对话框→"线宽（L）"→"0.3mm"→单击左下角"竖线"图标，如图 8-174 所示。"线宽（L）"→"0.3mm"→单击左下角"横线"图标→"确定"按钮，如图 8-175 所示。

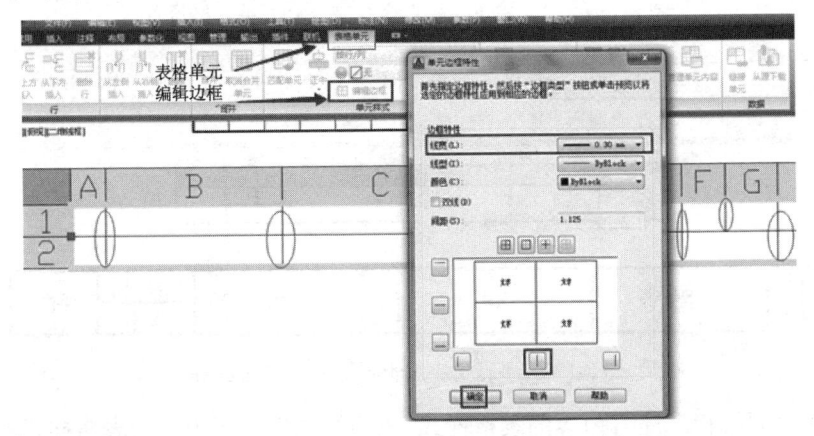

图 8-174　设置表格单元特性线宽 1

合并单元格。光标选择第一行、第二行的第一、二、三、四、五和第八个单元格，单击合并图标下面的按列合并图标，即可完成两单元格合并成一个单元格，如图8-176所示。

（3）表格设置好后，输入文字。双击表格的空白位置，出现"多行文字编辑器"，"文字样式"→"标题栏"→"字体"→"T 仿宋_GB2312"→"字高"→"5"，输入表格的内容，单击"确定"按钮。设置好的明细栏表头，如图8-177所示。

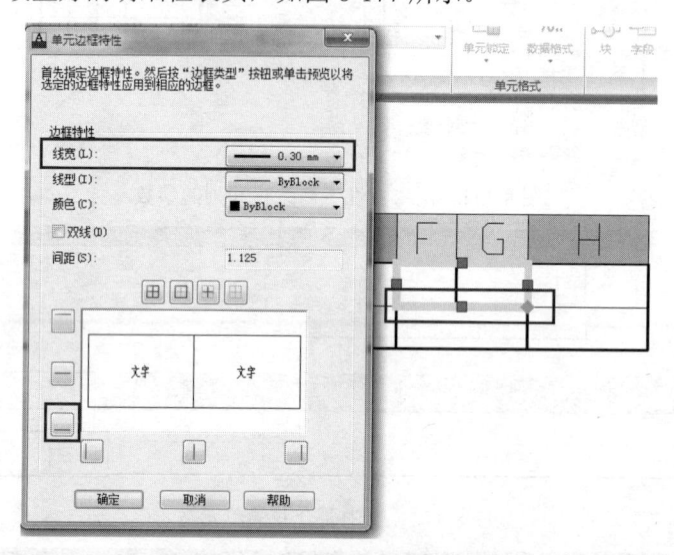

图8-175 设置表格单元特性线宽2

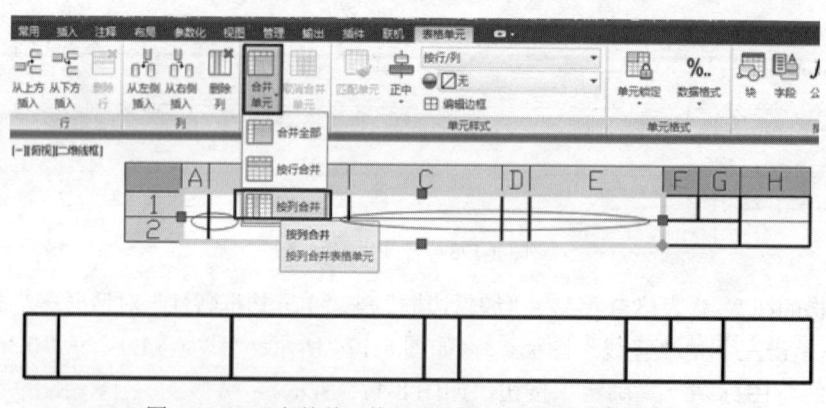

图8-176 "合并单元格"命令完成合并单元格设置

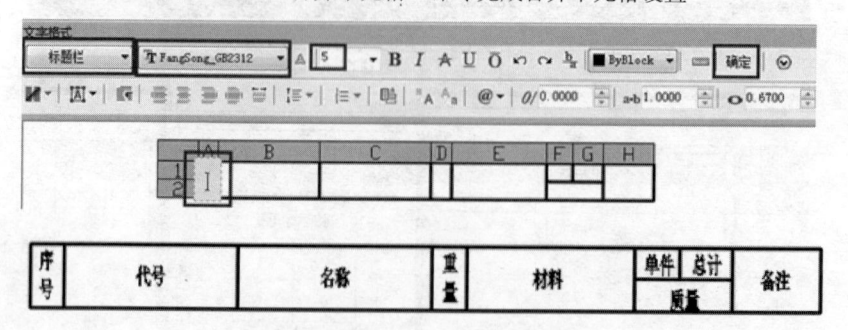

图8-177 多行文字编辑器输入汉字的表格

（4）新建"明细栏"序号内容的表格样式。"明细栏"序号内容的表格样式的设置方法与新建"明细栏"表头的表格样式相同。单击"注释"右边的小三角图标,出现"样式"下拉菜单,单击"表格样式"命令图标,出现"表格样式"对话框,如图 8-178 所示,在"明细栏"样式的基础上,单击"新建"按钮,出现"创建新的表格样式"对话框,在该对话框的"新样式名"文本框中输入文字"序号栏",如图 8-179 所示。

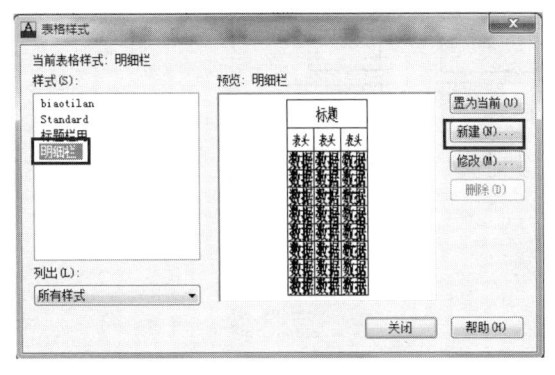

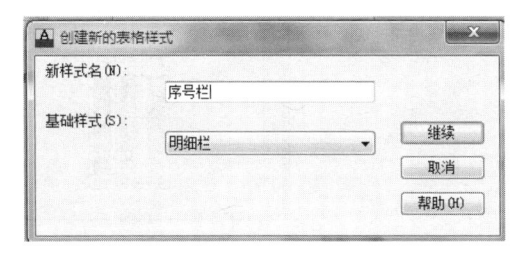

图 8-178 "表格样式"对话框设置序号栏　　图 8-179 "创建新的表格样式"对话框设置序号栏

单击如图 8-179 所示的"继续"按钮,出现"新建表格样式:序号用"对话框,在此对话框中设置新创建的表格样式的各个相关参数。默认情况下,"新建表格样式:序号用"对话框中各选项的设置继承了"新建表格样式:明细栏"样式的所有特征参数,如"常规"选项卡和"文字"选项卡。只对"边框"进行相应的修改即可。

"边框"选项卡。在"新建表格样式:序号用"对话框右侧,选择"边框"选项卡,对表格边框特性进行设置。将序号栏外边框和内边框都设置成粗实线,"线宽"→"0.3mm",分别单击外边框图标 和内边框图标 ,单击"确定"按钮,如图 8-180 所示。

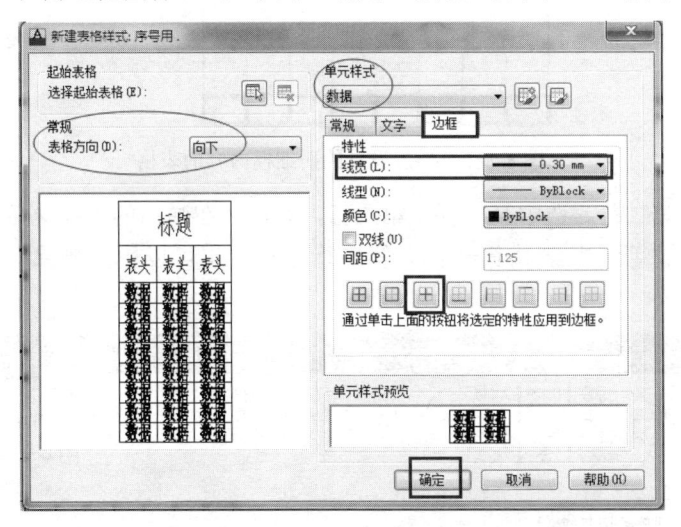

图 8-180 "新建表格样式:序号用"对话框设置序号栏边框

返回到"表格样式"对话框,如图 8-178 所示,单击"置为当前(U)"按钮,单击"关闭"按钮,完成表格样式的设置。

(5)绘制"明细栏"序号内容的表格。绘制"明细栏"序号内容的表格方法,打开"插入表格"对话框(调用命令的方法与前面绘制"明细栏"表头的方法相同)。"插入表格"→"表格样式"→"序号用"→"插入选项"→"从空表格开始"→"插入方式"→"指定插入点"→"列和行设置"→"列数（C）"→"8"→"列宽（D）"→"8"→"数据行数（R）"→"1"→"行高（G）"→"1"行→"确定"。其他采用系统默认设置，如图8-181所示。

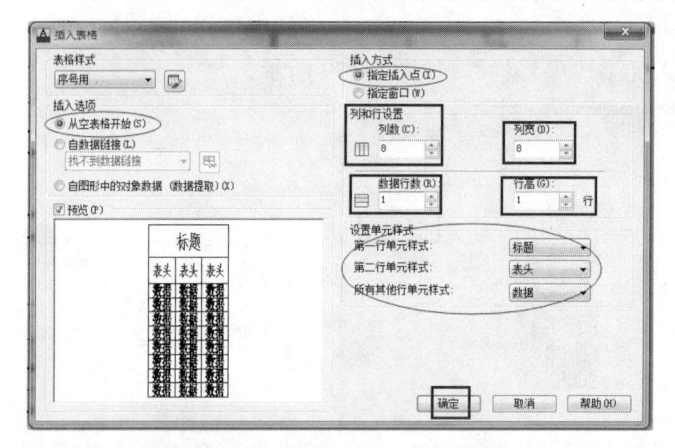

图8-181 "插入表格"对话框

关闭"插入表格"对话框，返回绘图窗口，根据命令行提示操作如下。

命令：_table

指定插入点：拾取点，在绘图窗口任意一点单击，插入设置的表格，单击文本框的"确定"按钮，如图8-182所示。

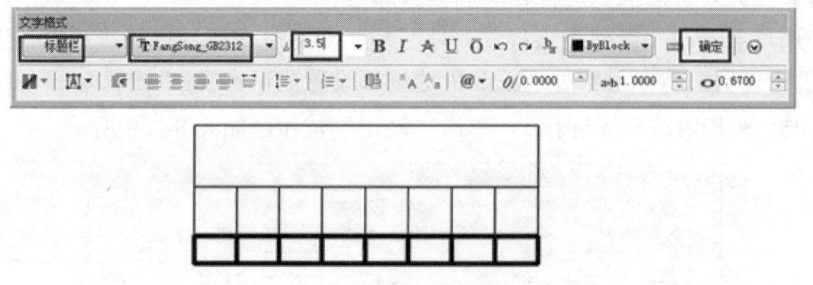

图8-182 插入设置的明细栏内容的表格

删除第一行、第二行。选中第一行、第二行，右击，在弹出的下拉菜单中选择"行"的下一级菜单"删除"选项，将表格第一行、第二行删除，也可以用"删除"按钮，如图8-183所示。

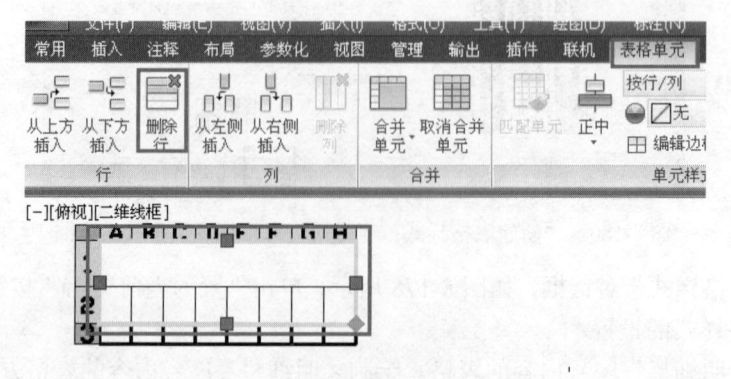

图8-183 删除明细栏内容的表格第一行、第二行

设置表格的线宽。"表格单元"→"编辑边框",如图 8-184 所示,打开"单元边框特性"对话框,如图 8-185 所示,"线宽(L)"→"0.15mm"单击左下角上边框线图标□→"线宽(L)"→"0.15mm"单击左下角下边框线图标□→"确定"。完成明细栏内容表格的上下边框线的设置,如图 8-185 所示。

通过特性快捷键"PR"调出对话框,如图 8-186 所示,对表格的行高、列宽进行设置。其方法为,选中第一行第二单元格,"单元"→"单元宽度"→"40"→"单元高度"→"7",按 Enter 键;用同样方法设置其他单元格行和列,选中第一行第三单元格,"单元"→"单元宽度"→"44"→"单元高度"→"7",按 Enter 键;选中第一行第五单元格,"单元"→"单元宽度"→"38"→"单元高度"→"7",按 Enter 键;选中第一行第六单元格,"单元宽度"→"10"按 Enter 键;选中第一行第七单元格,"单元宽度"→"12",按 Enter 键;选中第一行第八单元格,"单元宽度""20",按 Enter 键。表格设置完毕,如图 8-187 所示。

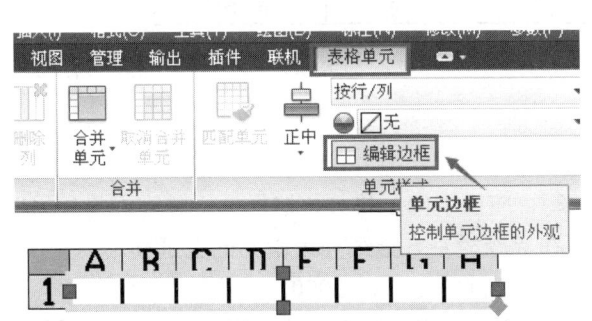

图 8-184 设置表格的线宽　　图 8-185 "单元边框特性"对话框设置序号明细栏

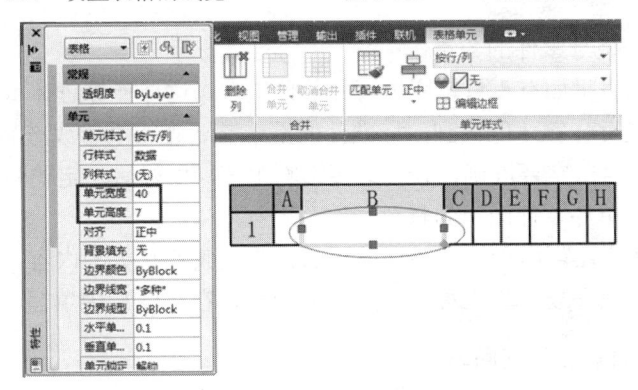

图 8-186 用"特性"修改行和列的参数图

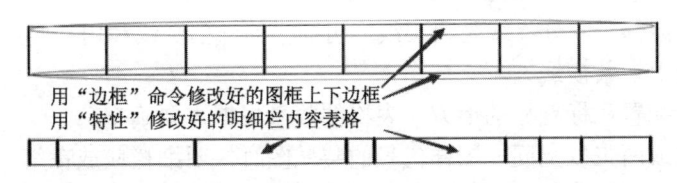

图 8-187 修改好的明细栏序号内容表格

3．插入表格

将设置好的明细栏表头表格和明细栏序号内容表格，插入到设置好的标题栏的上面。插入表格的具体方法如下。

（1）将设置好的明细栏表头表格插入到标题栏的上面。插入点在图中红色方框处，用红色数字"1"标记，如图 8-188 所示。

（2）将设置好的明细栏序号内容表格插入到明细栏表头表格上面，插入点在图中红色方框处，如图 8-188 所示，用红色数字"2"标记，需要几个序号表格，根据装配中有多少个零件决定（包括标准件）。表格建好后，移动到已经建好的图框下面，填写上具体的内容。

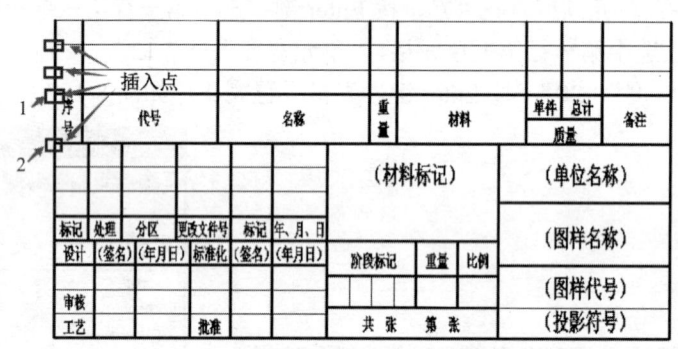

图 8-188　将明细栏插入到标题栏

4．填写明细栏的内容

填写明细栏的内容如下。

（1）序号。按照装配图的序号顺序填写，应由下向上排列，这样便于补充编排序号时被遗漏的零件。当标题栏上方位置不够时，可在标题栏左方继续列表由下向上延续。

（2）代号。一般填写标准件的国标代号，如 GB/T578—2000。

（3）名称。包括部件图明细栏里零件的名称，尽量以最直观的文字命名，长度尽量不要超过 5 个汉字。

（4）数量。同一型号零件的数量。

（5）重量。明细表里如有重量，应填写好单件重量，这样计算总体重量时就会很方便。非标准件的重量需要经过计算才能得到，标准件的重量需要查阅手册或产品样本得到。

（6）材料。填写时一定要准确，它会直接影响生产，填好后一定要验算是否有错误。明细栏里零件的材料要和单件零件图上的材料一致。

（7）备注。备注栏还可用于填写该项的附加说明或其他有关的内容。例如，标准件不需要画出零件图再加工，只需要给出国标代号，外购即可，在备注栏中填写"外购"。

5．绘制标题栏时需注意的问题

绘制标题栏和明细栏时，应注意以下问题。

（1）明细栏和标题栏的分界线是粗实线，明细栏的外框竖线和内部竖线均为粗实线，横线为细实线（包括最上一条横线）。

（2）明细栏应配置在标题栏的上方，表格的数量根据需要确定。

（3）当有两张或两张以上同一图样代号的装配图时，明细栏应放在第一张装配图上。

（4）当装配图中不能在标题栏的上方配置明细栏时，可作为装配图的续页按 A4 幅面单独绘制，其顺序应是由上而下延伸，不够时可连续加页，但应在明细栏的下方配置标题栏，并在标题栏中填写与装配图相一致的名称和代号。

8.32 命令提示的说明

关于命令提示的说明
（1）在"[ ]"中内容为选项，当一个命令有多个选项时各选项用"/"隔开。
（2）在"< >"中的选项为默认项（或默认值）。
（3）在选择所需的选项时，只需输入对应选项的大写字母。例如，在选择"直线（L）"选项时，只需输入 L 即可执行"直线"命令。

8.33 夹点的用处

在 AutoCAD 中，用户可以根据需要对夹点的大小和颜色等参数进行设置。用户只需打开"选项"对话框，切换到"选择集"选项卡，即可进行相关设置。

默认情况下，AutoCAD 的夹点编辑方式是开启的。十字光标靠近夹点并单击，夹点颜色显示为红色，且激活夹点编辑状态，红色夹点称为选中的夹点，此时，AutoCAD 自动进入"拉伸"编辑方式，连续按 Enter 键或 Space 键，就可以在拉伸（拉长）、移动、旋转、缩放或镜像等编辑方式间切换。

选中图形对象显示夹点（蓝色小方框代表的点），这些夹点定义了图形对象的位置和几何形状，其中某些点的位置变动将使它所定义的图形对象的位置或形状发生改变。当图形被选中时，单击要编辑的夹点，此时该夹点由蓝色小方框变为实心的红色小方块，表示进入夹点编辑状态（这种夹点称为热点）。夹点编辑共有五种方式，即拉伸、移动、旋转、比例缩放和镜像。进入夹点编辑后，便在命令行出现编辑提示，此时按 Enter 键可使五种编辑方式依次循环，如图 8-189 所示。

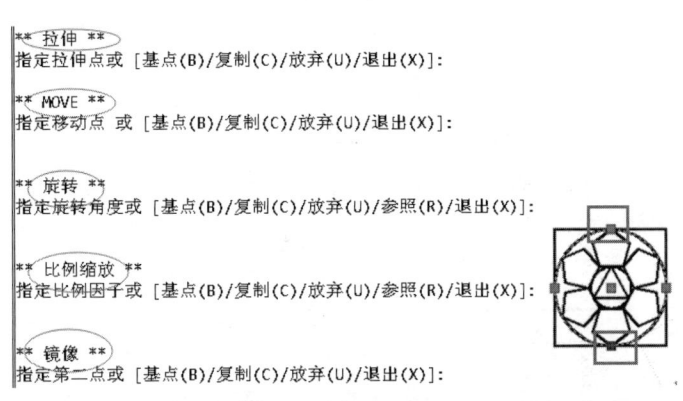

图 8-189 夹点编辑方式

8.34 样板图的创建

样板图文件，就是包含一定绘图环境和专业参数的设置，没有图形对象的空白文件，将此空白文件保存为".dwt"格式后，称为样板文件。在机械制图中，国家标准对图纸幅面作了统一的规定。标准图纸基本幅面分为 A0、A1、A2、A3、A4 五种，每种图纸图框有两种格式，不留装订边和留有装订边，图纸还分为横放和竖放的区别。在实际绘图之前，可以根据需要建立图纸的图形样板文件，且便于标准化及文件的调用，提高绘图效率。

1．样板图的制作

制作样板图的方法很多，下面根据经常用到的内容进行设置，方便实用。

（1）设置图形边界，设置 A4 图幅图形界限的方法，参见 8.11 节设置 A4 图幅绘图界限的方法。

（2）设置图形单位、精度。设置方法为："格式"→"单位"，出现"图形单位"对话框，分别对下列项目进行相应设置，"长度"→"类型（T）"→"精度（P）"→"角度"→"类型（Y）"单击"方向（D）"按钮，出现"方向控制"对话框，"基准角度（B）"→"东（E）"→"0"等，如图 8-190 所示。

（3）设置图层，参见 8.12 节正确设置图层。

（4）设置文字样式，参见 8.16 节中的文字样式的设置。

（5）设置尺寸标注样式，参见 8.17 节中的标注样式的设置步骤。

（6）设置标题栏和明细栏，参见 8.31 节标题栏和明细栏的正确画法。

（7）创建表面粗糙度符号并建外部块，参见 8.28 节粗糙度符号的画法及标注方法。

（8）设置序号样式，参见 8.29 节标注装配图中的序号。

（9）几何公差框格及新基准符号的设置，参见 8.27 节几何公差框格及基准符号的标注方法。

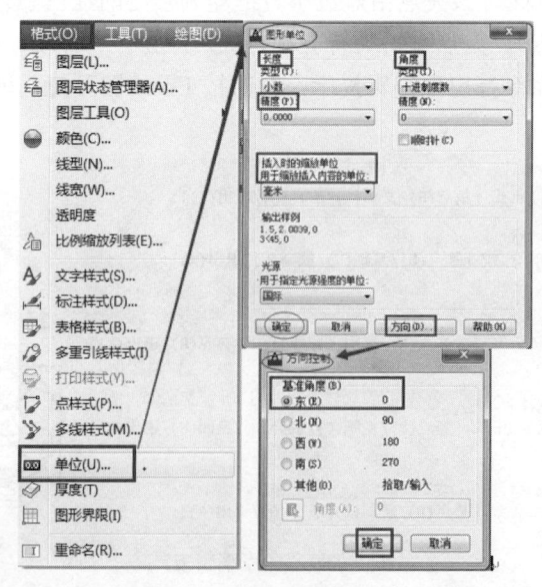

图 8-190　设置图形单位、精度

(10)保存样板图,存盘形式".dwt"。也可以参考 8.5 节图形文件怎样用公制打开与保存。这时的文件存盘格式是".dwg",可以放在常用的桌面等地方。

2．样板图的保存

将设置好的样板图存盘:"文件"→"另存为"→"文件类型(T)"→"AutoCAD 图形样板(*.dwt)"→"文件名(N)"→"工程图样板图"→"保存于"→"Template"文件夹→"保存(S)"如图 8-191 和图 8-192 所示。这样在调用时很方便,打开"工程图样板图",打开形式为".dwt",即可。

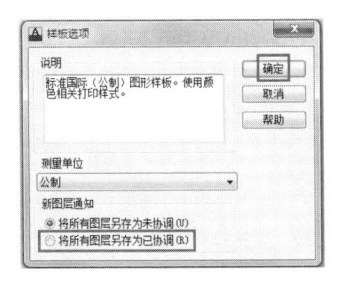

图 8-191 "样板选项"对话框

图 8-192 样板图存盘形式".dwt"

8.35 零件图的内容

机械平面图样包括零件图和装配图。组成机器的最小单元称为零件。机械零件图是用来表示零件的结构形状、大小及技术要求的图样,是制造和检验机械零件的重要技术文件。机械零件图不仅反映了设计者的设计意图,而且表达了零件的各种技术要求,如尺寸精度、表面粗糙度等。

1．零件图的内容

一张完整的零件图应包括的内容如下。

（1）一组视图。在零件图中须用一组视图来表达零件的形状和结构，应根据零件的结构特点选择适当的剖视、断面、局部放大图等表示法，用最简明的方案将零件的形状、结构表达出来。

（2）完整的尺寸。零件图上的尺寸不仅要标注得完整、清晰，而且还要标注得合理，能够满足设计意图，适宜于加工制造，便于检验。

（3）技术要求。零件图上的技术要求包括表面粗糙度、尺寸极限与配合、表面形状公差和位置公差、表面处理、热处理、检验等要求，零件制造后要满足这些要求才能算合格产品。

（4）标题栏

对于标题栏的格式，国家标准 GB10609.1—2008 已作了统一规定，如图 8-142 所示，使用中应尽量采用标准推荐的标题栏格式。零件图标题栏的内容一般包括零件名称、材料、数量、比例、图的编号及设计、描图、绘图、审核人员的签名等。

2．填写标题栏时注意的问题

填写标题栏时，应注意以下几点。

（1）零件名称。标题栏中的零件名称要精练，如"轴""齿轮""泵盖"等，不必体现零件在机器中的具体作用。

（2）图样代号。图样代号可按隶属编号和分类编号进行编制。机械图样一般采用隶属编号。图样编号要有利于图纸的检索。

（3）零件材料。零件材料要用规定的牌号表示，不得用自编的文字或代号表示。

8.36　绘制螺旋千斤顶零件图

用 AutoCAD 2013 绘制螺旋千斤顶底座的零件图，其操作步骤如下。

单击"标准"工具栏中的图标 右边的下三角按钮，单击"新建"按钮，出现"选择样板"对话框，设置"文件类型"为图形样板（*.dwt），"查找范围（T）"→"Template"→"名称"→选择"工程图样板图"→选择"文件名（N）"→"工程图样板"（是自己建的样板图，没建样板图用"acadiso"，打开以后需要设置绘图要求等）→单击"打开（D）"按钮，打开样板文件"工程图样板图"，即新建一张包括所设置绘图环境的新图，如图 8-193 和图 8-194 所示。

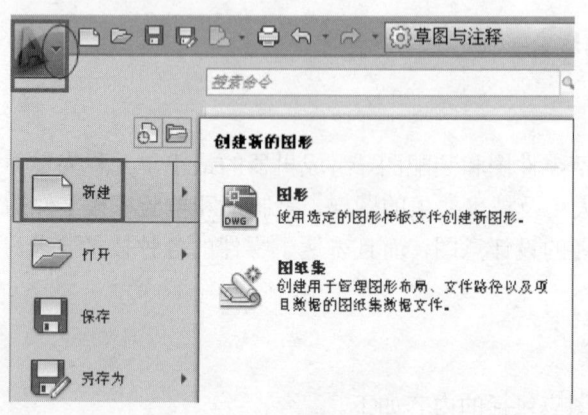

图 8-193　打开"工程图样板图"命令 1

第 8 章　用 AutoCAD 绘制工程图

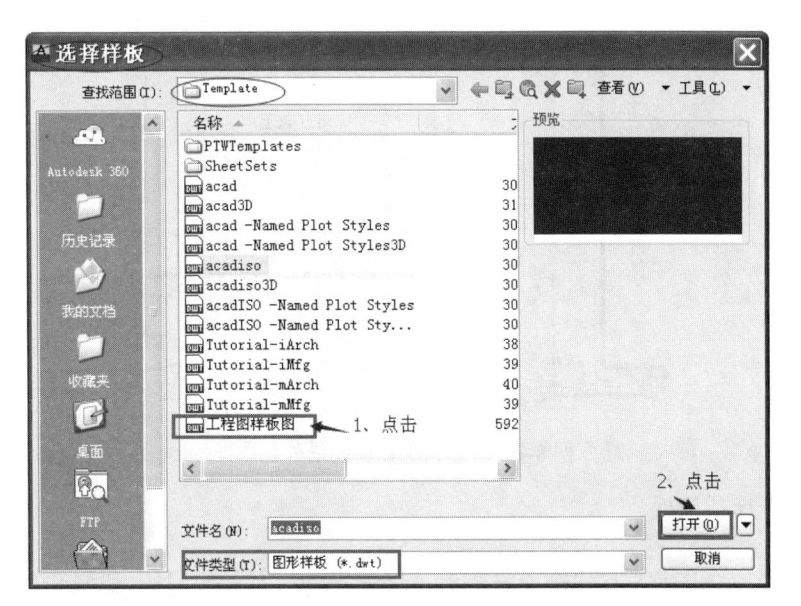

图 8-194　打开"工程图样板图"命令 2

在打开的样板图上绘制千斤顶底座的零件图。A4 图纸，以 1∶1 的比例绘制千斤顶底座的零件图。

1．绘制底座左边轮廓

绘制千斤顶底座的左边轮廓。

（1）绘制中心线。切换图层到点画线层，单击 "绘图"工具栏中的"直线"命令图标，在绘图区域中间绘制一垂直中心线，长约 131mm。根据命令行提示操作，其方法如下。

```
命令: _line
指定第一点:拾取点（在绘图窗口内适当位置拾取一点）
指定下一点或[放弃(U)]:拾取点（向下沿垂直追踪线拖动光标，绘制长约131mm的垂直中心线）
指定下一点或 [放弃(U)]: ✓（按Enter键，结束垂直中心线的绘制），如图8-195所示
```

（2）绘制千斤顶的最外轮廓线。选择"绘图"工具栏中的"直线"命令图标，按命令行提示操作，其方法如下。

```
命令: _line
指定第一点:拾取点[拾取（不要单击）中心线下端点红色数字"1"向上3mm单击红色数字"2"的位置]，如图8-195所示。
指定下一点或[放弃(U)]: 40 ✓（如图8-195所示，向左沿水平追踪线拖动光标，输入数字"40"，即红色数字"2"和"3"的距离，按Enter键）
指定下一点或[放弃(U)]: 10 ✓（如图8-195所示，向上沿垂直追踪线拖动光标，输入数字"10"，即红色数字"3"和"4"的距离，按Enter键）
指定下一点或[闭合(C)/放弃(U)]: 21✓（如图8-195所示，向右沿水平追踪线拖动光标，输入数字"21"，即红色数字"4"和"5"的距离，按Enter键）
指定下一点或[放弃(U)]: 116 ✓（如图8-195所示，向上沿垂直追踪线拖动光标，输入数字"116"，即红色数字"5"和"6"的距离，按Enter键）
指定下一点或[闭合(C)/放弃(U)]: 19✓（如图8-195所示，向右沿水平追踪线拖动光标，输入数字"19"，即红色数字"6"和"7"的距离，按Enter键）
指定下一点或[闭合(C)/放弃(U)]: ✓（按Enter键）。如图8-195所示
```

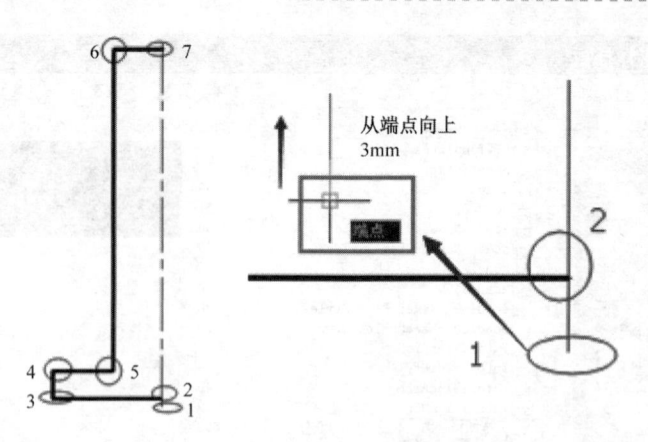

图8-195　绘制千斤顶的最外轮廓线

(3) 绘制千斤顶筋板。

> 命令：_line
> 指定第一个点：拾取点[拾取（不要单击）红色数字"5"的位置，向上80mm单击红色数字"1"的位置]，如图8-196所示。
> 指定下一点或[放弃(U)]：3√（如图8-196所示，向右沿水平追踪线拖动光标，输入数字"3"，即红色数字"1"和"2"的距离，按Enter键）
> 指定下一点或：[放弃(U)]：10√（如图8-196所示，向下拾取点[拾取（不要单击）红色数字"3"的位置，向左拖动光标，输入数学"10"，即红色数字"3"和"4"的距离，光标在"4"的位置，按Enter键]
> 指定下一点或[闭合(C)/放弃(U)]：√（按Enter键），如图8-196所示

(4) 倒圆角。单击"修改"工具栏中的"圆角"图标⌒，根据命令行提示操作，其方法如下。

> 命令：_fillet
> 当前设置：模式 = 修剪，半径 = 3.0000
> 选择第一个对象或[放弃(U)/多段线(P)/半径(R)/修剪(T)/多个(M)]：R（输入圆角的半径R，如图8-196所示）
> 指定圆角半径或<3.0000>：2√（输入圆角的半径R值2mm，按Enter键）
> 选择第一个对象或[放弃(U)/多段线(P)/半径(R)/修剪(T)/多个(M)]：（如图8-196所示，单击红色数字"5"所在的线段，位置在90°角相近的地方）
> 选择第二个对象，或按住Shift键选择对象以应用角点或[半径(R)]：（如图8-196所示，单击红色数字"6"所在的线段，位置在90°角相近的地方）

另一个倒角的绘制方法与此相同。

(5) 画出圆弧，做辅助线。

> 命令：_offset
> 当前设置：删除源=否，图层=源，OFFSETGAPTYPE=0
> 指定偏移距离或[通过(T)/删除(E)/图层(L)]<通过>：24√（用"偏移"命令偏移直线，输入数字"24"，按Enter键，如图8-196所示）
> 选择要偏移的对象，或[退出(E)/放弃(U)]<退出>：（如图8-196所示，选择偏移的直线，红色数字"7"所在的直线）
> 指定要偏移的那一侧上的点，或[退出(E)/多个(M)/放弃(U)]<退出>：（如图8-196所示，在红色数字"8"的位置单击。完成直线"9"的偏移）

(6) 用圆的命令做辅助圆，画出圆弧。

> 命令：_circle

指定圆的圆心或[三点(3P)/两点(2P)/切点、切点、半径(T)]:（如图8-196所示,在红色数字"10"的位置单击,确定圆心的位置）
指定圆的半径或[直径(D)] <26.0000>: 26（输入半径值为"26mm"）
命令: _circle
指定圆的圆心或[三点(3P)/两点(2P)/切点、切点、半径(T)]: 如图8-196所示,在刚画出的圆和偏移的直线的交点处,红色数字"11"的位置单击,确定圆心的位置）
指定圆的半径或[直径(D)] <26.0000>: 24（输入半径值为"24mm",完成圆弧的绘制）,如图8-196所示。

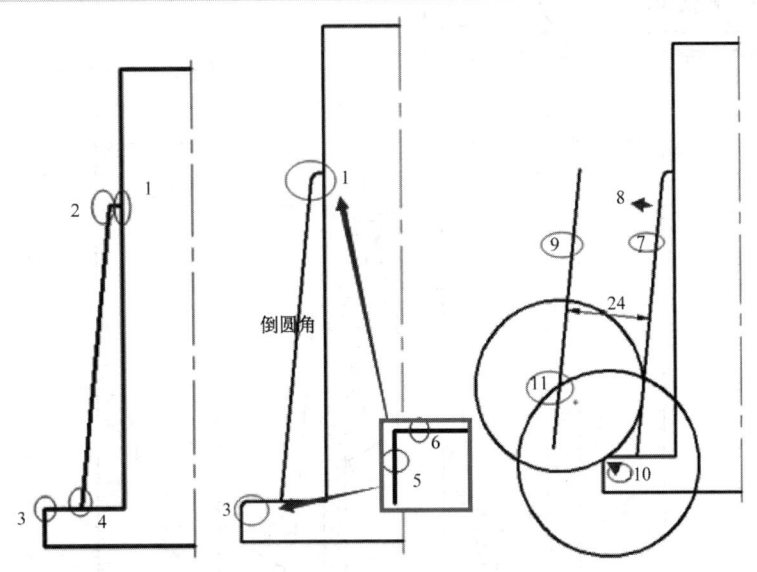

图 8-196　绘制千斤顶筋板

（7）将其他部位的筋板的轮廓线画出来,倒圆角,图形整理,千斤顶的左边的外轮廓绘制好了。如图 8-197 所示红色数字"1"的图形。

2．绘制底座右边的轮廓

用"镜像"命令镜像出底座的右边的轮廓。选择"修改"工具栏中的"镜像"命令,根据命令行提示操作,其方法如下。

命令: mi MIRROR
选择对象或指定对角点,找到16 个:（如图8-197所示,将光标放置在镜像对象的左侧,向右移动光标,拉出一个蓝色的线框,将所选对象包含在其内,单击指定另一个角点,选中已经画好的左边图形16个）
选择对象或指定镜像线的第一点:（如图8-197所示,红色数字"1"中"第一点"）
指定镜像线的第二点:（如图8-197所示,红色数字"1"中"第二点"）
要删除源对象吗? 或[是(Y)/否(N)] <N>:✓（按Enter键,完成镜像,完成千斤顶的外形图形绘制）,如图8-197所示,红色数字"2"的图形。

画出右边的剖视图的内部图形,图案填充,倒圆角,图形整理,方法（略）。完成千斤顶底座的图形绘制,即如图 8-197 所示的红色数字"3"的图形。

3．绘制底座俯视图等

绘制底座俯视图、图案填充、标注尺寸等。绘制出俯视图（对称结构,画出一半的图形,做出标记符号）,最后标注尺寸、图案填充、标注表面结构符号、画出草图标题栏并填写内容,完成千斤顶零件图的全部绘制工作,如图 8-198 所示。

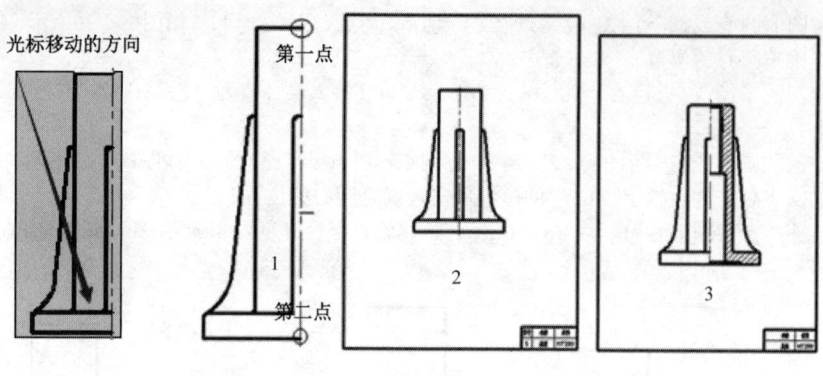

图 8-197 千斤顶的内外形的绘制

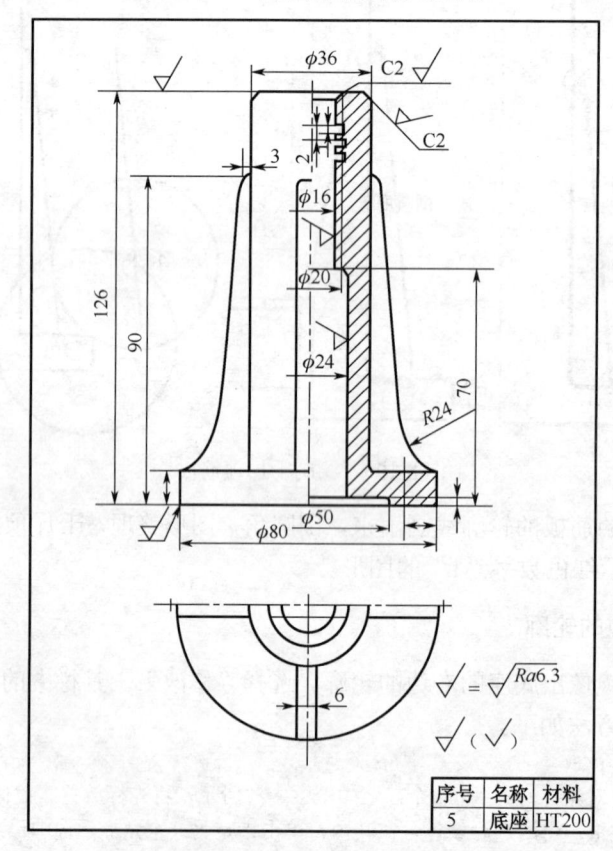

图 8-198 绘制好的螺旋千斤顶底座零件图

4．文件存盘

选择"文件"菜单中"另存为"选项，出现"图形另存为"对话框，"保存于"计算机中的"E"盘，设置为"螺旋千斤顶零件图"文件夹，"文件名"设置为"螺旋千斤顶底座"，单击"保存（S）"按钮，如图 8-199 所示。

5．其他零件图的绘制方法

其他螺旋千斤顶零件图的绘制方法与此相同（略）。将绘制好的零件图分别命名、存盘，保存于计算机中的"E"盘，"螺旋千斤顶零件图"文件夹中。

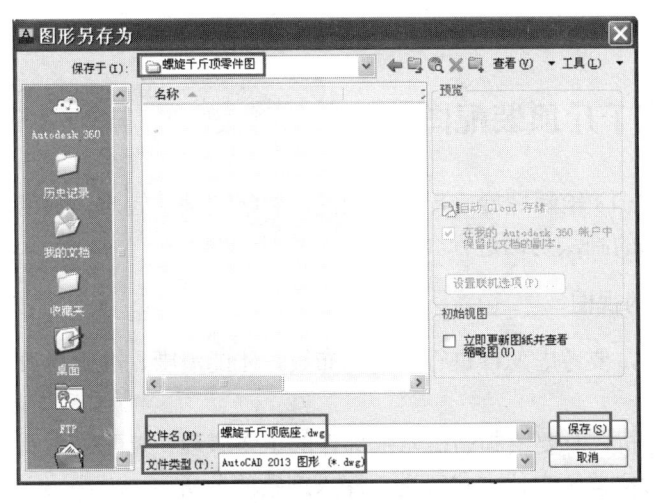

图 8-199　保存螺旋千斤顶底座

8.37　装配图的内容

装配图是表达机器或部件的图样，通常用来表达机器或部件的工作原理及零件、部件间的装配关系，是机械设计和生产中的重要技术文件之一。在产品设计中一般先根据产品的工作原理图画出装配草图，由装配草图整理成装配图，然后在根据装配图进行零件设计，并画出零件图。在产品制造中装配图是制订装配工艺规程、进行装配和检验的技术依据。在机器使用和维修时，也需要通过装配图来了解机器的工作原理和构造。

1．装配图的内容

装配图的内容大致有以下几项。
（1）必要数量的视图；
（2）几种必要的尺寸；
（3）技术要求；
（4）零件的序号、明细栏和标题栏。

2．装配图的尺寸标注

装配图的作用是表达零、部件的装配关系，因此，其尺寸标注的要求不同于零件图。不需要注出每个零件的全部尺寸，一般只需标注规格尺寸、装配尺寸、安装尺寸、外形尺寸和其他重要尺寸五大类尺寸。
（1）规格尺寸。说明部件规格或性能的尺寸，它是设计和选用产品时的主要依据。
（2）装配尺寸。装配尺寸是保证部件正确装配，并说明配合性质及装配要求的尺寸。
（3）安装尺寸。将部件安装到其他零、部件或基础上所需要的尺寸。
（4）外形尺寸。机器或部件的总长、总宽和总高尺寸，它反映了机器或部件的体积大小，以提供该机器或部件在包装、运输和安装过程中所占空间的大小。
（5）其他重要尺寸。除以上四类尺寸外，在装配或使用中必须说明的尺寸，如运动零件的位移尺寸等。

8.38 绘制螺旋千斤顶装配图

利用 AutoCAD 2013 绘制螺旋千斤顶装配图。装配图画法较难，利用的知识点较多。下面以螺旋千斤顶装配图的画法为例进行介绍。

1．选择装配图的视图

绘画装配图之前，要考虑怎样进行视图的布置，才能清晰、准确地表达物体的形状，而且视图的数量要最少。

（1）进行部件分析。对要绘制的机器或部件的工作原理、装配关系及主要零件的形状、零件与零件之间的相对位置、定位方式等进行深入细致的分析。

（2）确定主视图方向。主视图的选择应能较好地表达部件的工作原理和主要装配关系，并尽可能按工作位置放置，使主要装配轴线处于水平或垂直位置。

（3）确定其他视图针对主视图还没有表达清楚的装配关系和零件间的相对位置，选用其他视图给予补充（剖视、断面、拆去某些零件、剖视中再套用剖视），以期将装配关系表达清楚。

2．表达方案的确定

螺旋千斤顶的主要零件由底座、起重螺旋杆、旋转杆、螺钉、和顶盖 5 种零件组成。通过分析，确定主视图，按工作位置水平放置，沿底座中心对称面将其剖开，用剖视图、局部剖视图表达主要零件的装配关系，A-A 视图，采用移出断面图，表达起重螺旋杆内部结构。用 B 向视图表达顶盖的外部结构。

3．螺旋千斤顶装配顺序分析

螺旋千斤顶装配图的装配顺序分析。从装配结构示意图（图 8-200）中，清楚看出装配顺序：底座→起重螺旋杆→旋转杆→螺钉→顶盖。

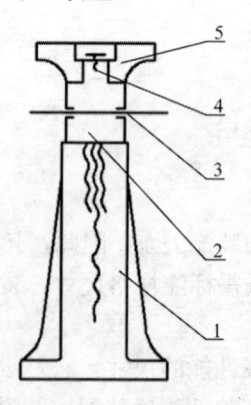

1—底座；2—起重螺旋杆；3—旋转杆；4—螺钉；5—顶盖

图 8-200　螺旋千斤顶装配结构示意图

4．绘制螺旋千斤顶装配图步骤

用 AutoCAD 2013 绘制螺旋千斤顶装配图的装配步骤：前面已经将螺旋千斤顶的零件图

画好了，利用 AutoCAD 2013 软件的二维平面绘图功能绘制螺旋千斤顶的装配图。其具体步骤如下。

（1）设置装配图文件，存盘形式为"螺旋千斤顶装配图.dwg"，设置绘图环境为 420×297，A3 图纸横放，画出外边框和内边框、画出标题栏及明细栏外边框，设置绘图比例为 1∶1，绘图公制单位为 mm，如图 8-201 所示。

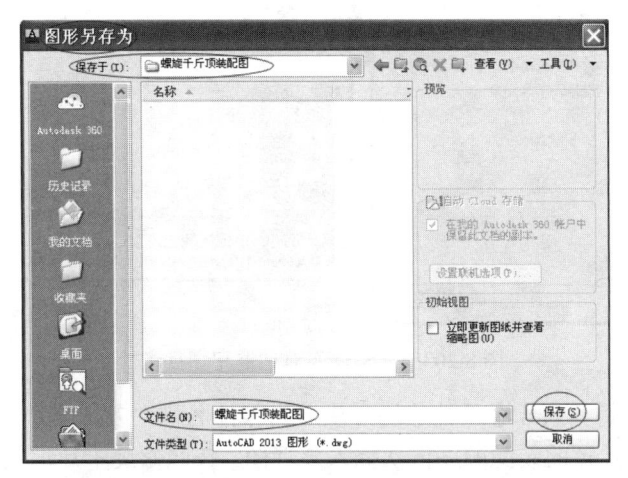

图 8-201　存盘形式"螺旋千斤顶装配图.dwg"

（2）将已绘制好的 5 个螺旋千斤顶零件创建块。打开"螺旋千斤顶零件图"文件夹，根据装配结构示意图，将绘制好的 5 个零件图创建块，图块名称为零件的名称。以底座为例说明创建块过程，其方法如下。

打开 AutoCAD "螺旋千斤顶底座.dwg"文件，关闭建块时不需要的图形所在的图层，标注层、剖面线层等，输入"Wblock"的快捷键"W"命令，按 Enter 键，出现"写块"对话框，在"基点"选项中单击"拾取点"图标后。系统暂时关闭"写块"对话框，拾取底座顶面中心点（图中基点的位置），系统返回"写块"对话框，在"对象"选项中单击"选择对象"图标，系统暂时关闭对话框，选中创建块图形底座（图中蓝色方框的图形），按 Space 键返回对话框，在"目标"选项中单击 图标，弹出"浏览图形文件"对话框，在"保存于"设置为"千斤顶图块"，"文件名"设置为"底座"，单击"保存"按钮，返回"写块"对话框，单击"确定"按钮，关闭该对话框，底座图块创建完成，如图 8-202 和图 8-203 所示。

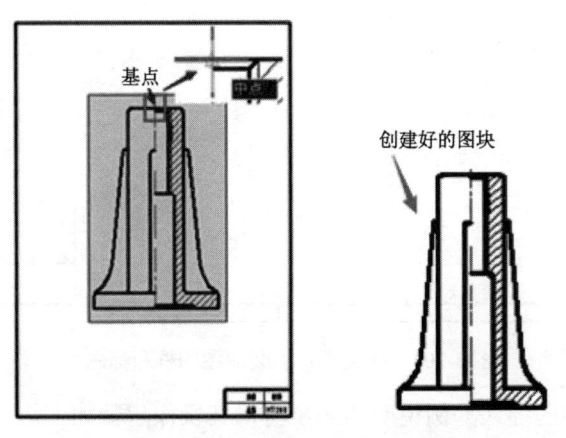

图 8-202　底座图块的基点和图形的选择

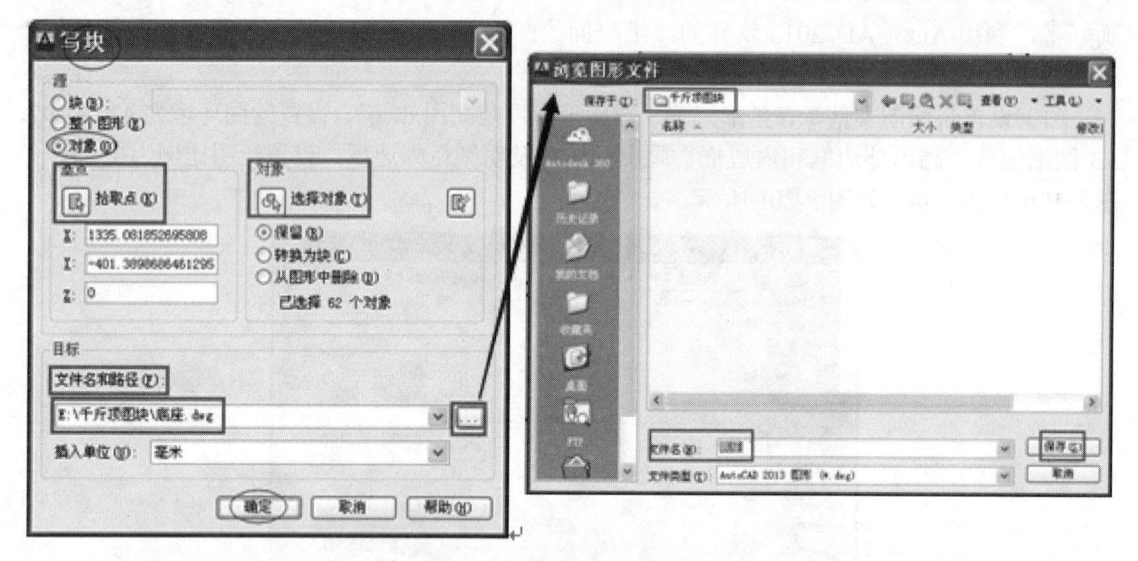

图 8-203 "写块"对话框和存盘路径

用相同的方法,将其余 4 个零件建块,块名为零件名称,方法略。

(3) 按照螺旋千斤顶的装配顺序依次插入零件图。按照螺旋千斤顶装配结构示意图的表达方法,组装装配图。

5. 装配图主视图的绘制

先调入(方法参见 8.34 节样板图的创建)样板图(方法参见 8.36 节绘制螺旋千斤顶装配图),在打开的样板图中,绘制好标题栏和明细栏的图框(方法参见 8.31 节标题栏和明细栏的正确画法),根据图幅和所绘制装配图的总长、总宽、总高的尺寸,设置好绘图比例,画出主要零件的中心线位置,如图 8-204 所示。

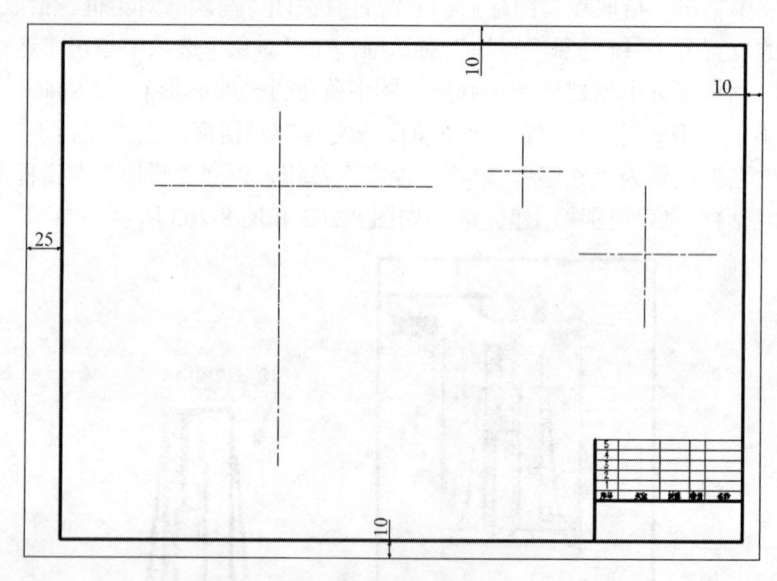

图 8-204 螺旋千斤顶装配图图框和标题栏

以螺旋千斤顶底座的插入为例说明插入步骤,其操作步骤如下。

(1) 插入螺旋千斤顶底座零件图。单击"绘图"工具栏中的"插入块"图标,出现"插入"对话框,如图 8-205 所示,单击"名称"文本框后的图标 浏览(B)... ,出现"选择图形文件"对话框,如图 8-206 所示,"查找范围"选择设置块所在的路径零件图图块,"名称"列表中单击"底座",单击"打开(O)"按钮,如图 8-206 所示。返回"插入"对话框,如图 8-205 所示。"比例"选项设置为"1",旋转角度设置为"0",单击"确定"按钮,"插入"对话框关闭,按命令行提示进行绘图,其方法如下。

指定插入点或 [基点(B)/比例(S)/旋转(R)]:拾取点(光标在绘图窗口适当位置指定插入点,则底座零件图已被插入到装配图图形中),如图 8-207 所示。

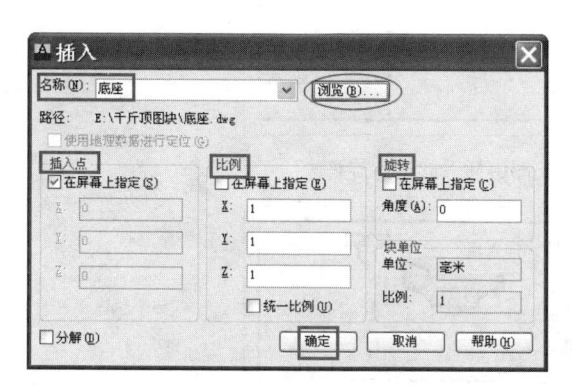

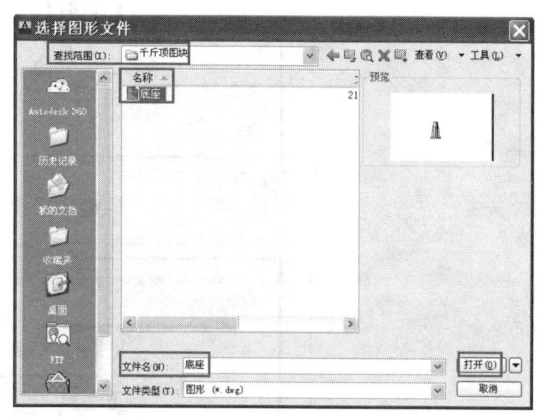

图 8-205 "插入"对话框   图 8-206 "选择图形文件"对话框

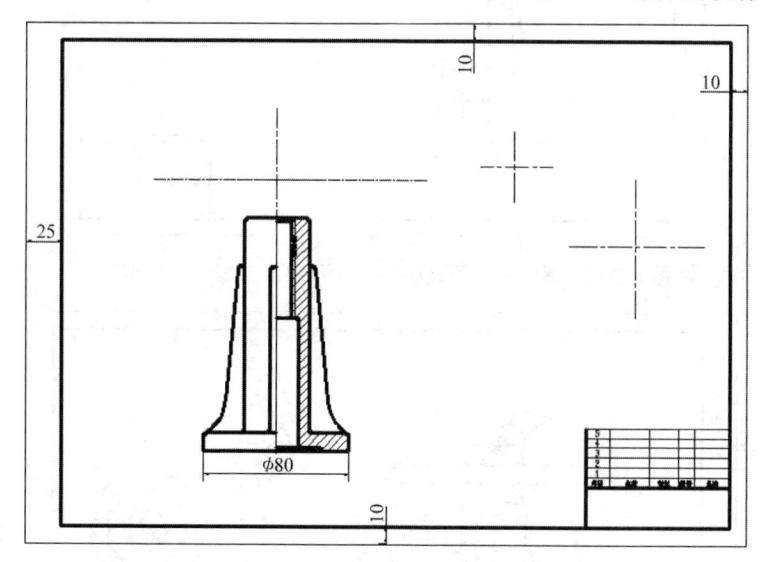

图 8-207 螺旋千斤顶装配图中插入底座

(2)将已经绘制好的其他零件图插入到"螺旋千斤顶装配图.dwg"中。分别插入起重螺旋杆、顶盖、螺钉和旋转杆。插入点就是创建块时的基准点,如图 8-208 和图 8-209 所示的方框和椭圆标记。每一次插入零件图,都要将插入的零件图图块分解,根据装配图的国家标准要求进行修剪、整理,图案填充时,根据不同的零件图案填充方向不同,或者是比例不同的原则进行填充,如图 8-210 所示。

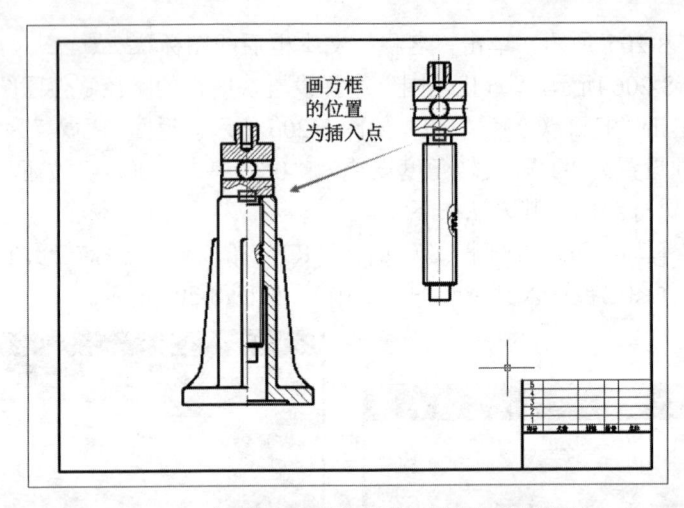

图 8-208　螺旋千斤顶装配图中插入起重螺旋杆

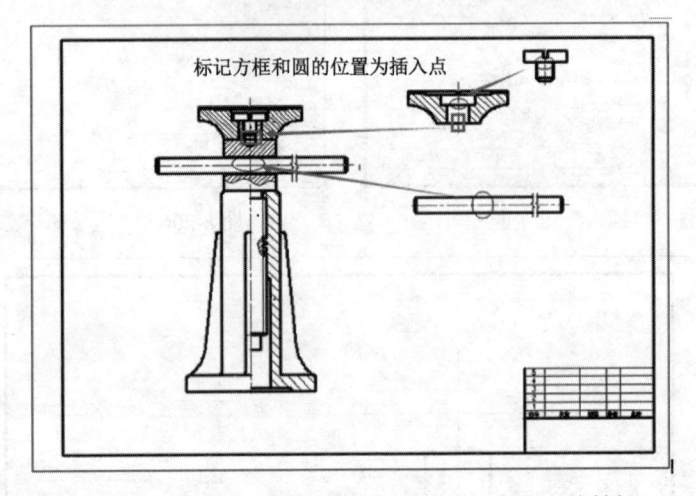

图 8-209　螺旋千斤顶装配图中插入顶盖、螺钉、旋转杆

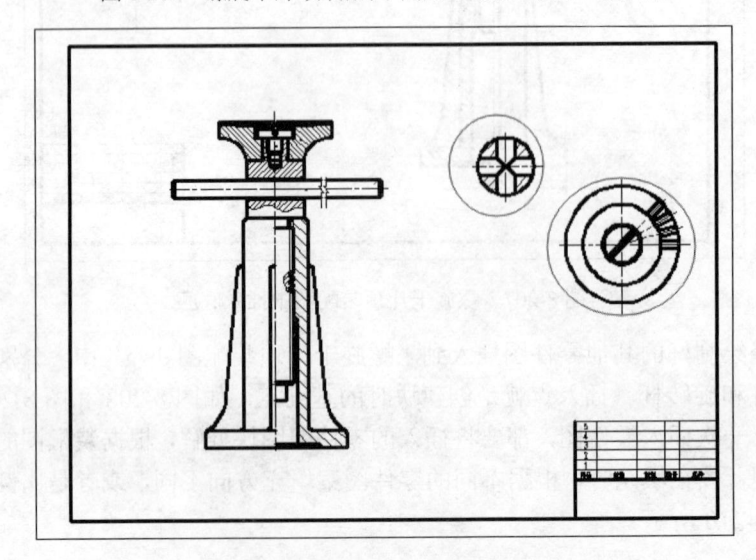

图 8-210　螺旋千斤顶装配图中绘制移除剖面图和向视图

6．装配图中其他视图的绘制

绘制 A—A 移除剖面图和 B 向视图等。

（1）绘制 A—A 移除剖面图和 B 向视图，如图 8-210 所示。绘图步骤略。

（2）整理视图，图案填充，根据不同的零件，图案填充的图案方向及比例都不相同，标注尺寸，对零件进行编号（方法参见 8.29 节中装配图中序号的组成），填写技术要求，绘制并填写标题栏和明细栏等，如图 8-211 所示。

文件存盘：存盘的方法与 8.36.4 节文件存盘的方法相同。

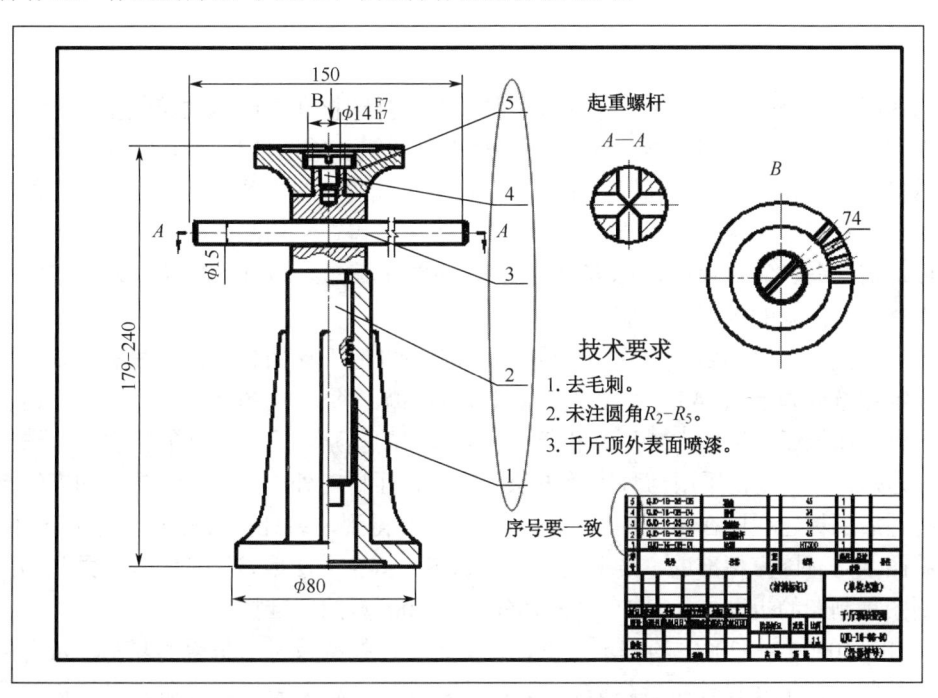

图 8-211　绘制好的螺旋千斤顶装配图

第9章 复制图纸的折叠

复制图纸也称为蓝图。蓝图是指在没有计算机、打印机和复印机的年代里，工程设计人员制作工程图纸需要先画原图（绘图纸），再描底图（透明硫酸图纸），最后晒成蓝图。晒图纸上的涂覆材料类似于感光胶片，利用氨水定影，最后形成的氨络合物是蓝色的；现在的蓝图，是计算机将图形打印在底图（透明硫酸图纸）上，底图覆盖在专用晒图纸上，经晒图机曝光并氨熏后而成，蓝线条、浅白色底，称为"蓝图"。底图在激光复印机、喷墨复印机或大型的工程图复印机复印，出来的图纸不是蓝色的，称为"白图"。

白图和蓝图，一般都要折叠成 A3 或 A4 的大小以便于存档和装订。在机械制图样中，国家标准规定图纸分为 A0、A1、A2、A3、A4 五类图幅，每一类图纸又分为有装订边和无装订边两种，而且图纸还有横放（X 型）和竖放（Y 型）的区别。因此图纸的折叠的方法也不完全一样，分为好多种。无论采用何种折叠方法，图纸正面折向外方，以手风琴式的方法折叠或者打开，折叠后的标题栏应在图纸的右下角，外面能看得到，装订位置在图纸的左下角。

折叠图纸是有国家标准的，技术图样中复制图的折叠方法应按照《中华人民共和国国家标准技术制图复制图的折叠方法 GB／T—10609.3—2009》的标准执行。

GB／T—10609.3—2009 的基本要求，适用于手工折叠或机器折叠的复制图及有关的技术文件，各种归档图纸及设计折叠器时，都可参照使用。"对于需装订成册有装订边的复制图，折叠后的图纸幅面一般应为 A4（210mm×297mm）或 A3（297mm×420mm）的规格。对于需装订成册而无装订边的复制图，折叠后的尺寸可以是 190mm×297mm 或 297mm×400mm。当粘贴上装订胶带后，仍为 A4 或 A3 的规格"。此时根据需要，可从 GB／T—10609.3—2009 标准中任选取一种规定的折叠方法。

9.1 复制图纸的折叠分类

复制图纸的折叠分类较复杂，简单归纳为以下几类。

1. 需装订成册的复制图

（1）有装订边的需装订成册的复制图。首先沿标题栏的短边方向折叠，然后再沿标题栏的长边方向折叠，并在复制图的左上角折出三角形的折边，最后折叠成 A4 规格，尺寸为"210mm×297mm"，或为 A3 的规格，尺寸为"297mm×420mm"，使标题栏露在外面。

（2）无装订边的需装订成册的复制图。首先沿标题栏的短边方向折叠，然后再沿标题栏的长边方向折叠成 A4 规格，尺寸为"190mm×297mm"，或 A3 规格，尺寸为"297mm×400mm"，使标题栏露在外面，并粘贴上装订胶带。

2．不需装订成册的复制图

不需要装订的图纸折叠起来要简单一些，折叠方法有以下两种。

（1）第一种折叠方法。首先沿标题栏的长边方向折叠，然后再沿标题栏的短边方向折叠成 A4 规格，尺寸为"190mm×297mm"，或 A3 的规格，尺寸为"297mm×400mm"，使标题栏露在外面。

（2）第二种折叠方法。首先沿标题栏的短边方向折叠，然后再沿标题栏的长边方向折叠成 A4 规格，尺寸为"190mm×297mm"，或 A3 规格，尺寸为"297mm×400mm"，使标题栏露在外面。

3．加长幅面复制图

加长幅面复制图的折叠方法，根据标题栏在图纸幅面上的方位，可参照前述方法折叠。

（1）需装订成册的加长幅面复制图。

① 有装订边的加长幅面复制图。当标题栏位于复制图的长边时，可将加长复制图的长边部分先折出 210mm（对应 A4 规格）或 420mm（对应 A3 规格），再将其余部分折成等于或小于 185mm（对应 A4 规格）或 395mm（对应 A3 规格）的尺寸，使标题栏露在外面。

当标题栏位于复制图的短边上时，可将加长复制图的长边部分折叠成等于或小于 279mm 的尺寸，使标题栏露在外面。

② 无装订边的加长幅面复制图。当标题栏位于复制图的长边上时，可将加长复制图的长边部分折叠成等于或小于 190mm（对应 A4 规格）或 400mm（对应 A3 规格）的尺寸，使标题栏露在外面。

当标题栏位于复制图的短边上时，可将复制图的长边部分折叠成等于或小于 297mm 的尺寸，使标题栏露在外面。

（2）不需装订成册的加长幅面复制图。

当标题栏位于复制图的长边上时，可将加长复制图的加长部分折叠成等于或小于 210mm（对应 A4 规格）或 420mm（对应 A3 规格）的尺寸，使标题栏露在外面。

当标题栏位于复制图的短边上时，可将加长复制图的长边部分，折叠成等于或小于 297mm 的尺寸，使标题栏露在外面。

9.2　标题栏的方位在 A0 图纸的长边上

有装订边需要装订，标题栏的方位在 A0 图纸的长边上，以折叠成 A4 幅面的方法为例，其步骤如下。

首先沿标题栏的长边方向的"1""2""3""4""5""6"竖向折叠，斜上方方向"8"斜向折叠，然后再沿标题栏的短边方向"7""9"横向折叠成 A4 的规格，使标题栏露在外面，如图 9-1 所示。

四个圆是装订线的位置，图纸左下角装订，先用A4图纸竖放在左下角的位置，从左侧量取尺寸210mm，将标有数字"1"的竖线折叠，再从右侧量取尺寸185mm，将标有数字"2"的竖线折叠，标题栏在右下角向外，露出标题栏。数字"1"和数字"2"的竖线折叠方向相反，左上边实线三角形部分向虚线三角形部分折叠，如图9-2所示。

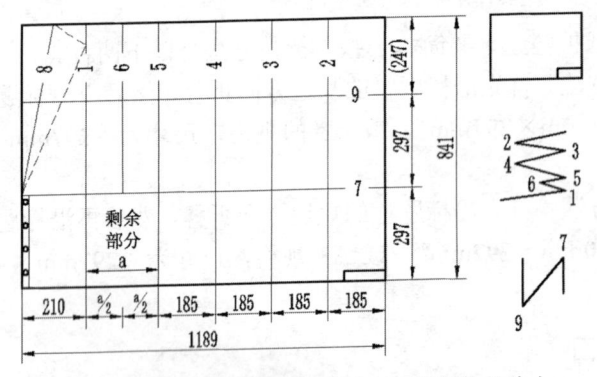

图9-1 有装订边标题栏方位在A0图纸的长边上

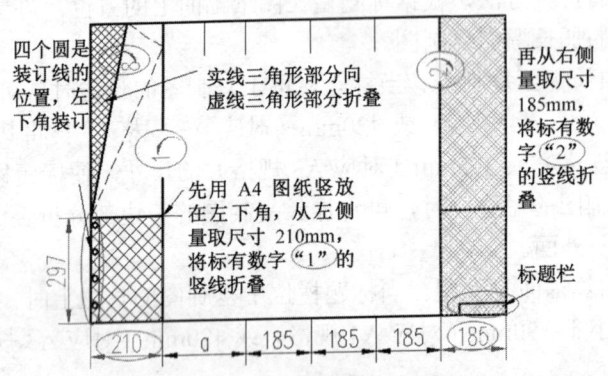

图9-2 有装订边标题栏方位在A0图纸长边上1和2的折叠步骤

数字"2"和数字"3"、数字"3"和数字"4"、数字"4"和数字"5"的竖线折叠方向相反，数字"6"的竖线折叠方法简单，数字"1"和数字"5"竖线对齐，完成竖线"6"的折叠，左上边实线三角形部分沿着斜上方方向"8"折叠，也可以从297mm的位置裁出25mm的距离，再沿着25mm的装订线延长线的方向折叠，如图9-3所示。

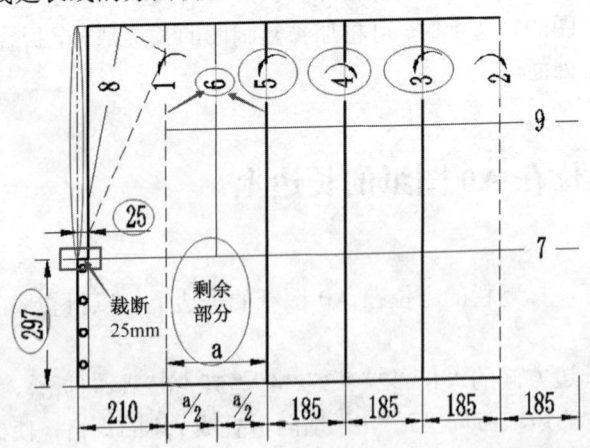

图9-3 有装订边标题栏的方位在A0图纸长边上3到6的折叠步骤

标题栏在右下角向外，竖线全部折叠完成后的样式如图 9-4（a）所示。将 A4 图纸竖放在左下角的位置，从下向上量取尺寸 297mm，将标有数字"7"的横线向后折叠，如图 9-4（b）所示，这时数字"9"的横线与标题栏所在的下边线对齐，尺寸为 297mm，再折叠余下部分 247mm，完成 A0 图纸的折叠，横线"9"在下边。注意，数字"2"竖线与装订线里面的线（210mm-185mm）25mm 处对齐！全部折叠完成后的样式如图 9-4（c）所示。

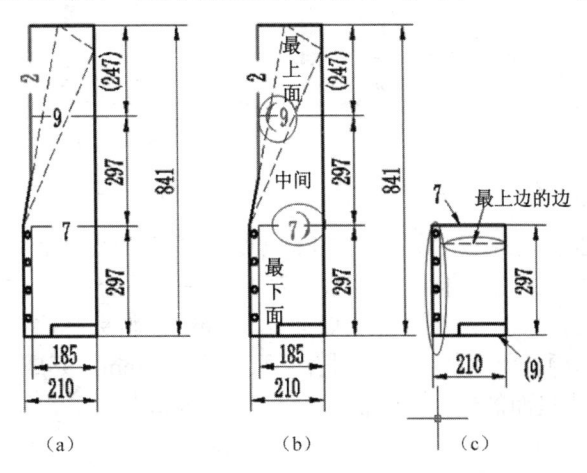

图 9-4 有装订边标题栏的方位在 A0 图纸长边上 7 和 9 的折叠步骤

9.3 标题栏的方位在 A1 图纸的长边上

有装订边需要装订，标题栏的方位在 A1 图纸的长边上，以折叠成 A4 幅面的方法为例，其步骤如下。

首先沿标题栏的长边方向的"1""2""3""4"竖线折叠，斜上方方向沿"6"斜线折叠，然后再沿标题栏的短边方向的"5"横线折叠成 A4 的规格，使标题栏露在外面，如图 9-5 所示。

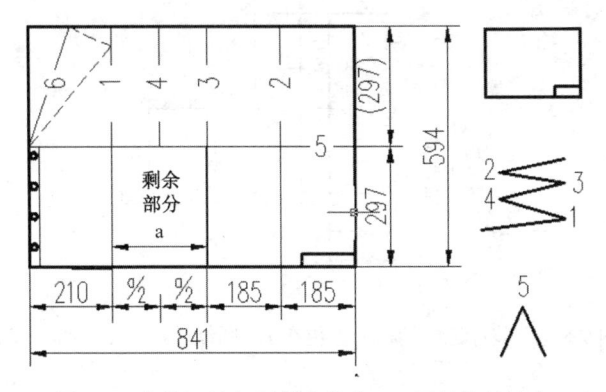

图 9-5 有装订边标题栏方位在 A1 图纸的长边上

四个圆是装订线的位置，图纸左下角装订，先用 A4 图纸竖放在左下角的位置，从左侧量取尺寸 210mm，将标有数字"1"的竖线折叠，再从右侧量取尺寸 185mm，将标有数字"2"的竖线折叠，标题栏在右下角向外，露出标题栏。数字"1"和数字"2"的竖线折叠方向相反，左上边实线三角形部分向虚线三角形部分折叠，如图 9-6 所示。

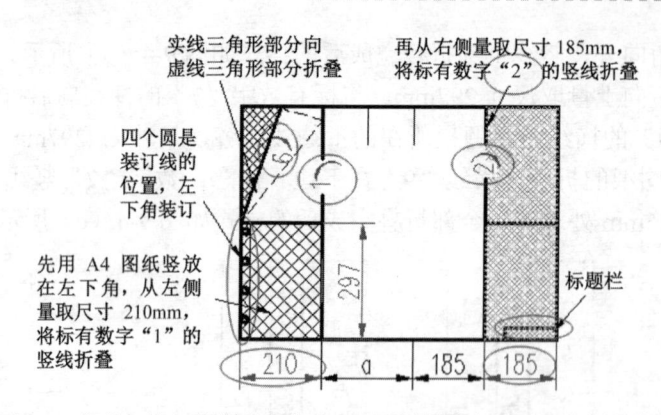

图9-6　有装订边标题栏的方位在 A1 图纸长边上 1 和 2 的折叠步骤

数字"4"的竖线折叠方法简单，数字"1"和数字"3"竖线对齐，完成竖线"4"的折叠，如图 9-7 所示。标题栏在右下角向外，竖线全部折叠完成后的样式，如图 9-8（a）所示。用 A4 图纸竖放在左下角的位置，从下向上量取尺寸 297mm，将标有数字"5"的横线向后折叠，这时最上面的横线与标题栏所在的下边线对齐，尺寸为 297mm，完成 A1 图纸的折叠。注意，数字"2"竖线与装订线里面的线（210mm-185mm）25mm 处对齐。全部折叠完成后的样式如图 9-8（b）所示。

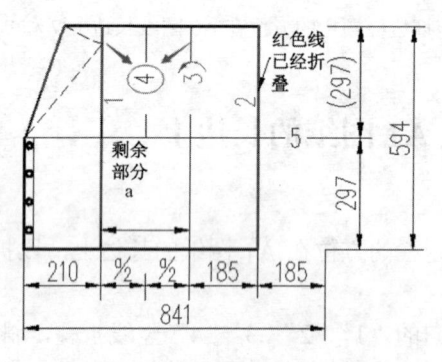

图9-7　有装订边标题栏的方位在 A1 图纸长边上 4 的折叠步骤

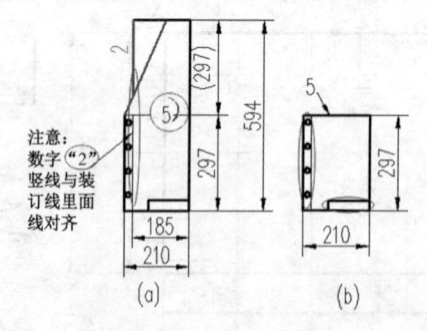

图9-8　有装订边标题栏的方位在 A1 图纸长边上 5 的折叠步骤

9.4　标题栏的方位在 A2 图纸的长边上

有装订边需要装订，标题栏的方位在 A2 图纸的长边上，以折叠成 A4 幅面的方法为例，其步骤如下。

首先沿标题栏的长边方向的"1""2""3""4"竖线折叠，斜上方方向"6"斜线折叠，然后再沿标题栏的短边方向"5"横线折叠成 A4 的规格，使标题栏露在外面，如图 9-9 所示。

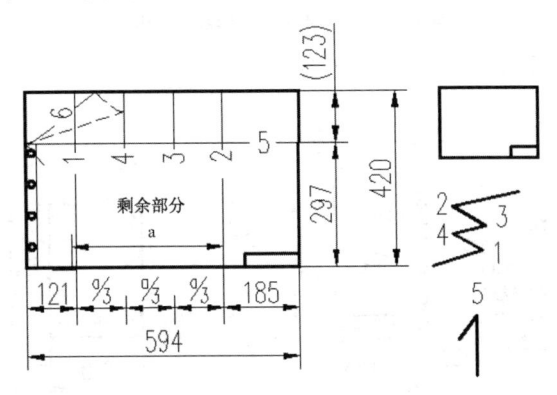

图 9-9　有装订边标题栏方位在 A2 图纸的长边上

四个圆是装订线的位置，图纸左下角装订，从左侧量取尺寸 121mm，将标有数字"1"的竖线折叠，再从右侧量取尺寸 185mm，将标有数字"2"的竖线折叠，标题栏在右下角向外，露出标题栏。数字"1"和数字"2"的竖线折叠方向相反，左上边实线三角形部分向虚线三角形部分折叠，如图 9-10 所示。

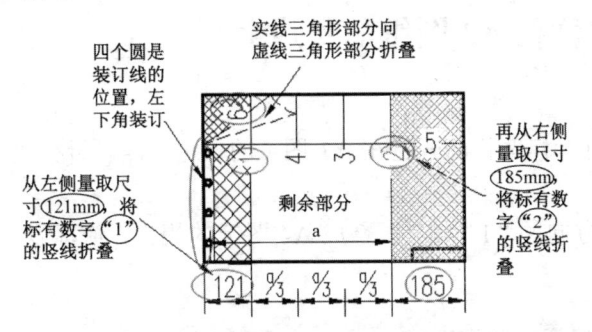

图 9-10　有装订边标题栏的方位在 A2 图纸长边上 1 和 2 的折叠步骤

数字"3"和数字"4"的竖线折叠方法比较难，将数字"1"和数字"2"的竖线部分平均分为 3 份，每份尺寸为 96mm（288/3），（594mm-185mm-121mm=288mm），将数字"1"和数字"3"的竖线对齐，将数字"2"和数字"4"的竖线对齐，完成数字"3"和数字"4"竖线的折叠，如图 9-11 所示。

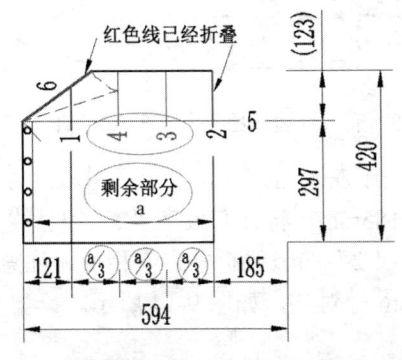

图 9-11　有装订边标题栏的方位在 A2 图纸长边上 3 和 4 的折叠步骤

标题栏在右下角向外，竖线全部折叠完成后的样式如图 9-12（a）所示。用 A4 图纸竖放在左下角的位置，从下向上量取尺寸 297mm，将标有数字"5"的横线向后折叠，完成 A2 图纸的折叠，注意，数字"2"和数字"4"的竖线与装订线里面的线（210mm-185mm）25mm 处对齐。全部折叠完成后的样式如图 9-12（b）所示。

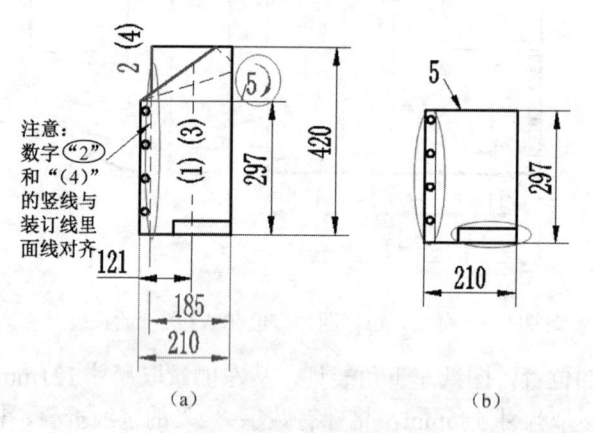

图 9-12　有装订边标题栏的方位在 A2 图纸长边上 5 的折叠步骤

9.5　标题栏的方位在 A3 图纸的长边上

有装订边需要装订，标题栏的方位在 A3 图纸的长边上，以折叠成 A4 幅面的方法为例，其步骤如下。

沿标题栏的长边方向的"1""2"折叠成 A4 图纸的规格，使标题栏露在外面，如图 9-13 所示。

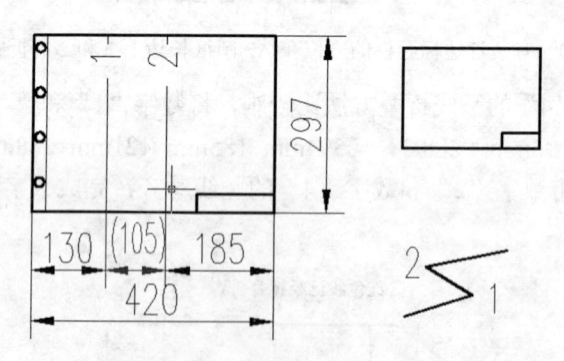

图 9-13　有装订边标题栏方位在 A3 图纸的长边上

四个圆是装订线的位置，图纸左下角装订，从左侧量取尺寸 130mm，将标有数字"1"的竖线折叠，再从右侧量取尺寸 185mm，将标有数字"2"的竖线折叠，标题栏在右下角向外，露出标题栏。数字"1"和数字"2"的竖线折叠方向相反。注意，数字"2"竖线与装订线里面的线（210mm-185mm）25mm 处对齐，如图 9-14 所示。

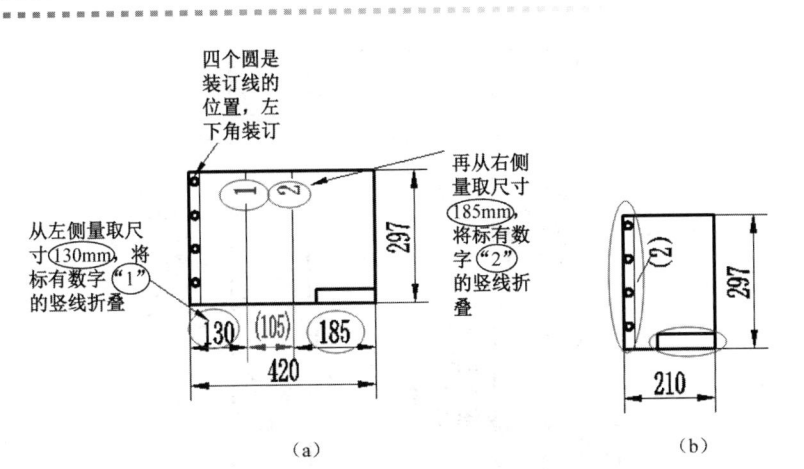

图 9-14　有装订边标题栏方位在 A3 图纸长边上 1 和 2 的折叠步骤

9.6　标题栏的方位在 A0 图纸的短边上

有装订边需要装订，标题栏的方位在 A0 图纸的短边上。

首先沿标题栏的长边方向"1""2""3""4"竖线折叠，然后再沿标题栏的短边方向"5""7""8"横线折叠成 A4 的规格，使标题栏露在外面，如图 9-15 所示。

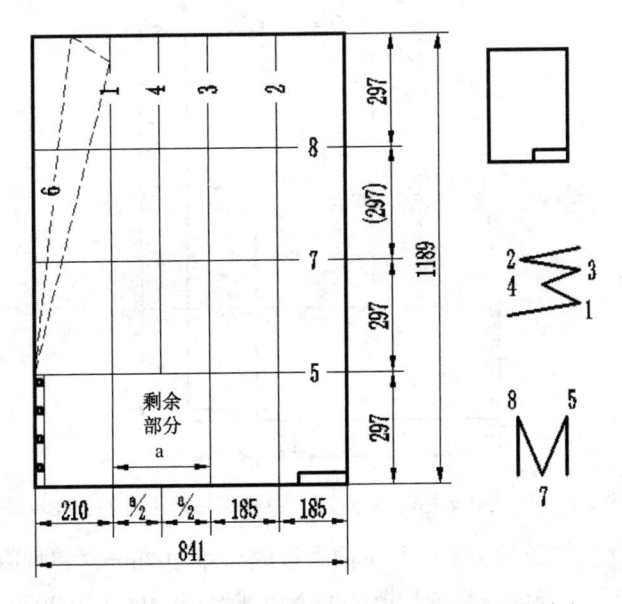

图 9-15　有装订边标题栏的方位在 A0 图纸的短边上

四个圆是装订线的位置，左下角装订，先将 A4 图纸竖放在左下角的位置，从左侧量取尺寸 210mm，将标有数字"1"的竖线折叠，再从右侧量取尺寸 185mm，将标有数字"2"的竖线折叠，标题栏在右下角向外，露出标题栏。数字"1"和数字"2"的竖线折叠方向相反。左上边实线三角形部分向虚线三角形部分折叠，如图 9-16 所示。

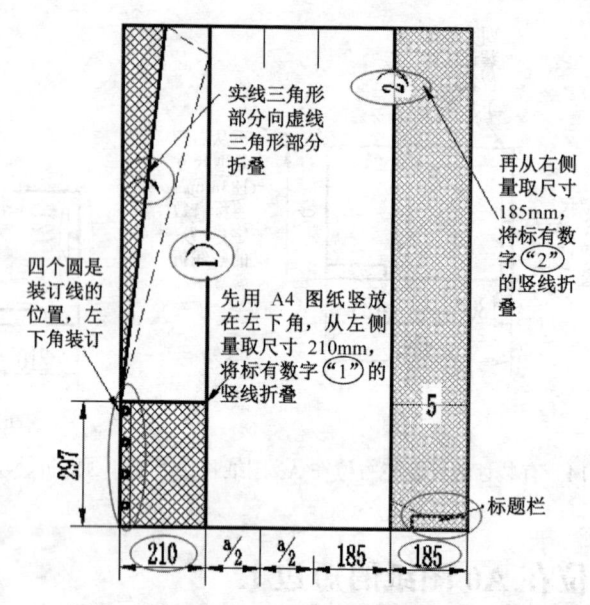

图 9-16 有装订边标题栏方位在 A0 图纸短边上 1 和 2 的折叠步骤

数字"2"和数字"3"的竖线方向相反,数字"4"的竖线折叠方法简单,数字"1"和数字"3"的竖线对齐,完成竖线折叠,标题栏在右下角向外,如图 9-17 所示。

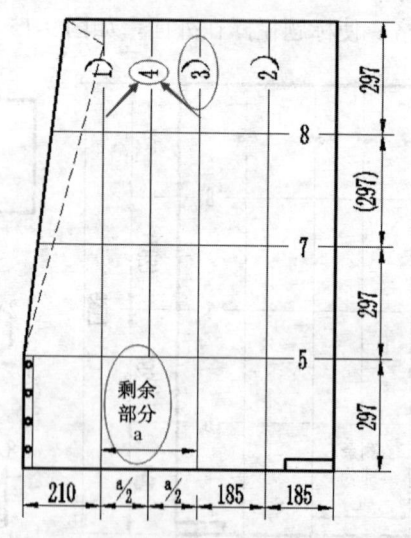

图 9-17 有装订边标题栏方位在 A0 图纸短边上 4 的折叠步骤

将 A4 图纸竖放在左下角的位置,从下向上量取尺寸 297mm,将标有数字"5"的横线向后折叠,这时数字"7"的横线与标题栏所在的下边线对齐,尺寸为 297mm,再折叠数字"8"的横线,余下部分尺寸 297mm,完成 A0 图纸的折叠,横线数字"8"在最下边,数字"5"和数字"7"的线折叠方向相反,数字"7"和数字"8"的线折叠方向相反,横线"7"和"8"在下边,标题栏在右下角向外。注意,数字"2"竖线与装订线里面的线(210mm-185mm)25mm处对齐。全部折叠完成后的样式如图 9-18 所示。

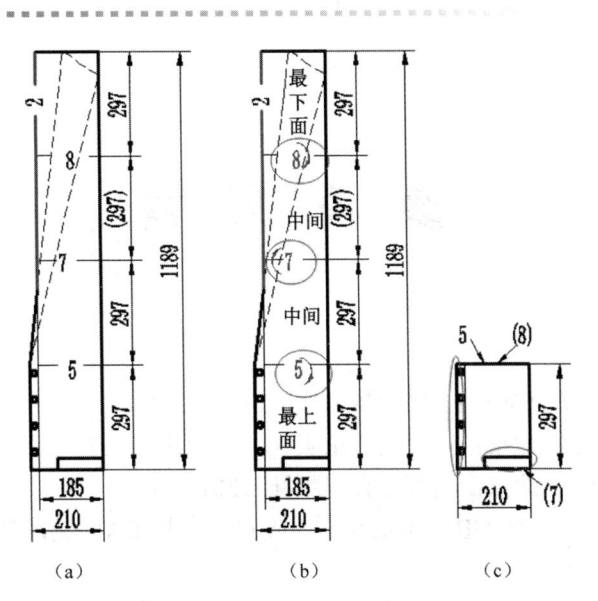

图 9-18　有装订边标题栏方位在 A0 图纸短边上 5、7、8 的折叠步骤

参 考 文 献

[1] http://baike.so.com/doc/5395232-5632386.html.2016-6-26.
[2] 刘力．机械制图[M]．北京：高等教育出版社，2013 年．
[3] 刘力．机械制图[M]．北京：高等教育出版社，2011 年．
[4] 中华人民共和国国家标准 GB/T 16159—1996 机械工程 CAD 制图规则[S]．北京：中国标准出版社，2012．
[5] 何铭新．机械制图[M]．北京：高等教育出版社，2010 年．
[6] 郝坤孝，吕安吉，季阳萍．AutoCAD 2013 实用教程[M]．北京：化学工业出版社，2013．
[7] 詹友刚．AutoCAD 2013 机械设计教程[M]．北京：机械工业出版社，2012．
[8] 中华人民共和国国家标准 GB/T 16159—1996 技术制图复制图的折叠方法[S]．北京：中国标准出版社，2012．

反侵权盗版声明

电子工业出版社依法对本作品享有专有出版权。任何未经权利人书面许可，复制、销售或通过信息网络传播本作品的行为；歪曲、篡改、剽窃本作品的行为，均违反《中华人民共和国著作权法》，其行为人应承担相应的民事责任和行政责任，构成犯罪的，将被依法追究刑事责任。

为了维护市场秩序，保护权利人的合法权益，我社将依法查处和打击侵权盗版的单位和个人。欢迎社会各界人士积极举报侵权盗版行为，本社将奖励举报有功人员，并保证举报人的信息不被泄露。

举报电话：（010）88254396；（010）88258888
传　　真：（010）88254397
E-mail：　dbqq@phei.com.cn
通信地址：北京市万寿路 173 信箱
　　　　　电子工业出版社总编办公室
邮　　编：100036